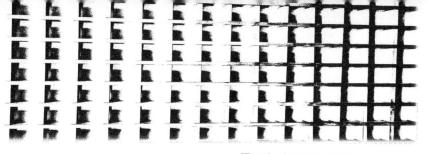

■ 세계철학사상世界哲學思想

쇼펜하우어

의지와 표상으로서의 세계 / 논문집

아르투어 쇼펜하우어 著

세계사상편집위원회 譯

명문당

차 례

쇼펜하우어의 생애와 사상

해설 / 김병옥

쇼펜하우어가 본 그의 반생(半生) ―

[베를린대학 철학과에 제출한 1819년 말 날짜의 라틴어로 쓴
쇼펜하우어의 이력서]

자연을 갈퀴로써 쫓더라도 자연은 언제나 돌아온다.
―호라티우스의 서한

내 반생에 대하여 보고하는 일에 착수해 보니, 다른 보고서를 쓰는 경우보다 훨씬 많은 것을 논해야 할 것 같은 생각이 든다. 그 이유는 내가 종사하고 있는 직업, 내가 착수하고 있는 학문적 활동은 다른 여러 가지 직업의 경우처럼 우연히 떠맡겨진 직업도 아니며, 남이 이것 같으면 하고 신중하게 고려해서 나에게 준 것도 아니며, 내가 내 자유로운 의지에 따라서 선택한 것이기 때문이다. 내가 오늘날까지 걸어온 길은 단순히 평탄하고 쾌적한 것과는 매우 거리가 멀 뿐만 아니라, 곳곳에 가시덤불이 있는 길이었으며, 처음에는 내가 어떻게 첫발을 내디뎌야 좋을지 전혀 모르는 사정이 있기 때문이다.

나는 단치히에서 태어났다. 내가 이 세상의 빛을 본 것은 1788년 2월 22일이다. 아버지는 하인리히 플로리스 쇼펜하우어이

고, 어머니는 지금도 건재하고 계시며 몇 가지 저작으로 유명한데, 처녀 때는 요한나 헨리에테 트로지나라는 이름이었다. 출생 당시의 사정이 조금 바뀌었더라면 나는 하마터면 영국 사람이 될 뻔했다. 어머니는 산달 가까이 되어 비로소 영국을 떠나 고국으로 돌아왔기 때문이다.

내가 존경하는 아버지는 부유한 상인이며, 본인은 다른 사람이 그렇게 부르는 것을 절대로 허락하지 않았지만 폴란드 왕국의 궁정 고문관이었다. 아버지는 엄격하고 급한 성격의 소유자였으나, 비난할 여지가 없을 정도로 품행이 단정하고 정의감이 강하며, 남에 대한 신의를 반드시 지키며, 그러면서도 장사에 있어서는 놀랄 만한 뛰어난 견해를 가지고 있었던 인물이었다.

내가 아버지에게 얼마만큼 은고(恩顧)를 입었는지는 필설로 표현하지 못할 정도다. 여기에는 다음과 같은 여러 가지 이유를 들 수 있다. 아버지가 나에게 원한 직업은 그의 눈으로 보면 참으로 적당한 것이라 할지라도 내 마음에는 적합하지 않은 것은 확실했다. 비록 그렇더라도 아버지 덕분으로 나는 어릴 때부터 실용상의 지식을 얻을 수가 있었다. 또 나는 자유와 여가를 비롯하여 내 천직인 학자로서의 교양을 쌓는 데 불가결한 것은 말할 것도 없고, 내 목적을 추구하는 데 도움이 될 모든 수단을 얻을 수 있었다.

나는 후년, 청장년기가 되어서도 아버지 덕분으로 고생하지 않고도 여러 이익을 얻을 수가 있었다. 내 성격과 기질로 보아 이것은 참으로 다행한 일이었다. 즉 자유롭게 이용되는 시간과, 완전히 생활의 걱정을 하지 않아도 되는 여유가 주어졌기 때문이다. 그 덕택으로 오랜 세월 돈을 번다는 점에서는 완전히 자유로운 가운데, 학문 연구와 매우 난해한 탐구와 명상에 전심하면서 몰두할 수 있었다.

그 결과 어떠한 일로도 괴로움을 받는다든지, 방해받는다든지 하는 일 없이, 내가 탐구하고 숙고한 것을 집필할 수가 있었는데, 이 모두를 나는 다만 아버지 한 분에 의해서만 가능했다. 제왕이라 할지라도 우리에게 이러한 여유를 주지 않을 것이다. 그러므로 나는 사는 한 필설로 표현하지 못할 위대한 아버지의 공적과 은혜를 마음에 새겨두고 추억 속에서 맑고 깨끗하게 지킬 것이다.

1793년, 선정(善政)을 베푸는 가장 고귀한 아버지라고 할 수 있는 프로이센 왕이 단치히를 지배하게 되자, 자유보다도 고향에 마음을 붙이고 있던 아버지는 옛 공화국의 몰락을 차마 볼 수가 없었다. 프로이센군에 의한 단치히 점령 몇 시간 전, 아버지는 가족과 함께 단치히에서 빠져나와 하룻밤을 교외의 별장에서 지낸 뒤, 그다음 날에 함부르크를 향하여 길을 떠났다.

그러나 아버지는 자신과 가족을 단치히의 운명에서 벗어나게 하기 위해서는 적잖은 재산을 잃지 않으면 안 되었다. 상업에 종사하는 사람으로서 터전을 바꾼다는 것은 매우 불리한 점도 있겠지만, 시대의 움직임으로 보아 시국에 맞지 않은 발설을 했던 이유도 있어, 아버지는 전 재산의 10분의 1을 국고로 내지 않으면 안 되었다. 아버지는 이로써 단치히와의 모든 연관에서 벗어나게 되었다.

그리하여 나는 어린 시절부터(당시 나는 다섯 살이었다) 고향을 잃고, 새로운 고향을 얻는 일은 내게 다시는 이루어지지 않았다. 그렇게 아버지는 이때부터 죽을 때까지 함부르크에 자리 잡고 영업 활동을 했지만, 함부르크 시민의 한 사람이 되려는 마음은 없었다. 외국인에 관한 법률에 의하여 보호시민으로서 살아갔음에 불과했기 때문이다.

오직 하나의 아들, 더욱이 당시는 나 혼자였으므로 ― 여동생은 나보다 10년 뒤에 태어났다 ― 아버지는 나를 무엇보다 훌륭한 상인으로 만들고자 했다. 그와 동시에 세상의 분별을 잘 알고, 품위 있는 생활 태도를 지닌 사람으로 만들려고 마음먹었다. 그러기 위해서는 내가 프랑스어를 완벽하게 습득할 필요가 있다고 생각했다.

1797년, 아버지는 영국과 프랑스로 여행을 떠나기로 했다. 나는 나이 열 살로, 개인교수의 지도로 일반 학문에 관한 교육을 받고 있었는데, 나를 동반했다. 파리 구경을 하고 난 뒤 우리는 르아브르에 갔는데, 아버지는 나를 완전히 프랑스 사람처럼 보이기 위하여, 같은 시에 사는 장사하는 친구 집에 나를 남기고 갔다.

아버지 친구는 선량하고 온순한 호인으로 나를 마치 둘째 아들처럼 돌봐주고, 같은 연배의 자기 아들과 같이 교육받게 했다. 우리는 같은 가정교사에게서 순수한 시기의 아이들에게 적합한 지식과 교양을 배웠다. 이로써 나는 프랑스어 이외에도 여러 가지 것을 배우고, 라틴어 초보도 교육받았다. 그 덕택으로 나는 그 후에 라틴어를 들어도 조금도 이상한 마음을 가지지 않을 수 있게 되었다. 센 강변 가까이 바다에 접한 이 밝은 도시에서 나의 유년 시절의 가장 즐거운 한 시기를 보낼 수가 있었다.

2년 가까이 이곳에 머물고 12세가 지나려는 무렵, 나는 혼자서 바닷길로 함부르크에 돌아왔다. 선량한 아버지는 내가 마치 프랑스 사람처럼 프랑스어를 말하는 것을 듣고 더할 수 없이 만족했다. 이에 반하여 내가 모국어를 완전히 잊어버려서 나에게 말을 알아듣도록 하는 것이 매우 곤란한 모습이기도 했다.

함부르크에서 나는 지체 있는 좋은 집안이나 재산가의 자녀가 다니는, 교육학에 관한 저작도 한 룽게 철학 박사가 교장으로 있는 사립 교육 시설에 들어갔다. 이 훌륭한 교장을 비롯하여 학교 선생들의 지도를 받으며, 나는 상인으로서 유익하며 교양인으로서 필요한 모든 것을 부족함 없이 배웠다. 그러나 라틴어 수업은 1주일에 한 시간밖에 없고, 그것도 진지한 것이 아니라, 명목상으로 하는 것이었다. 나는 이 학교에서 약 4년을 교육받았다. 그곳에서의 교육이 끝날 훨씬 전부터 나는 학자로서 평생을 보내고 싶은 열망을 갖기에 이르렀다. 나는 아버지에게 항상 내 장래에 대하여 강요하지 않도록, 상인이 될 것을 결정하지 말도록 간청했다.

그러나 아버지는 내가 학자가 되는 것이 불만이었고, 자신이 생각하는 대로 하는 것이 가장 좋은 것이라고 마음을 굳혔으므로, 도무지 굽히지 않았다. 그래도 나는 조금도 물러서지 않고 1년 내내 아버지에게 내 소망을 말하는 일을 계속했다. 내가 상인에게 필요한 정신적 능력과는 별개의 뛰어난 소질을 지녔다는 것을 룽게 박사가 보증해 주었다. 그러자 그처럼 완고했던 아버지의 신념도 동요했다고나 할까 부드러워졌다고나 할까, 본의는 아니었어도 내 의견을 존중하고 김나지움에 입학시키겠다고 약속했다.

아버지의 애정으로 보아 그는 무엇보다 내가 안정된 생활을 보낼 것을 바랐던 것이고, 그의 생각으로는 학자와 가난이라는 두 개의 개념은 전혀 분리될 수 없는 것이었다. 그러므로 그는 내가 이 무섭고 위험한 길을 내딛는 것을 사전에 방지하는 데 최대의 관심을 쏟았다. 그는 나를 함부르크의 카노니쿠스(종교 참사회의 일원)를 시키려고 결심하고, 거기에 필요한 조건을 검토하기 시작했다.

그러면서 카노니쿠스가 되는 데 필요한 비용이 무시하지 못할 정도로 거액이 든다는 것을 알게 되었고, 선뜻 마음을 결정하지 못했다. 그러는 사이 내가 장차 선택해야 할 생활 과정을 어떻게 변경하느냐 하는 문제는 잠시 미결상태인 채 지나갔다. 아버지가 이렇듯 명확한 결정을 내리지 못하고 있는 사이에, 나도 내 소망을 바꾸리라고 기대하고 있었다. 모든 인간의 자유에 관하여 평소 존중하는 마음을 갖고 있던 아버지는 강제로 자기 의견을 관철하려고는 하지 않았다.

그러나 책략을 사용하여 내 마음을 시험하는 일은 조금도 주저하지 않았다. 아버지는 내가 세계를 보고 싶다는 열망이 있는 것도, 그리운 옛 친구를 만나기 위하여 한번 르아브르를 방문하고 싶다는 바람이 있는 것도 잘 알고 있었다. 아버지는 다음 해 초에 어머니와 함께 유럽 대부분 지역에서 먼젓번보다 훨씬 오랫동안 여행할 뜻을 말했다.

그리고 만일 내가 귀국 후 상인이 되겠다고 약속한다면 이 여행에 나를 동행하고, 르아브르를 방문하는 기회를 주겠다고 했다. 하지만 반대로 학자의 생활을 보내겠다는 생각을 바꾸지 않는다면 라틴어를 배우기 위하여 함부르크에 남아라, 무엇을 택하든 너의 자유라고 말했다. 이 같은 유혹에 젊은이의 감성으로는 감히 반대하지 못하는 법이다. 나는 아버지가 바라는 대로 오래 생각한 후에 마침내 이 여행에 동행하고 상인이 되겠다고 약속했다.

그리하여 1803년 봄, 16세가 된 나는 부모님과 함께 함부르크를 떠났다. 우리는 먼저 폴란드를 구경하고, 그 뒤 프랑스를 거쳐 영국에 갔다. 두 달 반을 런던에 머문 후, 부모님은 잉글랜드에서 스코틀랜드로 향하여 길을 떠나고, 그사이 나는 런던 근교에 사는 성직자의 집에서 기숙하게 했다. 이것은 나에게 영어를 숙달하게 하려는 뜻이었는데, 실제로 나는 여기서 약 3개월 머무는 동안 거의 그 목적을 달성했다.

부모님이 런던에 돌아오자 나도 부모님과 함께 살게 되었고,

런던에서 한 달 반쯤 더 머물고 난 뒤 다시 폴란드로 가서, 겨울 대부분을 지내기 위하여 벨기에를 거쳐서 파리에 갔다. 나는 파리에서 르아브르를 방문했다. 이어서 우리는 보르도, 몽펠리에, 님, 마르세유, 툴롱, 그리고 이에르 제도를 방문했다. 또 리옹을 방문한 뒤 스위스 영내에 들어갔다. 스위스 전국을 빠짐없이 여행하고 빈으로 갔으며, 다시 드레스덴, 베를린을 거쳐 마침내 단치히에 도착했다. 이 그리운 고향을 방문하고 난 뒤 거의 2년이 지나 1805년에 우리는 함부르크에 되돌아오게 되었다.

이 2년에 걸친 여행에서 본래는 고전에 관한 여러 가지 학문과 고전어 학습을 해야 하는 청년기에 있어서 가장 중요한 세월을 헛되이 지낸 것처럼 생각되는 것은 아니지만, 나는 지금까지도 당시의 여행은 나에게 큰 역할을 하지 않았는가, 여행하지 않았더라면 얻을 수 있었을 이익과 같은 정도의 아니, 그보다 더한 것을 얻었던 것이 아닌가 생각한다.

사실 인간의 영혼이 모든 종류의 인상에 가장 민감하게 반응하고, 사물을 받아들이고 그것을 인식할 것을 바라며 호기심이 매우 왕성한 청년기에, 내 영혼은 어떠한 올바른 지식이 있지 않음에도 불구하고, 공허한 말과 사물에 관한 쓸모없는 보고에 미혹되지 않았다. 또 이러한 학습으로 오성(悟性)이 본래부터 지닌 예리함을 상실하는 일이 없었다.

그 대신 나는 사물을 내 눈으로 확인하고 올바른 지식을 받아들이며 대체로 사물이 어떠한 것인가, 어떠한 모양으로 되어있는가 하는 것을 사물의 상황과 변화에 관하여 창도된 여러 가지 의견을 받아들이기 전에 배울 수가 있었다. 특히 내가 기쁘게 생각한 것은 이러한 교양 획득의 길을 걸었던 덕택으로 사물에 대하여 단순히 그 이름만 알고서 만족하지 않고, 사물을 관찰하고 탐구하여 내 눈으로 잘 확인하고서, 이것을 인식하는 것이 말소리만 듣는 것보다는 훨씬 바람직하다는 습관을 몸에 지닐 수가 있었다. 이 때문에 나는 후년에 말만 알고서 이것을 사물 자체와 엇바꾸는 것 같은 위험에 빠지는 일이 없었다. 그런 만큼 이번 여행에 관하여 불평할 어떠한 이유가 없었다.

그러나 귀국 후 내 입장은 상당히 나쁘게 되었다. 실로 통탄할 만한 불리한 상태에 놓이게 되었으니, 함부르크에 돌아와 나는 약속한 대로 숨도 쉴 새 없이 상업의 길에 들어서지 않으면 안 되었다. 이 목적을 위하여 나는 함부르크의 유명한 상인이며 시 참사회원이기도 한 사람 아래에서 수습하는 처지가 되었다.

그런데 나보다 나쁜 상인은 없었다. 내 성격은 이런 종류의 직업에 애당초 맞지 않았다. 언제나 다른 것에만 마음이 쏠려 있던 나는 의무를 등한히 하고, 매일 집에 돌아가 책을 읽든지, 적어도 무언가 생각한다든가, 공상에 잠길 수 있는 시간을 보내는 것에만 마음을 쓰고 있었다.

상점에서는 언제나 책을 숨기고 있었고, 아무도 감시하지 않는 것을 알면, 곧 독서에 몰두하곤 했다. 유명한 천문학자로 두개골에 관한 학문의 창시자이기도 한 갈(F. J. Gall)이 함부르크에 왔을 때, 그 강연을 듣기 위하여 매일 주인의 눈을 홀려 속이고 상점을 빠져나가곤 했다. 이러한 악덕에 몸을 담은 것도 그러하거니와, 나의 심한 실의 상태는 내 모든 행위를 부자연스럽게 만들었고, 남에게도 불쾌한 느낌을 주기에 이르렀다.

내가 그러한 모양이 된 것은, 한편으로는 언제나 기분 전환의 계기가 풍부했던 오랜 기간의 여행과는 전혀 다르게 1년 내내 가장 싫은 일을 해야 하며, 가장 심한 굴종을 견뎌야 하는 데서 받는 심리적 반발 때문이었다. 또 한편으로는 자신이 잘못된 인생행로에 들어섰다는 것에 대한 매일 같은 반성만이 아니라, 내가 저지른 잘못을 되돌릴 수 없다는 절망이 있었기 때문이다.

이러한 불행한 시기에 세상에서 가장 무서운 운명의 충격을 받게 되었다. 사랑하는 선량한 아버지가 예상하지도 않은 비통한 죽음을 맞게 된 것이다. 이 슬픈 사건으로 나의 어두운 마음은 한층 더 심각하게 되고, 진정한 멜랑콜리에 한 발자국 다가서는 상태가 되었다. 내 마음은 내가 주인이므로 어머니도 이렇다 저렇다 말하지 않았지만 너무나 큰 슬픔으로 내 정신력은 완전히 소모되어 버린 데다가 아버지의 뜻을 아버지가 죽었다고는 하지만, 곧 없었던 것으로 돌린다는 것도 양심의 가책이 되었다.

또 고전어를 다시 더 배운다는 것도 이제는 나이가 나이인지라 늦었다는 생각이 들었으므로, 나는 다니던 상점에 그대로 다니기로 했다. 한때 시빌이 타르키니우스 사람을 취급했듯이 운명이 나를 그렇게 취급할 줄은 당시는 꿈도 꾸지 못했다.

거의 2년간 나는 이 상점에서 지냈지만 사실 완전한 공밥만 먹고 있었던 셈이다. 이 생활도 막바지에 이르렀을 때, 나는 이제 더 이상 견딜 수 없을 정도로 고민에 사로잡혀, 이미 바이마르에 자리 잡은 어머니에게 편지를 보냈다. 내 인생의 목적이 상실된 것, 무익한 일에 세월을 허비한 탓으로 젊음도 활력도 잃었다는 것, 그리고 나도 나이를 먹어 한 번 선택한 인생 과정을 버리고 새로운 길을 걷는다는 것도, 이제 다시 새로운 길을 걷는다는 것도, 이제는 할 수 없는 일이라는 것 등 나의 생생한 고뇌를 면면히 적었다.

그러자 참으로 뛰어난 재능의 소유자이며 당시 어머니와 친교가 있었던 유명한 페르노프가 내 편지의 참뜻을 깨닫고, 나와는 아무런 면식이 없음에도 불구하고 나에게 편지를 쓸 마음을 갖게 되었다. 그는 편지에서 내가 이제까지 헛되이 보낸 세월이 결코 회복할 수 없는 것이 아니라는 것을, 그 자신과 상당한 연배에서 학자 생활을 시작한 다른 유명한 학자의 예까지 들어서 분명히 해주었다. 그리고 나에게 모든 것을 버리고, 무엇보다도 고전어 학습에 힘을 기울여야 한다고 충고했다.

이 편지를 읽은 나는 많이 울었다. 이때까지는 어떤 확실한 것을 결정하지 못했던 나는, 나도 이제부터 해야겠다는 결심을 하게 되었다. 나는 상점 주인과 작별하고, 곧 바이마르로 향했다. 때는 1807년 초, 내가 만 18세가 되려는 때였다.

페르노프의 충고에 따라 나는 조금도 망설임 없이 고타로 가서, 그곳의 유명한 학교로 학문의 기운이 왕성한 김나지움에 입학했다. 그러나 고전어 지식이 전혀 없었던 나는 모국어로 수업하는 강의에만 참석할 수밖에 없었다. 그러나 김나지움의 교장으로 이름을 떨치던 되링은 매일 두 시간씩 나를 개인적으로 가르치고, 라틴어 초보의 지식을 강의했다.

어찌 되었든 당시 나의 라틴어에 관한 지식은 형편없었고, 단어의 변화부터 시작해야 하는 상황이었다. 그래도 내가 믿어지지 않을 정도로 실력이 빠른 속도로 진행하자 곧 되링은 전망이 매우 밝고, 틀림없이 잘 될 거라고 예언했다. 이 말을 듣고 나도 처음의 실의와 낙담 상태에서 벗어나 새로운 희망을 품고, 활달한 부푼 마음으로 소기의 목표를 향하여 열심히 공부했다.

그러나 다시 불운이 찾아왔다. 나는 나를 파멸시키는 농담을 언제나 조심해야 한다는 것을 알지 못했다. 나와 조금도 면식이 없는 술츠라는 김나지움의 교수가 신문지상에서, 내가 듣고 있는 독일어로 진행되는 강좌의 '선발 클래스'에 관하여, 그다지 좋지 못한 내용을 썼다. 공공기관을 통해 발표된 그의 이 발언을 나는 식탁에서의 잡담으로 조금 노골적인 말로 농담을 섞어 공격했다. 이러한 나의 대담한 행위는 슐츠에게 알려지고, 그 결과 되링은 나에게 개인교수를 하지 않기로 했다.

그러면서 되링은 나를 가르치는 것은 매우 즐거운 일이었지만, 한 번 약속한 일은 지키지 않으면 안 된다고 말했다. 그리고 부디 김나지움에 머물러 달라고 하면서 다른 사람에게 라틴어 개인교수를 받는 것이 어떠냐고 권했다. 그러나 나는 그것을 원하지 않았다.

한 학기가 끝나자 나는 고타를 떠나 바이마르로 가서 그곳에서 브레슬라우 대학교수로서 명망 높은 파소프에게 처음에는 라틴어, 이어서 그리스어의 개인교수를 받았다. 얼마 안 되어 파소프는 그리스어 지도만 했고, 나는 라틴어 회화로는 달리 대적할 사람이 없을 정도라는 소문이 있던 박학한 바이마르 김나지움의 교장 렌츠에게 라틴어 회화를 배웠다.

나를 위해서 많은 노력한 이 두 사람에게는 고마운 마음을 말로 다 할 수 없을 정도로 깊이 감사한다. 지식욕에 충만한 나는 지칠 줄 모르는 열의와 최고의 정열로 학습에 힘썼다. 아무래도 나는 그때까지 인생을 허비했던 것을 여기서 뒤늦게나마 노력에 노력을 더함으로써 잃었던 시간을 만회하려고 마치 신들린 사람처럼 오로지 공부에만 몰두했다.

나는 쾌적한 생활을 위하여 여러 가지 장비를 장만하는 데 필요한 돈 같은 것에는 관심이 없었다. 그러나 조금이라도 시간을 최대한 이용하려는 노력에 있어서는 매우 탐욕스러웠다. 마치 자신의 몸에 매일 영양과 필요한 것을 공급하기 위하여 애쓰는 것처럼, 매일 깊은 밤까지 지식의 흡수를 위한 독서와 글쓰기에 바빴다.

나는 어머니와 같이 살지 않고, 파소프와 같은 집에 살았으므로 언제라도 스승을 만날 수 있었다. 내가 가장 힘들여 학습한 것은 고전어였지만, 이외에도 서적의 힘을 빌려 이미 옛날부터 늘 해오던 수학과 역사 학습에도 힘썼다. 그리하여 나는 바이마르에서 2년간 지냈는데, 이것이 끝날 무렵 교수는 내게 대학 입학자격이 있음을 인정했다. 사람들이 이상하게 생각하겠지만, 실제로 나는 이 2년 반 사이에 한때 등한히 했던 모든 것을 되찾을 수 있었다고 생각한다. 이 사실이 틀림없다는 즐거운 증거를 나는 곧 얻을 수 있었다.

나는 대학에 들어간 뒤에 주어진 여러 가지 기회를 통하여 고전어 지식에 있어서 다른 학생과 단순히 같은 수준 정도가 아니라, 대부분의 학생, 아니 언어학자보다도 더 낮다는 것을 알게 되었다. 그 이유는 적어도 부분적으로는 독학자인 내가, 흔히 하는 주입교육으로 학습할 수밖에 없는 김나지움 출신의 학생 이상으로 많은 고전 작가의 작품을 독파할 수 있었다는 사실에 기인한다.

나는 대학 생활을 통하여 부단히 그리스 로마의 작가들 작품을 읽었고, 매일 2시간을 독서로 보냈다. 이 학습으로 다음과 같은 소득을 얻을 수 있었다. 먼저 나는 점차 고전 고대에 친숙해지기 시작했고, 고전 고대가 얼마나 훌륭한지를 이해하는 안목도 생기게 되었다. 특히 내가 그해 후반, 이탈리아에 갈 기회가 있어서, 고전 고대의 존경하는 당당한 기념물을 눈으로 보고, 비록 작은 것이라도 그 시대의 유산에 접하고, 고대 정신의 독특한 것을 파악했을 때 이것을 다시금 통감했다.

또 고전 작가, 특히 그리스 철학자의 저작을 계속 읽음으로써 내 독일어 작문과 문체는 근본적으로 개선되고, 아름답게 되었다. 더욱이 내가 항상 고전 작가들과 친숙했던 관계로, 짧은 기간에 배웠다고는 하지만 내 고전어 지식은 쇠퇴하는 법은 없었다. 그뿐 아니라 고전어는 내 마음속 깊이 뿌리 박혀 있었으므로, 많은 종류의 다른 학문에 몰두했지만 지금까지 생생히 남아 있다.

최근에 라틴어 회화와 작문 능력에 그 이상 더 유해한 것이 없는 이탈리아어를 계속해서 사용하지 않으면 안 되는 상황에 놓였을 때도 나는 어떠한 불이익도 없었다. 이것을 실제로 증명하기 위하여 나는 참으로 진지한 마음으로 이 이력서를 라틴어로 씀에 있어서, 남의 도움을 전혀 받지 않았다는 것, 이것을 베를린에 보내기 전에 누구의 눈도 거치지 않았다는 것을 확실히 맹세하는 바다. 물론 나도 잘못된 문장을 썼으리라는 것은 잘 알고 있다.

그러나 이것도 인간에게 있는 약점, 불완전에서 오는 것이고, 결코 나의 공부나 재주가 모자라서가 아니다. 내가 잘못을 했다고 하더라도, 그것은 내가 19세가 되어 처음으로 mensa라는 단어의 활용을 배운 사람이라는 상황에서도 너그럽게 봐야 할 것이다. 만일 그렇지 않다면 내가 말한 것은 허영심에 부푼 호언장담일 것이고, 완전히 무시해도 좋다.

1809년 말 성년이 되었을 때, 나는 어머니로부터 유산을, 즉 아버지가 남기고 간 재산 중에서 이미 사용한 것을 제외한 3분의 1을 받았다. 이로써 나는 내 생활을 넉넉하게 할 수 있게 되었다. 그 뒤 나는 괴팅겐대학에 입학하여 처음에는 의과생으로 등록했다. 그러나 나는 내 본성을 알게 되고 매우 표면적이라고는 하겠지만, 철학에 접하고서부터는 처음의 계획을 바꾸어 의학을 그만두고 철학에 전념하기에 이르렀다.

그러나 내가 의학 공부를 한 시간은 결코 헛되이 보낸 시간이 아니었다. 괴팅겐에서 보낸 2년간 나는 이제까지의 습관 그대로 학문의 연구에만 몰두했다. 다른 학생들과의 교제로 학업이 중단되고, 또 소홀히 하는 일이 절대로 없었다. 이렇게 된 것도 나는 나이도 먹었거니와 경험도 풍부했고, 또 사람들과는 성격이 전혀 달랐기 때문이다. 언제나 다른 사람과 떨어져 있고 싶은 고독을 좋아하는 경향이 있었기 때문이다. 이런 관계로 강의에는 규칙적으로 참석했지만 독서 시간은 충분했으므로, 특히 플라톤과 칸트의 저작을 탐독했다.

이 2년간을 통하여 나는 슐체의 논리학·형이상학·심리학 강의를 듣고, 티보로에게는 수학, 헤르에게는 고대사·근대사·십자군의 역사와 민족학, 류더에게는 독일제국사, 블루멘바흐에게는 자연사·광물학·생물학·비교해부학, 헨펠에게는 인체 해부, 슈트로마이어에게는 화학, 토비아스 마이어에게는 물리학·천체물리학, 그리고 슈라더에게는 식물학을 각각 배웠다. 나는 이들 훌륭한 사람들로부터 가르침 받은 학문이 매우 많은 열매를 맺게 해 준 것을 감사한다.

1811년 가을, 나는 베를린에 가서 베를린대학의 학생이 되었다. 그곳에서 이 대학에 있는 많은 유명 교수 아래서 내 정신과 정서를 닦기 위해 모든 노력을 다했다. 나는 여기서 볼프의 그리스 로마의 시인과, 그리스 고대사, 그리스 문학사 강의, 슐라이어마허의 철학사 강의를 들었다. 전자기에 관한 에르만의 공개 강연을 듣는 것도 매우 즐거웠다.

다시 3학기 동안 리히텐슈타인의 동물학을 청강한 이외에도, 클라프로트에게 화학을 배우고, 또 피셔에게는 물리학, 보데에게 천문학, 바이스에게 지질학, 호르켈에게는 생리학, 그리고 로젠타르에게는 인간의 뇌 해부 강의를 각각 들었다. 이들 훌륭한 교수에게서 받은 놀랄 만한 지식에 관해서는 언제나 감사한 마음을 가지고 있다. 피히테의 철학 강의도 나중에 이것을 올바르게 평하기 위하여 열심히 들었다. 나는 피히테가 청강생 일동을 위하여 만든 토론회에 참석해 장시간 그와 논쟁했다. 현장에 참석한 사람들도 아마 이것을 상기할 수 있으리라.

1813년 후반, 전쟁으로 쫓겨나지만 않았으면 나는 2년은 더 베를린에 머물러 있었으리라 생각한다. 이곳에서 떠나지 않으면 안 되었던 것은 무엇보다도 아쉽다. 그 이유는 당시 나는 저 유명한 베를린대학 철학과에서 박사 학위를 따기 위하여 마음을 다하고 있었기 때문이다. 내게 특히 호의를 가지고 있던 유능한 리히텐슈타인에게서 박사 학위 취득 조건과 필요사항에 관하여 지식을 얻은 뒤, 나는 〈충족이유율(근거율)의 네 겹의 뿌리에 관하여〉라는 논문을 집필하기 시작했다. 이것을 독일어로 쓴 것은 모두가 칭찬하는 대학 철학과의 규칙에 따른 것이다.

루첸에서의 전투 결과가 어떻게 되었는지도 모르고, 베를린도 위협받는 것 같아 단출한 살림의 사람들은 모두 피난하기 시작했다. 대부분의 사람은 프랑크푸르트나 브레슬라우로 향했지만, 적중으로 향하는 것이 현명하다고 생각한 나는 드레스덴으로 가는 길을 택했다. 도중 여러 가지 위험과 사건을 만났으나 12일 후에는 간신히 드레스덴에 도착할 수 있었다.

처음에는 이곳에 머무르려 생각했지만, 이 도시도 위험이 다가오고 있음을 느낀 나는 다시 바이마르를 향하여 떠났다. 어머니 집에서 일단 머물렀는데 환경이 매우 좋지 않아, 달리 몸을 둘 곳이 없을까 하고 찾은 결과, 결국 루돌슈타트에서 지내게 되었다. 이곳의 여관에 자리 잡고 그해의 남은 시간을 보냈는데, 누가 뭐라 해도 이곳은 고향을 잃은 사람에게는 가장 알맞은 은둔 장소였다. 거기에다 나는 당시 정신적인 깊은 고뇌와 낙담에 빠져 있었다. 그것은 주로 내가 사는 사회는 내가 가진 재능과는 전혀 다른 재능을 필요로 하는 것처럼 생각되었기 때문이다.

루돌슈타트에 몸을 숨기고 있는 동안, 나는 이곳 주변의 이루 말할 수 없는 매력적인 환경에 사로잡히게 되었다. 내 본래 성격은 군사적인 것은 아주 질색이었다. 그러므로 전쟁이 한창이었던 그해 여름에도 사방이 울창한 나무에 둘러싸인 계곡에서 한 명의 군인도 보지 않고, 북소리도 듣지 않고 지낼 수 있어서 참으로 행복했다. 나는 완전히 혼자였으며 어떠한 것에 마음이 흐트러진다든지 방해받는 일 없이, 계속 이 세상과는 관계없는 여러 가지 문제를 생각하고, 그 규명에 힘쓸 수 있었다. 책을 읽고 싶을 때는 언제라도 바이마르의 도서관에 가면 되었다.

그리하여 나는 〈충족이유율의 네 겹의 뿌리에 관하여〉 논문을 완성하고, 박사 학위 취득을 위해서도 베를린으로 되돌아가고 싶은 생각을 늘 품고 있었다. 그러나 문제는 그렇게 간단하지 않았다. 베를린으로 가는 길은 휴전 중에도, 그 후 전투가 재개된 뒤에도 폐쇄된 그대로였다. 그러나 박사 학위 취득은 당시의 내게는 매우 유익한 것이었으므로 나는 가장 가까운 곳에 있는 예나대학의 존경해 온 철학과에 내 논문을 서문과 함께 보냈다. 철학 박사 학위를 주면 좋겠다고 의뢰했는데, 그 철학과는 호의적으로 내 소원을 받아들였다.

겨울이 되자 내가 몸을 숨기고 있던 인적 끊어진 정원에도 군대가 들어오게 되었다. 또 너무나 황량하게 주위 풍경이 변했으므로, 나는 다시 바이마르로 돌아가 그곳에서 한겨울을 지내게 되었다. 이때 내 고민을 위로해 주었을 뿐 아니라, 내 생애에 있어 가장 기쁘고 또 행복했던 사건이 하나 있었다. 이번 세기의 진정한 영광이며, 독일 국민의 자랑이며, 그 이름이 모든 시대 사람들 입에 오르내리게 될 위대한 괴테(J. W. von Goethe)가 내게 우정을 나타내고 친히 교제했다는 것이다.

그때까지 나는 그를 보았을 뿐, 그가 나에게 말을 걸어온 일은 없었다. 그는 내 논문을 보고 난 후 일부러 내게 접근해, 그의 색채론 연구를 할 생각은 없느냐고 물어왔다. 당시 그는 그에 필요한 도구를 빌려주고, 설명도 해 주겠다고 했다. 이 문제, 즉 색채론에 관해서는 나는 그의 설에 동의한 적도 있고 반대한 적도 있는데, 여하간 그 겨울 동안 자주 교환한 우리의 주된 대화 내용이었다.

처음으로 말하고 난 며칠 뒤에 괴테는 색채 현상을 재현하는 데 필요한 기계와 기구를 내게 보내왔다. 그 뒤 그는 스스로 복잡한 실험을 내 앞에서 해 보였다. 괴테는 내가 선입관에 사로잡히지 않고, 그의 설의 옳은 점을 인정해 준 데 대하여 매우 기뻐했다. 여기에 그 세세한 점까지 설명할 수는 없지만, 말할 필요 없이 그의 색채론은 지금까지 대다수 사람으로부터 당연히 받아야 할 동의와 승인을 얻는 데까지는 이르지 못하고 있었다.

이해 겨울 동안 나는 자주 그의 집을 방문할 기회를 얻었다. 대화 내용은 색채론에 관한 여러 문제뿐만 아니라, 여러 가지 철학상의 문제에까지 이르고, 그것이 몇 시간 동안이라도 계속될 때가 있었다. 이렇듯 친한 교제에서 나는 믿을 수 없을 만큼의 많은 이익을 얻을 수가 있었다.

1814년 초, 전란이 가라앉고 세상이 예전처럼 되자 나는 학문을 계속하기 위하여, 특히 머릿속에는 이미 완전히 정리된 철학 체계의 기초작업을 하기 위하여 드레스덴으로 갔다. 이 도시에서도 즐길 수가 있었던 것은 어느 모로 보나 완비된 시설을 갖춘 도서관이 있는 것이었다. 더욱이 유명한 화랑과, 실물과 석고로 만든 모조품도 있는 고대 조각의 전시장, 또 과학 연구를 위해 갖춰진

기계 기구도 학습에는 큰 도움이 되었다.

이 매력적인 도시에서 나는 아무 방해 없이 4년 반을 지냈으며, 갖가지 과학적 연구에 전념했다. 그중에서도 특히 힘을 기울인 것은 한때 이 세상에 생존한 모든 철학자, 즉 다른 사람의 생각을 해석하고, 이것을 재탕하여 제공한 사람들이 아니고, 자신의 생각을 내놓은 사람들의 저작을 읽는 것이었다.

이러한 연구를 하는 동안, 나는 1815년에 새로운 색채론을 만들어 냈다. 나는 괴테는 단순히 물리적인 색채의 발생을 발견한 것뿐이지, 결코 일반적인 색채론을 말한 것이 아니라는 것을 확실히 인식했다. 내 생각에 의하면 일반적 색채론은 물리적인 것도, 화학적인 것도 아닌 순수한 생리학적인 것임이 분명했다.

나는 내 색채론에 관하여 정리한 초고를 괴테에게 보냈다. 다음 1년간 그와 이 문제에 관한 의견 교환을 계속했다. 그는 그 이유를 명확하게 밝히지 않은 채 내 생각에 찬성하는 뜻을 표하는 것을 거부했다. 그 이유는 내 학설은 뉴턴(Isaac Newton)의 학설과는 모든 점에 있어서 정반대로 대립하고 있지만, 한편 세부적인 점에서는 괴테의 학설과도 일치하지 않는 부분도 있었기 때문이다. 벨럼의 남작 베이컨(Francis Bacon)도 '사물에 대한 사고는 건조한 빛깔이 아니라, 의지와 정열에 의하여 영향을 받는다.'라고 말했다.

이 색채에 관한 논문을 1816년, 나만이 괴테에 동의한 최초의 사람이라는 것을 조금도 의심하지 않고 공표했다. 나아가서 나는 이 논문에서 전개된 이론만이 옳다, 이 생각만이 옳다고 하는 확신을 더욱 굳게 했다. 나는 내 주장이 가까운 장래에 받아들여지지 않는다고 하더라도 불만은 없었다. 악의에 찬 침묵과 완고한 거절도 결코 진리를 왜곡하고 억압할 수 없다는 생각으로 내 마음의 안정을 구했다. 여기서 내 문제에 관하여 리비우스(Livius)의 말을 빌린다면, 진리는 때로는 완고한 저항을 받지만, 진리를 파멸시킬 수는 절대로 없는 것이다.

1818년, 마침내 나는 5년간에 걸쳐 계속 사색해 온 철학 대계를 완성했다. 이처럼 11년간 학문 연구 활동을 계속한 나는 휴식을 위하여 여행을 떠나기로 했다. 나는 빈을 거쳐 이탈리아에 가서 베네치아, 볼로냐, 피렌체를 구경한 뒤, 로마에 도착하여 그곳에서 약 4개월을 머물고, 고대의 기념물과 근대의 예술 작품을 감상했다.

그리고 다음에 나폴리, 폼페이, 헤르쿨라네움, 프리울리, 바야, 쿠마 등을 견학하고 감격했다. 법왕청(法王廳)에도 발을 들여놓았는데, 2500년에 걸쳐서 조금도 동요하지 않는 오랜 장대한 포세이돈의 도시 사원의 모습을 눈앞에 보고, 아마 플라톤도 발을 멈추었을 것 같은 땅 위에 나도 서 있다는 것을 생각하니, 전율을 느끼며 경건한 마음으로 가슴이 벅찼다.

그 뒤 다시 약 한 달 동안 피렌체에 머물고, 이어서 베네치아를 다시 방문하고 파도바, 비첸차, 베로나, 밀라노를 구경한 다음, 마침내 성(聖) 고트하르트 산을 넘어 스위스로 갔다. 그리하여 11개월의 여행을 끝내고 올해 8월 드레스덴으로 돌아왔다. 그러나 이제까지는 다만 배우고 싶다는 욕구에만 사로잡혀 있던 나도 이제는 남을 가르치고 싶은 생각을 하게 되었다. 이 욕구의 만족을 위해 나는 이제 이 베를린대학의 철학과에 자리를 신청하기에 이른 것이다.

고독한 학자로서 ─

　　1826년, 베를린대학에 봉직하면서 쇼펜하우어는 자신의 체계에 확신을 가지고, 당시 인기 절정에 있는 헤겔(G. W. F. Hegel)과 같은 시간에 강의하게 되었는데 청강생은 거의 모이지 않았다. 베를린대학에서 강의하는 동안 일부러 청강 신청을 한 사람은 의학도 3명, 궁정 고문관 1명, 증권 브로커 1명, 치과의 1명, 경비장 1명, 대위 1명뿐이었다고 전해진다.

　　학생이 모이지 않는 것도 문제였거니와, 콜레라 전염이라는 보도에 겁을 낸 쇼펜하우어는 1831년 베를린을 떠나, 프랑크푸르트 암 마인으로 이주했다. 그리고 《의지와 표상으로서의 세계》 간행 후 약 20년간의 침묵 뒤, 1836년 《자연에서의 의지에 관하여》를 간행했다. 1839년, 노르웨이 왕립 학술원에 응모한 현상 논문 〈인간 의지의 자유에 관하여〉가 금메달을 받았다. 그러나 다음 해 덴마크 왕립 학술원에 제출한 현상 논문 〈도덕의 기초에 관하여〉는, 그 가운데 제시된 '양심은 도덕의 근본이다'라는 논거가 불충분하다는 이유로 각하되었다.

　　그는 고독한 학자였지만 그래도 소수의 가까운 사람과 숭배자가 그 주위에 모이게 되었다. 특히 '사도의 우두머리'라는 이름을 얻은 율리우스 프라우엔슈타트, 쇼펜하우어의 회상록을 간행한 법률가 빌헬름 그비너 등이 있었다. 이 외에도 그의 실무적 감각과 호흡이 맞은 법률 고문관, 순회 판사, 변호사 등 주로 법률 관계자

청년 시절의 쇼펜하우어

들이 많았다.

그 사이 《의지와 표상으로서의 세계》를 간행한 브로크하우스 출판사는 판매 실적이 좋지 않은 《의지와 표상으로서의 세계》 정편 대부분을 휴지로 처분했다. 그러나 그는 그러한 상황에도 불구하고 정편과 함께 이것을 보충하고, 또 구체성을 가진 속편과 더불어 《의지와 표상으로서의 세계》를 1844년에 아무런 사례를 받지 않고 역시 브로크하우스 출판사에서 출판했다. 이어서 1851년에 베를린의 A.W. 하인 사에서 《소품과 부록》을 출판했다. 이것은 그의 출판물로는 처음으로 세속적 성공을 거둔 것으로, 그의 이름은 널리 알려지게 되었다.

특히 1854년에는 바그너(W. R. Wagner)가 쇼펜하우어에게 그의 음악의 형이상학을 칭찬하는 말과 함께 〈니벨룽겐의 반지〉 악보를 보내왔다. 바그너는 생존 중의 쇼펜하우어의 최대 제자가 될 뻔했다. 그러나 모차르트, 베토벤, 로시니를 숭배하던 쇼펜하우어는 이질적인 바그너의 음악에 호감을 가지지 않고, 직접 만나는 것을 피했다. 그는 그비너와 함께 〈방황하는 네덜란드인〉의 연주를 들은 후 '바그너는 음악이 무엇인지를 알지 못한다'라고 말했다고 한다.

쇼펜하우어가 1858년, 70세 생일을 맞이했을 때는 지구상의 모든 곳에서 축사가 보내졌다. 그는 이것으로 사람들에게 인정받지 못했던 청년 시절의 울분이 풀렸다고 느꼈다. 그렇지만 고독한 생활의 기조가 변한 것은 아니었다. 그의 생활상의 변화로는 가정부가 바뀐 것과, 사랑하는 개의 색깔이 흰색에서 갈색으로 변한 것뿐이었다.

1860년 9월 21일 아침, 쇼펜하우어는 평소와 다름없이 냉수욕을 마친 후 식탁에 앉았다. 가정부가 잠깐 자리를 비운 사이 갑자기 기분이 좋지 않았는데, 의사가 왔을 때는 이미 숨을 거두었다. 죽은 모습은 매우 평온했다. 유언장에는 친하게 지낸 사람과 가정부에게 상속할 재산 내용이 상세하게 적혀 있었다. 특히 1848년 혁명 시기에 법적 질서유지를 위하여 죽은 프로이센 병사의 유족과 부상자에게 유산 일부를 기증할 것도 적혀 있었다. 그는 정치적으로는 평생 보수적인 태도를 지니고 있었다.

이단아(異端兒), 국외자(局外者)로서의 그의 명성 ―

노년에 들어서면서 알려지기 시작한 쇼펜하우어의 명성은 죽은 후에도 더욱더 높아갔다. 사상·문체 모두 매우 예술적이었던 그의 철학은 특히 예술가와 예술적 감각을 갖춘 사상가 사이에서 높이 평가되기에 이르렀다. 톨스토이는 그를 '모든 인류 중 가장 독창적인 사람'이라고 부르고, 바그너는 '나는 독일 정신문화에 대하여, 쇼펜하우어의 사상과 인식이 법칙이 될 날을 고대한다.'라고 말했다. 바그너의 음악에 나타난 멸망으로 향하는 도취와 환희,

사랑의 고뇌, 여기에다 죽음의 경련까지 쇼펜하우어의 사상과 유사하다는 것이 지적되고 있다.

그러나 그의 참된 제자라고 할 수 있는 사상가는 프리드리히 니체일 것이다. 니체는 뒤에 그와 단절되었지만, '교육자로서의 쇼펜하우어'가 명시하고 있는 것과 같이, 그와 더불어 평범한 경험주의, 비인간적인 공리주의, 소위 진보적인 정치의 지배, 정신생활의 타락을 낳은 '시대'에 대하여 엄숙한 염세주의 입장에서 날카로운 비판을 했다. 토마스 만의 여러 작품에도 쇼펜하우어의 사상이 곳곳에 나타난다. 《부덴브로크 가의 사람들》에 나오는 최후의 가장은 《의지와 표상으로서의 세계》를 우연히 읽는 사이에 매혹되어, 노년의 삶의 위로로 삼게 된다.

그런데 19세기 중반에 들어서면 쇼펜하우어의 명성은 차츰 저하되기에 이른다. 그의 저작은 본국인 독일에서도 기계적으로 간행될 뿐이고, 한때는 그의 염세주의가 우리나라에도 상당히 유행되었던 시절이 있었다. 요새는 그의 철학에 관하여 관심을 나타내는 사람을 보기가 매우 힘들게 되었다. 왜 그렇게 되었을까? 그 이유의 하나는 그가 맹렬히 공격한 소위 '강단철학(講壇哲學)'의 반발이 여전히 매우 강렬했기 때문이라고 한다. 슈나이더는 여기에 관하여 다음과 같이 말하고 있다.

"오늘날에도 학자 조합의 분노는 아직 진정되지 않고, 모욕적 도발은 여전히 가슴에 남아 있다. 그는 애초부터 국외자(局外者), 이단적(異端的) 존재로서의 운명을 지지 않으면 안 되었던 것이다."

그의 철학이 인기를 얻지 못한 이유는 그의 철학이 그의 성격과 시대정신에 너무나 강하게 제약되고, 현대정신의 요청에 응하지 못한다는 데 있다고 보는 데서 온다. 가령 쇼펜하우어가 여성, 사랑, 결혼 등에 관하여 말하는 모든 것은 한평생 집을 모르고, 또 가족 공동체의 규칙적인 일상생활과 질서 있는 행복을 모르는 외고집의 독신 남성의 사상으로 보인다. 다시 말해 인생에서의 모든 것은 고뇌로부터 해방된 잔잔한 마음의 평화를 누리는 데 있다고 한 그의 이론은 너무나 도피적이고, 소극적이라고 비판되고 있다.

다음에 이러한 이론은 모든 사교와 책임을 싫어하는 불행에 가득 찬 은자(隱者)의 이기주의가 나타난 것이 아닌가 하는 것으로도 보는 것이다. 이외에도 그의 이론 가운데 숨어있는 몇 가지 모순도 지적되어, 이것에 의하여 학문적인 의미로 보아, 그는 그가 불구대천의 적으로 삼은 헤겔뿐만 아니라 피히테와 셸링보다도 더 낮게 평가되기에 이르렀다.

그의 여성관 ─

쇼펜하우어에 관하여 아무런 지식이 없는 사람이라도 그가 〈부인론〉이라는 제목의 수필을 쓴 것이라든지, 그가 여성에 대하여 그다지 호의적이 아니었다는 것은 알고 있을 것이다. 사실 '여자의 몸을 보더라도 여성은 육체적으로, 정신적으로 큰일을 하지 못한다는 것을 알 수 있다.'라든지 '남성 사이는 본래 무관심이 있을 뿐이지만, 여성 사이는 본래 적대적이다.'라든지 하는 반여성적 문구는 〈부인론〉뿐만 아니라, 그의 저작 곳곳에서 볼 수 있다.

그러면 그의 생활은 여성과는 전혀 관계가 없었는가 하면 반드시 그렇지도 않다. 그는 연애했을 뿐만 아니라 한때는 결혼도 생각했다는 말도 있다.

"오빠가 알려준 아가씨 일로 나는 지금 큰 고민을 하고 있어요. 부디 그 아가씨를 속이지 말아 주세요. 오빠는 이제까지 모든 것이 옳았지만, 이 불쌍한 아가씨에게도 똑같은 태도로 대해 주었으면 해요."

이것은 《의지와 표상으로서의 세계》(정편)를 완료하고, 이탈리아로 여행하여 1819년 베네치아에서 테레제라는 여자와 교제하고 있던 쇼펜하우어에게, 여동생 아델레가 보낸 편지 내용의 일부다. 결국 그와 테레제 사이는 여동생의 기대와는 달리 원만한 결과를 보지 못했다.

이어서 그가 1820년 베를린대학에서 강의했을 때, 극장 합창대원의 한 사람인 카롤리네 메돈과 사랑에 빠졌다고 한다. 그녀에게는 유산 일부를 남길 정도였고, 쇼펜하우어와는 상당히 친한 사이였다고 추측되는데 결혼은 하지 않았다. 오히려 쇼펜하우어가 진심으로 구혼하고 싶은 마음을 가진 상대는 예술상의 딸로 1827년 당시 17세였던 플로라 바이스였다고 한다.

그러나 쇼펜하우어는 이 결혼도 단념하고 평생 독신으로 지냈다. 즉 엄격한 학문 연구에 몰두하려면 안정된 가정생활 속에서 안일하게 살 수는 없다고 그는 생각했기 때문으로 보인다. 그러나 이 같은 여성과의 교제가 있었다는 것과, 귀용 부인처럼 작품에서 찬양한 여성도 있는 것으로 보아, 그가 여성을 처음부터 경멸한 것이 아님은 확실하다.

그의 사상과 현대적 의의 —

쇼펜하우어의 사상은 실제로 그의 저작에 접하고 풍부한 실례와 인용을 자세히 읽음으로써 비로소 해득하고 이해할 수 있는 것으로서, 이것을 추상적으로 요약한 것을 읽고서 과연 충분히 파악할 수 있을지 매우 의심스럽다. 그러나 이 책의 내용의 이해를 조금이라도 쉽게 하기 위하여 일단 그의 사상의 골자를 소개하려 한다.

쇼펜하우어는 칸트의 저작으로부터 칸트 자신이 생각지도 않은 하나의 시사를 얻어 이 시사를 하나의 완전한 학설로 발전시켰다. 그런데 이 학설은 인간의 본성에만 관한 것이 아니라 세계 전체의 본성에 관한 것이다. 그리고 이 시사는 현상세계를 말하고 있는 칸트의 순수이성 비판과 의지로서의 본체적 자아를 이루고 있는 칸트의 후기 저작들 사이의 관계를 그가 숙련하고 있었을 때 그의 머리에 떠오른 것이다.

그리하여 쇼펜하우어는 세계를 관념(혹은 표상)과 의지로 보게 되었다. 그러나 그는 이 표상이나 의지의 어느 면에서나 칸트의 교설을 충실히 따르지는 않았다. 그는 칸트와 마찬가지로 경험의 소여(所與)가 현상이라고 생각했다. 그러나 칸트와는 달리 이 현상들이 개개 인간 존재의 사적인 정신에 있는 주관적 관념들이라고 생각했다. 온 세계와 그 속에 있는 모든 것은 감관 경험을 초월해서 존재하는 실재적인 사물들에 의하여 사람의 정신에서 산출되는 관념들로 볼 수 있다고 그는 주장했다.

그러나 이같이 본 세계는 현상들의 세계일 따름이다. 그것은 그것에 관한 사람들의 경험을 떠나서는 현실적인 것이 되지 못하는 세계다. 물리학과 다른 자연과학은 현상의 과학이라 해도 과언이 아닐 것이다. 이 과학은 그럴싸한 진리를 가지고 있고, 또 확실히 실제로 크게 쓸모가 있다. 그러나 그것들은 세계를 그야말로 피상적으로 다루고 우리 자신과 우리 밖의 세계의 실상이 무엇인지를 이해하게 하지 못한다. 그러므로 과학으로부터는 사물 자체에 관하여, 즉 우리 자신의 존재나 우리 속에 관념들을 산출하는 진정한 힘들에 관하여 아무런 결론도 끌어낼 수 없다. 과학자들이 다루는 현상세계를 넘어서 파고 들어갈 수 있어야만 비로소 실재가, 그 자체가 무엇인지를 알 수 있다.

철학자는 자기 자신을 연구함으로써 과학적 지식의 피상적인 영역을 넘어설 수 있는데, 이는 그가 그 자신 속에서 하나의 분체적인 대상을 만나기 때문이라고 쇼펜하우어는 믿었다. 우리 각자는 직접 들여다볼 수 있는 자기 자신의 존재가 있으며, 또 자기 자신을 다른 물건의 궁극적 성질에 대한 열쇠로 볼 수 있다. 우리 각자는 자기 자신이 결국 의지임을 발견한다.

그런데 이 의지는 칸트가 경건한 마음에서 상상한 것처럼 본래 도덕적인 의지가 아니다. 오히려 그것은 자기 아닌 것, 자기가 가지고 있지 않은 것으로 지향하는 끊임없는 분투의 노력이다. 여기서 한 걸음 나아가 쇼펜하우어는 세계 안에서 무수한 다른 모든 것은 우리 각자가 발견하는 자기 자신과 근본적으로 동일한 성질을 가지고 있다고 추론하고 있다. 그는 어떤 곳에서도 이 추론을 증명하지는 못하고 있으나, 우리 자신의 본성과 다른 모든 것의 본성이 모두 같다는 데 대해서는 확신이 있다.

우리는 우리 주위에 강물이 바다로 흘러 들어가는 쉴 새 없는 흐름, 나침반의 바늘이 북쪽을 가리키는 끈기, 쇠 부스러기가 자석으로 끌려 들어가는 빠른 모습, 관계있는 침전물이 수정체 모양을 가지게 되는 한결같은 경향, 우리 신체에 대한 지구의 인력, 그리고 모든 물체가 서로 끌어당기고 혹은 반발하는 힘을 발견한다. 우리가 우리 자신의 본성을 이해하게 된다면 우리는 주위에서 무수한 의지가 있음을 볼 수 있다.

그리고 우리 자신은 이 의지들의 한가운데 있는 듯싶다. 우리의 눈은 보려고 하는 의지가 현상으로 나타난 것이고, 우리의 오장육부는 소화하려는 의지가 현상으로 나타난 것이고, 우리의 두뇌는 알려는 의지가 현상으로 나타난 것이고, 물건을 쥐는 손과 달리는 발은 여러 가지 일과 목적을 수행하려는 의지가 현상으로 나타난 것이다.

우리 자신의 내부에서나, 그리고 우리를 둘러싼 세계의 어느 곳에서나 우리는 대체로 의지라고 부를 수 있는 것의 충동이 언제나 있음을 볼 수 있다. 현상적으로, 혹은 외부적으로, 관념으로 나타나는 모든 것은 그 자체가 우리 각자가 우리 자신의 참된 존재에 있어서 보는 것처럼 의지의 부단한 운동이다.

의지는 지성보다도 근원적이라고 쇼펜하우어는 말한다. 어떤 의지는 적어도 어떤 경우에는 지적인 의지일 수 있다. 그러나 의지는 세계에서 보편적이지만 지성은 그렇지 않다. 의지는 가끔 우리 주위의 자연계에서의 맹목적인 분투다. 그것은 그것이 추구하고 있는 목적을 내다보고 있지 않다. 심지어 자기 목적을 의식하고 있는 의지들도 그 목적에 도달하는 수단을 잘 구사하지 못하고 충동이 이끄는 대로 이리저리 헤매고 있다.

그리고 인간에게 있어서 의지가 지성의 도움을 받는 경우도 그것은 반드시 한층 더 고상한 의지가 아니다. 쇼펜하우어가 지적한 것처럼 지성이 도덕적 행위를 보증하는 것이 아니기 때문이다. 지성은 의지의 이익을 추진시키기 위해서 비열한 수단을 생각해낼 수도 있다. 교묘하게 사기 치고, 좋지 못한 것을 좋은 듯이 보이게 하는 데는 얼굴이 두껍기도 해야 하지만, 또한 기능도 있어야 한다.

그러므로 쇼펜하우어의 생각에 의하면 세계는 관념인 동시에 의지다. 그는 세계의 일부가 의지고, 일부가 관념이라고 생각하지는 않았다. 오히려 그는 세계 전체가 이 둘 중 어느 하나로 해석될 수 있다고 생각한 것이다. 세계는 현상들을 가지고 연구하는 과학자들에게는 관념이요, '사물 자체'로 파고 들어가는 철학자에게는 의지다.

이처럼 세계는 의지가 나타난 것이지만, 의지는 현상이 되기 전에 시간과 공간과 인과성으로부터 독립한 일정한 모습을 가지고 나타난다. 쇼펜하우어는 플라톤을 본받아서 이것을 이념(이데아)이라고 불렀다. 이념은 의지가 객체화한 것이고, 현상, 즉 표상이 되기 위한 단계다. 이념은 의지의 객체화하는 한 형식이다. 의지가 직접 현상이 될 수는 없고, 먼저 이념이 되고 그러고 난 뒤에 개개의 현상이 되므로, 쇼펜하우어는 이념을 직접적 객체화, 개체물을 간접적 객체화라고 부른다. 무기계에서는 자연력, 유기계에서는 동식물의 종족, 인간계에서는 개성이다. 이념은 의지 자체처럼 영원히 불변하고 개체만이 끝없이 생겨나고 없어진다.

사물 자체인 의지는 근거도 없고 원인도 없으며, 무한한 맹목적인 힘으로서 언제나 결핍을 가지며, 끝임없이 저지되고 그리하여 일체의 삶은 고통이다. 쇼펜하우어가 이 삶의 고통을 설명할 때, '그의 문필상의 천재가 가장 빛나고, 그리고 가장 냉엄한 완성의 정점에 도달했다.'라고 토마스 만은 말하고 있다.

고통에는 끝이 없다. 결핍, 곤궁, 생의 유지를 위한 근심이 첫째 고통이다. 비록 이 같은 것이 극복되었다 하더라도, 성욕, 애욕, 질투, 증오, 불안, 야심, 탐욕, 질병 등이 차례로 얼굴을 내민다. 그 원천이 의지의 내적 항쟁인 모든 재난은 판도라의 상자에서 나온다. 그러면 이 상자 밑에 남는 것은 무엇일까? 희망일까? 아니 권태다.

모든 인간의 삶은 고통과 권태 사이를 왕래할 뿐이기 때문이다. 고통은 적극적이며, 쾌락은 그것이 없는 상태, 즉 소극적인 것에 불과하고, 곧 권태로 옮겨간다. 참된 만족이란 얻을 수 없다. 우리의 욕망의 끝없음에 비하면 만족은 짧고 보잘것없다. 하나의 욕망이 성취되더라도 그 이외에 열 가지 충족되지 않는 욕망이 남는다. 만족이라고는 하지만 그것도 표면적이며, 욕망이 한 가지 성취되더라도 곧 새로운 욕망이 얼굴을 내민다.

만일 일체의 고통이 지옥으로 추방된다면 천국에 남는 것은 권태뿐일 것이다. 세계가 불만과 고통에 허덕이는 의지의 표현이라고 할 것 같으면, 평화도 안정도 순간의 환상에 불과하고 세계의 실제의 모습은 투쟁의 무대이며, 살육과 모략에 가득 찬 전쟁터라고 말하지 않으면 안 된다.

그러면 어떻게 하면 우리는 이 고뇌와 투쟁의 세계에서 벗어날 수 있을까? 그 하나는 예술에 의한 구제다. 쇼펜하우어에 의하면 참된 철학과 예술은 플라톤의 이념을 천재적으로 직관하는 일이다. 이 이념의 직관이야말로 건축, 조형 예술, 문학 등의 본질이다. 이러한 예술은 의도가 없는 의지에 지배되지 않는 직관으로 차원을 높여 준다. 그러나 이것은 순간적인 해탈이다. 지성은 자기를 낳게 한 의지에 의해 제약됨으로써 의지에 의해 다시 의지의 안개 속으로 되돌려 보내지기 때문이다.

그러나 음악의 경우는 사정이 다르다. 음악은 의지 자체의 말(언어)이다. 음악은 순수한 행불행에 관하여, 그것도 인간만이 아니라 세계의 행불행에 관하여 말한다. 음악은 이념의 묘사가 아니고 의지 자체의 묘사다. 음악은 다른 예술처럼 환상에 관해서가 아니고 본질에 관하여 말한다.

쇼펜하우어가 제시한 구제를 위한 두 번째 본래의 항구적 구제의 길은 근본적인 의지 부정이다. 그러나 여기에 도달하려면 도덕의 길을 거쳐서 종교의 경지에 들어갈 것을 필요로 한다. 일체의 세계의 재난과 허무함을 생각하고, 더욱이 일체의 개체는 동일의지의 표현임을 생각하면 모든 사물에 대하여 동정의 마음이 생긴다. 이것은 도덕의 기초다. 동정은 함께 고생함의 뜻이다. 세계의 모든 고통에 동정하는 사람은 이제 생에 대한 욕심은 없어지고, 살려고 하는 의지 자체를 부정하게 된다.

그리스도교·인도교·불교에서의 수도생활은 이 같은 의지 부정의 상태다. 그리고 의지의 의식적인 극복으로의 금욕과 고행은 수단이며, 목적은 의지의 완전한 소멸을 체득한 성자들이 '신 안에서의 자기 몰입'이라는 말로써 표현한 것, 즉 '무(無)'에 도달하는 것이다.

여기서 잠시 그의 철학의 현대적 의의를 살펴보기로 하자. 그것은 먼저 그가 인간의 의식의 깊은 곳에 자리 잡은 어두운 심연에 대하여 철학의 눈을 뜨게 하고, 그에 의하여 비로소 무의식의 철학과 심리학에 이르는 길을 트이게 했다는 것이다. 토마스 만은 "쇼펜하우어의 어두운 의지 영역은 프로이트가 '무의식' '에스(Es)'라고 부른 것과 같은 것이며, 쇼펜하우어의 지성은 영혼이 외계로 향한 부분인 프로이트의 '이히(Ich, 자아)'와 완전히 일치한다."라고 지적했다.

또 쇼펜하우어가 이러한 인간의 의식하는 영역, 무의식, 의지속에서 철학자로서 깊은 통찰을 했음에도 불구하고, 예술에 의한구제 사상이 보여주듯, 순수, 객관적으로 인식하는 지성의 의지에대한 우위를 내건 것은 폭력과 생명력이 예찬되고 지성이 경시되는 경향이 있는 오늘날의 비합리주의에 대한 경종이 아닐 수 없다.

미국의 작가 레이 브래드버리는 폭력, 독재가 지배하는 미래사회를 그린 《화씨 451》에서 모든 책이 정부의 손에서 불태워진다는 것을 안 일부 현자들이 고금의 명저(名著)에 있는 것을 전부암기하여, 이로써 인류의 지혜를 유지하려 했다는 이야기를 썼다. 이 같은 현자들의 머릿속에 기억될 책 중에는 《성서》와 슈바이처, 플라톤과 함께 쇼펜하우어도 들어있다.

이것은 미래사회에도 그의 사상이 인류에게 불가결하다는 것을 보여줌과 동시에, 학계는 아니더라도 이른바 통속문학에도, 혹은 일반 대중에게도 이제 점차 쇼펜하우어의 예지가 스며 들어가는 징후라고 짐작할 수 있다. 근대화에 따르는 생활의 편리화로 삶에 대한 엄숙함이 점차 상실되어 가는 오늘날의 청소년에게 쇼펜하우어의 철학이 주는 영향은 매우 클 것으로 믿는다. 이 책이 그의 철학에 대한 이해에 도움이 되었으면 하는 마음 간절하다.

의지意志와 표상表象으로서의 세계

제1권

표상(表象)으로서의 세계의 첫째 고찰

제 1 장 ~ 제 16 장

제2권

의지(意志)로서의 세계의 첫째 고찰

제 17 장 ~ 제 29 장

초판 서문 —

　이 책을 이해하기 위해서는 어떻게 읽어야 할 것인가를 나는 여기서 말해 두려 한다. 내가 이 책에서 전달하려고 하는 것은 다만 하나의 사상이다. 그런데 이 다만 하나의 사상을 전달하려는데 이 책 전체보다 더 간단한 방법을 아무리 애써보아도 나로서는 발견할 수가 없었다. — 이 사상은 사실 오랜 세월 동안 철학이라는 이름 아래 탐구되어 온 것이라고 나는 생각하는데, 바로 그러한 이유로 그것을 발견한다는 것이 역사상의 교양을 지닌 사람들에게는 현자(賢者)의 돌과 마찬가지로 불가능한 것이라고 생각된다. 사실 이러한 사람들에게 이미 플리니우스(Plinius)[1])는 말하기를 "사물이 이루어지기까지는 그럴 수가 없다고 생각되는 경우가 얼마나 많은가?"(《박물지(博物誌)》 제7권)라고 했다.

　전달해야 할 단 하나의 사상을 여러 각도에서 고찰하면 그것은 이제까지의 형이상학(形而上學)이라고 할 수도 있고, 논리학이라고 할 수도 있고, 또 미학이라고 할 수도 있음을 알 수 있다. 그리고 만일 이 사상이 내가 이미 고백한 것과 같이 내가 믿는 그대로라면 말할 필요도 없이 이 모든 것이라는 것은 틀림없는 일이다.

---

1) 고대 로마의 박물학자·정치인·군인. 23~79년. 일반적으로는 대플리니우스로 불린다. 저서에 백과사전 《박물지》가 있다.

사상체계는 항상 건축학(建築學)적 관련이 있지 않으면 안 된다. 즉 거기에는 항상 한 부분이 다른 부분을 지탱하는 반면에, 다른 부분으로부터는 어떠한 지탱을 받지 않고, 마지막으로 초석은 다른 어떤 부분의 지탱을 받지 않으면서 모든 다른 부분을 지탱하며, 꼭대기는 모든 다른 부분의 지탱을 받고 있으면서 다른 부분을 떠받고 있지 않은 그러한 관계와 같다.

이에 반하여 유일한 사상은 아무리 포괄적인 것이라 하더라도 가장 완전한 통일을 유지하지 않으면 안 된다. 그럼에도 만일 이 사상이 전달되기 위하여 여러 부분으로 분해되는 경우는, 이 여러 부분의 관계는 유기적(有機的)인 것이 되지 않으면 안 된다. 즉 각 부분은 전체에 의하여 유지되는 동시에 전체를 유지하게 하고, 어느 부분이 먼저고 어느 부분이 마지막이라는 것도 없이, 어느 부분에 의해서도 사상 전체의 명확성이 더하고, 더욱이 어떠한 미미한 부분이라도 이미 앞서 전체가 이해되지 않으면 완전히 이해할 수 없게 된다는 연관성이다.

그런데 책은 처음 시작되는 행과 마지막 끝나는 행이 있어서 그러한 한계에서는 내용이 아무리 유기체와 같다고 하더라도 모양으로는 항상 같다고는 할 수 없을 것이다. 따라서 여기에서는 형식과 실질(實質)은 서로 모순을 면치 못하게 된다.

여기서 스스로 명백한 것은 이 같은 사정에서, 이 같은 사상을 깊이 이해하려면 이 책을 다시 읽는 길 이외에 방법이 없다는 것, 더욱이 처음에는 시작 부분이 마지막 부분을 전제하는 것과 거의 같을 정도로, 마지막 부분이 시작 부분을 전제하고, 마찬가지로 앞부분이 뒷부분을 전제하는 것과 거의 같을 정도로 뒷부분이 앞부분을 전제한다는, 자발적으로 갖게 되는 신념에서만이 생기는 강한 인내를 가지고 읽어야 한다는 것이다.

내가 여기서 '거의'라고 말한 것은 반드시 그렇게 되지 않기 때문이고, 그리고 내가 뒤에 가서 비로소 약간 해명될 것을 미리 말하므로 할 수 있는 것과, 또 일반적으로 되도록 알기 쉽게 명백하기 하기 위하여 도움이 될 만한 것을 충실하고 성실하게 했기 때문이다. 실제로 만일 독자가 ― 이것은 매우 당연한 일이지만 ― 독서하는 경우에 그때그때 말해지는 것만을 생각하지 않고, 거기에서 생길 수 있는 여러 가지 가능한 결론도 함께 생각하지 않는다면, 이상 내가 행한 것들은 어느 정도 성공했을지도 모른다.

그러나 여러 가지 가능한 결론으로 현대의 여러 견해와, 또 독자들이 가지는 여러 견해에 아마 실제로 모순되는 점이 많을 거라는 점 이외에도 더욱 많은 다른 예견적(豫見的)인 결론과 상상적인 결론이 여기에 부과되는 경우가 있으므로, 그렇게 되면 단순한 오해에 불과했던 것이 크나큰 비난이 되어 나타날 것이 틀림없다.

그러나 나는 애쓴 서술(敍述)의 명확성과 표현의 명석은 여기서 말해진 내용의 직접적인 의미에 관해서는 아마 추호의 의혹을 줄 여지가 없는 것으로 안다. 하지만, 그래도 동시에 다른 모든 사람에 대한 그것과의 관계를 표현할 수 없으므로, 바로 이것이 세상 사람을 실제 사태를 인식하게 하는 데는 어려움이 있다.

그러므로 이미 말한 것처럼 이 책을 처음 읽을 때는, 두 번째 읽게 되면 많은 것이, 아니 모든 것이 전혀 다른 모습으로 보일 것이라는 확신에서 나오는 참을성이 필요하다. 더욱이 매우 어려운 문제를 취급하는 것이므로 그것을 완전히 이해하게 하고, 더욱 쉽게 이해할 수 있도록 노력하는 내 정성을 참작해 너그럽게 봐주어야 할 것이다. 전체적인 구조가 유기적이고, 사슬로 이은 것처럼 될 수 없다는 점에서 간혹 같은 곳에서 두 번 되풀이 언급할 필요도 있었다.

그리고 바로 이러한 구조와 모든 부분 간의 밀접한 연관으로 나는 다른 경우에 매우 중요하다고 여기지만 이 책에서는 장(章)과 절(節)로 나누지 못하고, 부득이 4개의 주편(主篇), 이른바 하나의 사상을 네 가지 관점으로 나누는 데 만족하지 않으면 안 되었다. 이 네 가지의 어느 하나를 읽더라도 거기에 필요상 논해져야 할 여러 가지 세부적인 일에 마음이 끌려 그런 것들이 속해 있는 근본 사상과, 서술 전체의 흐름을 놓치지 않게 특히 조심하지 않으면 안 된다. 이것이 여기서 (독자 자신도 철학자라는 바로 그 이유로, 철학자에 대하여) 호의를 갖지 못하는 독자에 대한 첫 번째 요구이며, 이것은 다음에 말할 요구와 마찬가지로 불가결의 요구 사항이다.

두 번째 요구는 이 책을 읽기 전에 그 서론을 읽어 달라는 것이다. 사실 그 서론은 이 책에 들어있지는 않고 5년 전에, 〈충족이유율에 관한 네 겹의 뿌리에 관하여 ― 하나의 철학 논문〉이라는 제목으로 출판되었다. 이 서론의 예비지식이 있지 않으면 이 책을 적절히 이해하기란 불가능하다. 더욱이 그 논문 내용은 마치 그것이 이 책에 포함되어있는 것처럼 이 책 곳곳에 전제되어 있다.

그런데 만일 그 논문이 이 책보다 몇 해 앞서 나오지 않았다 하더라도, 실제로 아마 서론으로 이 책의 권두(卷頭)에 게재되지 않고, 제1권에서는 그 논문에서 말한 것은 생각해 놓고 있으므로, 이미 이러한 공백이 일종의 갖추어져 있지 않음을 나타낸다고는 하나, 이것은 그 논문을 항상 인용해 줌으로써 보충해야 할 것 같다.

나는 지금 같으면 그때의 논문 내용을 더 훌륭하게 표현할 수 있을는지도 모르고, 특히 당시 나는 너무나 강하게 칸트(Immanuel

Kant)[2] 철학에 사로잡혀 있었으므로 사용한 몇 개의 개념, 범주(範疇)라든가, 외감(外感), 내감(內感)이라는 것들을 씻어 없애버린다면 더하겠지만 그럼에도 나는 한 번 쓴 것을 다시 써서 고친다든지, 한 번 충분히 말한 것을 고생하여 다른 말로 다시 표현한다든지 하는 것이 매우 싫어 감히 이 길을 택한 것이다.

그 논문에도 그러한 개념들은 그대로 사용되지만 그것은 그때까지 내가 그러한 개념들을 정말로 내 것으로 만들지 않았기 때문이며, 따라서 약간의 보충으로나, 또는 주요 문제에는 전혀 관여하지 않은 것으로 되어있다. 그러므로 실제로 그 논문의 이러한 여러 가지 부분을 고친다는 것은 이 책을 읽음으로써 자연히 독자의 사상에서 행해져 갈 것이다.

그러나 만일 독자가 그 논문에 의하여 근거의 원리가 무엇이며, 무슨 뜻인지, 그 원리의 타당성은 어디까지 뻗치며, 어느 지점 이상은 미치지 못하는가 하는 것을 완전히 인식하고, 근거의 원리가 모든 사물에 앞서 존재하지 않고, 이 원리의 결과로써 또는 이에 상응하여 이른바 그 계열로써 전 세계가 존재하는 것이지, 원리는 오히려 어떤 종류의 객관일지라도 항상 주관에 의하여 제약된 객관이, 주관이 인식 작용을 하는 개체인 한에 있어서, 어떠한 곳에서도 반드시 인식될 때의 형식에 불과하다는 것을 완전히 인식해야 한다. 그래야만 비로소 내가 이 책에서 시도한, 이제까지의 모든 철학적 사색 방법과는 전혀 다른 방법을 배울 수 있을 것이다.

그러나 나 자신이 이미 이전 논문에서 말한 것을 그대로 옮

---

2) 독일의 철학자. 1724~1804년. 비판철학의 창시자로 유럽 사상계에 많은 영향을 주었다. 저서에 《순수이성비판》, 《실천이성비판》, 《판단력비판》 등이 있다.

긴다든지, 혹은 똑같은 것을 다른 말이나 보다 서투른 말로 — 라는 것은 나 자신 그 이상으로 적당한 말이 없다고 생각되는 말을 앞선 논문에서 사용했기 때문이다 — 다시 말하기는 싫으므로 또 하나의 다른 결함이 이 책의 제1권에서 생겼다. 즉 나는 이 책에서는 〈시각과 색채에 관하여〉라는 내 논문의 제1장에서 정상적으로는 이 책에 그대로 포함되어야 할 것들을 모두 생략했다. 따라서 이전의 이 논문도 독자들이 알고 있는 것으로 전제한다.

끝으로 독자들에게 할 세 번째 요구는 말하지 않아도 상상할 수 있을 것이다. 그것은 2천 년 이래 철학에서 나타난 가장 중요한, 그리고 우리에게 가장 가까운 현상을 알아 달라는 요구이기 때문이다. 그것은 칸트의 주저(主著)에 관한 것이다. 실로 칸트의 주요 저서를 읽은 사람이 그의 정신에서 받은 영향은 이미 이전에도 말한 것처럼, 장님이 내장안(內障眼) 수술을 받는 것과 비교할 수 있을 것이다.

여기서 이 비유를 그대로 적용한다면 내 목적은 그 수술 결과가 좋은 사람들에게 내장안경(內障眼鏡)을 제공하려 했다는 것으로 표현해야 좋을 것 같다. 즉 내장안경을 사용하기 위해서는 내장안 수술이 무엇보다 필요한 조건이다. 따라서 나는 위대한 칸트가 성취한 업적에서 출발한 것은 물론이지만, 그러므로 나는 더욱 열심히 그의 여러 저서를 연구하게 되었고, 그 속에서 중대한 오류도 발견할 수 있었다. 여기서 나는 그의 교설(敎說)에 있는 진실과 뛰어난 것을 오로지 그 가운데 정화(淨化)하고 가정(假定)하며, 또한 응용할 수 있도록 그 속에서 오류를 가려내도록 설명하지 않을 수 없었다.

그러나 너무나 빈번한 칸트에 대한 반론(反論)을 펴기 때문에 나 자신의 서술이 중단되거나 혼란되거나 하지 않기 위하여 반론은 특별한 부록에 넣도록 했다. 이미 말한 것처럼 이 책은 칸트 철학을 알고 있을 것을 전제로 하고 있으므로, 동시에 이 부록도 알고 있는 것으로 해 둔다. 그렇게 함으로써 이 점에 관해서는 부록을 먼저 읽어보는 것이 상책일지도 모른다. 그 부록 내용은 마침 이 책의 제1권과 밀접한 관계가 있으므로 더욱 그러하다. 또 한편으로 사물의 성질상 부록의 각 곳에 본문 자체를 인용하지 않을 수 없었던 경우도 있었다. 즉 그 결과 부록은 저작의 주요한 부분으로 재독(再讀)하지 않으면 안 된다.

이런 이유로 이 책에 논술될 사항에 관하여 근본적으로 알아두어야 할 유일한 철학은 칸트 철학임을 전제한다. ― 여기에다 더욱이 독자들이 만일 신과 같은 플라톤(Platon)3)의 학설을 연구하고 있다면 내 강의를 듣는 데 더욱 좋은 준비가 될 것이며, 쉽게 이해할 수 있을 것이다. 그러나 만일 독자가 《베다(Veda)》의 은총을 받고 있다면 ― 《베다》의 길은 《우파니샤드(Upaniṣad)》에 의하여 열렸지만, 이것은 내가 보는 바에 의하면 얼마 되지 않은 이번 세기(19세기)가 이전 세기에 대하여 자랑할 수 있는 가장 큰 장점이다. 이것은 내가 산스크리트 문학의 영향은 15세기에 그리스 문학의 부흥이 미친 영향보다 적지 않을 것이라고 생각하기 때문이다.

그러므로 되풀이 말하지만 만일 독자가 이미 태고 인도의 지혜를 받아 정화했고, 혹은 정화되기 위하여 받아들였다면 그러한 독자는 내가 논술하는 것을 알아듣는 데 가장 잘 준비된 사람이라

---

3) 그리스의 철학자·사상가. 기원전 427?~347? 소크라테스의 제자, 아리스토텔레스의 스승. 대학의 원형인 '아카데메이아'의 교육자. 그의 사상의 핵심은 이데아(이념)론이다. 저서에 《소크라테스의 변명》, 《파이돈》, 《향연》, 《국가론》이 있다.

할 수 있다. 내 이 논술을 서먹하게, 더욱이 적의로 보는 사람이 적지 않은데, 앞에 말한 것과 같은 독자라면 그런 일은 없을 것이다. 그 이유는 내가 이렇게 말한다고 해서 불손한 말 같지만 않다면, 나는 다음과 같이 단언해도 좋다고 생각하기 때문이다. 즉 《우파니샤드》를 형성하고 있는 하나하나의 단편적인 말은 모두 내가 전하고자 하는 사상에서 결론적으로 도출되는 것들이다. 그러나 그 반대로 내 사상이 이미 《우파니샤드》에 발견된다고는 말할 수 없다.

여기서 대부분의 독자는 반드시 분통을 참지 못하고 오랫동안 참아온 비난의 소리를 높이면서 다음과 같이 말할 것이다. 도대체 어째서 너는 한 권의 책을 대중 앞에 내놓으면서 갖가지 요구와 조건을, 더욱이 그중에서 처음의 두 가지와 같은 건방지고 불손한 요구와 조건을 내걸 수 있단 말인가? 특히 오늘날과 같은 독특한 사상이 어디에나 나타나고, 독일만 하더라도 그러한 사상이 매년 내용이 풍부하고 독창적이고, 필요 불가결한 3천 권이라는 저서로 나오며, 또 기타 무수한 정기간행물과 혹은 일간 신문이 인쇄기에 의하여 일반 민중의 공동 소유의 재산이 되는 시대에, 또 오늘날처럼 특히 독창적이고 심오한 철학자가 얼마든지 있는 독일만 하더라도 과거 수 세기에 이어져 온 것보다 더 많은, 이같은 철학자가 동시에 현존하는 시대에 어째서 그와 같은 요구와 조건으로 대중 앞에 한 권의 책을 감히 제시하려고 하는가? 또 독자는 격분하면서 이렇게도 물을 것이다. 한 권의 책을 읽는 데 그렇게 복잡한 일을 해야 한다면 도대체 어떻게 결말을 내겠다는 것인가?

이 같은 비난에 대하여 나는 조금도 항변(抗辯)할 필요가 없으므로 나는 이러한 독자에게 미리 경고한다. 이미 내가 한 여러 요구를 충족하지 않고서는 이 책을 통독해도 아무 소용 없으므로 읽는 것을 중지해야 한다고 말해, 그들이 시간을 허비하지 않게 해 준 데 대하여 나에게 어느 정도 감사할 것을 기대하고 있다.

특히 이 책은 그들의 성격에 맞지 않고 오히려 항상 소수의 사람일 것이다. 그런 이유로 사고법(思考法)으로 그것을 감상해 줄 소수자를 침착하고도 겸손하게 기다리지 않으면 안 된다는 것은 더 말할 나위도 없다. 이 책이 독자에게 요구하는 번잡한 준비와 까다로운 노력은 덮는다 하더라도, 역설적(逆說的)인 것을 거짓과 어떠한 구별 없이 간주하는 엄청난 정도에까지 지식이라는 것에 접근한 현대의 지식인들은 자기가 참되고 확정된 것이라 생각하고 있는 것들을 정면으로부터 반대하는 사상을 페이지마다 읽을 것이므로 어떻게 참고 견딜 수 있겠느냐 하는 것이다.

그리고 또 지금 현존하고 있는 어느 대철학자(F. H. 야코비를 말함)는 실로 사람의 마음을 감동시키는 여러 가지 책을 저술하고, 다만 그가 15세 이전에 배우고 승인한 모든 것을 인간 정신의 선천적인 근본 사상이라고 본 것은 그의 잘못이다. 독자 중에는 이 책을 읽고 자기의 사색법이 이 위대한 철학자의 그것과 일치된다는 이유로, 자기가 이 책에서 반드시 찾아내지 않으면 안 된다고 믿고 있는 것(신앙 문제)에 관하여 조금도 언급되지 않은 것을 알면 기대에 어긋나 정말 불쾌하게 생각하는 사람도 적지 않을 것이다. 이러한 모든 것을 잘 감당하고 견딜 사람이 있을까? 그러므로 내 권고는 차라리 책을 한쪽으로 치우고 보지 말라는 것이다.

그러나 나 자신은 이것만으로 방면되는 것 같지 않아 보인다. 이 책을 손에 들어 서문을 읽고 그 서문에서 읽기를 그만두는 독자는 이 책을 돈을 내고 구입했으므로 이 손해는 어디서 배상해 줄 것이냐고 물을 것이다. 여기서 내 마지막 도피처는 책은 읽지 않아도 여러 가지 이용법이 있다는 것을 그들에게 말해 주는 일이다. 이것은 여러 다른 책과 마찬가지로 서고의 빈 곳을 채울 수도 있으며, 아름다운 장정이면 눈에 띄게 훌륭하게 보여질 수도 있을 것이다. 그렇지 않으면 그 같은 책을 학식 있는 여자 친구들의 화장대 위나 테이블 위에 놓아도 좋다. 혹은 끝으로 아마 이것이 가장 좋은 방법일 것 같아 나는 특히 권하는 바인데, 이 책의 평을 쓰는 것이다.

참으로 애매한 이 인생에 있어 어느 장을 넘기더라도 농담할 여지가 없을 만큼 근엄(謹嚴)으로 일관해야 한다는 법은 없으므로, 나는 감히 이러한 농담을 해보았다. 그것은 그렇다 치더라도 나는 정말 이 책이 조만간 이 책을 합당하게 읽어 줄 분들의 손에 들어가게 될 것이라는 확신으로 이 책을 공개한다.

그리고 그 이상의 것은 침착하게 어떠한 인식에서도, 따라서 가장 중요한 인식에서는 더욱더 진리에 주어진 운명이 이 책에 가차 없이 내려질 것을 각오하고 있다. 그 진리는 승리의 영광을 누리는 기간은 매우 짧고, 그 이전에는 그것이 역설로 저주받고, 그 이후에는 진부한 것으로 모멸당하는 기나긴 기간이 있을 것이다. 진리의 창도자(唱導者)에게는 역설을 부르짖는 자로서 저주받을 운명이 항상 따라다닌다. 그러나 인생은 짧고, 진리는 멀리 그 힘을 뻗치고 오래 살아간다. 그러므로 우리는 진리를 이야기하도록 하자.

1818년 8월
드레스덴에서 씀

제2판 서문 ─

나는 나와 동시대의 사람, 같은 국적을 가진 사람들에게가 아니고 ─ 인류에게, 여기에 왕성한 내 저작을, 이것이 인류에게 가치 있을 것이라는 확신을 가지고 낸다. 비록 그 가치가 모든 착한 운명이 항상 그러하듯 후세에 비로소 인정받는다고 하더라도. 그것은 내 두뇌가 내 의지에 거의 역행하다시피 하여 오랜 생애를 통하여 끊임없이 이 일에 몰두한 것은 오로지 인류를 위한 것이었으며, 일시적인 망상에 사로잡혀 있는 경솔한 무리를 위한 것이 아니었다.

이 기간에 나는 이 일의 가치에 관해서 관심을 표하는 사람이 없었지만 조금도 당황하지 않았다. 나는 항상 거짓된 것, 나쁜 것, 마침내는 불합리하고 무의미한 것(헤겔 철학)이 일반의 칭찬과 존경을 받는 것을 보고 이렇게 생각했기 때문이다. 즉 순수한 것과 올바른 것을 인식하는 능력의 소유자는 20 몇 년을 걸려서 찾아보아도 구할 수 없을 정도로 희귀한 것이 아닐진대, 그 같은 순수한 것과 올바른 것을 창조할 수 있는 사람이 있어 그러한 사람들의 저작이 후세까지 남아 이 세상 사물의 무상의 예외가 되는 수도 있을 만한 일이 아닌가.

만일 그렇지 않다면 높은 목표를 설정한 사람이 힘을 얻기 위하여 필요한 후세에 있을 밝은 희망조차 소실하고 말 것이다. 실질적인 이익도 되지 않는 것을 진지하게 생각하고 또 행하는 사람은 동시대인의 관심을 얻으려고 기대해서는 안 된다. 그러나 그러한 사람은 대개 그러는 동안에 그러한 일들의 표면적인 것이 세상에서 행해지게 되고 성황을 이루는 것을 보게 될 것이다. 이것이 세상의 일반적인 일이다. 어떠한 일이든 일 그 자체는 그 자신을 위해서도 행해지지 않으면 안 되게 되어있고, 만일 그렇지 않으면 그것은 성취되지 못하기 때문이다.

그러나 어떤 경우에도 일종의 의도를 갖는다는 것은 이해를 그르칠 위험이 있다. 따라서 문학사(文學史)라는 좋은 증거가 보여주듯, 가치 있는 것은 모두 그것이 인정되기까지 오랜 세월이 필요하다. 특히 그것이 이미 있는 것이 아니고 교훈적일 때 더욱 그러하고, 그동안에는 거짓이 빛을 발한다. 그것은 어떠한 일이든 그 일의 외견(外見)과 일치시킨다는 것은 불가능하지는 않지만 곤란하기 때문이다.

사실 이 고난과 욕심의 세상에서는 모든 것이 그 고난과 욕심을 위하여 사역 당하지 않으면 안 된다는 것이 이 세상의 저주다. 그러므로 이 세상은 광명(光明)과 진리에 대한 노력과 같이 무언가 고귀하고 숭고한 노력이 조금도 방해받지 않고 진전하여, 그 자신을 위하여 존재할 수 있도록 되어있지 않다. 오히려 이 같은 노력이 일단 유력하게 되어, 그것으로써 이러한 노력의 개념이 수립된다 하더라도 곧 실질적인 이해와 개인적인 목적이 그 개념을 자기 것으로 하여, 그것을 그러한 것들의 이해와 목적의 도구로 하든지 혹은 가면(假面)으로 하든지 할 것이다.

그러므로 철학의 존엄성을 다시 회복한 칸트 이후에도 얼마 안 되어 철학은 위로는 국가적 목적, 아래로는 개인적인 목적 등, 여러 가지 목적의 도구가 되지 않을 수 없었다. 엄밀하게 말하면 도구가 되는 것은 철학이 아니고 철학과 매우 닮은 것이지만 그것을 철학이라고 한 것이다. 이러한 것들로 우리는 놀랄 필요는 없다. 인간의 대다수는 그의 본성으로 보아 실질적인 목적 이외의 어떠한 목적을 세운다는 것은 할 수 없는 일이며, 또한 이해한다는 것도 있을 수 없는 일이다.

그러므로 오로지 진리만을 탐구한다는 것은 너무나 높고, 또 엄청난 노력이어서 모든 사람이, 많은 사람이, 아니 그렇게까지는 아니더라도 약간의 사람이라도 그러한 노력에 협력한다는 것을 기대하기란 불가능한 일이다. 그럼에도 만일 우리가 한 번 마치 지금 독일처럼 철학에 관하여 유별난 활기를 갖고, 일반 사람들이 철학을 일삼고, 철학에 관하여 쓰고 논하는 것을 보면, 이 같은 운동의 근본동인(根本動因, primum mobile), 즉 숨은 동기는 제아무리 점잔을 빼고 단언하더라도 목적은 이상적인 것이 아니고 실제적인 데 있으며, 개인적인 목적과 직무상의 목적과 교회의 목적, 그리고 국가적인 목적에 있으며, 이 경우 염두에는 실질적인 이익이라는 것이다.

따라서 단순한 당파적(黨派的)인 목적이 소위 철학자들의 많은 붓을 저토록 활발하게 움직이게 한다는 것, 여기서 그들의 목표는 명지(明智)에 있지 않고 어떤 의도가 이 시끄러운 무리를 움직이게 하는 것이며, 이 경우 진리는 제일 마지막에 생각해 내는 물건이 된다는 것을 확실히 전제할 수 있다.

진리는 당파적인 사람과는 관계가 없다. 진리는 오히려 그 같은 철학적인 소란한 다툼 속에서도 마치 경직된 교회의 도그마(dogma, 교의)에 사로잡혀 겨울밤과 같은 시대를 지나왔듯이 조용히 아무도 돌보는 사람 없이 자기 길을 걸어갈 수 있다. 이 겨울밤과 같은 시대에는 진리는 비교(秘敎)나, 그 무엇처럼 소수의 숙련된 사람에게만 전달되든지, 또 옛 사본(寫本) 형식으로서만 전달되었다. 내가 감히 말하고 싶은 것은 철학이 한편으로는 국가의 수단으로서, 다른 한편으로는 영리 수단으로서 보기 흉할 만큼 남용되고 있는 지금처럼 철학으로서 부당한 시대는 없다.

철학을 위하여 힘을 기울이고 또 떠들고 하면, 그러는 사이에 전혀 목적하지 않던 진리가 어쩌다가 나타날 것이리라 생각될지도 모른다. 그러나 진리는 창부가 아니므로 원하지 않는 사람에게 달라붙지는 않는 법이다. 오히려 진리는 정숙한 미인으로 그녀에게 모든 것을 바치는 사람에게도 반드시 정을 주리라고는 기대할 수 없는 것이다.

그런데 국가가 철학을 국가의 목적을 위한 수단으로 삼는가 하면, 다른 한편으로는 학자들이 철학 교수의 지위를 다른 모든 직업과 마찬가지로 거기에 종사하는 자들의 부양을 위한 직업으로 간주한다. 따라서 그들 학자는 자기들의 마음가짐이 훌륭하다는 것, 즉 앞에 말한 것과 같은 목적에 부응하도록 힘쓴다는 것을 보증하고서 앞다투듯 철학 교수 지위를 얻으려고 한다. 그리고 그들은 그 약속을 지키는 것이다. 즉 진리도 아니고, 명백함도 아니고, 플라톤도 아니고, 아리스토텔레스(Aristoteles)[4]도 아닌, 그들이 거기에 부응하기 위하여 부과된 목적이 바로 그들의 목표이며, 동시에 참된 것이고, 가치 있는 것이고, 주목할 만한 것이고, 또 그것과 반대되는 것의 표준이 되는 것이다.

그러므로 그러한 목적에 합당하지 않은 것은 비록 그 부분에서 가장 중요하고 가장 특별한 것이라 하더라도 부정되든지, 혹은

---

4) 그리스의 철학자. 기원전 384~322년. 자연과학·논리학·형이상학·윤리학·정치학 등에서 많은 저서를 남겼다. 경험주의 철학을 주장했으며, 서양 철학에 큰 영향을 주었다.

위태롭게 보일 때면, 모두에게 일제히 묵살 당하고 만다. 그들이 한결같이 범신론(汎神論)에 반대하고 있는 것을 보라. 그들의 반대가 신념에서 나온 것이라고 믿는 바보가 있을까? 또 밥을 위한 직업이라고까지 비난받은 철학이 어찌하여 타락의 막바지에서 궤변(詭辯)이 되지 않을 수 있을까?

이 모두가 불가피한 것이며 옛날부터 '신세 진 사람에게 편든다'라는 관습이 행해지고 있으므로, 고대 사람들도 철학으로 돈을 번다는 것은 소피스트들의 특징이었다. 그런데 그 이상으로 또 있다. 그것은 이 세상에서는 어디에서든지 평범한 것 이외에는 바랄 수 없고 또 요구하지도 않고, 돈으로 구할 수도 없으므로 철학에 관해서도 평범한 것으로 만족하지 않으면 안 된다는 것이다. 여기서 우리는 독일의 모든 대학에서 이 귀중한 평범함이 자기 손으로, 더욱이 규칙적인 표준과 목적에 따라서 이제까지 전혀 존재하지 않았던 철학을 만들어 내려고 애쓰는 것이 엿보인다. 이것은 비웃기조차 불쌍한 광경이 아닐 수 없다.

이렇게 하여 꽤 오랫동안 철학은 일반에게 한편으로는 공적인 목적에, 다른 한편으로는 사적인 목적에 수단으로 사용되지 않을 수 없었다. 나는 조금도 그러한 것에 구애 되지 않고 이미 30년 이상이나 되는 옛날부터 내 사상의 길을 걸어왔다. 이것은 내가 그렇게 하지 않을 수 없었기 때문이었으며, 다른 길이란 있을 수 없었다. 일종의 본능적인 충동에 자극받은 것이었지만 그러나 그 충동의 저주가 된 것은, 누군가 한 사람이 진리를 생각하고 숨은 것을 밝혀내면, 그것은 언젠가 한 번은 반드시 누군가의 사유(思惟)하는 사람에 의하여 파악되고, 그 사람의 마음을 끌어 기쁘게 하고 위로해 줄 것이라는 확신이었다.

우리는 이 같은 사람들에게 말을 거는 것이다. 그것은 마치 옛날 우리와 같은 사람이 우리에게 말을 걸어 황량한 인생의 우리에게 위안을 주는 것과 같은 것이다. 그런데 우리는 자신의 문제를 문제 그 자체를 위하여, 그리고 자기 자신을 위하여 추구한다. 그렇지만 철학적 성찰에 있어 이상하게도 자기 자신 때문에 생각하고 탐구하고 한 사람만이 나중에 다른 사람의 이익도 되지만, 처음부터 다른 사람을 위한 것이라고 정해진 것은 다른 사람의 이익이 되지 않는다.

사람이 자신을 위하여 생각하고 탐구하는 것은 무엇보다 먼저 일반적인 성의(誠意)라는 성격을 보면 잘 알 수 있다. 이렇게 말하는 것은 사람은 자기 자신을 기만하려고는 하지 않고, 또 자기 자신에게 씨 없는 호두를 주지 않는 법이기 때문이다. 그렇게 되면 모든 궤변과 미사여구(美辭麗句)는 없어지고, 그 결과 간단히 기록해 둔 문장도 그것을 읽으면 읽을 만한 가치가 있게 된다. 따라서 내 저작은 실로 명확하게 성실과 공명(公明)이 깃든 것이므로 이것만 보아도 칸트 이후의 세 사람[헤겔·피히테·셸링]의 유명한 궤변자의 저작과는 현저한 차이가 있는 셈이다.

내 입장은 항상 반성(Reflexion), 즉 이성적인 사려와 성실한 보고라는 입장으로 결코 지적직관(知的直觀)이라든지, 혹은 절대사유(絶對思惟)라든지 하는, 정확하게 말해서 허풍과 자만이라 할 수밖에 없는 인스피레이션(inspiration) 입장은 아니다. 따라서 나는 이러한 정신으로 연구하면서 그간 끊임없이 거짓과 좋지 못한 것이 일반적으로 인정되고, 혹은 허풍[피히테와 셸링]과 자만[헤겔]이 최고로 존경받는 것을 봐왔으므로, 나는 내 동시대의 사람들로부터 찬동 얻는 것은 이미 옛날부터 단념하고 있었다.

나와 동시대 사람들은 20년간을 헤겔(G. W. F. Hegel)[5]과 같은 정신적 괴물을 소리 높여가면서 가장 위대한 철학자라고 선전해, 그 반향은 전 유럽으로 미치게 되었다. 이러한 상황을 본 사람으로서 그러한 현대인들의 갈채를 구한다는 것은 거의 불가능한 일이다. 그들은 사람에게 줄 영광스러운 관(冠)을 가지고 있지 않다. 그들의 갈채는 매음(賣淫)되고 있다. 그러므로 그들의 비난은 일고의 가치도 없다. 나는 정말로 그렇게 생각하고 있으며, 이것은 다음 것으로 미루어 명백한 일이 아닐 수 없다.

즉 만일 내가 동시대인들의 갈채를 얻으려 했다면 나는 그들의 모든 견해에 전적으로 반대되는, 더욱이 부분적으로는 그들의 감정을 반드시 상하게 할 약 20개나 되는 부분을 없애지 않으면 안 되었을 것이다. 그러나 나는 그들의 갈채를 얻기 위하여 일언반구(一言半句)라도 희생한다면 그것은 내 잘못이라 믿는다.

진리만이 나를 인도하는 별이다. 이 진리의 별에 따르면 나는 무엇보다 나 자신에게 충실하면 되고, 고매한 정신적 노력이 이미 고갈하여 침체된 시대와, 그 상한 언어를 야비한 정신과 결부시키는 기술만이 최고도로 발달한 국민문학, 약간의 예외는 있지만 도덕적으로 타락한 국민문학으로부터는 전적으로 이반(離反)한 것이다. 물론 사람 각자의 본성에는 그 특유의 결점과 약점이 있듯이, 내 본성에도 필연적으로 있을 결점과 약점을 면하지는 못하겠지만, 나는 그 결점과 약점을 고상하지 못한 순응(順應)으로 더 늘게 하지는 않을 것이다.

그런데 이 제2판에 관해서는 나는 무엇보다 먼저 (초판 이래) 25년 뒤의 오늘에도 조금도 철회해야 할 사항이 없다는 것, 따라서 내 근본 사상이 나 자신에 의하여 확증되었다는 것은 나로서

---

5) 독일의 철학자. 1770~1831년. 칸트 철학을 계승한 독일 관념론의 대성자. 저서에 《정신현상학(精神現象學)》, 《논리학》, 《법철학 강요》 등이 있다.

기쁜 일이다. 그러므로 전적으로 초판 본문 내용으로 하는 제1편의 변화는 본질적인 점에 있어서 손댄 곳은 한 군데도 없고, 일부는 사소한 사항에 관한 일이고, 다른 대부분은 대개 곳곳에 삽입된 짧은 해설적인 보유(補遺)이다.

다만 칸트 철학의 비판만은 많이 수정하고 상세한 보유를 붙였다. 그것은 나 자신의 학설을 말한 제1편 4권이 제2편에서 각기 보유한 것과 마찬가지로, 칸트 철학의 비판의 정정과 보유를 별권에 넣을 수는 없었기 때문이다. 나 자신의 학설에 관하여 이렇게 별권을 만들어 증보(增補)한다든지 수정한다든지 하는 형식을 택한 것은 초판 이래 25년이 지나는 사이, 내 서술 방법과 강의의 풍격에 많은 변화를 가져왔고, 그것으로써 제2편 내용을 제1편 내용과 함께 정리하면 좋지 않고, 함께 합치면 양쪽 모두 해를 입으리라는 이유에서다.

그런 이유로 나는 이 두 개의 저술을 나누어서 이전의 서술(제1편)에 대하여, 지금 같으면 전혀 다른 표현을 해야 할 부분조차 조금도 가필하지 않았다. 그것은 노년에 갖는 헐뜯는 취미에 의하여, 내 젊은 시절의 노작을 망치고 싶지 않았기 때문이다. 이런 점에서 수정할 곳이 있다면 그것은 제2편의 도움을 빌려 반드시 독자가 마음속으로 스스로 정리해 나갈 수 있으리라.

이 양편(兩篇)은 말의 온전한 뜻에 있어서 상호 보충 관계에 있으며, 이 관계는 인간의 어느 나이는 지력(知力)이라는 점에서 다른 나이의 보충이라는 것에 기반을 둔 것이다. 그러므로 읽어보면 2편 중 한 편이 다른 것이 가지지 않은 것을 가지고 있다는 것뿐만 아니라, 한쪽의 장점이 다른 쪽이 가지고 있은 않은 것에 있다는 것도 알 수 있으리라. 따라서 나의 저작 전반이 후반에 비하여 청춘의 열과 착상, 처음의 기력만이 줄 수 있는 장점을 갖고 있다면, 후반은 이에 반하여 긴 인생행로와 그 노력의 결정으로서 비로소 주어지는 사상의 원숙과 완전한 정비라는 점에서 전반을 능가할 것이리라.

나는 내 학설의 근본 사상을 최초에 파악하고 곧 이것을 네 개의 가지로 나누어 추구하며, 이 나누어진 가지에서 그것을 통일하는 줄기에까지 소급해 그런 뒤에 전체를 명료하게 서술하는 힘을 가진 것이다. 당시는 또 학설의 모든 부분을 완전히 철저하게, 또한 상세하게 퇴고(推敲)할 수는 없었다. 이 같은 완전, 철저, 상세는 다년간 이 같은 학설을 성찰해 비로소 얻을 수 있는 것이다. 이 성찰은 학설을 무수한 사실과 대조하여 검사하고, 해명하고, 여러 가지 예증(例證)으로 뒷받침하고, 모든 면에서 조명해 여러 가지 관점을 이에 따라 대담하게 대조하고, 다양한 소재를 순수한 입장에서 분류하고, 잘 정비해 서술하기 위하여 필요한 것이다.

그러므로 지금과 같이 나의 저작을 두 개로 나누어서 이것을 사용할 때는 양쪽을 비교하지 않으면 안 되도록 하지 않고, 저작 전체를 하나의 주형(鑄型)으로 만드는 것이 좋을 것이다. 그러려면 내가 일생의 두 시기에 걸쳐서 이룰 수 있는 일을, 한 시기에 성취하는 것이 필요했어야 한 것을 독자는 고려하기 바란다. 그렇게 하기 위해서는 내가 두 개의 전혀 다른 성질을 지니는 특성을 한 시기에 가지고 있지 않으면 안 되었기 때문이다. 따라서 내 저작을 서로 보충해주는 두 가지 부분으로 나누어서 낼 필요가 있었다.

그것은 무색(無色)의 대물(對物) 렌즈를 만들 때 하나의 렌즈로는 만들 수 없으므로, 플린트 유리의 오목렌즈와 크라운 유리의 볼록 렌즈를 맞추어서 그 작용을 하나로 하고 비로소 목적에 도달할 필요가 있는데, 이 경우의 필요에 비교할 수 있다. 그러나 다른 한편으로 독자는 이 두 가지 부분을 동시에 사용하는 불편을 어느 정도 보상하는 것으로, 같은 문제를 같은 두뇌와 같은 정신으로, 매우 차이가 있는 시기에 같은 대상을 취급했으므로 거기서 생기는 변화와 위안을 느낄 것이다.

그런데 내 철학을 아직 모르는 사람은 아무래도 제2편을 변용하지 말고 제1편을 통독하여, 제2편은 두 번째 읽을 때 비로소 사용하는 것이 좋겠다. 그렇지 않으면 제1편에서만 논술하고 있는 내 학설의 전체적인 연관성을 파악한다는 것은 매우 어려울 것이기 때문이다.

제2편에서는 근본 사상을 하나하나씩 들어 세밀하게 그 기초를 다지고 완전히 전개해 놓았다. 제1편을 재차 통독하려고 마음 먹지 않은 사람도 제1편을 읽은 뒤에 제2편을 단독으로 장(章) 순서에 따라서 통독하는 것이 좋을 것이다. 물론 제2편의 각 장은 상호 간 연관이 그다지 긴밀하지는 않지만 그 틈을 독자가 제1편을 — 그것을 충분히 이해했다면 — 회상하면 완전히 충족할 수 있을 것이다. 또 나는 곳곳에 제1편의 해당 부분에 소급해 참조하도록 했는데, 제1편에서는 이 목적을 위하여 초판에서 단순히 구분하는 선으로서 표시한 각 장에, 제2편에서는 장마다 번호를 붙였다.

이미 초판 서문에서 나는 내 철학이 칸트 철학에서 출발한 것이고, 따라서 칸트 철학을 근본적으로 알고 있다는 것을 전제로 한다고 말했는데, 여기에서도 나는 이 말을 되풀이하고 싶다. 칸트의 학설은 그것을 이해한 사람의 두뇌에 정신적 재생이라고까지 생각될 정도의 크나큰 근본적 변화를 가져오기 때문이다. 즉 그와 같은 두뇌에게 선천적인 지성(知性)의 근원적인 규정에 연유하는 실재론(實在論)을 없앨 수 있는 것은 칸트 철학뿐이며, 버클리(G. Berkeley)[6]와 말브랑슈(N. Malebranche)[7]의 그것으로는 불충분하다.

그들은 일반론으로 너무나 일관해 있는데 칸트는 제목에까지 이르고 있고, 더욱이 그 방법은 그 이전에 원형(原型)도 없고, 그 이후에 복제도 없는 전적으로 독특하고 직접적이라고도 할 수 있는 영향을 정신에 끼쳤다. 그 결과 정신은 근본적인 의외감(意外感)을 느끼고, 그로부터 모든 사물을 다른 빛으로써 보게 된다. 이로써 처음으로 정신은 내가 해야 할 한층 더 적극적인 해명을 받아들일 수 있게 된다.

이에 반하여 칸트 철학을 자기 것으로 하지 않은 사람은 무엇을 연구하든 이른바 천진난만한 입장, 즉 자연적인 어린이 같은 실재론 입장이고, 우리 모두가 타고난 그대로의 입장이며, 다른 모든 가능한 것을 할 수 있는 힘은 있어도 다만 철학을 연구하는 힘은 없는 입장이다. 따라서 이런 입장의 사람과 칸트 철학을 이해한 사람의 관계는 미성년과 성년 관계와 같다.

이 진리는 《순수이성비판》이 출판되고서 30년 동안은 조금도 역설적인 느낌은 없었지만, 오늘에 와서는 역설적으로 들리게 된다. 그렇게 된 이유는 칸트를 모르는 사람이 많아지고, 칸트의 저작을 소홀하게, 성급하게 읽든지, 또는 간접적인 소개문으로 읽는 사람이 많다는 것이다. 이것은 그들이 지도를 올바르게 받지 못했기 때문에 평범한, 따라서 철학하기에 맞지 않는 두뇌의 철학적 논의와, 또는 무책임하게도 세상 사람이 이런 무리에게 추천하는 허풍쟁이 궤변가들의 철학적 논의를 가지고 다니면서 시간을 낭비했기 때문이다.

---

6) 영국의 성직자. 1685~1753년. 경험론을 주장하였다.
7) 프랑스의 철학자·수도사. 1638~1715년. 종교와 철학의 조화를 도모하여 기회 원인설을 주장했다. 저서에 《진리의 탐구》가 있다.

기초적인 여러 개념의 혼란이나 또 총체적으로 이런 교육을 받은 무리가 스스로 철학적인 학설을 세우고, 멋대로 과대평가하며 자부심에 도취하는 것과 같은 형용할 수 없는 무례함과 저급함은 바로 여기에서 유래하는 것이다. 그러나 칸트 철학을 다른 사람의 서술에서 배울 수 있다고 생각하는 사람은 구제할 수 없는 잘못된 견해에 사로잡힌 사람들이다. 특히 나는 요새 이 같은 보고에 현혹되지 않도록 진심으로 경고하지 않을 수 없다. 특히 이 몇 해 동안에 헤겔학파의 여러 저서에서 칸트 철학을 서술한 것이 나왔는데 실로 당치 않은 것을 써놓고 있다.

이미 원기 좋은 청년 시절에 헤겔식의 헛소리에 두뇌가 마비당하고 상한 사람들이 어떻게 심오한 칸트의 연구를 따라갈 수 있을까? 그들은 일찍부터 헛되기 그지없는 미사여구를 철학사상이라 생각하고, 빈약하기 이를 데 없는 궤변을 예지(叡智)라 생각하며, 어린아이 같은 망령을 변증법(辨證法)이라고 생각하는 데 익숙해졌다. 더군다나 되는 대로 주워 모은 언어를 사용했으므로 ― 정신은 이 조어(造語)를 사용하여 무엇을 생각하는 데 쓸데없는 고생으로 지쳐 버리지만― 그들의 두뇌는 조직이 파괴되어 버린 것이다.

그들에게는 이성비판 같은 것은 필요하지 않으며, 철학도 필요하지 않다. 그들에게는 정신의 의약이 알맞고, 먼저 세척제로 상식학(常識學)의 짧은 과정을 밟게 하고, 그 뒤에도 여전히 그들 사이에서 철학이라는 것이 문제 될 수 있는가를 살펴야 한다. 그러므로 칸트의 학설을 칸트 자신의 저작 이외의 다른 데서 찾아보아도 소용없는 노릇이다. 칸트 자신의 저작은 칸트가 잘못 생각하고 있을 경우도, 잘못된 경우까지도 모두 우리에게 가르치는 바가 있다.

그는 독창성을 찾고 있으므로, 모든 참된 철학자에 관해서 본래적으로 말할 수 있는 것들은, 그에 관한 한 최고도로 말할 수 있다. 즉 참된 철학자는 그들 자신의 저서에서 알 수 있으며, 다른 사람의 보고에서는 알 수 없는 것이다. 비범한 정신을 가진 철학자들의 사상은 평범한 두뇌에 의한 여과(濾過)에 지나지 않기 때문이다.

형형(炯炯)한 빛을 발하는 두 눈 위에 있는 넓고도 높은 아름답게 튀어나온 이마에서 나온 사상은, 개인적인 목적을 추구하는 둔한 눈빛이 박혀 있는 좁고 압축된 두꺼운 두개골에 억지로 밀어넣고, 낮은 지붕을 덮어서 쓸모없이 만들면 힘과 생명을 모두 잃고 전혀 다른 것으로 변하는 것이다. 말하자면 요철(凹凸)의 거울과 같아 거기에 비치면 무엇이든 우툴두툴하게 보이고, 자체가 지닌 미의 조화를 잃고 조악하게 되어 버린다. 철학적 사상은 다만 그 사상을 수립한 사람 자신만이 얻을 수 있다.

그러므로 철학을 연구하는 것을 갈망하는 사람은 철학에 관한 영원한 스승을, 그 스승의 저작인 고요한 성전(聖殿)에서 구해야 한다. 참된 철학자가 만든 저작의 어느 것을 보더라도 그 주요 장절(章節)에 있는 학설에는 평범한 두뇌의 소유자들이 행하는 산만한, 사시적(斜視的)인 보고의 백 배에 해당하는 것 같은 식견이 포함되어있을 것이다. 더욱이 이 같은 평범한 인간들은 대개 그때그때의 유행 철학에 깊이 사로잡혀 있지 않으면, 자신의 생각에 파묻혀 있다.

그러나 세상 사람들이 제3자의 손에 의해서 서술한 쪽을 더 좋아한다는 것은 실로 놀라운 사실이 아닐 수 없다. 이 경우 실제로 친화력이 작용하는 것같이 생각되며, 그러므로 평범한 사람은 자기와 비슷한 것에 끌리고, 위대한 정신의 소유자가 말한 것도 다른 자기와 비슷한 사람들의 입을 통해서 들으려고 한다. 이것은 아마 어린아이들이 자기와 비슷한 것으로부터 가장 잘 배울 수 있다는 상호교수(相互敎授) 학설과 같은 원리에 서 있는 것 같다.

이제 철학 교수들을 위하여 한마디 해둔다. 내 철학이 세상에 공개되자 곧 그들은 이 철학을 그들 자신의 지향(志向)과 전혀 이질적인 그 무엇이며, 위험천만한 것이며, 속되게 말해서 그들의 용도에 합당하지 않은 것으로 간주했다. 이 경우 그들의 현명함, 정곡(正鵠)을 얻을 세밀한 분별, 그리고 그들이 내 철학에 대하여 취해야 할 유일하고도 적절한 태도를 재빨리 발견하는 데 있어서의 그들의 정확하고도 현명한 거래, 그들이 그러한 태도를 실행하는 데 있어서 보인 완전한 협동 단합, 끝으로 그들이 끝끝내 이러한 태도를 고수해 왔다는 것 — 이런 것들에 대하여 나는 이전부터 경탄을 금할 수가 없었다.

이러한 방법은 사실 실행하기가 쉽다는 점에서 그들의 환영을 받은 것이지만, 이것은 모두 알다시피 전혀 무시한다는 것이고, 더욱이 무시함으로써 '숨긴다'는 것이다. 이 '숨긴다'는 말은 괴테(J. W. von Goethe)[8]의 악의(惡意)에 찬 표현을 따른 것으로, 이것은 본래 중요한 것이나 귀중한 것을 은폐한다는 뜻을 가졌다. 이러한 비밀 수단의 효과는 그들 마음이 통하는 사람들끼리 서로 자기들의 사상적인 소생(所生)을 가진 것을 축하하는 요란한 행사와, 이행사의 소란함에 세상 사람의 주목이 어차피 그곳으로 집중되고 화제로 삼게 되며, 잘난 체 점잔 빼는 얼굴을 보이게 됨으로써 더욱 강화된다.

이 방법의 효력을 인정하지 않는 사람은 한 사람도 없을 것

---

8) 독일의 시인·극작가·정치가·과학자. 1749~1832년. 저서에 《빌헬름 마이스터의 편력시대》, 《파우스트》 등이 있다.

같다. 사실 '생활하고, 다음에 철학한다'라는 원리에 대해서는 항변의 여지가 없기 때문이다. 그 같은 제군들은 생활하려고 한다. 더욱이 철학으로서 생활하려고 한다. 즉 가족을 거느리고 철학에 의탁하고 있다. 페트라르카(Francesco Petrarca)[9]도 말한 것처럼 '철학은 가난하여 벌거숭이로 걷는다.'라고 하는데도 불구하고 감히 그렇게 한 것이다.

그런데 내 철학은 생활 수단은 되지 않는다. 그것은 내 철학이 충분한 보수를 받을 수 있는 강단철학(講壇哲學)에 절대 필요한 첫째 조건을 갖추고 있지 않은 점이다. 즉 무엇보다 사변적(思辨的) 철학을 갖고 있지 않은데, 이것은 바로 — 저 까다로운 칸트가 이성 비판을 내걸고 논했음에도 불구하고 — 그들 입장으로는 모든 철학의 주제가 아니면 안 되는 것이고, 또 주제가 안 될 수도 없는 것이다.

물론 철학은 이것 없이는 알 수 없는 일을 언제나 말할 수는 없지만, 실제로 내 철학은 이들 철학 교수들이 교묘히 만들어 낸, 그들에게는 없어서는 안 될 허구(虛構)처럼 직접적·절대적으로 인식한다든지, 직관한다든지, 지각하는 등의 이성은 인정하지 않는다. 그들은 이 이성의 허구를 독자들에게 믿도록 하면 그 뒤부터는 칸트에 의하여 우리의 인식으로는 영구히 차단된 모든 경험의 가능성을 초월한 영역까지도 어떤 어려움 없이 마치 쌍두마차로 출입하듯 들어갈 수 있다. 다음에는 그 영역에서 근대적인 유대인처럼 되는 낙천적 그리스도교의 근본 교리(敎理)가 직접적으로 계시(啓示)되고, 실로 낙관적으로 설명되는 것이다.

그런데 도대체 이러한 중요한 조건을 갖추지 않고, 조금도 앞

---

9) 이탈리아의 시인·인문주의자. 1304~1374년. 소네트 시의 대가로 저서에 시집 《칸초니에레》가 있다.

뒤 생각 없이 이해타산도 하지 않고 꼬치꼬치 캐기만 하는 내 철학은 ― 이 철학은 자신의 북극성으로서 다만 진리를 이 벌거벗은 보답도 없는 생소하고 때로는 박해도 받을 이 진리만을 갖고 있을 뿐이고, 좌우고면(左右顧眄)없이 일직선으로 진리를 향하여 나아간다 ― 저 알마 마더(alma mater, 모교母校), 즉 훌륭하고 보수도 좋은 대학 철학과는 아무 관계도 없는 것이다.

이 같은 대학 철학은 여러 가지 목적을 세우고 여러 가지 점을 배려하여 조심스럽게 그들의 길을 타개해 왔는데, 이때 대학 철학은 언제나 군주(君主)에 대한 두려움과, 내각의 의향과, 국교(國敎)의 규칙과, 출판자의 희망과, 학생들의 요구와, 동료 간의 우의와, 시국의 흐름과, 대중의 경향과, 기타 여러 가지 일을 염두에 두지 않으면 안 된다. 나의 조용한 진지한 진리 탐구는, 개인적인 목적이 항상 내면의 동기가 되어있는 강좌나 강의석에서 교환되는 학자들의 소란스러운 논쟁과 공통되는 점이란 하나도 없다. 오히려 이 두 개의 철학은 근본적으로 결을 달리한다. 때문에 나는 어떠한 타협도 없고 동행도 없다.

나와의 관련에서 덕을 볼 사람은 진리 이외에 아무것도 원하지 않는 그런 사람뿐이며, 현대의 여러 가지 철학적 당파는 따라서 아무 덕이 될 것이 없다. 이 같은 여러 당파는 모두가 각자의 의도를 추구하지만, 내가 주려는 것은 순전히 명지(明智)로서 이것은 어느 철학적 당파에도 비슷한 점이 없으므로 그것들과 맞지 않는다. 그런데 여기서 내 철학 자체가 강좌에 적합한 것이 되기 위해서는 전혀 다른 시대가 도래하지 않으면 안 된다. 조금도 생활 수단이 되지 않는, 그러나 철학이 공기와 빛을 얻으며, 나아가서 일반의 존경까지도 받는다면 얼마나 좋을까?

그러나 그들은 이것을 경계하지 않으면 안 되었고, 함께 반대하지 않을 수 없었다. 그렇다고 그들에게 논쟁과 반박이란 그렇게 쉬운 일이 아니었다. 또 만일 그 경우 일반 독자의 주의가 이 문제에 집중되는 수도 있고, 일반 독자가 따라서 내 저서를 읽게 됨으로써 철학 교수들의 야간 작업의 맛을 상하게 할지도 모르므로, 그것으로도 논쟁과 반박은 현명한 수단이 아니다. 진지한 것에 대해 맛을 깃들인 사람은 농담, 특히 지루한 농담 같은 것은 들으려고도 하지 않을 것이기 때문이다.

따라서 그들이 이같이 일제히 침묵을 택한 것은 그들에게는 유일하고도 적절한 조치라 할 수 있고, 그럼으로써 내가 될 수 있는 대로, 즉 다른 날 무시(無視)로부터 무지(無知)가 나올 때까지는 그대로 침묵을 계속하도록 권고만 할 수 있다면 그들의 마음이 변할 때까지는 아직 시간적 여유가 있을 것이다. 그 사이에는 뭐라 하든 보통 집에 있으면서 사상의 과잉에 그다지 고민하게 될 기회가 없을 것이므로, 때때로 펜의 깃털을 뽑아 자기가 사용하는 것을 탓할 사람은 아무도 없을 것이다.

그리하여 무시와 침묵의 방법은 당분간 적어도 내가 살아 있는 동안만큼은 계속될 것이다. 이것만 하더라도 그들은 크게 덕을 보는 셈이다. 비록 그동안에 분별없는 사람들이 무슨 말을 할지라도, 그러한 말은 심각한 얼굴로, 전혀 다른 관심사 때문에 세상을 즐겁게 만드는 기술을 터득하고 있는 교수들의 소란한 강의 소리 때문에 귀에 들리지도 않을 것이다.

그렇더라도 나는 그들이 일치단결하여 취하고 있는 이런 태도를 좀 더 엄밀하게 해 줄 것을, 그리고 특히 가끔 심한 분별없는 말을 하는 청년들을 감시해 줄 것을 그들에게 충고한다. 그들이 취하는 이런 칭찬할 만한 태도가 영속하리라고는 보증할 수 없는 일이고, 또 최후의 결말도 책임질 수 없기 때문이다. 결국 대중은 전체로서 선량하고 온순하므로 이것을 인도하기란 귀찮은 일이다.

어느 시대에 있어서나 대개 고르기아스나 히피아스와 같은 궤변가들이 위에 서서 바보 같은 일들이 성행하고, 기만하는 사람과 기만당하는 사람들의 합창에 방해되어, 홀로 가는 사람의 소리가 들리지 않을는지 모르지만 ─ 그렇더라도 참된 작업에는 그 일에 독특한, 완만한, 강한 작용이 남는다. 그리고 대중은 마침내 그것이 그 소란 속에서 솟아 높이 올라감을 볼 수 있을 것이다.

그것은 마치 지구 위의 짙은 대기를 넘어서 청명한 층으로 올라가는 기구(氣球)와 흡사하며, 그것이 한 번 이 층에 도달하면 그곳에 머물러 누구라도 다시 아래로 끌어내릴 수는 없는 것이다.

1844년 2월
프랑크푸르트 암 마인에서 씀

제3판 서문 ―

진실하고 순수한 것은 그것을 만들어 낼 수 있는 능력이 없는 사람들이 억압만 하지 않으려고만 하면 훨씬 쉽게 이 세상에 기반을 잡을 수가 있을 것이다. 이 세상에 이로운 것이 완전히 억제를 받지는 않더라도 방해를 받게 된다든지, 지연된다든지 하는 일이 있는 것은 이러한 사정 때문이다.

이 책의 초판은 내 나이 30이 되었을 때 나온 것인데, 72세가 된 오늘에 와서 비로소 제3판이 나온다는 것은 역시 이러한 사정의 결과이다. 그러나 나는 여기에 관하여 페트라르카의 '종일토록 뛰어다니고, 저녁때 비로소 만족한다.'(《참된 지혜에 관하여》 140페이지)라는 말에 위로를 느낀다. 나도 이제야 여기까지 왔고, 생애의 마지막 단계에 와서 나의 실력이 나타남을 보고 만족하며, 따라서 옛날부터의 통례에서 보는 것처럼 힘이 늦게 이루어졌던 만큼, 더욱 오래 계속하리라는 기대가 있기 때문이다.

이 제3판에 있어서 독자는 제2판에 포함된 것이 조금도 삭제되거나 줄지 않았음을 알 것이다. 오히려 이 판에는 인쇄할 적에 동시에 보충이 가해져서 제2판보다는 136페이지가 더 많게 되었다.

제2판이 출판되고 7년 뒤에 나는 《소품과 부록》 2권을 간행했다. 내가 이 명칭 아래 해석하고 있는 것은 내 철학의 체계적인 서술에 대한 보충이라는 뜻이다. 그러므로 정말 이 책에 넣어서 합당한 일일 것이다. 그런데 내가 이 제3판의 출판을 생전에 볼 수 있을까 하는 것이 매우 의심스러웠으므로, 그 당시 되도록이면 그것을 (위 두 권의 책으로써) 써서 남겨두지 않으면 안 되었다. 이러한 것은 앞에 말한 《소품과 부록》 제2권에 기록했으니, 각 장의 표제(表題)를 보면 쉽게 알 수 있으리라.

1859년 9월
프랑크푸르트 암 마인에서 씀

제1권

●

표상(表象)으로서의 세계의 첫째 고찰
—근거의 원리에 의한 표상, 경험과 과학의 객관

Sors de l'enfance, ami, réveille—toi !
—Jean Jacques Rousseau
유치(幼稚)에서 벗어나라, 벗이여, 눈을 떠라!
—장 자크 루소

제1장 —

'세계는 나의 표상이다.(Die Welt ist meine Vorstellung)'이 것은 생존하며 인식하는 모든 실재에 마땅한 진리다. 다만 이 진리를 반성하고 추상적으로 의식할 수 있는 것은 사람뿐이며, 사람이 실제로 이렇게 의식할 경우 거기에 사람의 철학적 명상이 일어난다. 이렇게 보면 사람이 태양을 알고 대지(大地)를 아는 것이 아니라, 다만 태양을 보는 눈이 있고, 대지를 감촉하는 손이 있을 뿐이라는 것, 사람을 둘러싼 세계는 표상으로서만 존재한다는 것, 즉 전적인 타자(他者), 즉 사람 자신이라고 할 수 있는 표상자(表象者)에 관해서만 존재한다는 것, 이 같은 것이 명백하게 되고 확실하게 된다.

만일 선천적 진리를 말할 수 있다면 이것이야말로 그러한 진리다. 이 진리는 시간과 공간과 인과(因果)라는 모든 다른 형식보다도 한층 더 보편적인, 가능하게 생각될 수 있는 모든 경험 형식을 나타내는 말이기 때문이다. 더욱이 또 다른 이유는 이 같은 형식은 모두 이미, 이 진리를 전제로 하고 있으며, 우리는 이 같은 형식을 모두 근거(根據)의 원리가 다른 특수한 형태를 취했던 것으로 인식했는데, 이 같은 형식의 어느 것을 보아도 그것이 여러 가지 표상의 특수한 한 부문에 불과하고, 객관과 주관에로의 분열

쇼펜하우어

은 그 모든 부문의 공통된 형식이며, 이 분열은 표상이라는 것이 비록 추상적이든 직관적이든, 순수하든 경험적이든, 어떠한 종류이든 간에 모두 가능한 것이고, 사고하기 위해서는 불가결한 유일한 형식이라는 것이기 때문이다.

따라서 이 진리만큼 확실하고 모든 다른 진리에 의존하지 않고, 또 증명을 필요로 하지 않는 것은 없다. 인식에 대하여 존재하는 일체의 것, 이 전체의 세계는 주관과의 관계에서의 객관에 불과하고, 직관하는 자의 직관, 요약하여 표상에 불과하다는 진리다. 물론 이 진리는 현재·과거·미래도, 멀리 있는 사람도, 가까이 있는 사람에게도 모두 마땅하다. 이 진리는 이 같은 모든 것의 구별이 일어나게 되는 유일한 기초인 시간과 공간 자체에도 마땅하기 때문이다. 무릇 이 세계에 속하는 것, 또 속할 수 있는 것은 모두 불가피하게 이 같은 주관에 의한 제약(制約)에 사로잡혀 있는 것으로서, 모든 것은 주관에 대해서만이 존재한다. 세계는 표상이다.

이 진리는 결코 새로운 것이 아니다. 그것은 이미 데카르트 (René Descartes)[1]의 출발점인 회의적 고찰에도 있다. 그러나 이

---

1) 프랑스의 철학자·수학자·물리학자·생리학자. 1596~1650년. '근대 철학의 아버지'라 불리며, 해석기하학의 창시자이다. '나는 생각한다. 그러므로 나는 존재한다'라는 명제를 제1원리로 내놓았다. 저서에 《방

칸트

진리를 분명히 처음 표명한 사람은 버클리다. 그의 다른 학설들은 존립할 수 없지만 이 진리를 표명함으로써 그의 철학은 불멸의 공적을 세운 셈이 된다. 부록(〈칸트 철학 비판〉)에서 상세히 논했지만 칸트의 첫째 오류는 이 원칙을 무시한 것이다.

이에 반하여 이 근본 진리는 인도의 현자(賢者)들이 일찍이 인식한 것으로서, 그것은 비야사(Vyāsa)[2]의 설이라고 일컬어지는 베단타 철학(Vedānta philosophy)의 근본 원리로 나타나고, 윌리엄 존스(Sir William Jones)[3]는 이에 관하여 그의 마지막 논문인 〈아시아인의 철학에 관하여〉에서 다음과 같이 입증하고 있다.

'베단타학파의 근본 교의(教義)는 물질의 존재, 즉 그의 고성(固性), 불가입성(不可入性), 연장(延長)의 부정에 있는 것이 아니고(만일 이것을 부정한다면 미친 짓이 아니고 무엇이랴), 물질에 관한 일반의 관념을 수정하고 물질이 마음의 지각에 의존하지 않는 본질을 갖는 것이 아니라, 존재와 피지각(被知覺)

법서설》, 《철학의 원리》 등이 있다.

2) 비야사(毘耶娑)라 음역(音譯)한다. 편집하는 자, 정돈하는 자의 뜻인데, 나중에 이것을 고유명사로 하여 여러 가지 경전(經典)을 비야사의 작이라 했다.

3) 영국의 법률학자·동양학자. 1746~1794년. 유럽에서 산스크리트 연구와 고대 인도 연구 창시자의 한 사람이다.

은 서로 교환할 수 있는 명사임을 주장하는 데 있다.'

이 말은 경험적 실재성과 선험적(先驗的) 관념성과의 양립을 충분히 표명하고 있다. 따라서 우리는 이 제1권에서는 세계를 지금 말한 것과 같은 측면에서만이, 즉 세계가 표상인 경우만을 고찰하게 된다. 그러나 이 고찰은 진리성(眞理性)은 있을지 모르나 일반적인 고찰이다. 어떠한 자의적(恣意的)인 추상에 의하여 생긴 것이라는 것은 누구나가 세계를 단순히 자기의 표상이라고 가정하는 경우에 느끼는 내심(內心)의 불만에 의하여 나타내는데, 다른 한편으로는 아무도 이 가정을 버릴 수는 없다.

여기서 이 고찰의 일면성(一面性)은 다음 권에서 또 다른 진리에 의하여 보충할 것이다. 그것은 우리가 제1권에서 출발점으로 하는 진리만큼 직접적으로 확실한 것이 아니고, 거기에 도달하기에는 좀 더 깊은 연구와 어려운 추상과 이질적인 것을 구분하고, 동일한 것을 일치시킴으로써 비로소 가능한 것이다. 이 진리는 정말 중요하여 모든 사람에게 무서움을 주지는 않더라도 의혹은 갖게 할 것이 틀림없다. 이 진리란, '세계는 나의 의지다.(Die Welt ist mein Wille.)'라는 것이며, 만인이 이렇게 말할 수 있으며 말하지 않을 수 없다는 것이다.

그러나 이 진리에 도달하기까지는, 이 제1권에서는 눈을 다른 곳에 돌리지 않고 우리가 출발점으로 하는 세계의 측면, 즉 인식이 가능한 측면을 고찰하는 것이 필요하다. 따라서 현존하는 모든 대상을, 자신의 신체까지도(여기에 관해서는 나중에 상세히 규명할 생각이지만), 솔직하게 다만 표상으로 간주하고 단순히 표상이라 이름 지을 필요가 있다. 여기에서 도외시하고 있는 것은 나중에 누구라도 분명히 알 수 있도록 해두고 싶은데, 세계의 다른 유일한 면을 이루고 있는 의지 바로 그것이다.

세계는 한 면에서는 철저히 표상에 의하지만, 다른 한 면에서는 철저히 의지에 의하고 있기 때문이다. 이 양쪽 어느 것도 아니고, 객관 자체라는 것과 같은 실재는 (칸트의 사물 자체도, 유감스럽게도 그의 손에 의해서 그러한 실재로 타락하고 말았다) 몽상(夢想) 속의 괴물이며, 그러한 가정은 철학에 있어서 도깨비불이다.

제2장 ―

모든 것을 인식하지만 어떠한 것에 의해서도 인식되지 않는 것이 주관(主觀, Subjekt)이다. 따라서 주관은 세계의 담당자며 모든 현상, 모든 객관에 두루 통달하고 항상 그 전제가 되는 제약이다. 그것은 존재하고 있는 것은 주관에 대해서만 존재하기 때문이다.

각자는 이러한 주관으로 자기 자신을 발견하지만, 그러나 그것은 각자가 인식하는 범위 안에서뿐이며 인식의 객관에 한해서는 그렇지가 않다. 여기서 그의 신체는 이미 객관이므로 우리는 신체 그 자체를 이 입장에서 표상이라 부른다. 신체는 여러 가지 객관의 객관이며, 직접적인 객관이기는 하지만 객관의 법칙에 지배되고 있기 때문이다.4)

신체는 직관의 모든 대상과 마찬가지로 다수성(多數性)을 생

---

4) 〈근거의 원리에 관한 논문〉제2판 제22장(제3판 제22장).

기게 하는 모든 인식의 형식, 즉 시간과 공간 속에 있다. 그런데 인식은 하지만 인식되지 않는 이 주관은 이 같은 형식에 있지는 않고 오히려 이미 항상 이 같은 형식의 전제가 된다. 그러므로 주관에는 다수성도, 또 그 반대의 단일성(單一性)도 없다. 우리는 주관을 절대로 인식하는 경우가 없다. 오히려 주관은 인식되는 경우 그것은 바로 주관자다.

따라서 표상으로서의 세계는 우리가 오로지 그것을 고찰하는 시점에서 보면 본질적이고 필연적인, 그리고 불가분(不可分)하다는 두 가지 면이 있다. 그 한 면은 객관(Objekt)으로 그 형식은 공간과 시간이고, 이것으로써 다수성이 생긴다. 그런데 다른 한 면인 주관은 공간과 시간 속에는 존재하지 않는다. 주관은 표상 작용을 하는 모든 것 속에서 전체로서 분리되지 않고 존재하기 때문이다. 그러므로 이 같은 사람 중 단 한 사람이라도 현존하는 수백만의 사람과 똑같이 객관이고, 표상으로서의 세계를 보충한다.

그런데 그중 단 한 사람이라도 소멸한다면 표상으로서의 세계는 이미 존재하지 않을 것이다. 그러므로 이 두 가지 면은 사상으로서도 불가분의 것이다. 이 두 가지 면의 어느 한 면도 다른 한 면에 의해서만, 그리고 다른 한 면에 대해서만 의의와 존재를 가지며 공생공사(共生共死)한다. 이 두 가지 면은 상호 직접적으로 접경(接境)하고 있으며, 객관이 시작되는 곳에 곧 주관이 끝난다.

이 경계가 쌍방에 공통된 것은 모든 객관의 본질적인, 따라서 보편적인 여러 형식인 시간, 공간, 인과성(因果性)이 객관 그 자체의 인식이 없더라도 주관으로부터 나온 것으로 간주되며, 또 완전히 인식될 수 있다는 것, 즉 칸트의 말을 빌리면 선천적으로 우리 의식에 존재한다는 것으로 미루어 확실히 분명하다. 이것을 발견한 것이 칸트의 주된 공적이며, 또 매우 위대한 공적이다.

헤겔

　여기서 나는 다시 다음과 같이 주장하고 싶다. 즉 근거의 원리는 우리가 선천적으로 의식되는 이 모든 객관 형식을 공통으로 표현한 것이고, 따라서 우리가 순수하게 선천적으로 알고 있는 것은 모두 바로 이 원리의 내용과 또 이 원리에서 생기는 것 이외에 아무것도 아니며, 따라서 근거의 원리 안에는 본래 선천적으로 확실한 우리의 모든 인식이 완전히 표현되는 것이다.

　근거의 원리에 관한 내 논문에서 나는 상세히 설명했는데, 무릇 모든 가능한 어떠한 객관도 근거의 원리에 지배되고 있다. 즉 한편으로는 규정되고, 다른 한편으로는 규정당하는 식의, 다른 모든 객관에 대하여 어떤 필연적인 관계가 있다.

　이것이 다시 확대되어 모든 객관의 모든 존재는 그것이 객관이고 표상이며, 그리고 다른 어떠한 것도 아닌 한, 지금 말한 것과 같은 객관 상호의 필연적 관계로 완전히 환원(還元)되어 오로지 그 관계에서만이 존재하고 되고, 따라서 완전히 상대적이다. 즉 곧 몇 개의 객관이 존재하기에 이른다. 더욱이 그 논문에서는 여러 가지 객관이 그 가능성에 따라서 분류되는 여러 가지 종류에 따라서 근거의 원리가 일반적으로 표현하는 저 필연적인 관계는 여러 가지 다른 형태로 나타나며, 이것으로써 다시 그 여러 가지 종류의 올바른 구분이 확증(確證)된다는 것을 나는 말해 두었다.

　나는 이 책에서는 언제나 이미 그 논문에서 언급된 것은 이미 알고 있는 사실로서, 또 독자의 마음에 분명히 남아 있는 것으로 전제한다. 그러한 것들이 그 논문에서 언급되어 있지 않다면 마땅히 이 책에서 언급되어야 하기 때문이다.

제3장 —

우리의 모든 표상의 주요 구별은 직관적인 것과 추상적인 것과의 구별이다. 추상적인 것은 여러 표상 중의 한 가지 부류를 이루는 것뿐이며, 이것이 곧 개념이다. 그리고 개념은 지상에서는 오직 인간만이 가진 것으로서 이 개념을 가질 수 있는 능력이 인간을 모든 동물과 구별하는 것이고, 이 능력을 옛날부터 이성(理性)이라 불려왔다.[5] 우리는 나중에 이 같은 추상적 표상을 그것만으로 고찰할 것인데, 지금은 직관적 표상을 문제 삼기로 한다.

직관적 표상은 가시적(可視的)인 세계 전체, 즉 경험의 총체(總體)와 경험의 가능성의 여러 제약을 포괄한다. 다름 아닌 이 같은 여러 제약, 경험의 여러 형식, 즉 경험의 지각(知覺)에서의 가장 보편적인 것, 모든 경험의 현상에 공통적으로 고유한 것은 바로 시간과 공간이다. 이 같은 것들은 그것만으로 그 내용으로부터 분리하더라도 추상적으로 생각할 수 있을 뿐 아니라, 직접 직관할

---

5) 칸트만이 이 이성(理性)이라는 개념을 애매하게 했다. 이 점에 관해서는 이 책의 부록 〈칸트 철학 비판〉을 참조하기 바란다.

수도 있다는 것, 또 이 직관은 반복에 의하여 경험으로부터 차용한 환영(幻影)과 같은 것이 아니고, 경험과 관계없이 독립적으로 오히려 반대로 경험이 직관에 의존한다고 생각하지 않으면 안 된다. 이 같은 것들은 앞에서도 말한 것처럼 칸트의 매우 중대한 발견이다. 이때 경험이 직관을 선험적으로 인식하는 것과 같이 시간과 공간의 특성은 모든 가능한 경험이 법칙으로 타당하며, 이 경험은 어떠한 경우도 이 법칙에 따르는 결과를 나타내지 않을 수 없다.

그러므로 나는 근거의 원리에 관한 내 논문에서 공간과 시간을, 그것이 순수하게 또 내용 없이 직관할 수 있는 한, 일종의 특별한, 독립해서 존재하는 표상으로 간주한 것이다. 그런데 칸트에 의하여 발견된 직관의 그 같은 보편적인 여러 형식의 성격은 매우 중요한 것이다. 또 경험으로부터는 독립하여 직관될 수 있는 것이고, 또 모든 합칙성(合則性)에서 인식될 수 있으며, 수학의 확실성은 이 합칙성에 기반을 두고 있다.

그러나 또 이 직관의 형식의 특성으로서 이에 못지않게 주의가 필요한 것은 경험을 인과성(因果性)과 동기성(動機性)의 법칙으로 규정하고, 사유를 판단의 기초를 이루는 법칙으로 규정하는 근거의 원리가 여기서 전혀 특별한 모습으로 나타난다는 것이다. 나는 이것을 '존재의 근거'라고 이름 지었는데, 이것은 시간에서는 각 순간의 계속이며, 공간에서는 끝없이 상호 규정하는 각 부분이 가진 위치다.

이 책의 서론이 되는 논문(《근거의 원리에 관한 논문》)을 읽고, 근거의 원리 내용은 그 형태가 아무리 다르더라도 완전히 동일하다는 것을 확실히 깨달은 사람은, 이 원리의 가장 깊은 본질을 통찰하기 위해서는 다름 아닌 그 원리의 여러 형태의 가장 단순한 형태 그 자체를 인식하는 것이 참으로 중요하다는 것을 다시 확신하게 될 것이다.

그리고 우리는 시간을 이것의 가장 단순한 형태로서 인정한 것이다. 시간에 있어서 각 순간은 나보다 선행(先行)하는 순간, 즉 그 아버지를 말살한 후만이 존재하고, 그리고 그 자신도 똑같이 말살되고 마는 것이다. 과거도 미래도(그 내용의 계속은 별도로 하고서도) 무언가 꿈같이 허무하고, 현재는 이 양자 사이에 있는 넓이도 종속성도 없는 경계에 불과한 것이다. 그처럼 우리는 근거의 원리의 다른 모든 형태에서도 동일한 허무함을 재인식할 것이다.

그리고 시간과 마찬가지로 공간도, 또 공간과 마찬가지로 공간과 시간 속에 존재하는 모든 것은, 즉 원인과 동기로부터 생기는 모든 것은 상대적인 존재뿐이며, 그것과 같은 성질의, 즉 그것과 똑같이 존재하는 다른 것에 의하여, 또 그것과 같은 다른 것을 위하여 존재한다는 것을 깨닫게 될 것이다.

이러한 견해의 근본은 옛날부터 있었다. 즉 헤라클레이토스(Heraclitus of Ephesus)[6]는 이러한 견해를 술회하고 사물의 영원한 흐름을 개탄했고, 플라톤은 이 견해의 대상을 항상 생성(生成)하면서 결코 존재하지 않는 것으로 경시했다. 스피노자(Baruch De Spinoza)[7]는 이러한 것을 존재하여 영존(永存)하는 유일한 실체의 단순한 우유성(偶有性)이라 불렀다. 칸트는 이같이 인식된 것을 사물 자체에 대한 단순한 현상이라 간주했다. 끝으로 인도의 태곳적 지자(智者)는 다음과 같이 말했다.

----

6) 고대 그리스의 사상가. 기원전 540?~480? 소크라테스 이전 시기의 주요 철학자로 꼽힌다. 만물을 지배하는 세계 이성 '로고스'에 주목했다.
7) 네덜란드의 합리주의 철학자. 1632~1677년. 실체 개념을 분석함으로써 데카르트의 이원론을 반대하고, 일원론이 되어야 한다고 주장했다.

"그것은 환상(Maja)이다. 사람의 눈을 덮고, 이것을 통하여 세계를 보이게 하는 거짓의 면사포다. 이 세계는 있다고도 할 수 없고, 없다고도 할 수 없다. 세계는 꿈과 비슷하고, 나그네가 멀리서 물이라고 착각하는 모래 위에 빛나는 태양 빛과 비슷하고, 또 그가 뱀이라고 생각하여 던진 새끼줄과 같은 것이기 때문이다."

이러한 비유는 《베다》나 《푸라나(Purāna)》 곳곳에 무수히 되풀이되고 있다. 그런데 이 모든 사람이 생각하고 또 문제 삼는 것이 우리가 지금 바로 고찰하고 있는 것이다. 즉 근거의 원리에 따르는 표상으로서의 세계다.

제4장 ―

순수(純粹) 시간 그 자체 안에서 나타나고, 모든 셈과 계산의 기초가 되는 근거의 원리의 형태를 이미 인식한 사람은 바로 이것으로 인간의 모든 본질을 인식한 셈이 된다. 시간은 바로 근거의 원리의 이러한 형태에 불과하고, 그 이외의 다른 특성은 있지 않다. 계속은 근거의 원리가 시간 속에 나타난 모습으로, 시간의 모든 본질이다.

더욱이 순수하게 직관된 단순한 공간에 움직이고 있는 근거의 원리를 인식한 사람은 그것과 더불어 공간의 모든 본질을 구명한 것과 같다. 공간은 오로지 공간의 여러 부분의 교호(交互) 규정의 가능성에 불과하고, 이 가능성을 이름하여 위치(Lage)라고 한다. 이 위치를 상세히 고찰하고 적당하게 응용하기 위하여 여기에서 나타나는 여러 가지 결과를 추상적인 여러 개념에 넣어 표현하는 것이 기하학(幾何學) 전체 내용이다.

이와 마찬가지로 이제 이러한 형식(시간과 공간)의 내용, 그들의 피지각성(被知覺性), 즉 물질을 지배하고 있는 근거의 원리의 형태, 결국 인과성 법칙을 인식한 사람은 바로 그것과 더불어 물질 그 자체의 모든 본질을 인식한 것이 된다. 물질은 진실로 인과성 이외의 그 아무것도 아니며 이것은 누구나 생각해 보면 직접적으로 알 수 있는 일이다. 즉 물질의 존재는 물질의 작용이다. 작용 이외의 물질의 존재는 생각할 수도 없다. 작용하는 것으로만 물질은 공간을 충족하고 시간을 충족한다.

직접적 객관(그 자체가 물질이다)에 대한 물질의 작용이 직관을 제약하고, 이 직관에서만 물질은 실존(實存)한다. 각기의 물질적 객관이 다른 객관에 미치는 작용의 결과는 작용을 받은 객관이 이제는 다른 것과는 달리 직접적인 객관에 작용하는 한에 있어서만 인식되고 여기에서만 존재한다. 원인과 결과는 따라서 물질의 모든 본질이다. 물질의 존재는 물질의 작용이다.(여기에 관하여 상세한 것은 〈근거의 원리에 관한 논문〉 제21장 77페이지 참조)

그러므로 독일 말에서 모든 물질적인 것의 총체를 현실성(現實性)이라고 표현한 것은 참으로 적절하다 할 수 있으며8) 이 말은 실재성(實在性)이라는 말보다 훨씬 잘 그 특색을 나타내고 있다. 물질이 작용을 미치는 것은 항상 물질에 대해서이다. 그리하여 물질의 모든 존재와 본질은 물질 일부가 다른 부분에 야기하는

---

8) 어떠한 사물을 표현하는 말의 특질은 놀라운 것이다. 옛날 사람의 말 사용법은 상당히 유효하게 그 뜻을 나타내고 있다.(세네카,《서간집》)

규칙적인 변화에 불과하며, 따라서 완전히 상대적이며 시간과 공간처럼 물질의 한계 안에서만 작용하는 관계에 대응한다.

그런데 시간과 공간은 각자 독자적으로 물질 없이도 직관적으로 표상할 수 있지만, 물질은 시간과 공간 없이는 표상되지 않는다. 물질로부터 떼어놓을 수 없는 모양은 이미 공간을 전제한다. 그리고 물질의, 모든 존재의 본질을 이루는 물질의 작용은 항상 어떤 변화에, 즉 시간의 어떤 규정에 관계한다. 그러나 시간과 공간은 단순히 각기 독립적으로 물질의 전제가 되는 것이 아니고, 양자가 하나가 되어 물질의 본질을 이룬다. 그것은 다름이 아니다. 물질의 본질은 이미 말한 것처럼 작용에, 즉 인과성에 있기 때문이다.

결국 생각해 낼 수 있는 무수한 현상과 상태는 서로 답답하지 않게 무한의 공간에서 서로 인접하며, 또 서로 방해하지도 않고 무한의 시간 속에서 연속적으로 일어나게 될 것이다. 이렇게 보면 물질 상호의 어떤 필연적 관계라든가, 이 관계에 따라서 물질을 규정하는 규칙이라든가 하는 것은 조금도 필요 없고 있다 하더라도 아무 소용이 없을 것이다.

그러므로 비록 공간에 어떻게 함께 있다 할지라도, 또 시간 속에서 변한다 할지라도, 공간과 시간이라는 두 형식의 하나하나가 독립하여 다른 것과는 아무 연관 없이 존재하고 경과하는 한, 아직 인과성은 전혀 존재하지 않을 것이고, 또 이 인과성이야말로 물질 본래의 본질을 형성하기 때문에 물질도 또 존재하지 않으리라.

그런데 변화의 본질은 여러 가지 상태 그 자체의 단순한 전변(轉變)에 있는 것이 아니고, 오히려 공간의 동일 장소에 지금 하나의 상태가 존재하고, 다음에 다른 상태가 존재하며, 또 일정한 같은 시간에 이곳에 이 상태가 존재하고, 저곳에 저 상태가 존재한다는 것에 있다. 인과성 법칙은 이것에 의해서만이 그 의의와 필연성을 가진다. 바로 이 같은 시간과 공간의 상호 제한이 변화가 따르지 않으면 안 될 규칙에게 의의와, 동시에 필연성을 부여하게 되는 것이다.

따라서 인과성 법칙에 의해 규정되는 것은 단순히 시간에서의 여러 상태의 계속이 아니고, 일정한 공간에 관한 이 같은 계속이며, 일정한 장소에서의 여러 상태의 존재가 아니라, 일정한 시간의 이 장소에서의 여러 상태의 존재다. 변화, 즉 인과율에 의해서 생기는 변이(變移, Wechsel)는 공간의 일정한 부분과 시간의 일정한 부분과 동시에, 양자가 하나가 되어 관계한다. 그러므로 인과성은 공간을 시간에 결합시킨다.

그러나 우리는 물질의 모든 본질이 작용에, 즉 인과율에 존재한다는 것을 알았다. 따라서 또 물질에는 공간과 시간이 결합되어 있지 않으면 안 되는 것, 즉 물질은 시간의 특성과 공간의 특성 양자가 아무리 상반(相反)된다 하더라도 동시에 함께 갖고 있지 않으면 안 된다. 그리고 양자 중 어느 한쪽도 그것만으로는 불가능하다는 것을 물질은 자기 속에 결합하지 않으면 안 된다.

즉 시간의 불완전한 흐름과 공간의 고정적인 부동한 응고(凝固)와 결합하지 않으면 안 되고, 물질은 그 무한한 가분성(可分性)을 이 양쪽으로부터 얻고 있다. 그리하여 우리는 물질에 의하여 먼저 동시 존재(同時存在)가 생긴다는 것을 알게 되는데, 이 동시 존재는 병존(竝存)을 모르는 단순한 시간에서도, 과거·미래·현재도 모르는 단순한 공간에서도 있을 수 없는 일이었다.

그런데 많은 상태의 동시 존재하는 것이 바로 현실의 본질을 이룬다. 동시 존재에 의하여 무엇보다 먼저 지속(持續)이 가능하게 되고, 지속하는 것과 동시에 존재하는 것의 변이(變移)를 보고 비로소 지속이 인식되기 때문이다. 그러나 변이에서의 지속에 의해서만이 변이가 변화(Veränderung)라는 성격, 즉 실체인 물질9)은 불변이면서 성질과 형식이 변한다는 성격을 가진다.

세계가 단순히 공간뿐이면 세계는 고정되어 부동일 것이다. 거기에는 어떠한 계기(繼起)도 변화도 작용도 없다. 사실 작용이 없다면 물질의 표상은 없어지는 것이다. 또 세계가 단순히 시간뿐이라면 모든 것은 무상(無常)일 뿐이다. 거기에는 어떤 고정도 없고, 병존도 없고, 어떤 동시(同時)도 없고, 어떤 지속도 없다. 결국 거기에는 어떤 물질도 없는 것이 된다. 시간과 공간의 결합으로 비로소 물질이 생긴다. 즉 동시 존재의 가능성과 이것으로 인한 지속의 가능성, 더욱이 지속에 의하여 여러 상태가 변화하면서도 실체는 불변이라는 가능성이 생긴다.10)

시간과 공간의 결합이 물질의 본질이므로 물질은 철저하게 이 양자의 특색을 지니고 있다. 물질은 한편으로 그 근원이 공간에 있다는 것을 물질과의 불가분 형식에 의하여 특히 (변이는 시간에만 속한 것이고, 시간에서만은 또 그것만으로 독립해 하나로써 영속하지 않으므로) 물질의 불변(실체)으로 표현되어, 물질의 불변이라는 선천적 확실성은 여기서 오로지 공간의 선천적 확실성에 유래한다.11)

---

9) 물질과 실체가 동일하다는 것은 부록에서 상세히 논하고 있다.

10) 칸트는 물질을 설명하여 '공간에서 움직일 수 있는 것'이라고 했는데, 그 근거도 여기에 있다. 운동은 공간과 시간의 결합으로 비로소 성립하기 때문이다.

11) 칸트가 주장하듯이, 시간의 인식에서 도출해서는 안 된다. 이것은 부록에서 상세히 논하고 있다.

그런데 한편으로 물질의 근원이 시간에 있다는 것은 성질(우유성偶有性)로써 표시되고, 이것 없이는 물질은 나타나는 법이 없으며, 이것은 그대로 항상 인과성이고, 다른 물질에 대한 작용이며, 결국 변화(하나의 시간 개념)이다. 그런데 이 작용의 합법성은 항상 공간과 시간에 동시적으로 관계하고, 바로 그것에 의해서만이 의의가 있다. 이 시간에 이 장소에서 어떠한 상태가 생기지 않으면 안 되는가 하는 것만이 인과성의 입법이 유일한 대상으로 하는 규정이다.

이처럼 우리는 우리가 선천적으로 의식하고 있는 인식의 형식으로부터 물질의 근본 규정들을 도출시킴으로써, 선천적인 어떤 특질을 물질에서 인정하는 것이다. 어떤 특질이란 공간의 충실, 즉 불가입성(不可入性) 다시 말해 작용성이며, 다음에 연장성(延長性), 무한의 가분성(可分性), 고정성, 즉 불가궤성(不可潰性), 그리고 가동성(可動性)이다. 이에 반하여 중력(重力)은 어떠한 물질에도 예외 없이 있지만, 후천적 인식으로 보아야 할 것이다. 물론 칸트는 《자연과학의 형이상학적 기초원리》(로젠크란츠판 372페이지)에서 중력을 선천적으로 인식되는 것으로 말하고 있지만.

그런데 객관 일반은 주관에 대해서만, 즉 주관의 표상으로서 존재하는데, 이와 마찬가지로 어떤 특수한 종류의 표상도 인식 능력이라 불리는 주관의 같은 특수한 규정에 대해서만 존재한다. 공허한 형식으로서의 시간과 공간의 주관적 상관 개념 자체를 칸트는 순수한 감성이라 불렀다. 이 말은 칸트가 사용했으므로 그냥 두기로 한다. 물론 감성은 물질을 전제로 하므로 이 말은 적절하지 않다. 물질 내지는 인과성 ─양자는 동일하므로─ 의 주관적 상관 개념은 오성(悟性)이며, 오성은 자체 이외에 아무것도 아니다. 인과성을 인식하는 것이 오성의 유일한 기능이며 유일한 힘이다.

그리고 이것은 하나의 크고 많은 것을 포괄하는 힘이며, 다방면으로 응용되고, 어떻게 나타나든 혼돈될 수 없는 동일한 힘이다. 이와 반대로 모든 인과성, 즉 모든 물질에 따라서 모든 현실성은 오성에 대하여, 오성에 의하여, 오성에 있어서만이 존재한다. 오성의 최초의 가장 단순한, 언제나 있는 어떤 표출(表出)은 현실 세계의 직관이다. 즉 이 직관은 순전히 결과에서 원인을 인식하는 것에 불과하다. 그러므로 모든 직관은 지적(知的)이다.

그럼에도 어떠한 결과가 직접적으로 인식되고 출발점으로 이용되는 것이 아니면 직관은 성립하지 않을 것이다. 그러나 이것은 동물의 신체에 대한 작용이다. 이 점에 있어서 동물의 신체는 주관의 직접적인 객관이다. 즉 모든 다른 객관의 직관은 동물의 신체에 의하여 매개(媒介)된다. 모든 동물의 신체가 경험하는 여러 가지 변화는 직접적으로 인식된다. 즉 감각되는 것이다.

그리고 이 같은 결과가 그 원인에 관계됨으로써 원인을 하나의 객관으로서 직관하기에 이른다. 이 관계 작용은 추상적 개념에서의 추리가 아니며, 반성에 의하여 행해지는 것도 아니고, 또 자의(恣意)에 의하여 행해지는 것도 아니어서 직접으로, 필연적으로, 또 확실하게 행해지는 것이다. 이 관계 작용은 순수 오성의 인식 방법이며, 이 순수 오성 없이는 직관은 결코 성립하지 못하며, 남는 것은 직접적 객관의 여러 변화에 관한 둔한 식물성 의식에 불과할 것이다. 이 직접적 객관의 여러 변화는 고통, 혹은 쾌락으로 의지에 대하여 어떠한 의의도 가지고 있지 않다고 할 것 같으면, 전적으로 무의미하게 연달아 일어나는 것에 불과한 것이다.

그러나 태양이 출현하여 세계가 눈에 보이게 되는 것과 마찬가지로, 오성은 그 유일하고 단순한 기능에 의하여 막연하고도 무의미한 감각을 단번에 직관으로 변하게 한다. 눈과 귀와 코가 감각하는 것은 직관이 아니다. 그것은 단순한 재료다. 오성이 이 결과에서 원인으로 옮겨 감으로써 비로소 세계가 공간에 넓이를 가지는 직관으로 형상은 변하지만 물질적으로는 항상 변함없이 나타나게 된다. 오성은 공간과 시간을 물질, 즉 작용성(作用性)이라는 표상으로 결합하기 때문이다. 표상으로서의 이 같은 세계는 오성에 의해서만 존재하는데, 마찬가지로 오성에 대해서만 존재한다.

나는 〈시각과 색채에 관하여〉라는 내 논문 제1장에서 이미 감관(感官)이 제공하는 재료로부터 오성이 직관을 만든다는 것을 설명했다. 마찬가지로 객관에서 각종 감관이 받는 여러 가지 인상을 비교함으로써 어린이는 직관을 습득한다는 것, 이처럼 생각해 비로소 많은 감관 현상이 해명된다는 것, 즉 두 개의 눈으로 볼 때 하나로 보이는 것과, 사시(斜視)의 경우 서로 다른 거리에서 앞뒤에 서 있는 대상을 동시에 보는 경우에는 두 개로 보이는 것과, 감각기관의 갑작스러운 변화로 생기는 여러 가지 환각(幻覺) 등을 해명할 수 있다는 것을 설명했다.

그러나 나는 이 같은 중요한 문제를 〈근거의 원리에 관한 논문〉 제2판 제21장에서 훨씬 상세히, 또 근본적으로 취급했다. 거기에서 말한 것은 모두 여기에 당연히 합당하므로, 여기서 한 번 더 말해야 한다. 그러나 나는 내가 쓴 것을 다시 옮기는 것은 사실 싫고, 또 그 논문에서 말한 것보다 더 훌륭하게 말할 수도 없으므로 여기에서 되풀이하여 말하는 것은 그만두고, 그 논문을 참고해 주기를 바랄 뿐이며, 이미 알고 있는 사실로 전제한다.

아기들이나 태어날 때부터 맹인이 수술 뒤에 사물을 볼 수 있게 되는 것, 두 개의 눈으로 이중(二重)으로 감각된 것을 하나로 보는 것, 감각기관이 보통의 위치에서 변동했을 경우 이중으로 보인다든지, 두 가지로 느낀다든지 하는 것, 대상의 상(像)이 눈에는 거꾸로 보이나 실제로는 똑바로 있는 것, 눈의 내적인 기능이며 눈의 움직임의 분극적(分極的)인 구분에 불과한 색채가 외적 대상으로 옮겨가는 것, 마지막으로 실체경(實體鏡)에 관한 것까지, 이 모든 것은 어떠한 직관도 단순한 감각적인 것이 아니고 지적인 것, 즉 오성이 결과로부터 원인을 순수하게 인식한다는 것의 확고하고도, 부정하기 어려운 증거다.

따라서 직관은 인과 법칙을 전제로 하고 있고, 모든 직관, 모든 경험은 첫째의 모든 가능성으로 보아, 그 인과 법칙에 의존하고 있으며, 이와 반대로 인과 법칙의 인식이 경험에 의존하는 것은 아니다. 흄(David Hume)[12]의 회의론(懷疑論)이 이러한 것인데, 이것은 여기서 처음으로 반박받은 셈이 된다. 인과성의 인식은 어떠한 경험에도 의존하지 않는다는 것, 즉 그것의 선천성(先天性)은 모든 경험이 인과성의 인식에 의존한다는 것, 이것으로만 설명될 수 있기 때문이다.

그리고 이것은 지금 말한 것과 같은 논문의 곳곳에서 행한 것과 같은 방법으로서 모든 경험이 그 영역 안에 있는 인과성의 인식이 직관 일반에 이미 포함되고, 따라서 온전히 선천적으로 경험에 관하여 성립되며, 경험의 제약으로 전제되고, 경험을 전제로는 하지 않는다는 것을 증명함으로써 비로소 설명될 수 있다. 그러나 이것은 칸트가 시도한 방법으로는 설명될 수 없는 것으로, 나는 이것을 〈근거의 원리에 관한 논문〉 제23장에서 비판했다.

---

12) 영국의 철학자. 1711~1776년. 그의 인식론(認識論)은 감정은 오성 · 지성으로부터 독립되어 있으며, 그것이 인상 · 관념과 밀접하게 연관된다는 점에서만 관계된다. 저서에 《인성론》이 있다.

제5장 ―

그러나 직관은 인과성의 인식에 의하여 매개된다는 이유로, 객관과 주관 사이에는 원인과 결과 관계가 있다고 하는 엄청난 오해를 해서는 안 된다. 오히려 이 같은 인과 관계는 항상 직접적인 객관과 간접적인 객관 사이에, 즉 항상 여러 가지 객관 사이에서만 생긴다. 객관과 주관 사이에 인과 관계가 있다고 하는 잘못된 전제에 서기 때문에, 외계(外界)의 실재성(實在性)에 관한 어리석은 논쟁이 생기는 것이며, 이 논쟁에서는 독단론(獨斷論)과 회의론(懷疑論)이 대립하고, 독단론은 혹은 실재론으로, 또 어떤 때는 관념론(觀念論)으로 등장한다.

실재론은 객관을 원인으로 하고, 그 결과를 주관에 둔다. 피히테(J. G. Fichte)[13]의 관념론은 객관을 주관의 결과로 하고 있다. 그런데 여기서 아무리 엄격히 언명한다 하더라도 부족할 정도지만, 주관과 객관 사이에는 근거의 원리에 바탕을 둔 어떠한 관계도 존재하지 않으므로, 이 두 주장의 어느 것(즉 실재론과 관념론)도 함께 증명되지 않고, 회의론이 이 양편을 공격하여 우세함을 보여주고 있다.

---

13) 독일의 철학자. 1762~1814년. 칸트의 비판철학을 계승하였다. 나폴레옹 전쟁에서 패한 프로이센의 위기 때 강연한 〈독일 국민에게 고함〉은 유명하다.

피히테

즉 인과성 법칙은 이미 제약으로서 직관과 경험에 앞서며, 따라서 (흄이 말한 것처럼) 직관과 경험에서 습득되는 것이 아니지만, 이와 마찬가지로 객관과 주관은 이미 제1 제약으로서 모든 경험에, 따라서 또 근거의 원리 일반에 앞선다. 그 이유는 근거의 원리란 모든 객관의 형식이고, 객관의 일반적인 표현 방법에 불과하지만, 객관은 이미 반드시 주관을 전제로 하기 때문이다.

따라서 양자 사이에는 근거와 귀결(歸結) 관계는 조금도 존재하지 않는다. 근거의 원리에 관한 내 논문에서 나는 바로 이 점을 명백하게 하려고 한 것이며, 같은 논문에서 근거의 원리 내용을 모든 객관의 본질적인 형식으로서, 즉 모든 객관의 일반적인 존재양식으로, 객관 자체에 귀납될 그 무엇으로 설명하는 것이다.

그런데 객관은 이 같은 것으로써 곳곳에서 주관을, 필연적 상관(相關) 개념으로 전제하고 있다. 따라서 주관은 언제나 근거의 원리의 타당한 범위 밖에 있다. 외계의 실재성에 관한 논쟁은 근거의 원리의 타당성을 잘못하여 주관에까지 파급시켜서 생긴 것으로, 이 같은 오해로부터의 출발은 논쟁을 해명하는 데 큰 장애가 되었다.

한편으로 실재론적 독단론은 표상을 객관의 결과로 보고, 사실은 같은 하나에 불과한 이 두 가지, 즉 표상과 객관을 두 개로 나누어, 표상과는 전혀 다른 원인을 가정하는, 즉 주관으로부터는 독립한 객관 자체를 가정하는 것이다. 이것은 도저히 생각할 수 없는 일이다. 그것은 객관으로서는 이미 반드시 주관을 전제로 하고 있고, 따라서 여전히 주관의 표상에 불과하기 때문이다.

이 같은 독단론에 대한 회의론은, 독단론과 다름없는 잘못된 전제를 바탕으로 하고, 표상은 항상 결과뿐이며, 결코 원인일 수 없다는, 즉 결코 객관의 존재가 아니고, 항상 객관의 작용만을 알 수 있을 뿐이라고 주장한다. 그런데 객관의 작용은 객관의 존재와는 조금도 비슷한 점이 없을지도 모르고, 오히려 전체적으로 잘못되게 가정될지도 모른다. 인과성 법칙은 경험을 기초로 하여 비로소 가정되는 것이고, 그 경험의 실재성은 또 인과성 법칙에 기초를 두지 않으면 안 되기 때문이라고 주장한다.

이 같은 두 개의 설(說)에 대하여, 첫째로 객관과 표상은 동일한 것이라는 것을 가르쳐야 한다. 다음에 직관적 객관의 존재는 그 작용에 불과하다는 것, 즉 이 작용이야말로 사물의 현실성이며, 주관의 표상 이외에 객관의 현실 존재를 요구하고, 사물의 작용과는 다른, 현실적인 사물의 존재를 요구하게 된다는 것은, 온전히 무의미하고 모순이라는 것, 따라서 직관된 객관의 작용 방법을 인식하게 되면, 그 이외에는 인식으로는 객관에 남는 것이 아무것도 없으므로 그것이 객관, 즉 표상인 범위 안에서 그 객관 자체를 모두 구명한 셈이 된다고 가르쳐야 한다.

그러므로 이러한 범위에서, 순전히 인과성으로 표시되는 공간과 시간 사이에서 직관된 세계는 완전히 실재하고 있으며, 온전히 나타난 그대로다. 다만 오로지 표상으로서, 인과성 법칙에 의하여 연관성을 가지면서 나타나는 것이다. 이것이 즉 세계의 경험적 실재성이다.

그런데 한편으로는 모든 인과성은 오성(悟性)에 있어서만이 있고, 오성에 대해서만이 있다. 따라서 저 현실적인, 즉 작용하는 세계 전체는 그 자체로는 항상 오성에 제약되고, 오성이 없으면 아무것도 아니다. 그러나 다만 이러한 이유뿐만이 아니고, 대체로 객관은 주관을 생각하지 않으면 모순에 빠지기 쉬우므로, 외계(外界)가 주관으로부터 독립하여 실재한다고 주장하는 독단론자에 대해서는, 우리는 그러한 외계의 실재를 정면으로 반대하지 않을 수 없다.

객관 세계 전체는 어디까지나 표상이다. 바로 이러한 이유로, 어디까지나, 언제나 주관에 의하여 제약된다. 즉 세계는 실험적(實驗的) 관념성을 갖는다. 그러나 그렇다고 해서 세계가 허위(虛僞)라는 것도, 가상(假象)이라는 것도 아니다. 세계는 있는 그대로로서, 즉 표상으로서, 더욱이 일련의 표상으로서 나타나는 것이고, 그 공통의 유대(紐帶)가 근거의 원리다.

세계는 이 같은 것으로서, 건전한 오성으로는, 가장 내면적인 뜻으로 보아도 이해할 수 있으며, 또 건전한 오성에게 충분히 납득할 수 있는 말로 설명된다. 세계의 실재성에 관하여 논쟁한다는 것은 궤변에 의하여 왜곡된 정신의 소유자만이 생각할 수 있는 문제고, 그것은 항상 근거의 원리를 부당하게 응용하므로 그처럼 된다고 본다.

근거의 원리는, 사실상 어떠한 종류에 속하든 간에, 모든 표상을 상호 연결은 시키지만, 결코 표상을 주관에 연결한다든지, 혹은 주관도 객관도 아닌, 객관의 근거에 불과한 그러한 것에 연결시킨다든지 하지는 않는다. 여러 가지 객관만이 근거일 수 있고, 그것 또한 반드시 다른 객관에서 유래하므로, 이처럼 주관도 객관도 아닌 객관의 근거는 무의미한 개념이다.

외계의 실재성을 이처럼 문제 삼는 근원을 좀 더 상세히 탐색해 보면, 근거의 원리를 거기에 맞는 영역 밖의 것까지 잘못 응용하고 있다는 것 이외에도, 이 원리의 여러 형태를 유달리 혼동하고 있다는 데 있다. 즉 이 원리가 다만 개념이라든가, 혹은 추상적 표상에 관한 것만이 갖는 형태가 직관적인 표상, 즉 실재적 객관으로 옮겨져, 생성의 근거 이외에는 가질 수 없는 객관에 의하여 인식의 근거가 요구되는 것이다.

근거의 원리가 추상적 표상이나, 상호 연결로 판단된 개념을 지배하는 경우, 말할 필요 없이 판단이 판단 이외의 그 무엇이, 즉 항상 소급해 추구해야 할 판단의 인식 근거에 관계하게 함으로써만, 판단의 가치를 얻고, 그 타당성을 찾게 되며, 여기서 진리라 불리는 판단의 모든 실존(實存)을 얻게 된다는 식으로 일어나게 된다.

그런데 실재적 객관, 즉 직관적 표상을 지배하는 경우는, 근거의 원리는 인식의 근거의 원리로서가 아니라, 생성의 근거의 원리로서, 즉 인과 법칙으로 지배하는 것이고, 이 같은 판단은 모두 그 객관이 생성되었다는 것, 즉 결과로서 어떠한 원인으로부터 생겼다는 것에 의하여 이미 그 객관으로부터 책임이 제거된 것이다.

따라서 이 경우 인식 근거를 요구한다는 것은, 아무런 효력도 뜻도 없고, 이 일은 전혀 별개의 객관에 대하여 행해져야 마땅한 것일 것이다. 그러므로 또 직관적 세계는 거기에 있는 한, 고찰하는 사람의 마음에 어떠한 망설임도 의혹도 주지 않는다. 이 세계에는 오류(誤謬)도 진리도 없다. 오류라든지 진리는 추상과 반성의 영역에 갇혀 있다. 그러나 여기에서는 감각과 오성에 의하여 세계는 개방되며, 있는 그대로, 규칙적으로 조금도 어김없이 인과의 사슬에 묶여 전개하는 직관적 표상으로서 소박한 진리성을 가지고 나타난다.

외계의 실재성에 관한 문제를 여기까지 고찰해 보면 이 문제는 이성(理性)이 길을 잃고, 자기 자신을 오해하기에 이르렀기 때문에 생긴 것임을 알 수 있다. 그리고 이 범위 안에서 보면 이 문제는 그 내용을 해명함으로써 풀릴 수 있는 문제였다. 이 문제는 근거의 원리의 모든 본질과, 객관과 주관의 관계와, 감각적 직관의 본래 성격을 규명하면 해소되는 것이 틀림없다. 그것은 그것을 알게 되면 이제 이 문제는 어떠한 의의도 없기 때문이다.

그러나 이 문제는 지금까지 말한 것 같은 온전히 사변적(思辨的)인 기원(起源)과는 전혀 다른 별도의 기원이 있다. 이것은 비록 이 문제가 여전히 사변적인 목적 아래 나오게 되었다 하더라도, 사실은 경험적인 기원이며, 이러한 뜻에서 이 문제는 앞의 사변적 의의에 있어서보다 훨씬 알기 쉬운 의미가 있다. 이 의미란 다음과 같은 것이다.

즉 우리는 꿈이 있다. 어쩌면 인생이란 모두 한낱 꿈이 아니고 무엇일까? 좀 더 명확하게 말하면 꿈과 현실, 환상(幻像)과 실재적 객관을 구별하는 어떤 확실한 표준이 있느냐 하는 것이다. 꿈속의 직관은 현실의 직관보다 선명도(鮮明度)와 명확성이 모자란다는 구실은 사실 일고의 가치도 없다. 이제까지 아무도 이 두 가지를 서로 비교해 본 사람은 없었고, 우리는 다만 꿈의 기억과 눈앞의 현실을 비교할 수 있었을 뿐이다. ―칸트는 이 문제를 '인과성 법칙에 의한 표상 상호 간의 연관이 있느냐 없느냐에 따라서 실생활과 꿈이 구별된다.'라고 해석하고 있다.

그러나 꿈에서의 모든 개개의 표상은 현실에서와 마찬가지로, 모든 형상(形像)으로 나타난 근거의 원리에 따라서 연관한다. 그리고 이 연관은 실생활과 꿈 사이, 그리고 하나하나의 꿈과 꿈 사이에서 파괴될 뿐이다. 그러므로 칸트의 해답은 되도록 다음과 같이 되는 것이 좋을 것 같다. 즉 기나긴 꿈(실생활)에는 그 자신에 근거의 원리에 따르는 보편적인 연관이 있지만, 짧은 꿈에는 그것이 없다. 물론 여기서 이들 짧은 꿈의 어느 것에 있어서나 그 자신은 서로 같은 연관이 없는 것은 아니다. 따라서 기나긴 꿈과 짧은 꿈 사이에는 연락이 단절되어 있고, 여기서 기나긴 꿈과 짧은 꿈이 서로 구별된다.

그러나 무엇을 꿈꾸었는가, 실제로 그것이 일어났는가 하는 것을 이 표준에 비추어 조사한다는 것은 매우 곤란한 일이며, 또 많은 불가능에 마주칠 것이다. 우리는 이미 체험한 모든 사상(事像)과 현재라는 순간 사이에 하나하나 인과의 연관을 추구한다는 것은 도저히 불가능하지만, 그렇다고 우리가 체험한 모든 사상을 꿈이라고는 할 수 없다.

그러므로 보통 실생활에서는 꿈과 현실을 구별하기 위해서 앞에서 말한 것과 같은 표준에 비추어 조사하는 일이란 없다. 꿈과 현실을 구별하기 위한 유일하고도 확실한 표준은 사실상 깨어났을 때의 완전히 경험적인 표준 이외에 없고, 실제로 이 표준에 의하여, 꿈에서 본 사상과 깨어났을 때의 사상의 인과성 연관이 단절된다.

홉스(Hobbes)가 《리바이어던》 제2장에서 말하고 있는 소견은 이것을 훌륭히 예증하고 있다. 즉 우리가 고의로서가 아니라, 옷을 입고 잠을 잘 때, 특히 여기에 어떠한 의도라든지 계획이 우리의 모든 사상을 붙잡고 있어, 깨어났을 때와 같이 꿈속에서도 우리가 계속하여 그것을 생각할 때는, 자칫하면 꿈을 나중에 현실처럼 생각할 경우가 자주 있는 법이다. 결국 이 같은 경우에 깨어 있을 때나 잠잘 때도 그 구별이 명확하지 않으며, 꿈이 현실과 어우러져 현실과 혼합되는 것이다.

이 경우 칸트의 표준을 여기서도 물론 응용할 수도 있다. 즉 자주 있는 일이지만 나중에 현재와의 인과성 연관의 유무가 아무래도 규명되지 않을 경우에 어떠한 사건이 꿈이었는지, 또는 실제로 있었던 일이었는지 하는 것은 영원히 밝혀지지 않은 채 있지 않으면 안 된다.

그런데 이 점에 있어서, 실제로 실생활과 꿈의 친근성(親近性)은 우리 가까이 오게 된다. 그리고 또 이 친근성은 옛날부터 많은 위대한 사람들에 의하여 인정되고, 또 창도되어 왔으므로 우리도 이것을 용인하는 것을 수치로는 생각하지 않는다. 《베다》와 《푸라나》는 마야의 직물(織物)이라고 불리는 현실 세계의 인식 전체를 실로 적절하게, 정말로 자주 꿈에 비유하고 있다. 플라톤은 빈번히 평범한 인간은 꿈속에 살고 있음에 불과한데, 철학자만은 눈 뜨고 있도록 힘써야 한다고 말하고 있다. 핀다로스(Pindaros)는 '인간은 그림자의 꿈(《피티아 송가》 제8편 135페이지)'이라고 말했고, 소포클레스(Sophocles)[14]는,

> "진정 생을 가진 우리 모두는
> 환상 혹은 덧없는 그림자에
> 불과하다는 것임을 안다."(《아이아스》 125)

라고 말했다. 이 밖에 셰익스피어도 참으로 적절한 말을 하고 있다.

> "우리는 꿈의 재료와 같은 것,
> 우리의 보잘것없는 인생은 잠으로 둘러싸여 있다."(〈템페스트〉

---

14) 고대 그리스 3대 비극 시인의 한 사람. 기원전 496~406년. 정치가로서도 많은 활약을 하였다. 대표작으로 《아이아스》, 《안티고네》 등이 있다.

플라톤

제4막 1장)

    끝으로 칼데론(Calderon)은 이 같은 사고에 완전히 매혹되어, 약간 형이상학적이라 할 수 있는 희곡 〈인생은 꿈〉이라는 작품에서 이것을 표현하려고 했다.

    이상 많은 시인의 글귀를 인용했는데, 이번에는 내 생각을 하나 비유로써 표현해 봄직도 하다. 실생활과 꿈이란 한 책의 페이지와 같다. 연관 있는 생활을 현실 생활이라 한다. 그러나 그때그때의 독서(낮)가 끝나고 쉬는 시간이 되어도, 우리는 마음 편히 페이지를 넘기면서 순서도 연관성도 없이 이곳저곳 넘길 때가 있다. 이미 읽고 난 페이지도 있고 읽지 못한 페이지도 있지만, 여하튼 한 책의 페이지다. 이렇듯 드문드문 읽은 페이지는 물론 일관된 통독과는 관련이 없다.

    그러나 일관하여 독서한 전체라 할지라도 여기저기 드문드문 읽은 것과 마찬가지로, 갑작스럽게 시작하여 또 끝나고, 따라서 전체가 하나의 커다란 페이지로 간주될 수밖에 없음을 고려하면, 여기저기를 드문드문 읽는 것도 통독에 비하여 그다지 못한 것도 아니다.

    이처럼 하나하나의 꿈과 현실 생활의 차이는, 현실 생활을 끊임없이 관통하고 있는 경험의 연관성에 꿈이 관여하지 않는다는 점에 있다. 깨어 있을 때는 이러한 구별을 나타내지만, 이 같은 경험의 연관, 그 자체는 이미 현실 생활에 그 형식으로 소속하고 있으며, 꿈은 꿈으로서 또 그 자신 이에 대한 연관이 있다. 여기서 만일 평가의 입장을 이 양자 이외의 곳에서 취하면, 양자의 본질에는 어떠한 일정한 구별이란 없다는 것을 알 수 있다. 그리하여 시인이 인생은 기나긴 꿈이라고 한 것을 인정하지 않을 수 없게 된다.

외계의 실재성에 관한 문제의 이 같은 온전히 그 자신으로서 존재하는 경험적인 기원에서부터 전환하여 그 사변적인 기원으로 환원해 보면, 과연 우리는 이 기원이 첫째로 근거의 원리를 잘못 응용했다는 것에서, 즉 주관과 객관 사이에도 이것을 응용했다는 것에 있었고, 다음에는 이 원리의 형태를 혼동한 것에서, 즉 인식의 근거의 원리가 생성의 근거의 원리에 마땅한 영역으로 옮겨졌다는 점에 있다는 것을 이제 알게 되었다.

그러나 그럼에도 불구하고 이 문제에 조금도 참된 실질(實質)이 없고, 또 그 깊은 내면에 무언가 올바른 사상과 의미가 그 가장 본래의 기원으로 존재하지 않는다면, 이 문제가 이처럼 언제나 철학자들의 주의를 끌 수는 없었을 것이다. 즉 그 같은 본래의 기원이 있다고 하면, 그것으로써 그 기원이 무엇보다 첫째로 반성되고 표현되기 위해서 자신도 모르는 잘못된 형태와 물음이 되었다는 것을 인식할 수 있었던 것이다. 내 생각으로는 확실히 그러하다.

그리고 이 문제는 지금까지 적절하게 표현되지는 못했지만, 나는 그 가장 내면적인 의미의 순수한 표현으로서 다음과 같이 말하겠다. 즉 직관적 세계는 나의 표상이 되는 이외에 그 무엇인가? 확실히 직관적 세계는 표상으로서 의식되는데, 내가 이중으로 의식하고 있는 자신의 신체와 마찬가지로 한편으로는 표상이며, 다른 한편으로는 의지일까? 이 문제를 좀 더 분명히 하고, 이것을 긍정하는 것이 제2권 내용인데, 이 문제에서 생기는 여러 가지 결론은 이 책의 다음 부분에서 취급할 생각이다.

제6장 —

그런데 우리는 무엇보다 먼저 이 제1권에서는 모든 것을 표상으로서 주관에 대한 객관으로 고찰한다. 그리고 다른 모든 실재적인 객관과 마찬가지로 우리는 각자에 있어서 세계의 직관의 출발점이 되는 자신의 신체까지도 인식될 수 있다는 측면에서 관찰한다. 따라서 신체는 우리에게 하나의 표상 이외의 아무것도 아니다. 어떠한 의식이건 모든 다른 객관을 이미 단순한 표상이라고 설명하는 것에는 반대하고 온 것이지만, 자신의 신체가 단순한 표상이라는 것에 이르러서는 더욱더 반대할 것이다.

그 이유는 누구나 사물 자체가 자기 자신의 신체에 나타나는 한 직접적으로 알 수가 있고, 다른 모든 직관 대상에서 객관화하고 있는 한 간접적으로밖에 알려지지 않은 것이다. 그러나 우리의 연구가 진척되어 감에 따라 아무리 해도 이같이 추상하게 되고, 이같이 일방적인 고찰법을 하게 되며, 본래 상호 의존하여 성립하고 있는 것을 무리하게 분리하지 않으면 안 되게 된다.

그러므로 이미 말한 대로 반대하려는 기분을 이제부터 있을 여러 가지 고찰이 현재의 일방성을 보충하고, 세계의 본질을 완전히 인식하게 되리라는 것을 기대함으로써 당분간은 억누르고 진정해야겠다. 여기서 신체는 우리에게 있어서 직접적인 객관이다. 즉 주관의 인식이 출발점이 되는 표상이며, 결국 이 표상 자신은 직접적으로 인식된 여러 변화와 함께 인과성 법칙을 응용하는 것보다 앞서 나타나며, 그리하여 이 법칙을 응용하기 위한 재료를 제공하게 되는 것이다. 앞에서 말한 것처럼 물질의 모든 본질은 그 작용에 있다.

그러나 결과의 원인은 오성에 한해서만 존재하고, 오성은 결과와 원인의 주관적 상관자(相關者)에 불과하다. 그런데 오성은 그것이 출발점이 되는 다른 그 무엇이 없으면 결코 응용할 수가 없을 것이다. 이 다른 것이 감관적 감각, 즉 신체 변화의 직접 의식이며, 이 의식에 의하여 신체는 직접적인 객관이 된다. 따라서 우리는 직관적 세계가 인식되는 가능성에는 두 가지 조건이 있음을 알 수 있다.

첫째 조건은 이것을 객관적으로 표현하면 물체가 상호 작용하고, 상호의 내부에서 여러 가지 변화를 야기할 수 있는 능력이다. 그런 능력이 없으면 직관을 얻을 수 없을 것이다. 그런데 똑같은 첫째 조건을 주관적으로 표현하면 우리는 다음과 같이 말할 수 있게 된다. 오성이야말로 직관을 가능하게 만드는 것이다. 인과성 법칙과 결과의 원인의 가능성은 오성에서만 나오고, 오성에게만 타당한 것이며, 오성에게만, 또 오성에 의해서만 직관적 세계가 존재하기 때문이다.

둘째 조건은 동물의 신체의 감성(感性)이며, 달리 말하면 어떤 물체가 직접적으로 주관의 객관이라는 특성이다. 각종 감각기관이 특별하게 적응된 외부로부터 영향을 받고 생기는 단순한 변화는, 이 같은 영향이 고통도 쾌감도 야기하지 않고, 즉 의지에 대하여 어떤 직접적인 의의를 가짐 없이 지각되는 한에서는, 즉 인식에 대해서만이 현존하는 한에서는 이미 표상이라 불러야 한다.

따라서 그런 범위 안에서, 나는 신체는 직접적으로 인식된다고 하며, 직접적인 객관이라 말한다. 다만 이 경우 객관이라는 개념은 본래의 뜻으로 해석해서는 안 된다. 오성의 응용에 앞서고, 단순한 감성적 감각이라 할 수 있는 신체의 이 같은 직접적 인식에서는 신체 그 자체는 본래 객관으로서 존재하는 것이 아니고, 먼저 그것에 작용을 미치는 문제가 존재하는 것이다.

이런 이유는 본래의 객관 인식, 즉 공간에서 직관되는 표상의 인식은 오성에 의하여, 또 오성에 대해서만이 존재하는 것이고, 따라서 오성에 앞서는 것이 아니라, 그것의 응용을 겪고 난 뒤에 비로소 존재하기 때문이다. 그러므로 신체는 본래의 객관으로서, 즉 공간의 직관할 수 있는 표상으로서, 모든 다른 객관과 마찬가지로 인과성 법칙을 신체 일부에서 다른 부분에 미치는 영향에 응용함으로써, 즉 눈이 신체를 보고, 손이 신체를 만지는 식으로 비로소 간접적으로 인식되는 것이다.

따라서 단순한 일반 감정만으로는 우리는 자신의 신체 모습은 모르며, 인식에 의해서만이, 표상에 있어서만이, 즉 뇌수(腦髓)에 있어서만이 자신의 신체가 비로소 연장(延長)과, 사지(四肢)가 있는 유기적인 것으로서 나타나는 것이다. 태어날 때부터의 맹인은 이 표상을 촉각이 주는 여러 가지 재료에 의해서 비로소 서서히 얻게 된다. 손이 없는 맹인 같으면 자신의 모습을 절대로 알지 못하든가, 혹은 기껏해야 다른 물체가 자기에게 미치는 작용으로부터 서서히 자신의 모습을 추리하고 구상하는 수밖에 없을 것이다. 그러므로 신체를 직접적인 객관이라 부르는 경우, 이 같은 제한을 붙여서 해석하지 않으면 안 된다.

여하간 이같이 모든 동물적 신체는 모든 것을 인식하고, 그리고 바로 그 이유로 어떤 것에 의해서도 인식되지 않는 주관으로서의 직접적인 객관이며, 세계의 직관의 출발점이다. 그러므로 인식한다는 것, 그리고 인식하는 것이 조건이 되어 동기를 바탕으로 하여 운동한다는 것은 자극에 따라서 운동하는 것이 식물의 성질처럼 동물성의 본래의 성질이다.

그런데 무기물(無機物)은 가장 좁은 의미로서의 본래의 원인에 의하여 야기된 이동밖에 하지 못한다. 이에 관하여 나는 〈근거의 원리에 관한 논문〉 제2판 제20장, 〈윤리학〉의 제1 논문의 제3장, 그리고 《시각과 색채에 관하여》 제1장에 상세히 논술했다. 그러므로 그것을 참조하기 바란다.

이상의 것으로부터 모든 동물은 비록 가장 불완전한 것일지라도 오성이 있음이 분명하게 되었다. 동물은 모두 객관을 인식하고, 그리고 이 인식이 동기가 되어 동물의 운동을 규정하기 때문이다. 오성은 모름지기 동물과 인간에게 있어 같은 것이며, 곳곳에 동일한 단순한 형태를 가지고 있다. 즉 인간성의 인식, 결과로부터 원인으로의 이동, 원인으로부터 결과로의 이동이며, 그 이외의 아무것도 없다. 그러나 그 오성의 날카로운 정도와 인식 범위의 넓이는 천차만별이며, 각양각색의 등급이 있다.

즉 직접적인 객관과 간접적인 객관 사이의 인과 관계를 인식하는 데 그치는 정도의 낮은 등급, 즉 신체가 받는 영향으로부터 그 원인이 이동함으로써 이 원인을 공간에 있는 객관으로만 직관하는 정도로부터, 보다 높은 정도로 올라가서, 단순히 간접적인 각종 객관 상호의 인과적 연관을 인식하기에 이르고, 더욱이 이것이 여러 가지 원인과 결과의 복잡한 연쇄 작용을 이해시키기에 이

괴테

른다. 이 같은 고도의 인식 역시 오성에 속하는 것이 아니다. 이
성의 추상적 개념은 그 같은 직접적으로 이해된 것을 받아들이고,
고정하고 결합하는 데만 이용될 수 있을 뿐이고, 오성적 이해 그
자체를 생산해 내는 데는 도움이 되지 않기 때문이다.

어떠한 자연력도, 자연법칙도, 또 그것들이 나타나는 어떠한
경우도 먼저 오성에 의하여 직접적으로 인식되고, 직각적(直覺的)
으로 파악되어, 그런 연후에 비로소 추상적으로 이성에 대하여 반
성적인 의식이 들어가게 된다. 훅(Hooke)이 중력(重力)의 법칙을
발견하고, 많고 큰 현상을 이 한 법칙에 환원한 것도, 또 다음에
뉴턴의 여러 가지 계산이 이것을 확증한 것도 오성에 의한 직각
적ㆍ직접적인 파악이었다. 또 라부아지에(Lavoisier)가 산소와 자
연에서의 그 중요한 역할을 발견한 것도, 괴테가 사물의 색깔이
발생하는 방식을 발견한 것도 모두 같은 것이었다.

이 같은 발견들은 모두 결과로부터 원인으로 올바르게 직접
으로 소급한 것임에 틀림없고, 그리하면 또 즉각으로 같은 종류의
각종 원인에 나타나는 자연력이 동일하다는 것을 인식하게 된다.
그리고 이 통찰은 모두 오성의 같은 유일한 기능이 그 정도를 달
리하고 나타나는 것에 불과하고, 이 기능에 의하여 동물도 자기
신체에 작용을 미치는 원리를 공간 속의 객관으로서 직관하는 것
이다. 그러므로 앞에서 말한 것과 같은 각종의 대발견도, 모두 직

관과 오성의 발현(發現)과 마찬가지로 직접적인 통찰이며, 또 그러한 것으로서의 순간적인 이유이며, 견적(見積)이며, 생각으로, 추상적인 기나긴 연속적인 추리의 소산이 아니다.

이에 반하여 연속적인 추리는 직접적인 오성 인식을 나누어 추상적인 많은 개념으로 함으로써 이성(理性)에 대한 인식을 고정(固定)하게 한다. 즉 명료화(明瞭化)며, 그 인식을 타인에게 납득하게 하는 데 도움이 되게 하는 것이다. 간접적으로 인식된 여러 객관적 인과 관계를 파악하는 경우, 오성은 예리하게 움직이지만, 이 예리함은 자연과학에 응용될 뿐만 아니라, (자연과학의 발견은 모두 이 오성의 예리함에 기인한다) 또 실생활에도 응용되는 것으로서, 그 예리함을 실생활에서는 영리(怜悧)라고 일컫는다. 그런데 자연과학에 응용될 경우는 명찰(明察), 명민(明敏), 총명(聰明)이라고 부르는 것이 좋다. 엄밀하게 말하면 재치는 오로지 의지에 도움이 되는 오성을 가리킨다.

그러나 이 같은 개념의 한계는 결코 정밀하게 결정할 수는 없다. 공간 속의 객관을 직관하는 경우, 이미 어떠한 동물에게도 작용하는 오성의 동일한 기능이 가장 예리하게 작용하고, 어떤 경우는 여러 가지 자연현상에서 주어진 결과로부터 미지의 원인을 탐구하고, 자연법칙으로서의 일반 법칙을 생각하기 위한 재료를 이성에 제공도 하고, 또 어떤 경우는 이것에 동기(動機)를 주는 데 응용하며, 혹은 교묘한 간책(奸策)과 음모를 간파하고, 이것을 물거품이 되게 한다든지, 또는 스스로 여러 가지 동기와 그러한 동기의 어느 것에도 쉽게 감동되는 인간을 적절히 배치한다든지, 그들을 지레와 바퀴로 기계를 움직이듯, 뜻대로 움직이곤 하여 자신의 목적을 수행하게끔 만들기 때문이다.

오성의 결여는 엄밀한 뜻에서 우둔(愚鈍)이라 한다. 인과성 법칙을 응용하는 데 분명하지 않은 것, 원인과 결과, 동기와 행위의 연쇄를 직접적으로 파악할 수 없는 것에 있다. 우둔한 사람은 자연현상이 그대로 나타나는 경우, 또 어떤 의도에 의하여 지배되는 경우, 즉 기계로써 이용할 수 있게 된 경우도, 그 현상의 연관을 모른다.

그러므로 그러한 사람은 마법과 기적을 믿기 쉽다. 우둔한 사람은 여러 사람이 보기에는 서로 관계가 없는 듯이 생각되어도, 실제로는 서로 연락되어 행동한다는 것을 알지 못한다. 그러므로 그들은 속임수에 빠진다든지, 음모에 걸리든지 한다. 그는 남의 충고와 판단 등의 뒤에 숨은 동기를 조금도 알지 못한다. 어찌 되었든 그들에게 결여된 것은 단 하나, 인과성 법칙을 응용하는 데 있어서의 예민, 민첩, 경쾌, 즉 오성의 힘이다.

우둔에 관해서는 내가 지금까지 만난 가장 큰, 지금부터 고찰하려는 점에 관하여 가장 참고가 될 실례는, 정신병원에서 본 11세가량의 완전한 백치(白癡)의 남자아이다. 그는 말하고 듣고 했으므로, 이성은 가지고 있는 셈인데, 오성에서는 어떤 종류의 동물보다도 모자랐다. 그는 내가 갈 적마다 내 목에 걸려 있는 안경알을 보고서 그 알의 반사 때문에 방의 창과 창의 뒤 나뭇가지가 비치는 것을 보고, 그때마다 매우 놀라고 또 기뻐하며 계속 이상하게 여기면서 바라보았다. 즉 그는 반사라는 이 완전히 직접적인 원인을 오성으로 깨닫지 못했다.

인간 사이에서 오성의 예민도(銳敏度)가 각기 다르듯이 각종 동물 사이에는 더욱더 차이가 있다. 그러나 어떠한 동물에도, 식물에 가장 가까운 동물까지도 직접적인 객관에 나타난 결과로부터 원인으로의 간접적인 객관에까지 이동할 수 있을 만큼의 오성, 즉 어떤 객관을 직관하고 파악할 정도의 오성은 있다.

이 직관이야말로 그들을 동물답게 만들고 있으며, 그것은 그들에게 동기에 따라서 운동하는 가능성을 주며, 그리하여 나아가서는 먹을 것을 찾아 구하게 하고, 적어도 이것을 손에 쥐게 하는 가능성을 주는 것이다. 이에 대하여 식물은 자극에 응하여 운동할 뿐이며, 자극의 직접적인 영향이 올 것을 기다리지 않으면 안 되고, 만일 그렇지 않으면 쇠약해져서 자극을 좇는다든지, 자극을 포착한다든지 할 수는 없다.

가장 완전한 동물의 총명함에는 실로 경탄을 금하지 못하는 점이 있다. 가령 개와 코끼리와 원숭이와 여우가 그러한데, 뷔퐁 (G. L. L. Buffon)[15]은 여우의 영리함을 참으로 훌륭하게 서술했다. 이와 같은 매우 영리한 동물들을 보면 우리는 오성이 이성의 도움 없이는, 즉 개념의 추상적인 인식의 도움 없이는 얼마만큼의 일을 할 수 있을까 하는 것을 제법 정밀하게 조사할 수가 있다. 우리 인간은 오성 하나만으로는 능력을 알지 못한다. 인간은 오성과 이성이 상부상조하기 때문이다. 그러므로 우리는 종종 동물의 오성의 발현이 우리의 기대 이상일 경우도 있고 기대 이하일 경우도 있음을 볼 수 있다.

유럽을 여행하는 동안 많은 다리를 건넌 일이 있는 코끼리가 다른 때와 같이 사람과 말이 열을 지어 지나고 있는 다리에 이르러서, 그 다리의 구조가 자기 중량에 견디지 못할 것이라는 이유로, 다리 건너는 것을 거부한 일이 있었다고 한다. 이러한 코끼리의 총명에는 경탄할 뿐이다. 그런가 하면 영리한 오랑우탄이 불을 보고, 불을 쬐어 몸을 따뜻하게 할 줄은 알아도, 나무를 넣어서 그 불이 꺼지지 않게 하는 일을 하지 않는 것은 이상한 일이다.

---

15) 프랑스의 박물학자·철학자. 1707~1788년. 저서에 《박물지》가 있다.

즉 이것은 이미 숙려(熟慮)를 필요로 한다는 증거이고, 숙려는 추상적 개념 없이는 성립하지 않는다. 인과 인식은 일반적인 오성 형식으로, 선천적이라 할 정도로 동물에 내재하고 있는 것은 이 인식이 동물에게는 우리 인간과 마찬가지로 외계의 모든 직관적 인식의 선행적 조건이라는 데서 전적으로 확실하다는 것은 의심할 여지가 없다.

그런데도 또 특별한 예증(例證)이 필요하다면, 작은 개가 아무리 하고 싶어도 감히 책상에서 뛰어내리지 않으려는 것을 보면 알 것이다. 그것은 그 작은 개가 이 같은 특별한 경우를 지금까지의 경험으로 알지 못하더라도, 자기 신체 중량의 효과를 미리 알기 때문이다. 그러나 우리는 동물의 오성을 평가함에 있어 본능의 발현인 것을 오성에 귀속시키지 않도록 주의하지 않으면 안 된다.

본능은 이성이나 오성과는 전혀 다른 특성이고, 이 두 개를 합쳐서 행해지는 작용과 매우 유사한 결과를 낳는 일이 자주 있다. 그러나 본능에 관해서는 여기서 논하고 싶지는 않다. 그것은 제2권에서 자연의 조화, 즉 소위 목적론(目的論)을 고찰하는 기회에 논해질 것이다. 또 부록 제27장은 특히 이 논문을 위하여 할애해 두고 있다.

오성의 결핍을 우둔이라 했는데, 이성을 실제적인 사물에 응용하는 능력의 결핍은 나중에 바보라고 인정될 것이다. 또 판단력의 결핍은 무지라고 생각될 것이고, 마지막으로 기억이 일부, 또는 전부 결여된 것을 광기(狂氣)라고 생각될 것이다. 그러나 그 어느 것이라도 각각의 곳에서 거론될 것이다.

이성에 의하여 올바르게 인식된 것은 진리다. 즉 충족 근거를 가진 추상적 판단이다.(《근거의 원리에 관한 논문》 제29장 이하 참조) 오성에 의하여 올바르게 인식된 것은 실재다. 즉 직접적인 객관에 나타난 결과로부터 그 원인으로 올바르게 이행하는 것이다. 진리에 대해서는 오류(誤謬)가 이성의 미망(迷妄)으로 대립하고, 실재에 대해서는 가상(假象)이 오성의 미망으로 대립한다. 이 모든 것에 관한 상세한 논술은 내 논문 《시각과 색채에 관하여》 제1장을 참조하기 바란다.

가상은 동일한 결과가 하나는 아주 빈번하게 작용하고, 또 하나는 드물게 작용하는 두 개의 전혀 다른 원인에 의하여 야기되는 것 같은 경우에 나타난다. 오성은 결과가 전적으로 동일하므로, 이 경우 어느 원인이 작용했는지를 구별할 만한 재료가 없어서 언제나 통상적인 원인 쪽을 전제하기 마련이다.

그리고 오성의 움직임은 반성적·추리적 어느 편도 아니고 직접적으로 매개(媒介)가 없으므로, 이처럼 잘못된 원인이 직관된 객관으로 우리 앞에 나타난다. 이것이야말로 잘못된 가상이다. 감각기관에 이상을 초래한 경우, 어떻게 하여 물건이 이중으로 보인다든지, 두 가지 감촉을 느끼게 된다든지 하는 것은 앞에서 말했다. 그러므로 직관은 오성에 의해서만, 또 오성에서만 존재한다는 명확한 증명을 한 셈이다.

더욱이 물에 넣은 막대기가 굴절되어 보이는 것도, 구면(球面)의 거울에 비치는 상이 표면이 철면(凸面)인 경우는 어느 정도 표면보다 뒤에 보이고, 요면(凹面)인 경우는 훨씬 앞에 보이는 것도 이 같은 오성의 미망, 즉 가상의 실례이다. 또 달이 중천에 있을 때보다 지평에 가까이 있을 때가 크게 보이는 것도 가상으로서, 이것은 시각(視覺)에 의한 것이 아니고 오성에 의한 것이다. 측미계(測微計)가 증명해 주듯 눈은 달을 중천보다 오히려 지평에서 어느 정도 넓은 시각(視角)에서 잡고 있기 때문이다.

그러므로 이 같은 가상을 생기게 하는 것은 오성이고, 이것이 달과 별이 지평 가까이에서 약한 빛을 내게 하는 원인은 그것이 원거리에 있기 때문이라고 가정하고, 이 같은 달과 별을 지상의 여러 대상과 마찬가지로 공기의 원근법으로 측정한다. 그것으로 지평 가까이 있는 달을 중천에 있을 때보다 훨씬 크다고 간주하고, 또 동시에 푸른 하늘이 지평 가까이에서는 머리 위보다는 퍼져 있다, 즉 편편하다고 간주한다.

이와 마찬가지로 공기의 원근법을 잘못 응용하여 측정하면 높은 산의 정상만이 투명한 공기를 통하여 보이는 경우, 높이가 계산에 들어가지 않고 실제보다 가까이 있는 것처럼 보인다. 가령 샬량슈에서 몽블랑을 바라보았을 때가 그러하다. 그리고 이 모든 착각적인 가상은 직접적인 직관으로 나타나고, 이 직관은 이성의 어떠한 논증에 의해서도 제거되지 않는다. 이성의 논증은 다만 오류, 즉 충족 근거를 갖지 않는 판단을 거기에 대립하는 참된 판단에 의하여 막을 수 있을 뿐이다. 즉 지평 가까이에서 달과 별의 빛이 중천에 있을 때보다 약한 것은 거리가 멀기 때문이 아니고, 지평 가까이의 아지랑이가 보다 불투명하기 때문이라는 것을 추상적으로 인식할 수 있을 뿐이다.

그러나 아무리 추상적으로 인식하더라도 앞에서 말한 모든 사례에 있어서 가상은 여전히 존재한다. 오성은 인간만이 여분으로 가지고 있는 인식 능력인 이성과는 전적으로, 또 특출하게 다른 것으로 그것만으로 본다면 인간도 비이성적이기 때문이다. 이성은 언제나 알 수 있는 것뿐이다. 직관하는 것은 오성만의 작용이고, 이성의 영향은 받지 않는다.

제7장 ─

우리가 지금까지 고찰한 모든 것에 관하여 다음의 것을 덧붙여 말해야겠다. 이제까지의 고찰에서 우리의 출발점은 객관도 주관도 아니고, 이 양자를 모두 포함하고 또 전제로 하는 표상이었다. 객관과 주관의 분열은 표상의 최초의 가장 보편적인, 가장 본질적인 형식이기 때문이다. 그러므로 우리는 먼저 첫째로 이 형식 자체를 고찰하고, 다음에 (이 경우 주로 예비적인 논문을 읽도록 말했지만) 이 형식에 종속하는 여러 형식, 즉 객관에만 귀속하는 시간, 공간, 인과성을 고찰한 것이다.

그러나 이 같은 형식은 객관 그 자체의 본질적인 것으로, 그 객관은 다시 주관 자체의 본질적인 것으로서 따라서 이 같은 형식은 찾아볼 수 있다. 즉 선천적으로 인식되므로 그 범위 안에서는 이 같은 형식은 객관과 주관의 공통적인 경계(境界)라고 간주할 수 있다. 그러나 예비적 논문에서 상세히 설명해 두었듯이, 이 같은 형식들은 모두 하나의 공통적인 표현, 즉 근거의 원리에 환원될 수 있는 것이다.

그런데 이 같은 방식은 우리의 고찰법이 종래 시도했던 모든 철학과는 전혀 다른 것으로 만들고 만다. 종래의 철학은 모두 객관을 출발점으로 하느냐, 주관을 출발점으로 하느냐에 따라서 한 편을 다른 편에서 설명하려 했고, 더욱이 근거의 원리로써 이것을 설명하려 했는데, 우리는 이에 반하여 근거의 원리의 지배를 객관에서 그치게 하고, 객관과 주관 사이의 관계에까지 미치지 않게 하는 것이다.

근래에 일반적으로 알려진 동일철학(同一哲學, Identitäts Philosophie)은 객관과 주관을 모두 본래의 최초의 출발점으로 삼지 않고 있다. 제3의 것, 즉 이성 직관에 의하여 인식될 수 있는 절대자를, 즉 객관도 주관도 아닌, 이 양자의 합치된 그 무엇을 출발점으로 하고 있는데, 이 점에서는 지금 말한 대립에는 포함되지 않는다고 간주될지도 모른다.

나에게는 이성 직관이라는 것이 전혀 없으므로 그러한 대단한 합치라든지, 절대자라든지 하는 것을 운운하려고는 하지 않겠다. 나는 만인에게 문외한인 우리에게도 명백히 볼 수 있는 이성 직관자 식(式)의 조서(調書)를 바탕으로, 그러한 철학은 앞에서 말한 두 개의 오류의 대립의 예외가 되는 것이 아니라는 것을 말하지 않을 수 없다.

그 철학은 사유되지 않고 단순히 지적으로 직관될 수 있는, 혹은 그것에 자신을 침잠(沈潛)함으로써 경험되어야 할 주관과 객관의 경험 가능한 동일을 출발점으로 한다고 해놓고서, 역시 양자의 대립적인 오류는 피하고 있지 않으며, 오히려 철학 자신이 두 가지 부문으로 나누어짐으로써 양자의 오류를 자신 속에 합하여 하나로 만들고 있기 때문이다.

그 두 가지 부문이란 하나는 선험적(先驗的) 관념론이며, 다른 하나는 자연철학이다. 선험적 관념론은 피히테의 자아설(自我說)이며, 따라서 근거의 원리에 의하여 객관을 주관에 의하여 만들어내고, 주관으로부터 엮어내게 만든다. 다음에 자연철학은 똑같이 객관으로부터 서서히 주관을 낳게 하지만, 이것은 구성이라는 방법을 응용하는 데 있다. 나는 여기에 관한 지식은 별로 없지

에피쿠로스

만, 이 방법이 근거의 원리가 여러 가지 형태를 취하고 나타난 진보적인 것의 하나라는 것은 명백한 일이다.

이러한 구성이 내포하고 있는 깊은 예지(叡智) 자체는 나는 단념한다. 이성 직관을 전혀 가지고 있지 않은 나는 이 직관을 전제로 하는 모든 그 같은 강의는 일곱 가지 봉인(封印)을 한 서적임에16) 틀림없기 때문이다. 또 사실 그러하므로 이상한 말이지만 그런 깊은 예지에 찬 교설(敎說)을 듣고 있으면 나는 겁이 나기도 하고, 또 참으로 하품 나는 허풍으로밖에 생각되지 않는다.

객관에서 출발하는 여러 가지 학설은 본래부터 항상 모든 직관 세계와 질서를 문제 삼아 왔다. 그러나 그런 학설들이 출발점으로 삼은 객관은 반드시 이런 직관 세계는 아니었고, 또 그 근본 요소인 물질도 아니었다. 오히려 예비적 논문에서 밝혀 둔 가능한 네 가지 종류의 객관에 따라서 그 학설들의 분류가 이루어질 수 있다.

이렇게 하여 첫째 종류, 즉 실재세계로부터 출발한 것에는 탈레스(Thales)와 이오니아의 철학자들, 즉 데모크리토스(Democritus), 에피쿠로스(Epikuros), 조르다노 브루노(Giordano Bruno), 그리고

---

16) 《성경》〈요한계시록〉 5장 1절. '내가 보매 보좌에 앉으신 이의 오른손에 두루마리가 있으니 안팎으로 썼고 일곱 인(印)으로 봉하였더라.' 알 수 없는 책, 논쟁이라는 뜻.

프랑스의 유물론자들이 있다. 둘째 종류 즉, 추상적인 개념에서 출발한 것에는 스피노자 ─ 단순히 추상적인, 그리고 그 정의(定義)에서만이 존재하는 실체라는 개념에서 출발한다 ─ 와 고대 엘레아학파 사람들이다. 셋째 종류, 즉 시간, 숫자에서부터 출발한 것에는 피타고라스(Pythagoras)학파 사람들과, 《역경(易經)》에 나타난 중국 철학이 있다. 마지막 넷째 종류, 즉 인식에 의하여 동기가 된 의지 활동에서 출발한 것에는 세계 밖에 있는 인격적인 한 존재자의 의지 활동으로 세계가 무(無)로부터 창조되었다고 주장하는 스콜라학파 사람들이다.

객관적 방법은 본래의 유물론으로 나타나는 경우, 가장 철저하게, 또 가장 광범하게 수행될 수 있다. 유물론은 물질을, 그리고 그와 함께 시간과 공간을 그대로 존립한다고 본다. 그리고 실제로는 주관과의 관계에서만이 모든 것이 존재하는데, 이 관계를 놓치고 보지 못한다. 다음에 유물론은 인과성 법칙을 실마리로 삼고, 이것을 그 자체로서 존립하는 사물의 질서, 즉 영원한 진리로 생각하며, 이것을 바탕으로 삼아 진전해 보려고 한다. 따라서 실은 오성에 있어서만이, 또 오성에 의해서만이 인과성이 존재하는데, 이 오성을 보지 못하고 놓치고 만다.

그런데 유물론은 물질의 최초의 가장 단순한 상태를 발견하려고 하며, 다음에 단순한 기계적 구조로부터 화학적 현상으로, 양극성(兩極性)으로, 식물성으로, 동물성으로 상승해 단순한 상태에서 다른 여러 가지 상태로 전개해 나가려고 한다. 그리고 이것이 잘 이루어졌을 경우, 이 연쇄의 마지막 단계는 동물의 감성(感性), 인식 작용으로서, 그것은 이제 물질의 단순한 한 변용(變容), 즉 인과성에 의하여 초래된 하나의 상태로 나타났다고 주장한다.

그런데 만일 우리가 직관적 표상을 갖고서 여기까지 유물론에 따라왔다고 하면 유물론과 함께 그 정점에 이르러 갑자기 올림푸스 여러 신의 참을 수 없는 큰 웃음소리를 듣고 기겁할 것이다. 우리는 마치 꿈에서 깨어난 듯, 유물론이 고심해 쌓아 올린 마지막 결과인 인식 작용을 이미 최초의 출발점인 단순한 물질에 있어서 불가결의 조건으로 전제되어 있었다는 것, 그리고 또 우리는 유물론과 함께 물질을 사유한다고 생각하고 있었지만 실제로는 물질을 표상하는 주관을, 물질을 보는 눈을, 물질에 닿는 손을, 물질을 인식하는 오성을 사유하고 있었음에 불과했다는 것을 단번에 이해할 수 있으리라 믿기 때문이다.

이렇게 하여 의외로 어처구니없는 선결문제 요구의 허위(Petitio principii)가 드러나고 말았다. 최종(最終) 항은 갑자기 최초 항이 근거로 삼고 있는 거점(據點)이며, 연쇄 고리라는 것을 알았기 때문이다. 그리하여 유물론자는 말을 타고 물에 떠있으면서도 두 다리로 말을 제지하고, 앞에 늘어뜨린 머리카락을 잡고 자기 몸을 끌어올리려고 하는 저 뮌히하우젠 남작과 비슷한 것이다.

이렇게 보면 유물론과 근본적 불합리는 유물론이 객관적인 것을 출발점으로 하여, 객관적인 것을 궁극의 설명 원리로 하고 있고, 비록 그 객관적인 것이 추상적으로 다만 사유될 뿐인 물질이라 하더라도, 또는 이미 형태를 갖춘 경험적으로 주어진 물질, 즉 화학적 요소와 그와 가장 가까운 화합물 등과 같은 질료(質料)라 하더라도 불합리한 것은 마찬가지다.

유물론은 이 같은 물질을 그 자체로서 또 절대적으로 실재하는 것으로 간주하고, 이 물질에서 유기적 자연과 마지막으로 인식 주관까지도 나타나게 하고, 그것으로 말미암아 이러한 자연과 주관을 완전히 설명한다. 실제에 있어서 모든 객관적인 것은 이미 그 자체로, 그리고 인식 주관과 그 인식의 여러 형식에 의하여 여러 가지 제약되고, 그것을 전제로 하고 있으며, 따라서 주관을 빼고 생각하면 있는 것은 하나도 없게 된다.

그러므로 유물론은 우리에게 직접적으로 주어진 것을, 간접적으로 주어진 것으로 설명하려는 시도다. 모든 객관적인 것, 연장(延長)을 가진 것, 작용하는 것, 즉 유물론이 그 설명의 확실한 기초로 간주하고 이것을 환원하면,(특히 이 환원이 충격과 반격으로 귀착한다면) 조금도 유감이 없다고 생각되는 모든 물질적인 것 ─ 이 모든 것은 되풀이해서 말하지만, 매우 간접적 제약하에 주어진 것이며, 따라서 상대적으로 존재하는 것에 불과하다. 이것들은 뇌의 기계적 조직과 제작을 거쳐서 시간·공간·인과라는 형식에 들어가 있는 것이다. 이 같은 형식에 따라 그 같은 물질적인 것은 최초로 공간에 연장되고, 시간에 작용하는 것으로 나타나기 때문이다.

그런데 유물론은 이같이 주어진 것에서부터 직접적으로 주어진 것도, 즉 표상(그 속에 이미 말한 모든 것이 포함되어 있다)도 설명하고, 마침내는 의지도 설명하려 하지만 원인의 계열에 따라서 합리적으로 나타내는 저 모든 근본력(根本力)은 실은 오히려 의지로부터 설명해야 한다. 따라서 인식은 물질의 변용이라는 주장에는 항상 같은 권리를 갖고, 모든 물질은 주관의 표상이라는 주장이 대립한다. 그럼에도 결국은 모든 자연과학의 목적과 이상은 철저하게 유물론이다.

그런데 우리가 여기서 유물론을 명백히 불가능하다고 인정하는 것은, 또 하나 다른 진리에 의하여 확인되기 때문이다. 그 진리란 우리가 지금부터 앞으로 고찰을 진행함에 따라 명백해지겠지만, 그것은 이른바 내가 근거의 원리를 바탕으로 하여 체계적 인식이라 간주하고 있는 본래의 뜻에서의 과학은 모두 결코 궁극의 목적을 달성할 수도 없고, 완전히 충분한 설명을 줄 수도 없다는 것이다. 이 같은 과학은 세계의 가장 은밀한 내적인 본질에는 조금도 접근되지 않고, 표상을 초월하여 나갈 수도 없고, 오히려 결국에는 하나의 표상과 다른 표상과의 관계를 알도록 가르치는 데 지나지 않기 때문이다.

어떠한 과학도 반드시 두 개의 근본 재료로부터 출발한다. 그 하나는 기관(Organon)으로서의 항상 어떠한 형태를 가진 근거의 원리며, 다른 하나는 과제로서의 과학에서의 특수한 객관이다. 가령 기하학은 공간을 과제로 하고 있으며, 공간에서의 존재의 근거를 기관으로서 가진다. 산술(算術)은 시간을 과제로 하고, 시간에서의 존재의 근거를 기관으로 가지고, 논리학은 개념의 여러 결합 자체를 과제로 하고, 인식의 근거를 기관으로 가지며, 역사는 집단을 이루는 인간이 행한 여러 업적을 과제로 하며, 동기의 법칙을 기관으로 가진다.

그런데 자연과학은 물질을 과제로 하며, 인과성 법칙을 기관으로 가진다. 따라서 자연과학의 목적도 목표도 인과성을 따르고, 물질의 모든 가능한 상태를 상호 환원하고, 마지막에는 하나의 상태로 환원하며, 다음에는 또 상호 도출(導出)하여, 마지막에는 하나의 상태로부터 도출한다. 그러므로 물질은 두 개의 상태가 양극(兩極)을 이루고 대립한다. 즉 물질이 최소한으로 주관의 직접적인 객관이 된 상태와, 물질이 최대한으로 주관의 직접적인 객관이 된 상태 등이다. 즉 하나는 죽어 있는 조야(粗野)한 물질의 제1원소이며, 다른 하나는 인간의 유기체다. 자연과학은 이 제1의 것을 화학으로써 구하고, 제2의 것을 생리학으로써 구한다.

그러나 지금까지는 이 양극은 달성되지 못하고, 양극 간에 약간의 것이 얻어진 것에 불과하다. 장차의 희망도 거의 절망 상태다. 화학자들은 물질의 질적 분할과 같이 무한으로는 되지 않으리라는 전제에서 지금까지 60개 가까운 원소 수를 점점 줄이려 하고 있다. 그리고 만일 원소가 두 개로 되었다면, 화학자들은 그것을 하나의 원소로 환원하려고 할 것이다. 동질성(同質性) 법칙을 따르면 물질의 최초의 화학적인 상태를 전제하지 않을 수 없고, 이런 상태는 다른 모든 상태, 즉 물질 그 자체에 본질적인 것이 아니고 우연적인 형식, 성질에 불과한 여러 상태에 선행하고 있고, 물질 그 자체에 얽매여 있기 때문이다.

그런데 한편으로 이 물질의 최초 상태는 여기에 작용하는 제2의 상태가 아직 존재하고 있지 않았기 때문에 어떻게 화학적 변화를 받을 수 있었는지는 아직 모른다. 그리하여 화학 부문에서, 에피쿠로스가 역학(力學) 부문에서 먼저 어떻게 하여 하나의 원자가 그 근원적인 운동 방향에서 오게 되었는가를 설명하지 않으면 안 되었을 때 봉착한 것과 같은 곤경이 생겨났다. 실제로 이것은 자연히 발전해 오는 것으로 회피할 수도 해결할 수도 없는 모순이며, 이것이야말로 정말로 화학적 이율배반(二律背反)이라고 하지 않을 수 없다. 이 같은 모순이 자연과학의 양끝의 한쪽에 있는 것처럼, 다른 끝에서도 여기에 대응하는 모순이 보이게 될 것이다.

그것은 자연과학의 이 같은 다른 한쪽 끝에 도달하는 것도 역시 절망적이다. 화학적인 것을 역학적인 것으로 환원하는 것도, 유기적인 것을 화학적인 것, 혹은 전기적(電氣的)인 것으로 환원하는 것도, 결코 할 수 없다는 것이 점차로 명백하기 때문이다. 그러나 오늘날 이 예로부터의 미로(迷路)에 발을 들여놓은 사람은 그 모든 선인과 마찬가지로 얼마 되지 않아 고개를 숙이고 돌아설 것이다. 여기에 관해서는 제2권에서 상세히 논할 작정이다.

여기서 잠깐 언급한 곤란함은 본래의 영역에 속하는 자연과학과는 대립하는 것이다. 그리고 또 자연과학은 철학적으로 생각하면 유물론이 될 것이다. 그런데 유물론은 우리가 본 것처럼, 이미 그 발생 초기부터 가슴에 사신(死神)을 안고 있다. 그러나 실은 이 여러 형식은 유물론이 출발점으로 하려는 매우 거친 물질이나, 이미 유물론이 도달점으로 하려는 유기체에도 전제되어 있다.

무릇 '주관 없는 객관은 없다.'라는 것은 항상 모든 유물론을 불가능하게 하는 명제다. 태양과 행성은 이것을 보는 눈과, 이것을 인식하는 오성이 없으면 말로는 표현될지 모르지만, 그러나 이러한 말은 표상으로서는 하나의 철목(鐵木, Sideroxylon)이다. 그런데 다른 한편에서는 인과성 법칙에 따르고, 또 이 법칙에 의하여 자연을 고찰하고 연구하면 우리는 어떻게든 시간적으로는 보다 높은 유기적 조직을 가진 물질 상태는 어떠한 것이든 보다 거친 물질 상태 뒤에 비로소 생겨났다는 것을 확실히 추정하지 않으면 안 된다.

즉 동물은 인간 이전에, 어류(魚類)는 육상 동물 이전에, 식물은 또 그보다 이전에, 무기물은 모든 유기물 이전에 존재하고 있었다고 추정하고, 따라서 원시적인 덩어리가 긴 시간 여러 변화를 거친 뒤에 처음으로 최초의 눈이 트였다고 추정한다. 더욱이 이 최초로 트인 눈은 곤충의 눈이었는지 모르나, 전 세계에 현재 존재하는 것은 역시 이 최초의 눈에 의존하는 것으로, 이 경우 이 눈은 인식을 매개로 하는 불가결의 것이며, 또 전 세계는 인식에 있어서만이, 또 인식에 의해서만이 존재하고, 인식 없이는 세계는 생각할 수도 없다.

세계는 단적으로 표상이며, 표상으로서, 그 존재를 취급하는 것으로서의 인식 주관을 필요로 하기 때문이다. 그뿐만 아니라 물질이 무수한 변화를 거치고 여러 가지 형식을 취하여 상승하고,

마침내는 인식할 수 있는 능력을 가진 최초의 동물이 나올 때까지의 긴 시간 자체는 의식의 동일성(同一性)에서만 생각할 수 있다. 시간은 표상에 관한 의식의 계속이며, 인식하기 위한 의식의 형식이며, 이것을 떠나서는 어떠한 의의도 상실되고, 또 전혀 아무것도 아니다.

그리하여 우리는 한편에서는 필연적으로 최초로 나타난 인식 능력이 있는 동물이 아무리 불완전한 것이라 할지라도 전 세계는 여기에 의존한다는 것을 인정하지 않을 수 없다. 또 다른 한편에서는 똑같이 필연적으로, 이 최초의 인식 능력 있는 동물은 그에 앞선 긴 인과의 연쇄에 완전히 의존하여, 그 동물 자체도 그 연쇄의 하나로 나타난다는 것을 인정하지 않을 수 없다. 우리는 실제로 이 서로 모순된 두 개의 견해의 어느 쪽도 같은 필연성으로 인정하지 않을 수 없는데, 이것들을 다시 인식 능력에서의 이율배반이라 부르고, 자연과학의 저 한쪽 끝에 발견된 이율배반과 상대를 이룬다고 보아도 좋을 것이다.

그런데 칸트는 네 가지의 이율배반을 설명하고 있는데, 나는 이것을 이 책 부록 〈칸트 철학 비판〉에서 근거 없는 기만이라는 것을 증명할 생각이다. 그러나 여기서 마침내 우리 앞에 필연적으로 생기는 모순의 해결은, 칸트의 말을 빌리면, 시간과 공간, 인과성은 사물 자체에 귀속하는 것이 아니고, 사물 자체의 현상에 귀속하는 것이다. 시간과 공간, 인과성은 이 현상의 형식이라는 점에서 발견된다. 이것을 나는 다음과 같이 말하겠다.

객관적 세계, 즉 표상으로서의 세계는 세계의 유일한 면이 아니고 한편의, 말하자면 외부적인 면에 불과한 것이고, 세계는 이와는 전혀 다른 별도의 면이 있으며, 그것이 세계의 가장 내면적인 본질, 중핵, 사물 자체를 이룬다. 그리고 우리는 이것을 그 직접의 객관화라는 측면에서 보아 의지라고 부르고, 제2권에서 고찰할 생각이다.

그러나 우리가 여기에서 오로지 고찰하고 있는 표상으로서의 세계는 말할 필요 없이 최초의 눈이 열릴 적에 시작하는 것으로서, 이 같은 인식의 매개 없이는 세계는 존재하지 않을 것이고, 따라서 또 그 이전에는 세계는 존재하지 않았다. 그러나 이 같은 눈이 없으면, 즉 인식 이외에는, 이전이라든가 시간이라든가 하는 것은 없었던 셈이다. 그 때문에 시간에 시작이 있는 것이 아니고, 모든 시작은 시간 속에 있는 것이다. 그러나 시간은 사물을 인식하기 위한 가장 보편적인 형식으로서, 모든 현상은 인과성의 유대에 의하여 이 형식에 합치되므로, 최초의 인식과 동시에 시간도 또한 성립하고, 그것과 더불어 그 전후에 끝없이 연장된 시간도 생기게 된다.

그리고 이 최초의 현재를 충당하는 현상은 동시에 인과적으로 결합된 것으로서, 또 무한히 과거에까지 미치는 일련의 현상에 의존한 것으로 인식되지 않으면 안 되고, 더욱이 그 과거 자체는 이 최초의 현재에 제약되는 동시에, 또 최초의 현재는 이 과거에 제약당하고 있다. 따라서 최초의 현재도 그것으로 말미암아 오게 된 과거와 더불어 인식 주관에 의존하고 있으며, 인식 주관이 없으면 무(無)이다.

그러나 또 필연적으로 이 최초의 현재는 과거를 모체(母體)로 하지 않는 시간의 시작으로는 나타나지 않는다. 오히려 최초의 현재는 시간에서의 존재의 근거에 따라 과거의 계속으로 나타나고, 현재를 충당하는 현상은 인과성 법칙에 따라서 그 과거를 충당하는 이전의 여러 상태의 결과로 나타난다. 신화적(神話的)인 해석을 즐기는 사람이라면, 티타네스(Titanes, 거인족巨人族)의 막내인 크로

노스(Cronos)17)의 탄생으로, 그것이 바로 방금 말한, 본래 시작 없는 시간이 나타나는 순간을 나타내는 것이라 생각할 것이다. 크로노스가 자기 아버지를 거세(去勢)하고, 천지의 조야한 작물을 없어지게 하고, 이에 대신하여 신들과 인간들의 세대를 오게 한다는 것이다.

우리는 객관에서 출발하여 여러 철학설 중에도 가장 철저한 학설인 유물론에 따라 이 같은 설명에 도달했다. 이 설명은 동시에 주관과 객관이 서로 지양(止揚)되지 않는 대립 관계에 있음에도 불구하고, 상호 불가분한 의존 관계에 있다는 것을 명백하게 하는 데 도움을 준다. 이것을 인식하면 세계의 가장 내면적인 본질, 즉 사물 자체를, 이제는 표상의 두 요소인 주관과 객관의 어느 쪽에서도 구하지 않고, 오히려 표상과는 전혀 다른 요소에, 즉 이 같은 근본적인, 본질적인, 또한 해소하기 어려운 대립이 없는 요소를 구하기에 이른다.

이제까지 논한 것과 같은 객관에서 출발하여 객관에서 주관을 탄생시키려는 입장에는, 주관에서 출발하여 주관에서 객관을 나오게 하려는 입장과는 대립하게 된다. 그런데 이제까지의 모든 철학에는 객관에서 출발한 것이 너무나 많았고, 또 일반적이었는데 주관에서 출발한 것은 단 하나의 실례가 있을 뿐이다. 더욱이 그것도 매우 새로운 실례로써 피히테의 가상철학(假象哲學, Schein Philosophie)이 그것이다.

그러므로 피히테는 이 점에서 주의할 만하지만, 실은 그 학설 자체는 참된 가치도 내적 실질도 거의 없고, 총체적으로 일종의 기만에 불과한데도, 심각한 얼굴을 하게 되고, 침착한 어조나 열렬

---

17) 그리스 신화에 나오는 농경의 신. 올림포스의 주신(主神) 제우스의 아버지. 시간의 신 크로노스와 혼용되고 있다.

한 태도를 취하기도 하고, 약한 상대면 도도한 웅변으로 휘몰아치면서 반박도 하여, 훌륭한 척 보이게 하고, 무언가 근사한 것처럼 보이게도 했다.

그러나 어떠한 외적 영향에도 좌우되지 않고 자기의 목적인 진리만을 굳게 바라보는 참으로 성실한 마음은, 사정에 따라 어떻게도 변하는 유사한 모든 철학자처럼 피히테는 갖지 않았다. 물론 이것은 어쩔 수 없는 일이었다. 즉 철학자는 항상 난관에 부딪쳐 이것을 극복하려 함으로써 철학자가 되며, 이 난관이, 즉 플라톤의 '놀라움'이며, 그는 이것을 '매우 철학적인 정감'이라 불렀다.

그러나 이 경우 진짜가 아닌 철학자를 진짜 철학자로부터 구별하게 하는 것은, 진짜 철학자에게는 이 난관은 세계 자체를 바라보는 것에서 생기지만, 진짜가 아닌 철학자에게는 책에서부터, 즉 앞에 놓인 학설에서부터 생긴다는 것에 있다. 피히테의 경우도 사실 후자에 속한다. 그는 다만 칸트의 사물 자체에 관련함으로써 철학자가 된 것에 불과하고, 만일 그가 칸트의 사물 자체에 관한 것을 몰랐다면, 그는 대단한 수사학적인 재능을 가지고 있었으므로 아마 전혀 다른 방면에서 크게 성공할 수 있었으리라. 그러나 그가 자신을 철학자로 만든 책의 뜻, 즉 《순수이성비판》을 깊이 연구했다면, 그의 주요한 학설 정신이 다음과 같은 것이라는 것을 이해했을 것이다.

즉 근거의 원리는 모든 스콜라 철학이 말하는 것처럼 영원한 진리가 아니고, 즉 세계보다 앞서서, 세계 이외에, 또 세계 이상으로 제약적이 아닌 타당성이 있는 것이 아니고 공간, 시간의 필연적 연관으로 나타나든, 인과성 법칙 내지는 인식 근거의 법칙으로 나타나든 간에, 상대적이고 제약된 현상에서만이 타당한 것이다.

그러므로 세계의 내적 본질인 사물 자체는 절대로 근거의 원리를 실마리로 발견되는 것이 아니며, 이 원리에 인도되어 도발된 것은 모두 그 자신이 또한 의존적이고 상대적이며 언제나 현상에 불과하고 사물 자체는 아니다. 더욱이 근거의 원리는 주관에도 관계하지 않고, 여러 객관 형식에 불과하며, 바로 그러한 이유로 그들 객관은 사물 자체가 아니다. 객관이 있음과 동시에 곧 주관이 있고, 주관이 있는 동시에 객관이 있다.

따라서 객관의 주관에 대한 관계도, 주관의 객관에 대한 관계도, 근거에 대한 귀결로서 비로소 부과될 수 있는 그러한 것이 아니다. 그런데 피히테는 이 같은 모든 것을 고려하는 일이 없었다. 그에게 있어 이 문제의 유일한 관심사는 주관에서 출발한다는 것에 있고, 이것은 칸트가 이제까지의 철학이 객관을 출발점으로 하여, 그것 때문에 객관을 사물 자체로 한 것이 거짓이었다는 것을 보여주기 위하여 선택한 입장이다.

하지만 피히테는 이 같은 주관에서 출발한다는 것을 가장 중요한 것으로 생각하고, 모방하는 사람은 반드시 그러하듯, 이 점에 있어서 자신이 칸트를 뛰어넘어, 그를 능가한 듯 생각했다. 그래서 이 방향에서 종래의 독단론이 정반대 방향에서 범했고, 그로 말미암아 비판이 생기게 된 오류를 되풀이하게 된 것이다. 그렇다고 본질적으로는 변한 것이란 하나도 없고 옛날부터의 근본적 오류, 즉 객관과 주관의 관계를 근거와 귀결로 보는 추정은 구태의연한 것이고, 따라서 근거의 원리는 지금까지의 것과 조금도 다름없고, 제약적이지 않은 타당성을 보유하고, 사물 자체는 이제까지 객관 속에 놓여 있던 대가로, 이제는 인식의 주관 속에 놓인 셈이다.

그러나 이 주관과 객관이 전적으로 상대적이라는 것은 사물자체, 혹은 세계의 내적 본질은 주관과 객관의 어느 쪽에서도 구할 수 없고, 이 같은 상대적인 존재 이외에도 또 기타 관계적으로만이 존재하는 모든 존재 이외에서 구해야 한다는 것을 보여주는데, 이 상대성은 여전히 인식되지 않은 채로 있다. 마치 칸트가 이 세상에 전혀 없었던 것처럼, 근거의 원리는 피히테에게 있어 모든 스콜라 철학자와 마찬가지로 영원한 진리다.

즉 고대인의 신들을 지배한 것이 영원한 운명인 것처럼, 스콜라 철학자의 신들을 지배하는 것은 영원한 진리, 즉 형이상학적·수학적·초논리적인 여러 가지 진리가 있고, 어떤 사람들에게는 도덕률의 타당성까지도 신을 지배하는 것이었다. 이 같은 진리만은 아무것에도 의존하지도 않고, 신도 세계도 이 같은 진리의 필연성에 의하여 존재하는 것처럼 말해진다. 따라서 피히테에게 이 같은 영원한 진리로서의 근거의 원리에 따라 자아(自我)는 세계 혹은 비아(非我)의, 즉 자아의 귀결, 자아의 소산에 불과한 객관의 근거다.

그러므로 그는 근거의 원리를 그 이상 음미한다든지 검사한다든지 하는 일이 없도록 조심한 것이다. 그러나 피히테가 거미가 실을 내듯이 자아에서 비아를 내는 데 바탕으로 하게 된 근거의 원리의 형태를 보면 그것은 공간에서의 근거의 원리임을 알 수 있다. 피히테가 그처럼 애써 생각한 결과 자아에서 비아를 산출해 낸 연역(演繹)은 지금까지의 책 중에서도 가장 무의미한, 그러므로 가장 권태로운 내용이 되겠지만, 그러나 이 연역의 원리에 관계를 갖는 것에서만 일종의 의미와 가치가 있게 된다.

따라서 다른 점에서는 언급할 가치조차 없는 피히테의 철학은 우리에게는 먼 옛날부터 있었던 유물론의 정반대가 이렇듯 세월이 지나서 비로소 나타났다는 점에 있어서만이, 즉 옛날부터의 유물론이 철저하게 객관에서 출발한 데 대하여, 피히테의 철학은 철저하게 주관으로부터 출발한다는 점이 흥미를 끈다.

가장 단순한 객관이라도, 그것을 조정(措定)함과 동시에 주관도 조정된다는 것을 유물론은 간파한 것이다. 이와 동시에 피히테는 객관 없이는 주관은 생각되지 않으므로 주관(그가 이것을 어떻게 부르든)과 동시에 객관이 조정된다는 것을 간파했을 뿐 아니라 다음의 것도 간파했다. 즉 모든 선천적 유도(誘導), 더욱이 모든 논증 일반은 하나의 필연성에 바탕을 두고 있고, 모든 필연성은 오로지 근거의 원리에 바탕을 두고 있다. 필연적이라는 것과, 주어진 근거에서 귀결로써 나타나는 것은 상관(相關)개념[18]이기 때문이다.

그런데 근거의 원리는 객관 자체의 보편적인 형식에 불과하고, 따라서 이미 객관을 전제하고 있지만, 객관보다 앞서서, 또 객관 이외에 타당한 것으로서, 새롭게 객관을 가지고 나온다든지 근거의 원리의 입법에 따라서 객관을 낳게는 할 수 없다. 그러므로 통틀어 말하면 주관에서 출발하는 것도, 앞에서 말한 것처럼 객관에서 출발하는 것과 마찬가지로 같은 오류를 범하는 셈이고, 결국 최초로 도출하려는 것, 즉 그 출발점의 필연적인 상관자를 미리 추정하고 있는 것이 된다.

그런데 우리의 방법은 이같이 서로 대립하는 두 개의 잘못과는 전혀 다르다. 즉 우리는 객관으로부터도 주관으로부터도 출발하지 않고, 의식의 제1 사실로서의 표상으로부터 출발한다. 표상의 가장 본질적인 근본 형식은 객관과 주관에로의 갈림이고, 더욱이 객관의 형식은 여러 가지 형태를 지니고 나타나는 근거의 원리다. 그 형태는 각자의 고유한 종류의 표상을 지배하므로 이미 말한 것처럼 그 형태의 원리를 인식하면 모든 종류의 표상의 본질도

---

18) 여기에 관해서는《충족이유율의 네 겹의 뿌리에 관하여》제2판 제49장(제3판 제49장) 참조.

동시에 인식하는 셈이다.

즉 이 모든 종류(표상으로서의)는 바로 그 형태를 가진 원리 자체에 불과하다. 가령 시간 자체는 시간이라는 형태를 가진 근거의 원리, 즉 계속에 불과하고, 공간은 공간이라는 형태를 가진 근거의 원리, 즉 위치에 불과하며, 물질은 인과성에 불과하고, 개념은 (다음에 이어서 보일 생각이지만) 인식 근거에 대한 관계에 불과하다.

이처럼 표상으로서의 세계가 그 가장 보편적인 형식(주관과 객관)에서 보아도, 이 형식에 종속하는 형식(근거의 원리)에서 보아도 실로 철저하게 상대적이라는 것은, 이미 말한 것처럼 우리가 세계의 가장 내면적인 본질을, 표상과는 전혀 다른 세계의 다른 측면에서 구하는 것이다. 이 측면은 제2권에서 모든 생물의 표상과 다름없는 확실한 사실 속에서 증명될 것이다.

그러나 그 전에 더욱 인간만이 가지는 표상의 종류를 고찰하지 않으면 안 된다. 그 재료는 개념이며, 그 주관적인 상관자는 이성이다. 지금까지 고찰해 온 표상의 상관자는 오성과 감성이었지만, 그 같은 것은 어떤 동물들에게도 주어져 있다고 인정하는 것이다.19)

---

19) 여기 제7장에 해당하는 것으로 부록 제1권의 처음 4장이 있다.

제8장 ―

태양의 직접적인 빛을 차용한 것이 달의 반사에 들어가듯 우리는 직관적인, 직접적인 자기 자신을 대표하고, 보증하는 표상에서 반성으로, 이성의 추상적인 논증적인 개념으로 이행하고 있다. 이 같은 이성의 개념은 모든 내용을 오로지 저 직관적인 인식에서, 그리고 또 이와 관계해서만이 얻을 수 있다. 우리가 순수하게 직관적인 태도를 지니는 동안은, 모든 것은 분명하고 견고하며 확실하다. 거기에는 물음도 의심도 헤매는 일도 없다. 그 이상으로 나가려고도 하지 않고, 또 나갈 수도 없고, 직관하는 속에서 안주하고 현재에 만족한다.

직관은 그 자신에게 안주한다. 그러므로 순수한 예술 작품은 순수하게 직관에서 나오고, 또 언제라도 직관에 충실한 것은 결코 거짓일 수가 없고, 또 시간의 흐름에 따라 부정되는 경우가 없다. 거기에 있는 것은 의견이 아니라 사물 자체가 있기 때문이다.

그런데 추상적 인식이 생기고 이성이 생기면 이론적인 점에서는 의혹과 오류가 나타나고, 실제적인 점에서는 불안과 후회가 나타난다. 직관적 표상은 가상이 잠시 현실을 왜곡하지만, 추상적 표상은 오류가 몇천 년 동안 존속하는 경우가 있고, 여러 민족 전체에게 그 오류의 쇠사슬을 걸게 하고, 인류의 가장 숭고한 활동을 억압하고, 그리하여 이 같은 오류에 기만당하지 않는 사람을 오류의 노예가 된 어두운 사람들이 묶어 두는 경우가 있다.

오류는 모든 시대의 현자(賢者)들도 악전고투하여 싸워 온 적이며, 그들이 이 적에게 쟁취한 것만이 인류의 소유가 된 것이다. 그러므로 오류가 존재하는 지역에 발을 들여놓음에 있어, 먼저 이 오류에 대하여 주의하는 것은 유익한 일이다. 진리의 이익은 간접적일 때가 있고, 예기치 않을 때 일어나는 경우가 있으므로, 이익이 되지 않을 것 같더라도 진리를 탐구해 나가지 않으면 안 된다고 자주 말해지지만 나는 여기에 좀 더 덧붙여 말해 둔다. 오류의 해는 매우 간접적일 때가 있고 예기치 않아 어느 사이엔가 일어날 때가 있으므로 해가 없을 것같이 보여도, 진리 탐구의 노력과 마찬가지로 오류를 발견하여 이것을 근절하도록 노력하지 않으면 안 된다. 어떠한 오류도 그 내부에는 독이 숨겨져 있기 때문이라고.

사람을 지상의 주인으로 만드는 것은 정신이며 인식이라 한다면, 무해(無害)한 오류란 존재할 이유가 없으며, 더욱이 거룩하고도 신성한 오류 같은 것은 존재할 리도 없다. 오류에 대한 거룩하고도 또한 실로 숨 막히는 싸움에서 어떠한 방식으로, 또 어떠한 문제에 관하여 자신의 힘과 생명을 바치는 사람들을 위로하기 위하여 여기에 다음과 같이 말해 두지 않을 수 없다.

진리가 아직 나타나기 전에는 부엉이와 박쥐가 밤중에 돌아다니듯, 오류가 배회하는 수는 물론 있을 것이다. 그러나 이미 인식되고 명백하고도 완전히 표현된 진리가 다시 배제되며, 지나간 오류가 또 아무런 방해도 받지 않고 나타날 수 있으리라고 기대할 바에야, 차라리 부엉이와 박쥐가 이미 떠오른 태양을 동쪽으로 다시 떠밀어 던질 수 있으리라 기대하는 것이 나을 것이다. 이것이 진리의 힘으로, 진리의 승리는 어렵고 얻기 힘든 것이지만, 그 대신 한 번 얻기만 하면 다시 뺏기는 일은 없다.

지금까지 고찰한 여러 가지 표상은 그 구성으로 보아, 객관에서는 시간과 공간과 물질로 환원되고, 주관에서는 순수 감성과 오성(인과성의 인식)으로 환원된 것인데, 이 밖에 또 지상에 사는 모든 생물 중에 인간에게만 별도의 인식이 나타나게 되었다. 이것은 전혀 새로운 의식으로서 이 의식이 '반성'이라 불리는 것은 매우 적절하며, 그 뜻을 올바르게 나타내는 것이라 할 수 있다.

이 의식은 사실 직관적 인식의 반영이며, 파생물(派生物)이기는 하지만 직관적 인식과는 전혀 다른 본성과 성격을 가지며, 직관적 인식의 여러 형식을 알지 못하고 모든 객관을 지배하는 근거의 원리도 여기에서는 전혀 다른 모습을 취하기 때문이다. 직관보다 뛰어난 힘을 가진 이 새로운 의식은, 모든 직관적인 것이 비직관적인 이성 개념에 추상적으로 반사한 것이다. 이것이야말로 인간의 의식을 동물의 의식으로부터 완전히 구별하고, 그리하여 지상에서의 인간의 행동 전체를, 이성을 갖지 않은 동물의 행동과 차이나게 하는 '사려(思慮)'를 인간에게 부여한 유일한 것이다.

인간은 힘이나 고민에 있어서 동물 이상이다. 동물은 현재만 살지만, 인간은 현재와 동시에 미래도 과거에도 산다. 동물은 눈앞의 욕구만 채우지만, 인간은 매우 교묘한 수단을 억지로 구하여 미래를, 그리고 또 자신이 체험하지 못한 죽음 뒤까지 배려한다. 동물은 완전히 순간적인 인상, 직관적 동기의 영향을 받지만, 인간은 현재와는 관계없이 추상적인 개념의 규정을 받는다. 그러므로 인간은 환경이라든지 순간의 우연한 인상이라든지 하는 것을 고려하지 않고, 깊이 생각한 계획을 수행하고 준칙에 따라서 행동하든지 한다.

그러므로 인간은 가령 침착하게 자기의 죽음에 대한 인위적인 조치를 억지로 구할 수도 있고, 거짓으로 남이 모르게 할 수도 있고, 자기의 비밀을 죽을 때까지 밝히지 않을 수도 있다. 또 몇 가지 동기 가운데 실제로 골라잡는 일까지 하게 된다. 의식 속에서 서로 나란히 존재하는 이들 동기 중에서 어떤 동기가 다른 동기를 배제한다는 것을 인식하고, 의지에 대하여 가지는 그 동기들의 힘을 서로 비교한다는 것은 모두 추상적으로만 가능하다. 그리고 우세한 동기가 사건을 결정하므로, 그것은 숙고하고 난 뒤의 의지의 결정이며 확실한 표시로서, 의지의 성격을 보이게 하는 것이다.

이에 반하여 동물은 눈앞의 인상에 규정된다. 눈앞의 강압에 대한 공포에 의해서만이 동물의 욕망은 제어되고, 마침내는 그 공포가 습관이 되고, 습관으로서 동물을 규정하기에 이른다. 이것이 즉 조련(調練)이다. 동물은 감각하고 직관한다. 인간은 거기에다 사유하고 이해한다. 두 개 모두 의욕이 있다. 동물은 자기 감각과 기분을 몸짓과 음성으로 전한다. 인간은 언어와 자기 사상을 남에게 전달하고 또 숨기기도 한다. 언어는 인간 이성의 최초의 소산이며 불가결의 도구다.

그러므로 그리스어와 이탈리아어에서는 언어와 이성은 같은 단어인 'ὁλόγος', 'il discorso'로 표현된다. 이성(Vernunft)은 '청취하다(Vernehmen)'에서 유래한 말로, '듣다'와는 동의어가 아니고, 말에 의하여 전달된 사상을 인지하는 것을 뜻한다. 이성은 언어의 도움을 빌리는 것만 해도 그 대부분의 일을 수행하는 셈이다. 즉 몇 사람이 일치하여 동일한 행동을 하고, 몇천 명의 사람이 계획에 따라 협동하고 문명을 구축하고 국가를 창건하는 것도 이것 때문이며, 또 과학, 즉 옛날의 경험을 보존하고 공통의 것을 하나의 개념으로 총괄하는 것도, 진리를 전하고 오류를 확대하고 사유하고 시를 창작하는 것도, 교리와 미신도 모두 이것 때문이다.

동물은 죽음에 임하여 비로소 죽음을 알지만, 인간은 시시각각으로 죽음에 가까이 가는 것을 의식한다. 바로 이 때문에 생명 그 자체에 이 같은 부단의 파멸적인 성격이 있음을 알지 못하는 사람까지도 때로는 사는 것에 불안을 느낀다. 이로 인하여 인간은 주로 철학과 종교를 가진다.

그러나 우리가 인간의 행위에 관하여 당연히 무엇보다 귀하게 여기는 것, 솔선하여 의(義)를 행하고 고결한 마음을 갖는 것이 철학이나 종교의 결과인지는 확실하지 않다. 그런데 여러 학과 철학자의 실로 기묘한, 진귀한 유추와 여러 종교의 실로 기이한, 때로는 잔인할 정도의 여러 관습은 확실히 철학과 종교 특유의 소산이며, 이 방면에서의 이성의 창작이다.

이 모든 실로 다양하고 광범위한 현상은 하나의 공통된 원리에서, 즉 인간이 동물을 능가하여 가지는 특수한 정신력에서 나온다는 것은 모든 시대, 모든 국민의 일치된 견해이다. 그리고 이 정신력을 '이성'이라 이름 지었다. 또 모든 사람은 이성이 인간의 다른 능력과 성질에 대립하는 경우, 이 정신력의 발현을 인식하게 되고, 무엇이 이성적이며 무엇이 비이성적인가를 식별할 수 있게 되고, 마지막에는 아무리 슬기로운 동물도 이성이 없으므로 아무것도 기대할 수 없다는 것을 지적할 수 있다.

어느 시대의 철학자들도 대체로 이 같은 이성의 일반적 지식에 대해서 의견을 같이하고 있으며, 또 약간의 특히 중요한 이성의 출현, 가령 정서와 격정의 억제라든지, 추론(推論)하는 능력이라든지, 일반적인 원리를 정립하는 능력이라든지, 모든 경험에 앞서서 확실한 원리를 성립하는 능력이라든지 하는 것을 주장하고 있다. 그럼에도 이성의 본질에 관한 그들의 설명은 어느 것이든 구구하여 정밀한 규정은 내리지 못하고 있으며, 구차하고 통일도 중심도 없이 어느 때는 일반적인 현상만을 강조하는가 하면, 또

로크

어떤 때는 다른 현상도 강조하게 되는, 따라서 서로 맞지 않는 별개의 것이 되어 버린다.

더군다나 이 경우, 이성과 계시(啓示)의 대립에서 출발하는 사람이 많은데, 이 같은 대립은 철학과 아무런 인연도 없는 것으로써 혼란만 조장할 뿐이다. 이성의 다양한 현상에는 하나의 단순한 기능이 재인식되고, 이 모든 현상은 이 기능으로부터 설명될 수 있고, 따라서 이것이야말로 이성의 본래의 내적 본질을 이루는 것이라고 생각할 수 있다. 이제까지의 철학자 중 어느 누구도 이 모든 이성의 현상을, 이 같은 단순한 기능에 환원한 사람이 없다는 것은 정말 이상한 일이다.

물론 저 뛰어난 로크(John Locke)[20]는 《인간오성론(人間悟性論)》 제2권 제11장 10절과 11절에서, 매우 정확하게 동물과 인간을 구별하는 특성은 추상적인 보통 개념에 있다고 말했다. 또 라이프니츠(G. W. von Leibniz)[21]는 《인간오성신론(人間悟性新論)》 제

---

20) 영국의 철학자·정치사상가. 1632~1704년. 계몽철학 및 경험론 철학의 원조로 일컬어진다. 자연과학에 관심을 가졌고 반 스콜라적이었다. 저서에 《인간오성론》, 《관용에 관한 서한》 등이 있다.
21) 독일의 철학자. 1646~1716년. 데카르트, 스피노자와 함께 17세기 최고의 3대 합리주의론자 중 한 명이다. 저서에 《단자론》, 《형이상학 서설》, 《인간오성신론》 등이 있다.

2권 제11장 10절과 11절에서, 로크의 견해에 완전히 동의해 이것을 되풀이하고 있다.

그러나 로크는 제4권 제17장 2절과 3절에서 이성을 정말로 설명할 단계에서, 이성의 저 단순한 근본 특성을 완전히 보지 못하고 이성의 단편적인, 파생적인 여러 현상에 관하여, 구구하고도 일정하지 않은 불완전한 설명을 하기에 이른다. 라이프니츠도 그의 저서 중 여기에 해당하는 곳에서 대체로 로크와 같은 태도를 보이는데, 이 혼란과 불명은 로크보다도 더 심할 정도다.

그런데 칸트가 이성의 본질에 관한 개념을 얼마나 크게 혼란하고 잘못되게 했는가에 관해서 나는 부록에서 상세하게 논했다. 칸트 이후의 세상에 많이 나온 여러 철학책을, 이 점에 관하여 상세히 조사해 보려고 애쓰면 군주가 잘못해서 국민 전체가 피해를 보듯이, 대사상가들의 잘못은 그 해로운 영향을 그 시대 전체에 미치게 한다. 그 영향은 수 세기 동안 이어지고, 더욱더 증대하여 전파되고, 나중에는 예측하지 못할 결과까지도 생기게 한다는 것을 알 수 있을 것이다. 이 모든 까닭은 버클리도 말하듯, '사유하는 사람은 적은데, 모두 의견은 갖고 싶어한다.'라는 것이다.

오성은 단 하나의 기능을 가진다. 즉 원인과 결과의 관계의 직접적 인식이다. 그리고 현실 세계의 직관과 모든 현명, 총명, 그리고 발명의 재능은, 그 응용이 아무리 다양하다 하더라도 이 단일적인 기능의 발현에 불과하다는 것은 명백한 일이다. 이와 마찬가지로 이성도 또 하나의 기능을 가진다. 즉 개념의 형성이다.

그리고 앞에서 말한 것과 같은 동물의 생을 인간의 생과 구별하는 모든 현상은 매우 쉽게, 그리고 또 온전히 스스로 이 유일한 기능에서 설명할 수 있다. 어떠한 장소에서나, 어느 때나 이성적이라든가 혹은 비이성적이라든가 하는 모든 것은 다만 이 기능

을 응용하느냐, 응용하지 못하느냐를 뜻하는 것이다.22)

제9장 ―

개념은 지금까지 고찰해 온 직관적인 표상과는 전혀 다른 인간 정신에만 존재하는 일종의 독자적인 부문을 형성하고 있다. 그러므로 우리는 결코 개념의 본질에 관한 직관적인, 정말로 명백한 인식을 얻는다는 것은 할 수 없는 일로, 인식도 또한 추상적·논증적인 것에 불과하다. 따라서 경험은 직관적 표상에 불과하는 실재적 외계라고 풀이되는 한에는 개념이 경험으로 증명되고, 혹은 직관적 객관처럼 눈앞에 초래되고, 혹은 공상으로 떠오르게 되도록 요구한다는 것은 무리일 것이다.

개념은 사유될 뿐이고 직관되지는 않는다. 그리고 개념에 의하여 인간을 만들어 내는 결과만이 본래의 경험의 대상이다. 이 같은 것이 언어이며, 심사숙고를 거친 계획적인 행동이며, 과학이며, 이 모든 것으로부터 생긴다. 말하는 것은 외적 경험의 대상으로, 확실히 임의의 기호를 가장 빨리, 또 가장 섬세한 농담(濃淡)의 차이를 담아 전달하는 가장 완전한 전신기(電信機)에 불과하다. 그러나 이 기호는 무엇을 뜻하는가? 그 해석은 어떻게 이루어지는가?

다른 사람이 말할 때, 우리는 곧 그 말을 번역하여 공상적인

----

22) 이 장은 〈근거의 원리에 관한 논문〉 제2판 제26장과 제27장을 대조해 볼 것이다.

상(像)으로 바꾸고, 이것이 계속해 부과되는 낱말과 그 문법적인 어형(語形) 변화에 따라서 번개처럼 빠른 속도로 우리 눈앞에서 거래하고 운행하며, 서로 연결하고 변형하여 하나의 모습으로 그려져 가는 것이 아닐까? 만일 그렇다면 남의 이야기를 듣고, 책을 읽고 할 때 우리 머릿속은 정말 혼란해져 있을 것이다.

그러나 결코 그런 일은 없다. 말뜻은 직접적으로 청취되고, 정밀하게 또 확실하게 파악되는 것으로 보통 상황은 개입되지 않는다. 이성은 이성을 향하여 말하고 자기 영역에 머문다. 그리고 이성이 전달되고 받아들여지고 하는 것은 추상적 개념이며, 직관적이 아닌 표상으로서 이것들은 일단 형성되면, 비교적 소수라도 현실적 세계의 모든 많은 객관을 포괄하고 포함하며 대표한다.

동물이 인간과 마찬가지로 말이라는 도구와 직관적 표상도 있으면서, 말할 수도, 알아들을 수도 없다는 것은 이 점에서 비로소 설명할 수 있다. 그러나 언어는 이성을 주관적 상관자로서 갖는 완전히 독특한 표상인 만큼 동물에게는 아무 의미도 가치도 없다. 그리하여 우리가 이성으로 귀속하는 다른 현상과, 인간을 동물과 구별하는 모든 것과 마찬가지로, 언어는 이 단 하나의 단순한 것에 의하여 인간의 근원이라고 불릴 수 있다.

그것은 개념이며 추상적이면서도 직관적이 아닌, 보편적이면서 시간과 공간에 있어서 개별적이 아닌 표상이다. 하나하나의 경우에서만 우리는 개념에서 직관으로 이해하고, 환상을 개념의 직관적 대표로서 만들어 내지만, 환상은 결코 개념에 적합한 것이 아니다. 개념의 대표에 관해서는 〈근거의 원리에 관한 논문〉 제28장에서 특히 논했으므로 여기서는 되풀이하지 않겠다. 거기에서 내가 말한 것과 흄이 그의 저서 《철학논문집》 제12장 244페이지에서 말하고 있는 것, 그리고 헤르더가 그의 저서 《대비판》(이것은 다른 점에서는 악서라 하겠지만) 제1부 274페이지에서 말하고 있는 것들을 참조하기 바란다. 공상과 이상의 합일에 의하여 가능하게 되는 플라톤의 이데아(이념)는 이 책 제3권의 주요 제목을 이루고 있다.

그리하여 개념은 직관적 표상과는 근본적으로 다른데, 개념은 직관적 표상에 대하여 표상 없이는 개념도 성립하지 않는다는 필연적인 관계에 있고, 그런 까닭으로 이 관계는 개념의 모든 본질과 존재를 이루고 있다. 반성은 필연적으로 원형(原型)이 되는 직관 세계의 모사(模寫)며 반복이다. 물론 전혀 이질적인 재료에 의한 일종의 독특한 모사이기는 하지만.

그러므로 개념은 표상의 표상이라 해도 적절할 것이다. 근거의 원리는 개념의 경우와는 조금도 다름없이 독자적인 형태를 갖는다. 그리고 어떤 종류의 표상을 지배하는 형태는 또 본래 항상 그 같은 표상이 표상인 한에서는, 그 종류의 모든 본질을 이루고 남음이 없다. 따라서 우리가 알고 있듯이 시간은 철저하게 계속 이외의 아무것도 아니며, 공간은 철저하게 위치 이외의 아무것도 아니고, 물질도 철저하게 인과성 이외의 아무것도 아니다.

이와 마찬가지로 개념, 즉 추상적 표상의 종류의 모든 본질은 오로지 관계에 있고, 이것은 근거의 원리가 개념에 있어서 나타내는 것이다. 그리고 관계란 인식 근거에 대한 관계이므로 추상적 표상은 그 모든 본질을 오로지 그 인식 근거인 다른 표상에 대한 관계에 있다. 물론 그 인식 근거인 다른 표상은 다시 개념 내지는 추상적 표상일 때가 있고, 이 개념도 또 마찬가지로 추상적인 인식 근거를 갖는 경우도 있다.

그러나 그처럼 하여 끝없이 소급하는 것이 아니고 인식 근거의 계열은 직관적 인식에 그 근거를 갖는 개념으로서 끝나지 않을 수 없다. 반성의 모든 세계는 그 인식 근거로서의 직관 세계에 바탕을 두고 있기 때문이다. 그러므로 추상적 표상의 종류는 다른 표상과는 다른 점을 가지고 있으며, 즉 이 다른 표상에서는 근거의 원리는 항상 같은 종류의 다른 표상에 대한 관계를 요구할 뿐이지만, 추상적 표상에서는 다른 종류에서 생긴 표상에 대한 관계를 요구한다.

방금 말한 것처럼 직접적이 아니고, 다른 하나 혹은 몇 개의 개념의 매개에 의해서만이 직관적 인식에 관계하는 개념은 특히 추상적 개념(abstracta)이라 불렸고, 이에 대하여 이 근거를 직접으로 직관적 세계에 갖는 개념은 구체적 개념(concreta)이라 불려왔다. 그러나 구체적 개념이라는 명칭은 그것에 의하여 표현되는 개념에는 너무나 적합하지 않다. 결국 이 개념도 역시 추상적 개념으로서, 결코 직관적 표상이 아니기 때문이다.

그런데 추상적 개념이라든지 구체적 개념이라는 명칭은 그것이 뜻하는 구별을 막연히 의식하고 사용한 데 불과한데, 여기서 설명하는 데 있어서는 그대로 사용해도 무방하다. 첫째 종류의 실례, 즉 현저한 뜻에서의 추상적 개념은 '관계, 덕, 연구(研究), 시원(始源)' 등과 같은 개념이며, 둘째 종류의 실례, 즉 적당하지 않지만 구체적 개념이라고 불리는 것은 '인간, 돌, 말' 등과 같은 개념이다. 너무나 추상적인, 그리고 그것 때문에 농담 비슷한 비유가 되는지 모르지만, 둘째 종류의 개념을 반성이라는 건물의 아래층이라 부르고, 첫째 종류의 개념을 위층이라고 부른다면 참으로 적절할 것이다.[23]

하나의 개념은 많은 것을 포함하고 있다. 즉 많은 직관적 표상

----

23) 제2편 제5장과 제6장 참조.

과 혹은 또 그 자신 추상적인 표상은 그 개념에 대한 인식 근거와 관계가 있다. 즉 그 개념에 의하여 사유된다. 이것은 보통 말해지고 있듯이 개념의 본질적인 특성이 아니고 파생적·부차적인 특성으로서 항상 존재하고 있다고 하더라도 반드시 실제로 존재하고 있다고는 할 수 없다. 이 같은 특성은 개념이 표상의 표상이며, 그 본질이 오로지 다른 표상에 대한 그 관계에 있다는 점에서 생긴다.

그러나 개념은 그 표상 자체가 아니고, 또 이 표상은 대부분은 전혀 다른 종류의 표상에 속한다. 즉 직관적이므로, 이 표상은 시간적·공간적, 기타 여러 규정과 나아가서는 개념에 있어서 전혀 사유되지 않는 것 같은 많은 관계가 있는 때가 있다. 따라서 본질적이 아닌 점에서, 서로 다른 많은 표상이 똑같은 개념에 의하여 사유될 수 있다. 즉 동일한 개념 아래 포괄될 수 있다. 개념이 이처럼 많은 사물에 적용된다는 것은 개념의 본질적인 특성이 아니고 우연한 특성에 지나지 않는다. 그러므로 개념에는 다만 하나의 실재적 객관을 사유하게 하고, 따라서 추상적·보편적이기는 하지만, 결코 개별적·직관적 표상은 아닌 것 같은 것도 있을 수 있다.

가령 어떤 사람이 단순히 지리학에서 배워 알고 있는 어느 일정한 도시에 관한 개념이 이 같은 것이다. 이 개념에 의하여 이 한 도시만이 사유된다 하더라도 약간의 점에서는 다르지만, 그러나 이 개념에 적합한 몇 개의 도시는 있을 수 있는 셈이다. 그것은 하나의 개념이 몇 개의 객관으로부터 추상되었으므로 보편성을 갖는 것이 아니라, 반대로 보편성이, 즉 개체를 규정하지 않는다는 것이, 이성의 추상적 표상으로서의 개념의 본질을 이루고 있으므로 여러 가지 사물이 동일한 개념에 의하여 사유될 수 있는 일이다.

　이상 말한 것으로서 밝혀진 것은 어떠한 개념도 추상적인 것이지 직관적이 아니며, 그리고 바로 그 이유 때문에 일반적으로 규정된 표상이 아니며 개념에 비추어 다만 하나의 실재적 객관에 불과한 경우에도, 범위라든지 구역이라든지 하는 것이 있다는 것이다. 그런데 우리는 일반적으로 각 개념의 구역과 다른 여러 개념의 구역 사이에 약간의 공통점이 있는 것을 알 수 있다. 그 개념에는 어느 정도 다른 여러 개념에서 사유된 것과 같은 것이 사유된다.

　실제로 그것들이 사실상 서로 다른 개념일 것 같으면, 각 개념은 혹은 적어도 두 개념의 어느 쪽은 다른 쪽이 갖지 않은 그 무엇을 포함하고 있는 것일 수도 있다. 어떠한 주사(主辭)는 그 빈사(賓辭)에 대하여 이러한 관계에 있다. 이 관계를 인식하는 것을 '판단한다'고 말한다. 이 구역을 공간적인 도형으로서 설명하는 것은 매우 좋은 생각이다.

　처음 이런 생각을 한 사람은 플루케(Ploucquet)로 그는 이를 위해서 정사각형을 이용했다. 람베르트(Lambert)는 플루케보다 나중에, 단순한 선을 사용하고 이것을 아래위로 배치했다. 오일러(Euler)가 처음으로 원을 완성했다. 개념의 여러 관계와 개념의 공간적 도형 사이의 이 같은 정밀한 유사성이 결국 어디에 기초를 두고 있는지 나는 그것을 설명할 수가 없다. 그러나 여러 개념의 관계가 그 가능성이라는 점으로부터, 즉 선천적으로 이 같은 도형에 의하여 직관적으로 설명될 수 있다는 것은 논리학으로는 매우 편리한 일이다. 그것은 즉 다음과 같은 방식이다.

　(1) 두 개의 개념의 범위가 서로 완전히 같을 경우. 가령 필연성의 개념과 주어진 근거에서부터 생기는 귀결의 개념. 반추(反

爲)동물과 쌍제(雙蹄)동물의 개념, 또 척추(脊椎)동물과 적혈(赤血)동물의 개념(그러나 이에 대해서는 환충環蟲에 관하여 약간의 이론의 여지가 있을지 모르지만), 이것들은 상관개념이다.(이것을 표시하는 도형은 그려 놓지 않았다)

(2) 하나의 개념의 범위가 다른 개념의 범위를 완전히 포섭하는 경우[제2도]

(3) 하나의 범위가 두 개 혹은 여러 개의 범위를 포섭하고 이것이 서로 배제하여, 동시에 그 하나를 충족하는 경우[제3도]

(4) 두 개의 범위가 각기 다른 범위의 일부를 포섭하는 경우 [제4도]

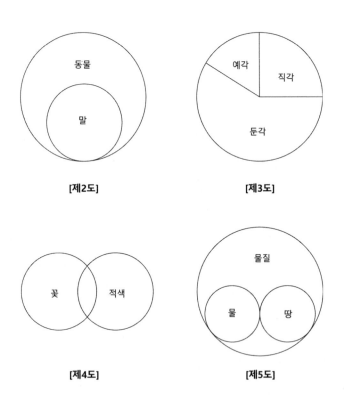

[제2도]

[제3도]

[제4도]

[제5도]

(5) 두 개의 범위가 그것보다 더 큰 제3의 범위에 포함되어있으나, 이 범위의 전부를 충족하지 못하는 경우[제5도]

이 (5)의 경우는 각자의 범위에 직접적인 공통성을 갖지 않는 모든 개념에 해당된다. (3)의 개념은 매우 광범위한 것이 많지만, 두 개념을 포괄하기 때문이다.

여러 개념의 어떠한 결합도 이상 말한 여러 경우에 환원될 수 있을 것이다. 그리고 판단과 그 환위(換位), 환질(換質)환위, 교호(交互)작용, 선언(選言)(이것은 제3도에 따라서) 등의 설은 모두 여기에서 도출된다. 이와 마찬가지로 칸트의 소위 오성의 범주의 기초가 된 판단의 여러 특성도 여기에서 도출되는데 가언적(假言的)인 형태는 예외고, 이것은 이제는 단순한 개념과 개념의 결합이 아니고 판단과 판단의 결합이다. 다음에는 양태(樣態)의 예외에 관해서는 범주의 근저에 있는 판단의 각기 특성에 대하여 설명하는 것과 마찬가지로 부록에서 상세히 설명하기로 한다.

앞에서 말한 여러 가지 개념의 가능한 결합에 관해서는 그것들이 또 서로서로 결합할 수 있다는 것, 말하자면 제4도가 제2도와 결합할 수 있다는 것을 부언해 둔다. 하나의 범위가 다른 범위의 전부 또는 일부를 포함하고, 더욱이 그것이 제3의 범위에 의하여 완전히 포섭되는 경우만이 이 같은 범위가 서로 모여 제1도의 추리를 나타낸다.

그것은 하나의 개념이 다른 개념 속에 전부 또는 일부 포함되어있고, 또 동시에 이 개념을 포함하는 제3의 개념에도 포함되어 있다는 것, 또 그 반대, 즉 부정을 인식하는 것과 같은 판단의 결합이다. 부정의 경우를 그림으로 표시하면 물론 결합한 두 개의 범위가 제3의 범위에는 없다고 할 수밖에 없다. 이처럼 많은 범위가 둘러싸이면 긴 추리의 사슬이 성립된다.

이러한 개념과 도식은 이미 몇 가지 종류의 교과서에서 제법 상세히 설명되어 있는데, 이것은 판단론과 모든 삼단논법(三段論法)의 근거가 될 수 있는 것으로, 이것에 의하여 양자의 강의는 매우 쉽게, 그리고 간단하게 된다. 판단과 삼단논법의 모든 규칙의 근원은 도식으로부터 이해되고 도출되며 또 설명되기 때문이다.

그러나 논리학은 실제로 이용되는 것이 아니고 철학에서 다만 이론적인 흥미가 있는 것뿐이므로, 이 같은 규칙을 기억해 둘 필요는 없다. 논리학과 이성적 사유의 관계는 일반 저음과 음악의 관계와 비슷하고, 여기서 조금 정밀하지 못한 표현을 한다면 윤리학과 덕의 관계, 혹은 미학과 미술 관계와 같다고 할 수 있을지도 모르겠다. 여기서 고려해야 할 것은 지금까지 미학 연구가가 미술가가 된 적은 한 번도 없었으며, 윤리학 연구에 의하여 고상한 성격이 되었다는 예는 한 번도 없었다는 것이다.

또 라모(J. P. Rameau)[24]보다 훨씬 이전에 올바르고 훌륭한 작곡이 있었고, 또 불협화음(不協和音)을 식별하기 위해서는 계속저음에 통달해야 할 필요가 없다. 마찬가지로 허위의 추리에 속지 않기 위하여, 반드시 논리학을 알 필요가 없다. 그렇더라도 작곡을 평가하기 위해서는 별로 도움은 되지 않지만, 실제로 작곡하기 위해서는 계속저음은 상당히 도움이 된다는 것을 인정하지 않으면 안 된다. 또 정도는 이보다 훨씬 적지만, 미학과 윤리학까지도 실천에 있어서는 주로 소극적이지만, 어느 정도의 이용가치는 있어서 그것이 실제적인 가치를 조금도 없다고는 할 수 없을 것이다.

그런데 논리학에 이르러서는 미학과 논리학 정도마저도 평가

---

24) 프랑스의 작곡가·음악 이론가. 1683~1764년. 《화성론(和聲論)》을 완성하여 근대적 화성학의 근본 관념을 정하는 데 공헌했다.

할 가치가 없다. 즉 논리학은 각자가 구체적으로 알고 있는 것에 관해서의 추상적인 지식에 불과하다. 그러므로 잘못된 추론(推論)에 동의하지 않기 위하여 논리학이 필요한 것도 아니고, 또 올바른 추론을 하기 위하여 논리학의 규칙을 이용하는 것도 아니다. 논리학에 정통한 학자까지도 실제로 사유하는 경우 논리의 규칙을 완전히 무시하고 있다. 이것은 다음의 것으로서 명백한 일이다.

어떠한 과학도 어떤 종류의 대상에 관해서는 일반적인, 따라서 추상적인 진리, 법칙과 규칙의 체계에서 성립된다. 여기서 이같은 대상에서 나중에 나타난 하나하나의 사례는 그때그때 결정적으로 타당한 저 일반적인 지식에 따라서 규정지어진다. 일반적인 것을 이같이 응용한다는 것은, 새로 나타날 하나하나의 사례를 독립하여 처음부터 연구하는 것보다 훨씬 쉽기 때문이다. 결국 한번 얻은 일반적인 추상적 인식은 언제나, 하나하나의 사례의 경험적인 연구보다도 훨씬 손쉽다.

그런데 논리학은 그 반대다. 논리학은 이성의 자기 관찰에 의하여 모든 내용을 추상하여 인식하고, 규칙의 형식으로 표현된 이성의 사용 방법에 관한 일반적인 지식이다. 이성으로는 이러한 사용 방법은 필요기도 하며, 또 본질적이기도 하다. 따라서 이성은 자기 자신 이외에 의탁할 사람이 없는 경우에 반드시 이 방법에 따른다. 그러므로 각자의 특별한 경우에 이성이 그 본질에 합당한 조치를 하게 하는 것이, 이 조치를 추상하여 비로소 나오는 이성에 관한 지식을, 외부로부터 주어진 별개의 법칙이라는 형식으로 이성에 부과하는 것보다 쉽고 또 확실하다.

쉽다는 이유는 다른 모든 과학에서는 일반 규칙이란 우리가 하나하나의 사례를 그것만큼 연구하고 그 자신에 의하여 연구하는 것보다는 쉬운 일이지만, 이와 반대로 이성을 사용하는 경우는 우리가 가진 사유하는 작용 자체가 이성이므로 주어진 경우에는 필요한 이성의 조치는 항상 그것으로 추상된 일반 규칙보다도 쉽기 때문이다. 그것이 확실하다는 이유는 그처럼 추상된 지식과 혹은 그 응용 속에는, 이성의 본질과 본성에 배반하는 것 같은 이성의 조치보다도 한층 더 오류가 생기기 쉽기 때문이다.

그러므로 다른 과학에서는 하나하나의 사례의 진리성이 규칙에 비추어 음미하지만, 논리학에서는 이와 반대로 규칙이 항상 하나하나의 사례에 비추어 음미하지 않으면 안 된다는 기묘한 현상이 일어난다. 그리고 가장 숙달된 논리학자라 할지라도 어떤 한 사례에 있어서, 규칙에 표현된 것과 다른 추론을 하고 있다는 것을 알게 되면, 언제나 실제로 자기가 행한 추론에서 잘못됨을 발견하려 하지 않고, 오히려 규칙에서 잘못됨을 발견하려 할 것이다.

이렇게 보면 논리학을 실제로 사용하려 한다는 것은, 하나하나의 경우에 우리가 직접적으로 매우 확실하게 의식하고 있는 것을, 새로 말할 수 없을 정도의 고생을 하면서 일반 규칙을 만들어 내려고 하는 것이다. 이것은 마치 운동하기 전에 역학(力學)에 상담하고, 음식을 소화할 때 생리학에 상담하는 것과 조금도 다를 것이 없다. 논리학을 실제적 목적에 적용하기 위하여 습득하는 사람은 물개를 훈련하여 그 집을 짓게 하는 것과 같다.

이처럼 실제적인 이익은 없다 하더라도 논리학은 이성의 조직과 동작의 특수한 지식으로서, 철학적인 흥미를 내포하고 있으므로 보존되지 않으면 안 된다. 논리학은 독립하여 존재하는, 완결된 그 자신 속에서 완성되고 온전한, 완전히 확실한 학과로서, 그것만으로 모든 다른 것으로부터 독립하여 학문적으로 취급되고, 또 대학에서 가르치는 것이 마땅하다.

그러나 그 본래의 가치는 철학 전체와의 관련에서, 인식 작용을 고찰함에서, 이성적 · 추상적 인식 작용을 고찰함에서 비로소 생긴다. 따라서 논리학 강의는 실용을 위한 학문 형태를 갖출 것이 아니라, 판단을 올바르게 환위(換位)하고 추리하기 위하는 것 등과 같은 단순히 나열된 규칙을 포함할 뿐 아니라, 오히려 이성과 개념의 본질이 인식되고, 인식의 근거의 원리가 상세히 고찰될 수 있도록 방향을 잡아야 할 것이다.

논리학은 근거의 원리의 단순한 석의(釋義)로써 말하자면, 판단에 진리성을 주는 근거가 경험적 또는 형이상학적이 아니고 논리적, 또는 초논리적25)일 경우만 사용되어야 할 것이기 때문이다. 그러므로 인식의 근거의 원리 이외에, 이것과 가장 많이 닮은 사유의 세 가지 원리, 혹은 초논리적 진리의 판단이 거론되어야 하고, 이것으로써 서서히 이성의 모든 기술이 생기게 된다.

본래의 사유, 즉 판단과 추리의 본질은 개념의 여러 범위의 결합에서 공간적인 도식에 따라, 앞에서 말한 것과 같은 방식으로 설명할 수 있으며, 이 도식으로 판단과 추리의 모든 규칙이 구성에 의하여 도출될 수 있다. 논리학이 실제적으로 도움이 되는 것은 논쟁하는 경우, 상대편에 대하여 그 실제적인 잘못을 지적하기보다는 그 잘못을 술어로써 말하여 상대편의 고의적인 궤변을 지적할 때뿐이다.

논리학의 실제적인 경향은 이처럼 억제당하고 있으며, 논리학은 철학 전체와의 연관에서는 다만 철학의 한 장(章)으로 채택되고 있는데, 그럼에도 논리학의 지식은 지금보다도 적게 하고 싶지는 않다. 현대는 대부분 야만적인 상태에 머물러 있기를 원하지

---

25) 이 말로써 쇼펜하우어가 뜻하는 것은 논리적인 것의 근본에서 그것을 가능케 하는 것이라는 것이다.

않고, 무지몽매한 하층민과 동류로 취급되는 것을 원하지 않는 사람은 누구라도 사변적 철학을 익혔기 때문이다. 이것은 이 19세기가 철학의 세기라고 하는 이유에서도 그러하다.

철학의 세기라는 것은 19세기가 철학을 갖고 있다든지, 철학이 19세기에 우세하다는 그런 뜻에서가 아니라, 오히려 이 세기가 철학에 대하여 준비가 되어있고, 바로 그러한 이유로 철학을 필요로 한다는 뜻이다. 이것은 고도로 발달한 교양의 표시며, 여러 시대의 문화의 발전 과정의 굳건한 하나의 시점이기도 하다.26)

논리학은 이같이 실제적인 도움은 되지 않지만, 그러나 처음에는 실용을 위하여 발명되었다는 것은 부인할 수 없다. 나는 논리학 발생을 다음과 같이 설명한다. 엘레아학파 사람들과 메가라학파 사람들과 소피스트들 사이에서 논쟁이 점점 왕성해가고, 점차 그것이 고조해 습성이 되었을 때, 거의 모든 논쟁이 마침내는 혼란에 빠지게 되자, 그들은 마침내 지침으로서 어떠한 조직적인 방법의 필요성을 느끼고, 이 방법을 위하여 학문적인 변론법이 강구되기에 이르렀다.

첫째로 알아야 할 것은 논쟁에 있어서, 논쟁하는 양 파가 논쟁의 기점(起點)이 되는 어떠한 명제에 관해서 항상 의견의 일치를 보지 않으면 안 된다는 것이다. 조직적 방법의 시초는 이처럼 공통으로 승인된 여러 명제를 정식으로 그와 같은 것으로 표현하고, 연구의 첫머리에 둔다는 것에 있었다. 그러나 이 같은 여러 명제는 처음에는 연구의 재료에 관한 것뿐이었다.

그리고 나서 얼마 안 되어 공통으로 승인된 진리에 소급하여 거기에서 자기주장을 유도해 내려는 방식 중에서도 어떠한 종류의

---

26) 여기에 관해서는 제2편 제9장과 제10장 참조.

형식과 법칙이 준수되어 있다는 것에 생각이 미치게 되었고, 이같은 형식과 법칙에 관하여 미리 의견의 일치가 없더라도 결코 논쟁의 여지가 없었다. 이것으로써 이 같은 형식과 법칙이 이성 자체의 본래적인, 그 본질에 존재하는 작용 방법에 틀림없다는 것, 즉 연구 방식을 알게 되었다.

그런데 이 방식에 관해서 의혹도, 의견의 불일치도 없었는데 무엇이든 자를 재듯 조직화하려는 사람은 다음과 같은 것을 생각하기에 이르렀다. 만일 모든 논쟁의 이 같은 방식이, 즉 이성 자체의 언제나 합법칙적인 이 같은 운영이, 똑같이 추상적인 명제 형식으로 표현되고 그것이 마치 앞에서 말한 것과 같은 연구 재료에 관한 공통으로 승인된 여러 명제와 마찬가지로 연구의 첫머리에 두어 이것이 논쟁 그 자체의 확고한 규범으로 간주되고, 항상이 규범으로 되돌아가, 이 규범을 인용하지 않으면 안 되게끔 되면 참으로 훌륭한 외관을 갖추게 되고, 조직적인 변론법의 완성품이라 할 수 있을 것이라고.

이같이 하여 이제까지는 암암리에 의견의 일치에 따라오던 것, 혹은 이른바 본능적으로 행해 왔던 것을 이제는 의식적으로 법칙으로서 승인하고 형식적으로 표현하려고 하여, 여기에 점차적으로 논리적 원칙에 대한 완전한 정도의 여러 가지 서로 다른 표현을 발견했다. 즉 모순의 원리, 충족근거의 원리, 배중원리(排中原理), 총체 혹은 전무(全無)에 관한 원리(dictum de omni et nullo), 다시 삼단논법의 여러 특수 규칙, '특칭(特稱)과 부정만으로는 결론은 나오지 않는다.'라든지 '귀결에서 근거를 추론할 수 없다.' 등이다.

그러나 이것은 서서히, 그리고 많은 고생 뒤에 완성된 것이고, 아리스토텔레스 이전에는 만사가 매우 불완전한 그대로였다는

아리스토텔레스

것은, 플라톤의 《대화편》에서 논리적인 진리가 밝혀질 경우 사용
되었던 졸렬하고 우원한 방법에서도 알 수 있다. 또 섹스투스 엠
피리쿠스(Sextus Empirikus)[27]는 가장 쉽고 가장 단순한 여러 논
리적 법칙에 관하여 메가라학파 학자들이 한 논쟁과, 그들이 그것
을 명백히 하기 위하여 애써 사용한 방법을 우리에게 보고하고 있
는데, 이것으로도 더욱 더 잘 알 수가 있다.(섹스투스 엠피리쿠스,
《수학자에 대한 반론》 제8권 112페이지 이하)

　　그런데 아리스토텔레스는 이 같은 재료를 수집하고 정비하고
정정하여 비할 데 없을 정도로 완전한 것으로 만들었다. 이같이
하여 그리스 문화의 진보가 어떻게 아리스토텔레스의 업적의 준비
가 되어 그것을 초래하게 되었는지를 생각하면, 페르시아 문인들
의 주장에 믿음이 가지 않을 것이다. 이 주장은 여기에 가담하는
존스가 우리에게 전달해 주지만 칼리스테네스(Callisthenes)[28]가
인도인들이 완성한 논리학을 발견하고, 이것을 숙부인 아리스토텔
레스에게 보냈다는 이야기다.(《아시아 연구》 제4권 163페이지)

　　불행한 중세에 스콜라 학자들은 실제 지식이 조금도 없었으므

---

27) 그리스의 철학자·의학자. 200?∼250년? 회의(懷疑) 철학을 주장했
다. 저서에 《퓌론주의 개요》 등이 있다.

28) 마케도니아 왕국의 역사가. 기원전 360∼327년. 아리스토텔레스의
조카.

로, 여러 가지 방식과 말만을 헛되이 소모하고 서로 논쟁에만 세월을 보내고 있었으므로, 이 같은 사람들에게는 아리스토텔레스의 논리학이 절대적인 인기였다는 것은, 그리고 또 그것이 축소되어 아라비아어로 쓰여진 것조차도 찾게 되어, 얼마 안 가서 모든 지식의 중심이 되었다는 것은 쉽게 납득할 만한 일이다.

그 이후로 논리학의 명성은 내리막길이 되는데, 그래도 오늘날까지 독립적으로 존재하고 실제로 매우 필요한 학문이라는 신용을 유지해 왔다. 현대는 본래 그 기초를 논리학에 둔 칸트 철학은 다시 논리학에 대한 새로운 관심을 왕성하게 했고, 논리학은 이 점에 있어서, 즉 이성의 본질을 인식하기 위한 수단으로서 그 같은 관심은 합당한 것이었다.

올바르고도 엄밀한 추리는 개념의 범위에 대한 관계를 정밀하게 고찰함으로써, 그리고 하나의 범위가 별개의 한 범위에 정밀하게 포함되고, 이것이 또 그대로 제3의 범위에 포함되어, 다시 제1의 범위도 제3의 범위에 그대로 포함된 것으로서 인정되는 경우만 성립된다. 그런데, 이에 반하여 설득술(說得術)의 기초는 개념의 범위에 대한 관계를 매우 간단히 표면적으로 고찰해 두고, 그 뒤에는 자기의 사고방식에 따라서 이 관계를 규정한다는 데 있다.

즉 설득술을 하는 사람은 주로 고찰의 대상이 되는 한 개념의 범위의 한 부분만이 다른 범위 안에 존재하고 다른 범위에 존재하는 경우, 변론자인 자기 생각에 따라 그 개념의 범위가 완전히 제1의 범위에 있다고 주장한다든지, 혹은 완전히 제2의 범위에 있다고 주장한다든지 한다.

가령 정열을 문제 삼을 경우, 그들은 이것을 마음대로 세계에서의 최대의 힘, 최강의 동인(動因)이라는 개념 아래서 포괄할 수도 있고, 혹은 불합리라는 개념 아래서 포괄할 수도 있다. 또 이 개념을 무력(無力), 즉 약한 것의 개념에 포괄할 수도 있다. 이 같은 방법을 계속하다 보면 문제가 되는 어떠한 개념에 관해서도 새로이 적용될 수도 있다. 대개 하나의 개념의 범위는 다른 몇 개의 개념의 범위와 공통된 부분이 있고, 이 같은 범위는 어느 것이나 최초의 개념의 영역의 일부분을 자신의 영역 내에 포함하고, 거기에다 또 다른 것도 포함한다.

그런데 그들은 이 같은 여러 개념 범위에 그들이 최초의 개념을 포함하고자 한, 한 범위만을 들고 문제시하며 다른 범위는 등한시하든가 혹은 숨겨둔다. 설득술이라든지 교묘한 궤변이라든지 하는 것은 본래 모두 이 같은 책략에 바탕을 두고 있다. 허위라든가, 은폐라든가, 양도논법(兩刀論法, cornutus)이라든가 하는 것 같은 논리적 궤변은 실제로 적용하기에는 너무나 부당한 점이 있기 때문이다.

지금까지의 모든 궤변과 설득의 본질이 이 같은 가능성의 궁극적인 근거에 환원되고, 그 근거가 개념의 독자적인 성격에 있어서, 즉 이성의 인식 방법에 있어서 입증되었다는 것을 나는 들어본 적이 없으므로 내 강의가 마침 여기까지 온 것을 계기로, 쉽게 알 수 있는 일인지 모르겠으나, 삽입된 표에 나타난 도식에 의하여 이 문제를 설명하기로 한다.

이 도식에서 내가 나타내려는 것은 여러 가지 개념 범위가 어떻게 서로 혼입되어 제멋대로 한 개념이 다른 개념으로 옮겨가는 여지가 생기는가 하는 것이다. 단 나는 독자가 이 표에 사로잡혀서, 이 같은 아무렇지도 않은 부수적인 연구에 당연한 것 이상으로 가치가 있는 것처럼 생각하지 않기를 바란다.

나는 설명의 실례로 여행이라는 개념을 선택했다. 이 범위는 다른 네 개의 개념의 영역에 관계하고 설득자는, 임의로 이 네 개

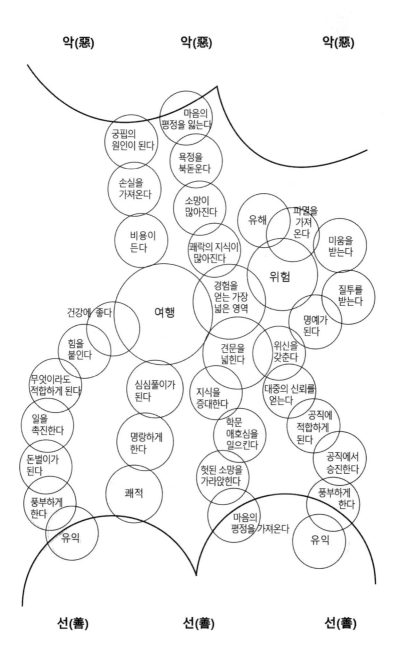

라이프니츠

의 개념의 어느 쪽으로도 옮겨갈 수 있다. 또 이 네 개의 개념은 다른 여러 가지 개념에 관계하고, 그중 몇 개는 동시에 두 개 내지 몇 개의 범위로 나누어져서 설득자는 이 같은 범위를 지나, 마음대로 언제라도 그것이 유일한 길인 양 스스로의 길을 선택하여 마침내는 그의 뜻대로 선에도 악에도 도달하는 것이다.

그러나 여러 가지 범위를 추구하는 데 있어서 항상 중심(주어진 주개념)으로부터 주변으로의 방향이 유지되지 않으면 안 되고, 그 반대 방향을 잡아서는 안 된다. 이 같은 궤변의 표현 양식은 듣는 사람의 약점이 어디에 있는가에 따라서, 어떤 때는 청산유수의 변설이 되고, 어떤 때는 엄밀한 추리 형식을 취할 때가 있다. 대개 학문적인 증명, 특히 철학적인 증명의 성질은 요컨대 이것과 그다지 큰 차이가 있는 것이 아니다.

만일 그렇지 않다면 실로 많은 사항이 여러 시대에서, 다만 잘못되게 가정되었을 뿐만 아니라(잘못된 그 자체는 또 별도의 근원을 갖고 있으므로) 논증도 되었고, 증명도 되었으면서, 나중에는 그것이 근본적으로 잘못되었다는 것이 어떻게 밝혀질 수 있을까? 가령 라이프니츠—볼프의 철학, 프톨레마이오스의 천문학, 슈탈의 화학, 뉴턴의 색채론29) 등이 그것이다.

29) 여기에 관해서는 제2편 제11장 참조.

제10장 —

이런 모든 것에 의하여 이제야 다음과 같은 문제가 생긴다. 즉 확실성은 어떻게 달성되는가? 판단은 어떻게 기초를 갖게 되는가? 또 우리가 언어와 사려를 거친 행위와 더불어 이성에 의하여 주어진, 제3의 커다란 장점으로 자랑하고 있는 지식과 학문의 본질은 어디에 있는가?

이성은 여성적인 성질을 가진다. 즉 이성은 받아들인 것을 남에게 줄 뿐이다. 이성이 가진 것은 그 조작의 내용 없는 형식뿐이다. 오로지 순수한 이성 인식으로는 내가 초논리적 진리로서 말한 네 가지 원리 이외에는 없다. 동일 원리, 모순 원리, 배중(排中) 원리, 인식의 충족 근거가 그것이다. 논리학의 이 이외의 것도 여러 개념의 범위 관계와 조합을 전제로 하므로 이미 완전히 순수한 이성 인식이 아니다.

개념은 일반적으로 그것보다 앞서는 직관적인 표상 뒤에 비로소 생기고, 이 표상에 대한 관계가 개념의 모든 본질을 이룬다. 따라서 개념은 이미 표상을 전제로 한다. 그런데 이 전제는 개념의 일정한 실질에는 관계하지 않고 다만 일반적으로 개념의 존재에만 관계하므로, 논리학은 대체로 순수한 이성의 학문이라고 간주하고 있다. 다른 모든 학문에서는 이성은 내용을 직관하는 표상에서 얻은 것이다.

수학에서는 모든 경험에 앞서서 직관적으로 의식된 공간과 시간 관계에서 이성의 내용을 얻고, 순수 자연과학, 즉 우리가 모든 경험에 앞서서 자연의 경과에 관하여 알고 있는 사항에서는 학문 내용은 순수 오성에서 생긴다. 즉 인과성 법칙의 선천적 인식과, 이 법칙의 공간과 시간의 순수 직관의 결합으로부터 생긴다. 다른 모든 학문에서는 이제 말한 것으로부터 전용한 것이 아닌 것은 모두 경험에 의한다.

지식은 이 같은 판단을 자기의 정신력으로 임의로 재현할 수 있도록 하는 것으로서, 이 판단들은 그것 이외의 그 무엇 속에 인식의 충족 근거를 가진다. 즉 참인 것이다. 따라서 지식은 추상적 인식에 한정되어 있다. 그러므로 지식은 이성에 제약되고, 우리는 동물에 관해서는 직관적 인식을 가지며, 이에 대하여 기억과 공상까지도 가지며, 공상을 가진다는 것은 동물이 꿈마저 꾼다는 것도 증명하는 셈인데, 엄밀히 말하여 무언가를 안다고는 할 수 없다. 동물에게 의식이 있다는 것을 우리는 인정한다.

의식(Bewußtsein)이라는 단어가 지식(Wissen)에서 유래한 것인데, 여하간 어떠한 종류든지 표상 일반의 개념과는 합치한다. 그러므로 또 우리는 식물에는 생명이 있다는 것을 인정하는데, 의식이 있다고는 인정하지 않는다. 이렇듯 지식은 총체적으로 다른 방법으로 인식된 것을 추상적으로 의식하는 것이며, 이성의 개념에 고정하는 일이다.

제11장 ─

그런데 이 점에 있어서 지식의 정반대는 감정이다. 그러므로 우리는 여기서 감정에 관한 논구를 넣지 않으면 안 되겠다. 감정 (Gefühl)이라는 말이 나타내는 개념은 완전히 소극적인 내용, 즉 의식에 나타나는 것은 개념이 아니며, 이성의 추상적 인식이 아니라는 내용을 가진 데 불과하다. 즉 추상적 인식 이외의 것은 무엇이든 감정이라는 개념이 들어가며, 그러므로 이 감정이라는 개념의 대단히 넓은 범위는 매우 이질적인 여러 사물까지도 포함하고 있다. 이 같은 사물들이 추상적 개념이 아니라는 소극적인 점에서만 일치한다는 것을 인식하지 않으면, 그것 모두가 이처럼 총괄될 이유를 알 리가 없다. 여러 가지 서로 다른 요소와 서로 적대하는 요소까지가 아무렇지도 않게 감정이라는 개념에 서로 나란히 존재하기 때문이다.

가령 종교적 감정, 육욕(肉慾)의 감정, 도덕적 감정, 촉감, 고통의 감정, 색채에 대한, 음향에 대한, 그리고 음향의 조화와 부조화에 대한 감정, 증오, 혐오, 자기만족, 명예, 치욕(恥辱), 정, 부정의 감정, 진리의 감정, 미적 감정, 힘, 약함, 건강, 우정, 애정의 감정 등이다. 이들 사이에는 그것들이 추상적인 이성, 인식이 아니라는 소극적인 공통점 이외에는 어느 하나도 공통점이 없다.

그러나 이것을 가장 현저하게 알 수 있는 것은 공간 관계의 선천적인 직관적 인식과, 순수 오성의 선천적인 직관적 인식이 이처럼 감정이라는 개념으로 표현되는 경우와, 또 일반적으로 우리가 우선 먼저 직각적으로 의식하고 있지만, 아직 추상적 개념에 옮기기에 이르지 못한 인식, 혹은 진리에 관하여 그것을 '느낀다'고 표현하는 경우다.

이것을 해명하기 위하여 요새 출판된 여러 저서에서 실례를 들어보기로 한다. 그것들은 내 설명의 가장 적절한 증거가 되기 때문이다. 나는 유클리드(Euclid)[30]의 어느 독일어 번역판 서론에서 다음과 같은 내용을 읽은 기억이 난다. 즉 기하학의 초보인 사람들에게는 먼저 모든 종류의 도형을 그리게 하고, 그것으로부터 증명에 들어가도록 하는 것이 좋다. 그러면 그들은 증명에 의하여 완전한 인식을 얻기 전에, 미리 기하학적 진리를 느끼기 때문이다.

이와 마찬가지로 슐라이어마허의 《도덕론 비판》에는 논리적 감정이라든가, 수학적 감정이라든가 하는 것(339페이지)과 두 개의 공식의 동일성, 그리고 차이성(342페이지)이 설명되어 있고, 또 테네만의 《철학사》 제1권 361페이지에는 '사람들은 궤변이 옳지 않다는 것을 느꼈지만, 잘못을 발견할 수는 없다.'라고 쓰고 있다.

감정이라는 이 개념을 올바른 각도에서 고찰하지 않고 그것의 본질적이며 유일한 소극적 특징을 인식하지 않는 한, 이 개념은 너무나 범위가 넓으므로, 또 그 내용이 다만 소극적이고 완전히 일반적으로 규정되어 있으며 더욱이 매우 빈약하므로, 항상 오해와 논쟁을 야기하는 원인이 되지 않을 수 없다. 우리는 독일어에서 이와 비슷한 뜻의 감각이라는 말이 있으므로, 이 말을 한 단계 아래의 종류에 속하는 말로 하자면 육체적 감정을 나타내는 것으로 사

---

30) 그리스의 수학자. 기원전 300년경. '유클리드기하학'의 대성자. 저서에 《기하학원론》이 있다.

용하는 것이 편할 것이다.

그런데 감정이라는 개념이 다른 모든 개념에 비하여 균형 잡히지 않은 이유는, 반드시 다음과 같은 사상이 있기 때문일 것이다. 모든 개념은, 그리고 그 말이 표현하는 것은 개념뿐인데, 그것들은 이성에 대하여만 존재하고, 이성으로부터 출발한다. 따라서 개념을 사용한다는 것은 이미 어떤 일방적인 입장에 선다는 것이다. 그러나 이 같은 입장에 의하면 보다 가까운 것이 확실히 보이고, 적극적인 것으로서 조정되고, 보다 먼 것은 합류하여 얼마 가지 않아서 간신히 소극적으로 고려될 뿐이다.

어떠한 나라 사람도 다른 나라 사람을 외국인이라 부르고, 그리스인은 모든 다른 나라 사람을 야만인이라 부른다. 영국 사람은 영국이 아닌 것, 혹은 영국 것이 아닌 것을 모두 대륙 혹은 대륙의 것이라 부르고, 신자(信者)는 모든 다른 종교를 믿는 사람을 이단, 혹은 이교도라 부르고, 귀족은 모든 다른 사람을 평민이라 부르며, 대학생은 다른 모든 사람을 속물이라 부르는 것 등이다.

이 같은 일방성은 교만에서 나오는 조야(粗野)한 무지라 할 수 있는데, 이것은 이상하게 들릴지 모르나 이성이 자초한 잘못이다. 이성은 직접으로 그 표상의 방법에 속하지 않는, 즉 추상적 개념이 아닌 의식의 모든 변화를 감정이라는 한 개념에 총괄하기 때문이다. 이성 자신의 방식이 이성으로서 근본적인 자기 인식에 의하여 명백하지 않으므로 지금까지 이성은 특별한 감정 능력이라는 것까지도 설정하여, 그 이론을 구성했다. 그러므로, 앞에서 말한 것과 같은 일방성과 무지를 이성 자신의 영역에 있는 오해와 혼란으로 보상하지 않으면 안 되었다.

제12장 ―

　　나는 방금 지식과 정반대 위치에 있는 감정이라는 개념을 구명해 보았는데, 지식은 이미 말한 것처럼 모든 추상적 인식, 즉 이성 인식이라고 할 수 있다. 그런데 이성이란 항상 다른 방법으로 받아들여진 것을 한 번 더 인식 앞에 갖다 놓는 것이므로, 이성은 본래 우리의 인식 작용을 확대하는 것이 아니고, 이 작용에 별도의 형식을 부여하는 것에 불과하다.

　　이성은 직각적·구체적으로 인식된 것을 추상적·보편적으로 인식하는 것이다. 이렇게 말하면 얼핏 듣기에 아무렇지도 않은 것 같이 들리지만 사실은 대단히 중요하다. 이미 인식한 것을 확실하게 보존하고 전달하고 실제적인 문제로서 이것을 확실하고도 광범위하게 응용한다든지 하는 것은 모두, 이 인식이 지식, 즉 추상적 인식으로 되어있기 때문이다.

　　직각적 인식은 항상 하나하나의 경우에만 통용되고, 가장 가까운 것에만 미치고, 그곳에 머물러 있다. 이러한 까닭은 감성과 오성은 그때마다 한 객관만 파악할 수 있을 뿐이기 때문이다. 그러므로 영속적인, 복잡한, 계획적인 행위는 원리로부터, 즉 추상적 지식으로부터 출발하고, 또 그것에 의하여 인도되지 않으면 안 된다.

　　그리하여 가령 오성이 원인과 결과의 관계에 관한 인식은 사실 그 자신으로서는 거기에 관한 추상적인 사유 내용보다도 훨씬 완전하며 깊고 철저하다. 오성만으로서 직관적으로, 직접으로, 또 완전하게 지레와 도르래와 톱니바퀴의 운동과 둥근 천장의 안정성은 인식된다. 그러나 단순한 오성으로는 방금 말한 직각적 인식이 직접 눈앞의 것에만 미치지 않는다는 특성 때문에, 기계를 만든다든지, 집을 짓는다든지 하는 데 충분한 것이 되지 않는다. 오히려 이러한 경우는 이성이 나타나서, 직관 대신에 추상적인 개념을 정립하고, 이것을 활동의 규준으로 삼지 않으면 안 된다.

그리고 규준이 된 이들 개념이 옳다면 일은 성공한 것이다. 같은 식으로 우리는 순수 직관에 있어서 포물선과 쌍곡선과 나선의 본질과 합법성을 완전히 인식한다. 그러나 이 인식을 확실하게 실제로 응용하기 위해서는, 이 인식은 미리 추상적인 인식이어야 하고, 이 경우 이 인식은 사실 직관성을 잃고 그 대신 추상적 인식의 확실성과 규정성(規定性)을 얻게 된다.

따라서 어떠한 미분학도 본래부터 우리가 곡선에 관하여 가진 인식을 조금도 증대시키지는 못하고, 이미 곡선의 단순한 순수 직관이 포함하는 것 이상으로 포함하는 것은 하나도 없다. 그러나 미분학은 인식의 방식을 변경하고, 직각적 인식을 추상적 인식으로 변하게 하는 것으로써, 이러한 일은 응용상으로 매우 효과적인 일이다. 그런데 여기에서 우리의 인식 능력의 또 한 가지 특이성이 문제가 되는데, 이것은 종래 직관적 인식과 추상적 인식의 구별이 완전히 명백하지 않은 이상, 알지 못하고 있었던 것이다.

이 특이성은 공간적 여러 관계는 직접으로, 또 그 자신으로는 추상적 인식으로 옮겨가지 못하고, 그러기 위해서는 오로지 시간적인 양, 즉 수량이 적합하다는 사실이다. 수(數)만은 여기에 정밀하게 대응하는 추상적 여러 개념으로 표현할 수 있지만, 공간적인 양은 추상적인 개념으로는 표현되지 않는다. 1,000이라는 개념과 10이라는 개념은 두 개의 시간적인 양이 직관에 있어서 다른 것과 마찬가지로 다르다.

우리는 1,000이라는 수를 생각할 경우 10의 일정한 배수(倍數)라고 생각하는데, 시간에서의 직관으로는 그 수를 그 임의로 나눌 수가 있다. 즉 헤아릴 수가 있다. 그러나 1마일이라는 추상 개념과 1피트라는 추상 개념 사이에는 두 개념에 관한 직관적 표상은 하나도 없고, 또 수의 도움도 없다면 정밀하면서도 그 양 자체에 대응하는 차별이란 결코 존재하지 않는다. 양자에 있어서는 대체로 공간적인 양이 생각될 수 있을 뿐이다.

그리고 만일 양자를 충분히 구별하려고 한다면 어떻게든 공간적 직관의 도움을 빌리든지, 즉 일찍이 추상적 인식의 영역을 버리든지, 혹은 이 구별을 수로써 생각하든지 하지 않으면 안 된다. 따라서 공간적 관계를 추상적으로 인식하려면 먼저 공간적 관계를 시간적 관계로, 즉 수로 바꿔 놓지 않으면 안 된다. 그러므로 기하학이 아니라 산술만이 일반적인 크기의 학문, 즉 수학이고, 기하학은 이를 남에게 전달하고, 엄밀히 규정하고 실제 문제에 응용이 가능하기 위해서는 산술로 바꾸지 않으면 안 된다.

물론 공간적 관계 자체가 추상적으로 사용될 때가 있다. 이를테면 '사인(sine)은 각도에 비례하여 커진다.' 그러나 이 비례의 크기를 나타내려면 수가 필요하다. 이 필연성, 즉 3차원의 공간 관계를 추상적으로 인식하려면 (단순히 직관할 뿐만 아니라 알려고 하면) 이 공간을 1차원밖에 갖지 않는 시간으로 바꾸지 않으면 안 된다는 필연성이야말로, 수학을 현저하게 어렵게 만드는 것이다.

이것은 우리가 곡선의 직관과 곡선의 해석적 계산을 비교하고, 혹은 삼각함수의 대수표(對數表)와 이것으로써 나타내는 삼각형의 각 부분의 변화하는 여러 관계의 직관을 비교해 보면 매우 잘 알 수 있다. 이 경우 직관으로 한 번 보면 완전히 또 매우 정밀하게 파악할 수 있는 일이다.

이를테면 사인(sine)이 증대함에 따라 코사인(cosine)이 감소하고, 한 각의 코사인은 다른 각의 사인이라는 것, 즉 두 개 각의 증감(增減)의 반비례 등이다. 그런데 이것을 추상적으로 표현하기 위해서는 얼마나 복잡한 수를 사용해야 하고 많은 힘이 드는 계산을 하지 않으면 안 되는가? 시간이 스스로의 1차원을 갖고, 공간의 3차원을 고생해 가면서 재현하지 않으면 안 되는가라고도 말할 수 있을 것이다.

그러나 이것도 만일 우리가 응용을 위하여 공간 관계를 추상적인 개념에 두고 싶은 경우는 하는 수 없었다. 공간 관계는 직접 추상적 개념에 들어가지 못하고 순 시간적인 크기, 즉 수의 매개를 경유하지 않으면 안 되고 수만으로써 추상적 인식에 직접 결부되는 것이다. 주의해야 할 것은 공간은 참으로 직관에 적합하며, 3차원이므로 복잡한 관계일지라도 그 전망이 쉽지만, 추상적 인식으로부터는 멀어진다.

이에 반하여 시간은 반드시 추상적 개념에 쉽게 들어가지만 직관에게 주는 것은 매우 적다. 수를 그 고유한 요소, 즉 단순한 시간에서 직관하고 공간의 도움을 빌리지 않으면 10에 도달할 수 있을까 의심스럽다. 그 이상은 간신히 수의 추상적 개념만 있을 뿐이고, 수의 직관적 인식이 있는 것이 아니다. 그런데 우리는 어떠한 수사(數詞)에도, 모든 대수학(大數學) 기호에도 엄밀한 규정을 가진 추상 개념을 결부시킨다.

여기 덧붙여 한마디 주의하고 싶은 것은 직관적으로 인식된 것으로 완전히 만족하는 사람이 적지 않다는 것이다. 이 같은 사람들이 구하려는 것은 존재의 근거와 귀결의 공간에서 직관적으로 설명하는 것으로서, 유클리드적 증명이라든가 또는 공간 문제의 산술적 해결이라든가 하는 것은 그들의 관심을 끌지 못한다.

그런데 또 다른 사람들은 응용과 전달에 도움 되는 추상적 개념을 요구한다. 이런 사람들은 추상적인 원칙과, 공식과, 긴 연결 추리와 계산으로 성립되는 증명에 대한 인내력과, 기억력을 가지고 있다. 이 같은 추리와 계산 기호는 매우 복잡한 추상작용을 대표한다. 이들은 규정성(規定性)을 구한다. 앞에 든 사람들은 직관성을 구한다. 양자의 차이가 각기의 특색을 잘 나타내고 있다.

지식, 즉 추상적 인식의 가장 큰 가치는 그것이 다른 사람에게 전달될 수 있다는 것과, 고정해 보존할 수 있다는 것이다. 이것이 있음으로써 추상적 인식은 실용적인 면에서 헤아릴 수 없을 정도의 중요성을 가진다. 자연적 물체의 변화와 운동의 인과적 연관을 오성으로 직접 인식하고, 이 같은 인식으로써 완전한 만족을 느낄 사람이 있을는지 모르지만, 이것을 다른 사람에게 전달하려면 그 인식이 개념에 있어서 고정되고 난 뒤라야 가능한 것이다.

직관적인 인식은 사람들이 그것의 실행을 전적으로 혼자 힘으로 수행하려는 경우, 그 직관적 인식이 아직 생생한 동안, 무언가 실행할 수 있는 행동에 있어서 이것을 인수하려는 경우에는 실용을 위해서는 그것으로 충분하지만, 다른 도움을 필요로 한다든지 같은 자기 행위라도 서로 다른 시각에 행할 필요가 있을 경우, 따라서 깊이 생각한 계획을 필요로 하는 경우는 직관적 인식으로서는 불충분하다.

그러므로 가령 당구의 명선수는 탄성체(彈性體) 상호의 충돌 법칙이라는 인식을 단순히 오성으로써, 그리고 또 단순히 직접적인 직관에 의하여 얻고, 그것으로 만사가 충분하다. 그런데 이 법칙에 관한 참된 지식, 즉 추상적 인식을 하는 것은 역학자(力學者) 뿐이다. 기계를 조립할 경우, 만일 그 발명자가 혼자서 조립한다 면 단순히 직관적인 오성 인식으로 충분하다. 그것은 마치 기술 좋은 직공이 학문의 바탕 없이도 훌륭하게 조립할 수 있는 경우가 많은 것과 같다.

이에 반하여 몇 사람과 어울려 여러 번 함께 일함으로써 하 나의 기계적 조작을 하게 되고, 기계를 만들고, 집을 지을 필요가 있을 경우, 이 실행을 지도하는 사람은 추상적인 계획을 세우지 않으면 안 된다. 그리고 이성의 조력에 의해서만 이 같은 협동 작 업이 가능하다. 그런데 이상한 것은 단 한 사람이 연속적인 동작 으로 무언가를 완성할 경우, 지식이라든가 이성의 응용이라든가 반 성 등이 그의 직관적 인식에 의지하고 있는 활동에 방해가 될 때 가 흔히 있다.

가령 당구와 검도(劍道), 악기의 조율, 노래의 경우가 그러하 다. 이 경우 직관적 인식이 활동을 직접 지도하지 않으면 안 되 고, 반성이 개입되면 주의가 흩어져 사람을 혼란하게 만들므로 활 동이 불안정하게 된다. 그러므로 사유하는 습관이 적은 야만인과 미개인은 반대의 성향인 유럽인이 도저히 따르지 못할 정도의 확 실성과 민첩함으로, 여러 가지 육체 운동을 하고, 동물과 싸우며 활을 쏘곤 한다. 유럽인이 그들에게 도저히 따르지 못하는 것은 숙려하기 때문에 마음이 동요하고 주저하는 이유 이외에 아무것도 없다. 유럽인은 올바른 장소와 올바른 때를 얻는 데, 잘못된 양 끝의 등거리에서 이것을 구하려 하는 데 비하여, 자연인은 그런 옆 길을 돌아보지 않고 직접 그것을 맞추기 때문이다.

마찬가지로 내가 면도날을 얼굴에 댈 때의 각도를 몇 도 몇 분이라는 식으로 추상적으로는 말할 수 있어도, 이 각도를 직관적으로 알고 있지 않으면, 즉 그 요령을 터득하고 있지 않으면 아무 소용도 없다. 또한 인상(人相)을 알려고 할 경우, 이성을 응용하는 것은 방해가 된다. 이것 또한 직접 오성에 의하여 행해지지 않으면 안 된다. 표정, 즉 용모의 의미는 느낄 수 있을 뿐이라고들 한다. 즉 추상적 개념에는 속하지 않는다는 것이다.

누구나 직관적으로 남의 인상을 판단하고 감정을 판단하는 힘을 가졌는데, 그중에도 어떤 사람은 다른 사람보다도 분명하게 이미 말한 사상(事象)의 징조(signatura rerum)[31]를 인식한다. 그러나 가르친다든지 배우기 위한 추상적인 관상학(觀相學)은 만들지 못한다. 인간의 상(相)의 미묘한 차이는 매우 알기 어렵고, 개념은 그 같은 미묘한 점에 도저히 따르지 못한다.

그러므로 추상적 지식과 이것의 관계는 모자이크 그림과 아드리안 반 데르 베르프(Adriaen van der Werff), 또는 데너(Denner)[32]의 그림 관계와 같다. 모자이크가 아무리 교묘하게 되어있어도 여전히 그것은 돌로서의 한계가 있으므로 하나의 빛깔에서 다른 빛깔로 부드럽게 옮겨갈 수는 없다. 이처럼 개념도 각기 고정된 엄밀한 한계가 있으므로 이것을 세세한 규정으로 아무리 섬세하게 분류하여도 여기서 실례를 든 관상학에서 가장 중요한 점인 직관적인 것의 미묘한 변용(變容)을 푼다는 것은 도저히 불가능한 것이다.[33]

----

31) 독일의 신비주의 철학자 야콥 뵈메(Jacob Böhme)의 저서로 유명하다.
32) 아드리안 반 데르 베르프는 네덜란드의 화가로 바로크 스타일로 명성이 높았다. 데너는 독일의 화가로 초상화를 주로 그렸다.
33) 그러므로 나는 관상학은 몇 가지의 매우 일반적인 규칙만 제시하는 데 그치고, 그 이상 어떤 확실성을 가지고 나아가는 것은 불가능하다고

개념에는 이런 성질이 있으므로 자연히 개념은 모자이크 그림의 돌과 비슷한 것이 되고, 또 직관은 항상 개념의 접근하는 선에 불과하다. 개념의 이런 성질은 또 예술에도 개념이 아무런 도움을 주지 못하는 이유도 된다. 가수나 음악의 명수가 반성에 의하여 연주하려 한다면 그는 죽은 것과 다름없다. 이것은 작곡가나, 화가, 시인 모두에게 해당하는 것으로, 개념이란 예술에 대해서는 항상 효력이 없는 것이다. 예술에 있어서 기술적인 점만은 개념의 지도를 받을는지 모르지만, 개념의 본분은 학문이다. 우리는 제3권에서 모든 순수 예술은 직관적 인식에서 생기는 것이고, 결코 개념으로부터는 생기지 않는다는 까닭을 상세하게 연구하게될 것이다.

사람의 태도라든지, 교제할 때의 개인적인 쾌감이라든지 하는점에도 개념은 소극적인 작용밖에 하지 않는다. 이기(利己)와 동물적인 성향이 무례하게 드러날 것을 억제할 뿐이며, 예절에 맞는 태도는 사실 개념의 덕분이라 할 수 있는데, 우아한 태도라든지 우미한 태도, 호감을 주는 태도, 친절, 호의 등은 모두 개념에서 나온것이라고는 말할 수 없다. 만일 그렇지 않으면 '숨은 동기가 있다

생각한다. 일반적인 규칙이란 가령 이마와 눈으로는 지력(知力)이 판단되고, 입과 얼굴의 하반은 도의심과 의지가 판단되어야 한다. 이마와눈은 상호 조응하여 해석되므로, 한쪽만 보고는 그 반밖에 모르게 된다. 천재는 반드시 이마가 높고 넓으며, 앞으로 멋지게 튀어나왔지만, 이마가 그렇다고 해서 모두가 천재가 아님은 물론이다. 총명하게 보이더라도 얼굴이 못생기면 못생길수록, 그 사람의 정신은 더욱 총명한 것으로 추정된다. 그리고 우둔하게 보여도 얼굴이 아름다우면 아름다울수록, 그 사람은 더욱 더 우둔한 것으로 추정된다. 미(美)라는 것은 인류의 전형에 어울리는 것으로서, 이미 그 자신 정신적 명증(明證)의 표현이며, 추(醜)는 그 반대기 때문에 등등.

세네카

고 보면 싫어진다.'34)

　　모든 허위는 반성이 일으키는 것으로, 그것은 오래 계속되지 못한다. 세네카는 그의 저서 《자비론(De Clementia)》에서 '누구나 오랫동안 가면을 쓰고 있을 수 없다.'라고 했다. 대개 알게 되고 목적을 이루지 못한다. 조급하게 결의하고, 과단성 있게 행동하고, 신속하고도 단호하게 조치하지 않으면 안 될 절박한 상황에서는 이성이 필요한 것은 사실이다. 그러나 이성이 우세하여, 그것으로 말미암아 올바른 일을 즉각적으로, 순수히 오성적으로 발견하며 동시에 이것을 파악하는 데 방해를 받고 혼란에 빠져 결단하지 못할 경우를 초래하면 만사는 잘못되고 말 것이다.

　　끝으로 덕과 신성(神聖)도 반성에서 나오는 것이 아니고 의지의 내면성의 깊이와 인식 작용에 대한 관계에서 생기게 된다. 여기에 관한 논구는 이 책의 전혀 별개의 곳에서 해야 할 일인데, 여기서는 다음의 것만 말하기로 한다. 즉 윤리적인 문제에 관한 교의(教義)는 모든 국민의 이성에 있어서 동일한 것이 될 수 있지만, 행동은 사람마다 각각 다르다. 결코 개념에 의하여, 즉 윤리적인 실질에 의하여 행하는 것이 아니다.

　　교의는 한가한 이성이 이것저것 생각해 만드는 것인데, 행동

---

34) 괴테의 희곡 〈토르콰토 타소(Torquato Tasso)〉 제2막 제1장의 타소의 독백.

은 교의와는 아무 관계 없이 독자적인 길을 걷는다. 그리고 대개는 추상적인 준칙에 따라서가 아니고 표현되지 못하는 준칙에 따르고, 이 표현되지 못하는 준칙을 표현하는 것이 모든 인격 자체라 할 수 있다. 그러므로 여러 민족의 종교적 교의가 아무리 각양각색이라 하더라도 마음에 착한 일을 하면 모두 똑같이 형언할 수 없는 만족감이 따르고, 나쁜 일을 하면 헤아릴 수 없는 무서움이 따른다. 어떠한 비웃음도 이 만족을 어지럽게 할 수 없고, 고해신부(告解神父)의 어떠한 사죄(赦罪)도 이 무서움으로부터 해방시키지 못한다.

그러나 그렇다고 하여 유덕한 생활을 영위하는데 이성의 응용이 필요하다는 사실을 부인해서는 안 된다. 다만 이성은 유덕한 생활의 원천은 아니고, 이성의 기능은 종속적인 기능이며, 이른바 찰나적인 약세에 항거하고 행동에 일관성을 갖기 위하여 일단 결심한 것을 관철하고 준칙을 유지하는 데 있다.

예술에서도 이성은 결국 이 같은 역할을 하는 것으로써, 여기서 이성은 주요한 일은 하지 않지만 그 완성을 돕는다. 즉 예술의 수호신은 반드시 항상 작자의 뜻에 따라주지는 않지만 작품은 각 부분에 걸쳐 완성되고, 토대가 선 하나의 전체가 되지 않으면 안 되므로, 거기에 이성의 도움이 필요하게 된다.[35]

------

35) 제2편 제7장 참조.

제13장 —

이처럼 이성의 사용에 있어서 이해(利害)가 가는 모든 분야를 샅샅이 고찰해 보면 다음과 같은 것을 밝히는 데 도움이 될 것이다. 즉 추상적인 지식은 직관적 표상의 반영이며 이것에 바탕을 두고 있지만, 그러나 그렇다고 하여 추상적인 지식이 곳곳에서 직관적 표상을 대신할 정도로 양자가 일치하지 않으며, 오히려 엄밀하게는 조금도 조응되지 않는다.

그러므로 우리가 이미 알고 있듯이, 인간의 여러 가지 일 중에 많은 것은 이성과 숙려를 거친 조치의 도움에 의해서만 성취되지만, 그중에는 이것을 사용하지 않는 편이 오히려 유리하게 성취될 때도 있다. 직관적 인식과 추상적 인식의 불일치로 말미암아 마치 모자이크와 그림처럼, 추상적 인식은 직관적 인식을 닮을 뿐이고, 일치하는 점은 없는데, 이 일치하지 않는 점이야말로 하나의 기묘한 현상 —웃음— 의 근거다. 이 현상은 이성과 함께 인간 본성에만 있는 특유한 것인데, 여기에 관한 이제까지의 많은 해명은 모두 충분하지 못한 점이 있다.

우리는 이 같은 웃음의 기원에 관하여 여기서 반드시 논구하지 않으면 안 된다. 그것으로 인하여 본론의 진도가 늦춰진다 해도 하는 수 없는 일이다. 웃음은 언제나 어떠한 개념과 그 개념에 의하여 어떤 관계에 있어서 사유된 실재(實在)하는 객관과의 불일치를 갑자기 발견했을 때 생기는 현상이다. 그리고 웃음 그 자체는 이 불일치의 표현에 불과하다. 이 불일치는 흔히 두 개 혹은 몇 개의 실재적 객관이 하나의 개념에 의하여 사유되고, 그 개념의 동일성이 그들 객관에 옮겨져, 그리고 다음에는 다른 점에서 그들 객관과 개념이 전혀 다르므로, 개념이 다만 한 측면에서만 그들 객관에 합치하는 것이 현저하게 나타나는 데서 생긴다.

그리고 또 흔히 단 하나의 실재적 객관이라도 비록 한 측면이 바로 그 개념에 포괄되어 있어도 다른 측면에서 그 개념과의 불일치가 갑작스럽게 느껴지는 경우 웃음이 생긴다. 그리고 한편에서 이 같은 현실의 것을, 개념에 포괄시키는 것이 올바르면 올바를수록, 또 다른 한편에서는 그 같은 부적합이 현저하면 현저할수록, 그 대립에서 생기는 우스꽝스러움의 효과는 크다. 따라서 웃음은 모두 역설적인, 그러므로 의외의 포괄을 계기로 해서 생긴다. 이 경우 이 포괄이 말로써 표현되거나, 행위로써 표현되거나 변함은 없다. 간단하지만 이것이 우스꽝스러운 것에 대한 올바른 설명이다.

나는 여기서 우스꽝스러운 것에 대한 실례로, 여러 일화를 장황하게 늘어놓아 내 설명의 해설 자료로 삼고 싶은 생각은 없다. 내 설명은 매우 간단하고 알기 쉬우므로, 그러한 해설을 필요로 하지 않으며, 또 이 설명의 증거로는 독자들의 기억에 남는 우스꽝스러운 것들을 생각해 보면, 모두 똑같이 도움이 될 수 있기 때문이다.

그런데 우스꽝스러움은 두 가지로 분류되고, 이 두 가지는 앞에서 설명한 것에서 생긴다. 이처럼 두 가지로 나누어짐으로써 우리의 설명은 확증되는 동시에 해설도 된다. 즉 인식 속에 두 개 또는 몇 가지의 매우 다른 실재적 객관, 즉 직관적 표상이 생긴 경우, 이들 객관은 이것을 포괄하는 한 개념의 통일성에 의하여 고의로 동일시되었는데, 이러한 종류의 우스꽝스러운 것이 기지(機智, Witz)다.

그런데 이제 또 하나 이와 반대로 개념이 먼저 인식에 존재하고, 이 개념이 실재로 옮겨지고, 또 실재로의 작용과 행동으로 옮겨지는 경우, 이들 객관은 다른 점에서는 완전히 다른데도, 그 한 개념 안에서 사유된다. 그러므로 똑같은 방식으로 보게 되고 취급하는 사이에 행동하는 사람이 갑자기 이 다른 점에 대한 현저한 차이를 발견하고 놀랄 때 일어난다. 이런 종류의 우스꽝스러운 것이 바보짓(Narrheit)이다.

따라서 어떤 우스꽝스러운 것도 객관의 불일치에서 개념의 동일성으로 옮기든가, 혹은 개념의 동일성에서 객관의 불일치로 옮기는가에 따라서 기지의 착상인지, 혹은 바보짓인지 결정된다. 전자는 항상 고의지만 후자는 항상 불수의적으로, 외부로부터 강요받는 것이다. 그런데 이 출발점을 역전하는 듯 보이면서, 기지를 비보짓처럼 위장하는 것이 궁중의 익살 광대와 어릿광대의 술법이다. 결국 그들은 여러 가지 객관의 차이를 충분히 의식하고 있으면서, 숨겨둔 기지로써 이 같은 객관을 하나의 개념으로 통일하여, 그리고는 이 개념에서 출발하여 새로이 객관의 차이를 발견하여 미리 그들 자신이 준비해 둔 의외의 놀라움을 꺼내 보이는 것이다.

이상 말한 우스꽝스러운 것에 관한 간단하지만 충분한 이론에서 명백하게 된 것은 방금 말한 익살 광대의 경우는 별도로 하고, 기지는 항상 말로써 표현되지 않으면 안 되는데, 바보짓은 대체로 행동으로 표현된다는 것이다. 물론 바보짓은 실제로 하는 것이 아니고, 다만 그 의도를 표현하는 경우에 말로써 할 때도 있고, 또 단순한 판단과 의견으로써 나타내는 경우도 있다.

옹졸함(Pedanterie)도 바보짓의 하나다. 옹졸함은 자기 자신의 오성에 신뢰를 두지 못하고, 따라서 오성에 의지하여 하나하나의 사례에서 직접 인식의 정곡을 얻을 수 없으므로, 오성을 완전히 이성의 후견 아래 두고 어떠한 경우에도 이성을 사용한다. 즉 언제나 일반적인 개념이라든가 규칙이라든가 준칙이라든가에서 출발하여, 생활에서도, 예술에서도, 윤리적인 선행에서도, 이것을 붙들고 놓치지 않으려는 그러한 태도에서 생긴다. 옹졸함의 특유한 형식과 나름과 표정과 언어에 얽매이는 태도는 여기에 기인하며, 이것이 사태의 본질을 대신하는 셈이다.

그런데 개념과 실재의 불일치를 알 때가 곧 온다. 즉 개념이 하나하나의 사태에 어떻게 합당하지 않은가, 또 개념의 보편성과 고정된 규정성이 현실의 세세한 차이와 다양한 변용에 대하여 어떻게 알맞도록 적합할 수 있는지를 알게 된다. 그러므로 옹졸한 사람은 자기가 지닌 보편적인 준칙으로는 거의 항상 실생활에 있어서 실패하고, 모자라고, 서툴고, 소용이 없게 된다. 또 예술에서 개념은 효력이 없으므로, 옹졸한 사람이 만든 예술 작품은 생기가 없고 딱딱한 인공적인 후산(後産)이 된다.

윤리적인 문제도 올바르고 기품 있는 행위를 하려는 의도는 반드시 추상적인 준칙에 따라서 실행되는 것이 아니다. 대개 사정이 여러 가지 무한하게 미세한 차이가 생기므로, 각자의 성격에 따라서 직접 옳은 것을 골라잡을 필요가 생기기 때문이다. 단순히 추상적인 준칙을 적용하고 있다가는 반밖에 적합하지 않으므로, 오히려 잘못된 결과를 낳을 수도 있다. 또 이 같은 추상적인 준칙은 행위하는 사람의 개인적인 성격과는 인연이 멀며, 이 성격을 완전히 부인할 수도 없으므로, 이 같은 준칙의 적용은 수행되지 않는 법이다. 그러므로 얼마 가지 않아 불일치가 생긴다.

칸트는 행위의 도덕적 가치의 조건으로, 그 행위가 조금이라도 경향(좋고 싫음의 감정)과 순간적인 흥분을 수반하지 않고, 순 이성적인 추상적인 준칙에서 생긴 것이 아니면 안 된다고 했다. 이런 점에서 칸트는 옹졸함의 동기를 조성했다는 비방을 면할 길이 없을 것 같다. 〈양심의 번민〉이라는 제목으로 실러(Schiller)는 격언적 짧은 시를 썼는데, 거기에서 그가 말하려는 것도 여기에 관한 비방이다. 특히 정치적인 문제에서 공론가(空論家), 이론가, 학자라고 하면 그것은 옹졸한 사람이라는 뜻이고, 사물을 추상적으로는 알고 있지만 구체적으로는 모르는 사람들을 말한다. 추상적이라는 것은 자질구레한 여러 규정을 제외하고 사유하는 것이다. 그런데 실제 문제에서는, 이 여러 규정이야말로 정말 중요한 것이다.

여기서 이 설명을 보충하기 위하여 기지의 아류인 익살, 즉 프랑스어 calembourg, 영어 pun에 관해 언급하기로 한다. 여기에는 음담(zote)에 주로 사용되는 말의 아슬아슬한 뜻도 이용될 수 있다. 기지는 엄청나게 다른 두 개의 실재적 객관을 무리하게 하나의 개념에 넣지만, 익살은 두 개의 서로 다른 개념을, 우연을 이용하여 하나의 말에 넣는 것이다. 이 경우 기지와 똑같은 대조가 생기는데, 이것은 사물의 본질에서 나온 것이 아니고 명명법(命名法)의 우연에서 나온 것이므로, 기지의 경우보다 훨씬 맥 빠진 피상적인 것이다.

기지의 경우 개념이 하나고 현실의 것이 다르게 되어있는데, 익살에서는 개념이 다르고 현실의 것이 하나며, 여기에 말의 본뜻이 있다. 익살과 기지의 관계는 전도되어 위로 향한 원추형의 포물선과, 아래로 향한 원추형의 포물선 관계와 같다고 한다면 좀 억지의 비유일지도 모른다.

그러나 말의 오해, 혹은 착오(quid pro quo)는 자기도 모르게 나오는 익살로, 오해와 익살의 관계는 마치 바보와 기지 관계와 흡사하다. 그러므로 귀가 먼 사람은 흔히 바보와 같은 사람들로서 웃음거리가 된다. 그러므로 서툰 희극 작가는 사람을 웃기기 위하여 바보를 사용하지 않고 귀가 먼 사람을 이용한다.

나는 여기서 웃음을 정신적인 면에서만 고찰했는데, 육체적인 방면에 관해서는 《소품과 부록》 제2권 제6장 제96절 134페이지(제1판. 제2판에서는 98절)에 여기에 관한 설명이 있으니 참고하기 바란다.[36]

제14장 ─

이상 다방면에 걸쳐서 여러 가지를 고찰함으로써 한편에서는 이성의 인식 방법, 지식, 개념, 그리고 다른 한편에서는 순 감성적, 수학적 직관, 그리고 오성에 의한 파악 등의 사이에 존재하는 차이와 관계가 충분히 밝혀졌으리라 생각한다. 또 이들 두 가지 인식 방법의 기묘한 관계를 고찰함에서 어쩔 수 없이 감정과 웃음에 관한 내용을 넣어서 논급했다. 이제 되돌아가서 이성이 말과 사려 있는 행동과 더불어, 인간에게 준 세 번째 장점인 과학에 관하여 계속 논구하기로 한다. 여기서 우리가 해야 할 과학의 일반적 관찰의 하나는 그 형식에 관한 것이고, 하나는 그 판단의 기초

---

[36] 제2편 제8장 참조.

두기에 관한 것, 마지막으로 그 성질에 관한 것이다.

우리는 순수 논리학의 기초는 별도로, 기타 모든 지식 일반의 근원은 이성 자체에 있는 것이 아니고, 다른 곳에서 먼저 직관적 인식으로서 획득되고, 그리하여 전혀 다른 인식 방법, 즉 추상적인 인식 방법으로 이행함으로써 이성에 모여진다는 것을 보아왔다. 모든 지식(Wissen), 즉 추상적인 의식에까지 고양된 인식과 본래의 과학(Wissenschaft) 관계는 부분과 전체의 관계와 같다.

누구나 나타나는 하나하나의 사상을 경험하고 고찰함으로써 여러 사물에 관한 지식을 얻는데, 어떤 종류의 대상에 관하여 완전한 추상적 인식을 얻는 것을 자신의 임무로 생각하는 사람만이 과학을 바라보고 노력한다. 이런 종류의 대상을 구별하는 것은 개념에 의해서만 가능하다. 그러므로 어떤 과학이라도 그 시초에는 어떤 하나의 개념을 두게 되고, 이 개념에 의한 모든 사물의 전체 속에서, 과학이 그것에 관하여 완전한 추상적 인식을 얻으려고 기대하는 부분이 사유된다.

가령 공간 관계의 개념, 무기물 상호의 작용에 대한 개념, 혹은 식물·동물의 성질, 혹은 지구의 표면의 점차적 변화의 개념, 인류 전체의 변화의 개념, 언어 구조의 개념 등이다. 만일 과학이 그 대상에 관한 지식을 얻는 데 이 같은 개념으로 사유된 모든 사물을 하나하나 연구하고, 점차 전체를 인식하는 데 이르려고 한다면 어떤 인간의 기억도 여기에 불충분할 것이며, 또 완전성의 확증도 결코 얻지 못할 것이다.

그러므로 과학은 앞에서도 말한 것 같은 여러 가지 개념 범위의 특성을 이용하여 이것을 서로 포괄하고, 대체로 그 과학의 대상 일반의 개념 내부에 존재하는 보다 넓은 범위로 나아간다. 즉 과학은 그들 개념 범위 상호 관계를 규정함으로써, 동시에 그 속에서 사유된 모든 것도 일반적으로 규정되고, 그리하여 점점 좁은 개념 범위를 식별함에 따라서, 그것들은 점차 정밀하게 규정될 수 있다.

이처럼 하면 하나의 과학이 그 대상을 완전히 포섭하는 것이 가능하게 된다. 과학이 인식에 도달하는 이 길, 즉 보편적인 것에서 특수한 것으로 나아가는 길, 이것이 과학이 보통의 지식과 다른 점이다. 그러므로 체계적 형식이 과학의 본질적인 특징이다. 각 과학의 보편적인 개념 범위의 결합, 즉 그 과학의 최고 원리의 지식은 그 과학을 습득하는 데 불가결한 조건이다. 이 최고 원리로부터 출발하여 어디까지 특수한 원리로 나아가느냐 하는 것은 사람들의 임의이며, 그것으로 말미암아 학식의 깊이가 더하는 것은 아니고 넓이가 넓어지는 것이다.

다른 모든 원리의 기초가 되는 상위(上位) 원리의 수는 여러 가지 과학에 의하여 여러 가지로 다르며, 어떤 종류의 과학에서는 어느 쪽인가 하면 상하 종속 관계를 이루고 있고, 다른 어떤 종류의 과학에서는 어느 쪽인가 하면 병렬(竝列) 관계를 이루고 있다. 이 점에서 전자는 판단력을, 후자는 기억을 필요로 한다.

스콜라 철학자들은 이미 알고 있었지만, 추리는 두 개의 전제가 필요하므로 어떠한 과학도 다만 하나의 궁극적인 대전제에서 출발할 수는 없고, 몇 개의 전제, 적어도 두 개의 전제를 갖지 않으면 안 된다. 본래의 분류적 과학, 즉 동물학, 식물학, 그리고 소수의 근본적 힘에 모든 무기적인 작용을 환원시키려는 점에서, 물리학과 화학도 대부분 상하 종속 관계가 있다.

이에 반하여 역사는 본래부터 아무런 종속 관계가 없다. 그 이유는 역사의 보편적 원리는, 다만 여러 가지 주요 시대의 개관에 있지만, 그러나 이들 주요 시대로부터는 특수한 사건은 도출되지 않고, 특수 사건은 그 주요 시대에 대해서는 시간상으로만 종속할 뿐, 개념상으로는 병렬하고 있을 따름이다. 그러므로 역사는 엄밀하게 말하면 지식이지만 과학은 아니다.

수학은 사실 유클리드적으로 취급하면 여러 가지 공리(公理)는 각기 증명 불가능한 대전제로서, 모든 증명은 모두 단계적으로 엄밀히 여기에 종속하고 있다. 그러나 이 같은 취급은 수학 본래의 것이 아니다. 실제로 각 정리(定理)는 각기 또 하나의 새로운 공간적인 구조를 이루고, 이 구조는 그 자신, 앞의 여러 정리와는 관계가 없으며, 또 본래 그것과는 전혀 관계가 없으므로, 그 자신으로서, 즉 공간의 순수 직관으로 인식되며, 이 같은 공간의 순수 직관은 매우 복잡한 구조라 할지라도, 마치 공리와 마찬가지로 직접적으로 명백하다. 그러나 여기에 관한 상세한 설명은 뒤로 미룬다.

수학적 원리는 모두 여전히 하나하나의 무수한 사례에 타당하는 보편적 진리고, 단순한 원리에서 그것에 바탕을 둔 복잡한 원리로, 단계적으로 나아가는 방식은 수학의 본질을 이룬다. 따라서 수학은 어느 점으로 보아도 과학이다. 과학 자체의 완전성, 즉 형식상의 완전성은 되도록 여러 원리의 종속 관계가 많고 병렬 관계가 적은 데 있다.

따라서 과학 일반에 통하는 재능이란 여러 개념 범위를, 그 여러 가지 규정에 따라 상하 종속 관계에 놓는 능력이며, 그것은 플라톤이 여러 번 권고하듯, 단순히 보편적인 원리와 그 아래의 한없이 다양한 여러 원리가 그것에 병렬되었다고 해서 과학이 성립하는 것이 아니고, 사실 보편적인 원리에서 특수한 원리에 이르기까지 여러 중간 개념을 거쳐 점차로 세목적인 규정으로 이루어진 구분에 의하여 서서히 나아가기 위해서이다. 이것은 칸트의 말을

빌리면 동질성 법칙과 특수성 법칙에 동시에 따르는 것이 된다.37)

그런데 이것이 본래의 과학적 완전성을 이룬다고 하면, 바로 여기서부터 과학의 목적은 확실성이 큰 것에 있지 않다는 것이 명백해진다. 확실성뿐이라면 매우 지리멸렬한 인식도 이것을 지니고 있기 때문이다. 그러므로 과학의 목적은 확실성이 아니고 지식의 형식에 의하여 지식을 쉽게 하고 이것으로써 지식의 완전성의 가능성을 주는 것이 된다. 그러므로 인식의 과학성은 보다 큰 확실성에 있다는 의견은 흔히 말해지지만 잘못된 것이다.

마찬가지로 여기서 나온 주장으로 수학과 논리학은 그것이 가진 완전한 선천성으로 논박의 여지가 없는 인식의 확실성을 갖고 있으므로, 그것만이 본래 뜻의 과학이라고 하는 것도 잘못된 일이다. 수학과 논리학이 확실하다는 장점 자체는 부인하지 못할 일이지만, 그렇다고 하여 이 장점이 수학과 논리학의 과학성에 대한 특별한 요구권을 주는 것은 아니다. 무릇 과학성은 정확이라는 점에 있는 것이 아니고, 보편적인 원리에서 특수 원리로 단계적으로 내려가는 방법을 기초로 한 조직적인 인식 형식에 있다.

이처럼 하여 보편자로부터 특수자에게 향하는 과학 고유의 인식의 길은, 그 당연한 결과로서, 과학에서는 많은 것이 선행 원리로부터의 도출에 의해서, 즉 증명에 의해서 기초를 얻게 된다. 그리고 이것이 동인(動因)이 되어 증명되어진 것만이 완전한 진리고, 어떠한 진리도 증명을 필요로 한다는 옛날부터의 오류가 생긴 것이다.

그런데 실제는 오히려 그 반대로, 어떠한 증명도 궁극적으로는 그 증명의 기초가 되며, 나아가서는 그 증명의, 증명의 기초로

---

37)《순수이성비판》〈선험적 논리학〉중의 이념의 규제적 사용 절(節) 참조.

도 되는, 증명되지 못하는 진리도 필요로 하게 된다. 그러므로 수원(水源)에서 나오는 물이 수도에서 나오는 물보다 낮다고 하는 것처럼, 직접적으로 기초된 진리가 증명에 의하여 기초된 진리보다 나은 것이다. 수학의 기초가 됨직한 순수한 선천적 직관과, 기타 모든 과학의 기초가 됨직한 경험적인 후천적 직관이 모든 진리의 원천이며, 모든 과학의 기초다. (논리학은 이성이 이성 자신의 법칙을 직관적으로는 아니나 역시 직접 앎으로써 성립되어 있으므로, 이 경우 논리학만은 예외다)

증명을 거친 판단도 아니고, 그 판단의 증명도 아니며, 직관에서 직접 얻은 판단, 모든 증명 대신에 직관에 기초를 둔 판단이야말로 우주의 태양에 비길 만한 과학에서의 태양이다. 모든 빛은 이 같은 판단에서 나오고, 다른 여러 가지 판단은 이 빛의 반사에 지나지 않기 때문이다. 직접 직관으로부터 이미 이 같은 최초의 판단의 진리를 기초 짓고 과학의 이 같은 기초를 실재하는 무수한 사물 중에서 잡아낸다. 이것이 판단력이 할 일이고, 판단력은 직관적으로 인식된 것을 올바르게, 또 정확하게 추상적 의식으로 옮기는 것에 있고, 따라서 오성과 이성의 매개자다.

이 판단력이 특별하게 강한 개인만이 과학을 실제로 진보하게 만드는데, 누구나 보통의 이성만 있다면 명제로부터 명제를 연역하고 증명하고 추론할 수는 있다. 한편에서는 많은 실재하는 객관의 공통되는 점이 하나의 개념에 의하여 사유되고, 다른 한편에서는 그들 객관의 서로 다른 점이 그런 많은 개념에 의하여 사유되기에 이른다. 따라서 다루는 점은 부분적인 일치는 있더라도 역시 잘못된 것으로, 또 동일한 점은 부분적으로 잘못된 곳이 있더라도 역시 동일한 것으로 인식되고 사유되기에 이른다.

이런 모든 것을 그때그때 작용하는 목적과 고려에 따라서 행하는 것이 판단력이다. 이 판단력이 결핍된 것이 단순함이다. 단순한 사람은 어떤 점에서 동일한 것의 부분적인, 혹은 상대적인 차이점을 잘못 보든지, 또는 상대적인 혹은 부분적인 차이점이 있는 것의 동일성을 잘못 보는 경우가 있다. 칸트는 판단력을 반성적인 것과 포섭적인 것으로 분류하고 있는데, 지금 이 같은 판단력을 설명하는 데도 칸트의 분류를 적용할 수 있다. 즉 직관적인 객관에서 개념으로 이행하는 것이 반성적 판단력이며, 개념에서 직관적 객관으로 이행하는 것이 포섭적 판단력이고, 어느 경우에도 오성의 직관적 인식관과 이성의 반성적 인식 사이를 항상 매개하고 있다.

무조건 추리에 의해서만 나오는 것 같은 진리란 있을 리 없다. 진리를 추리에 의하여 기초 짓는 필연성은 언제나 상대적인 것, 주관적인 것에 불과하다. 모든 증명은 추리이므로 새로운 하나의 진리에 대하여 다시 증명을 구해야 할 필요가 없고, 직접 명증(明證)38)을 구해야 할 것이다. 그리고 이 직접적인 명증이 없는 경우만 우선 증명되어야 한다.

어떠한 과학도 철저하게 증명되는 것이 아니다. 건물이 공중에 있을 수 없듯이, 과학의 증명은 모두 소급해 가면 하나의 직관적인 것으로, 따라서 더 이상 증명되지 못하는 것으로 귀착되지 않을 수 없게 된다. 반성의 세계 전체는 직관의 세계에 바탕을 두고 거기에 뿌리 박고 있기 때문이다.

모든 궁극적인, 즉 근원적인 증명은 직관적인 명증이다. 그것은 이미 명증이라는 말에서 알 수 있다. 따라서 명증은 경험적인 것이든가, 혹은 가능한 경험의 여러 제약을 선천적으로 직관하는

---

38) 명증의 원어 Evidenz는 라틴어 Videre에서 유래하는데, '관찰하다'란 뜻이다.

것에 바탕을 두든가 그 어느 쪽이다. 그러므로 명증은 어느 경우에도 내재적인 인식을 제공할 뿐이고, 초월적인 인식을 제공하는 것이 아니다. 어떠한 개념도 직관적인 표상에 대해서는 이처럼 매우 간접적이지만 관계를 지니는 것에 의해서만 그 가치와 존재를 보존한다.

여러 가지 개념에 관하여 말할 수 있는 것은, 그들 개념을 만들어 낼 수 있었던 여러 판단에 대해서도 말할 수 있고, 모든 과학에 관해서도 말할 수 있다. 그러므로 추리에 의하여 발견되고 증명에 의하여 전달되는 모든 진리를 증명과 추리에 의하지 않고, 직접 인식할 수 있는 어떠한 방법이 가능할지도 모른다. 복잡한 수학상의 명제에 도달하기 위해서는 우리는 오로지 추리를 길잡이로 하므로, 이 경우에 증명과 추리에 의하지 않고 직접 인식하는 것은 확실히 어려운 일이다.

가령 피타고라스의 정리의 결론에 의하여 모든 호(弧)에 대한 현(弦)과 접선(接線)을 계산하는 경우 등이다. 그러나 이 같은 진리는 본질적인, 또 전적으로 추상적인 원리에 바탕을 두고 있지 않다. 진리의 바탕에 존재하는 공간적 관계는 순수직관에 의하여 선천적으로 밝혀질 수 있고, 따라서 진리를 추상적으로 정립해도 직접적인 논거가 있는 셈이 된다. 그러나 수학의 증명에 관해서는 지금 바로 상세한 설명을 할 생각이다.

사실 세간에는 과학은 철저하게 확실한 전제에서 나온 올바른 추리에 바탕을 둔 것으로서, 여기서 이유 없이 진리라는 언설이 자주 그럴듯하게 행해지고 있다. 그러나 순 이론적인 추리의 연쇄에 의하여 얻어지는 것은 비록 그 전제가 아무리 참되다 할지라도 그 전제에 이미 존재하는 것의 명료화와 상세한 설명 이상의 아무것도 아니다. 따라서 함축적으로 이해되는 것을 현현적(顯現

的)으로 설명할 뿐이다.

그러나 세간에서 올바른 추리에 바탕을 두고, 아무런 의의 없이 참되다고 높이 평가받는 것은 수학적인 학문, 특히 천문학이다. 그런데 천문학의 확실성의 이유는 천문학의 바탕에는 선천적으로 주어진, 따라서 틀림없는 공간적 직관이 존재한다는 것에 있고, 이 공간적 관계야말로 선천적 확정성을 부여하는 필연성(존재의 근거)이 있고, 하나에서 다른 것으로 추론되고, 따라서 확실한 상호 도출의 가능성이 있게 된다.

이들 수학적 규정 이외에, 천문학에서는 중력(重力)이라는 유일한 자연력이 있다. 이것은 엄밀하게는 질량과 거리의 제곱에 비례하여 작용하는 것이다. 최후로 타성의 법칙이 있는데, 이것은 인과 법칙에서 생기므로 선천적으로 확실하며, 이 이외에 이들 질량의 각기에 결정적으로 주어진 운동이라는 경험적 조건이 있다. 이것이 천문학의 모든 재료로, 이들 재료는 그 단순함과 확실함으로 확정된 결과를 낳게 하는 터전이 되고, 또 대상이 크고 중요하므로 매우 흥미 있는 결과를 가져오는 기초가 된다.

가령 만일 내가 하나의 행성의 질량과, 그 행성과 그 위성과의 거리를 알면 케플러의 제2법칙에 의하여 나는 확실히 이 위성의 주기를 추정할 수가 있다. 그런데 이 법칙의 근거는 이만한 거리가 있을 경우는, 이만한 정도의 속도가 없으면 위성을 행성에 잡아당겨 놓을 수 있고, 동시에 행성에 빠져들지 않도록 할 수가 없다는 것에 있다.

따라서 이 같은 기하학적인 기초 위에 서서 비로소, 다시 말하면 어떤 선천적인 직관에 의해서만이, 또 나아가서 어떤 자연법칙을 응용하여, 추리로써 훨씬 앞의 결론을 낼 수가 있다. 그것은 이 같은 추리가, 이 경우 이른바 하나의 직관적 이해로부터 다른 직관적 이해로 나아가는 단순한 다리이므로 그런 것이고, 단순한 순수추리, 단순한 논리적 방법에만 의지하여 훨씬 앞의 결론을 내는 것은 아니다.

그러나 천문학의 가장 근본적인 진리의 근원은, 사실은 귀납이다. 즉 많은 직관에 주어진 것을 정리하여, 직접 기초된 올바른 판단이 성립되는 것이다. 이 판단에서 나중에 가설이 세워지고, 가설이 경험에 의하여 완전성에 가까이 가는 귀납으로 확증되면 최초의 판단이 증명되기에 이른다.

가령 여러 가지 행성이 운행하고 있는 것처럼 보이는 것은 경험으로 알고 있다. 이 운행(행성 궤도)의 공간적 연관에 관해서는 많은 잘못된 가설이 행해졌지만, 결국 올바른 가설이 발견되고, 다음에는 그 운행을 지배하는 법칙(케플러의 법칙)이 발견되어, 마지막에는 그 운행의 원인(만유인력)도 발견되어, 나타나는 여러 사례가 가설과 일치하여, 또 그러한 가설에서 나온 결론, 즉 귀납과 일치한다는 깃이 경험적으로 인식되있으므로, 이들 가실은 모두 완전한 확실성을 얻은 셈이다.

가설을 발견한 것은 주어진 사실을 올바르게 파악하고 그것을 적당히 표현하는 판단력의 작업이지만 귀납, 즉 여러 가지 직관이 그 가설의 진리성을 확증한 것이다. 그러나 만일 우리가 우주를 자유롭게 왕래할 수 있고, 또 망원경과 같은 눈이 있다면 다만 하나의 경험적인 직관에 의하여 이 가설의 진리성이 직접적으로 기초 될 것이다. 따라서 이 경우 추리는 인식의 본질적인 유일한 원천이 아니고 사실은 언제나 응급수단에 불과하다.

마지막으로 또 우리는 제3의 다른 실례를 들어 주의해 두고 싶은 것은 다름이 아니다. 소위 형이상학적 진리라 하더라도, 즉 칸트가 자연과학의 형이상학적 기초에서 예거한 것과 같은 진리도, 그 명증성은 증명의 덕택이 아니라는 것이다. 우리는 선천적으로 확실한 것은 직접적으로 인식한다. 그것은 모든 인식의 형식으로서, 가장 큰 필연성을 가지고 우리에게 인식된다. 가령 물질은 언제나 존재하는 것으로서, 발생도 소멸도 할 수 없다는 것을 우리는 소극적 진리로 직접 알고 있다. 우리에게 있는 공간과 시간의 순수 직관이 운동의 가능성을 부여하고, 오성이 인과 법칙에서, 형태와 질의 가능성을 부여하지만 물질의 발생과 소멸을 표상으로 보는 형식이 우리에게는 없다.

그러므로 이 진리는 어느 시대에서도, 어떠한 곳에서도, 그리고 어떠한 사람에게도 명증적인 것이며, 또 진심으로 의심받은 적도 없다. 그런데 만일 이 진리의 인식 근거가 칸트가 행한 것과 같은, 바늘 끝을 걷는 것과 같이 어려운 증명이라면 이처럼 명백하지는 않을 것이다. 그뿐 아니라 나는(부록에서 언급한 것처럼) 칸트의 증명을 잘못된 것으로 보고, 물질의 상존(常存)은 시간이 아니라 공간이 경험의 가능성에 참여하는 점에서 연역해야 한다는 것은 앞에서 말했다.

이런 뜻에서 형이상학적이라고 이름한 모든 진리, 즉 필연적이고 또 보편적인 인식 형식이 추상적 표현의 본래적인 기초는 다시 추상적인 원리에는 존재하지 않고, 표상 형식에 관한 필연적이고 반대할 수 없는 선천적인 진술로 알게 되는 직접적인 의식에만 존재한다. 그런데도 만일 형이상학적 진리를 증명하고자 하면 그것은 아무 의심할 여지가 없는 진리에는, 증명되어야 할 진리가 이미 그 부분으로, 혹은 전체로 포함되는 것을 입증하는 도리 이외에 없다.

내가 앞에서 말했듯이, 모든 경험적 직관은 이미 인과 법칙의 응용을 포함하고 있고, 그러므로 인과 법칙의 인식은 모든 경험의 조건이며, 흄의 주장과 같이 경험에 의하여 비로소 주어지고 제약되는 것은 아니다. 증명은 총체적으로 연구하려는 사람에게는 의론하려는 사람보다는, 그렇게 가치 있는 것이 아니다. 의론하는 사람은 직접 기초 된 견식을 완강하게 부인한다. 그러나 진리만큼은 어느 방향에서 보든지 시종일관한 것이다. 그러므로 그 같은 사람들에게는 그들이 별도의 형식으로서 직접 부인하는 것을, 그것과 다른 어떤 형식으로 간접적으로는 용인하고 있다는 것, 즉 부인된 것과 용인된 것의 논리상의 필연적인 연관을 보여주지 않으면 안 된다.

여기서 또 과학적인 형식은 말하자면 특수한 것을 보편적인 것에 종속하게 하고, 이렇게 하여 점차 상승하는데, 이 같은 형식의 당연한 결과로서, 많은 명제의 진리는 논리적으로만 기초 지어지게 된다는 것, 즉 다른 명제들에게 의존하고 있다는 것으로, 이것을 동시적으로 증명으로 나타내는 추리에 의하여 기초 되는 셈이다.

그러나 이 형식은 모두 인식을 쉽게 하는 수단으로써 보다 큰 확실성을 갖기 위한 수단은 아니라는 것을 결코 잊어서는 안 된다. 어느 동물의 성질을 그것이 속하는 종(種)에서 올라가 속(屬), 과(科), 목(目), 문(門)에서 인식하는 것은 그때그때 주어진 동물을 그것만 분리해 연구하는 것보다 쉽다. 그러나 추리에 의하여 도출된 모든 명제의 진리성은 항상 추리가 아니고 직관을 기초로 하는 어떠한 진리에 제약되고, 또 결국 거기에 의존하고 있다.

만일 이 같은 직관을 기초로 하는 진리가 추리에 의한 연역과 항상 똑같이 명백하다면 아무래도 직관을 기초로 하는 진리 쪽을 선택해야 할 것이다. 개념으로부터의 연역은 모두 앞에서 말한 것처럼 여러 가지 범위가 다양하게 혼입되어 있으므로, 그 내용의 규정이 때때로 일정하지 않으므로 여러 가지 착오가 생기기 쉽기 때문이다. 각종의 잘못된 교설(敎說)과 궤변이 실로 많이 증명되었지만, 바로 이것들이 그 실례이다.

사실 추리는 형식상으로는 완전히 확실한 것이다. 그러나 그 자료, 즉 개념에 따라서 상당히 불확실한 것이 된다. 한쪽에서 이들 개념의 범위는 상당히 엄밀하게 규정되어 있지 않은 경우가 흔히 있고, 또 한쪽으로는 서로 다양하게 교차되어 있어서 하나의 범위가 많은 다른 범위에 포함된 경우가 있다. 이것은 이미 말한 것처럼 임의로 그 범위로부터 그들 범위 안의 다른 자의(恣意)의 범위로 옮기든지, 또 그곳에서 다른 곳으로 옮길 수 있기 때문이다. 다른 말로 하면 소개념(小槪念)도 매개념(媒槪念)도 여러 가지 개념 아래 종속시킬 수 있으므로, 이 같은 개념 중에서 임의로 대개념과 매개념을 뽑으면 결론은 여기에 따라서 다른 것이 된다.

따라서 어떠한 경우도 직접적인 명증성이 증명을 거친 진리보다 훨씬 우수하고, 또 증명을 거친 진리는 직접적인 명증성의 근원이 너무나 먼 경우에만 용인되어야 하며, 그것이 증명을 거친 진리와 같은 거리에 있을 겨우, 혹은 그 거리가 좀더 가까운 경우는 더욱 더 용인되어서는 안 된다. 그러므로 우리가 앞에서 본 바와 같이 실제 논리학은, 직접적 인식이 하나하나의 경우는 연역된 과학적 인식보다도 우리 가까이에 있으므로, 우리의 사유는 항상 오로지 사유 법칙의 직접적 인식에 따라서 운용되고, 논리학은 이 용하지 않은 채 그대로 두는 것이다.[39]

---

39) 제2편 제12장 참조,

제15장 ─

직관은 모든 명증의 제1원천이며, 이것과 직접 혹은 간접으로 관계한다는 것이 바로 절대적인 진리라는 것, 또 개념에 의한 매개에는 많은 착각이 따르므로 이 절대적인 진리를 향하는 가장 가까운 길이야말로 언제나 가장 확실한 길이라는 것이 우리의 확신이다. 그런데 우리가 이 확신이 있으면서 유클리드에 의하여 비로소 과학이 되고, 오늘에 이르기까지 대체로 그대로 남아 있는 수학을 보면, 우리는 수학의 나아가는 길이 실로 기묘하며, 또한 전도된 것이라고 생각하지 않을 수 없다. 우리가 바라는 것은 모든 논리적인 기초작업을 직관적인 기초작업으로 환원하는 것이다.

그런데 수학은 힘들여가면서 곳곳에서, 바로 가까이 있는 수학 특유의 직관적인 명증을 멋대로 물리치고, 여기에 논리적인 명증을 대신하려 한다. 이것은 지팡이를 이용하여 걷기 위하여 자기 다리를 자르는 것과 다를 바 없고, 혹은 《감상주의의 승리(Triumpf der Empfindsamkeit)》[40)에 나오는 왕자가 현실이란 아름다운 자연에서 도피하여 자연을 본떠 만든 무대 장치를 보고 기뻐하는 것과 다를 바 없다고 하지 않을 수 없다.

나는 여기서 〈근거의 원리에 관한 논문〉 제6장에서 말한 것을 상기하도록 부탁하지 않을 수 없다. 그리고 그것이 독자들의

---

40) 괴테의 청년기(1777년) 때 작품.

기억에 새롭고 실로 머리에 떠오를 것으로 전제한다. 그러므로 나는 논리적으로 주어질 수 있는 수학적 진리의 단순한 인식 근거와, 공간과 시간의 각 부분의 직관으로서만 인식될 수 있는 직접적 연관이 있는 존재의 근거 사이에서 볼 수 있는 차이를 다시 설명하지 않고, 여기서 말한 소견을 앞에서 말한 것과 결부시키는 것이다. 이 연관을 통찰해야만 참된 만족과 근본적인 지식을 얻을 수 있다.

그런데 단순한 인식 근거는 항상 표면에만 머물고, 그것이 이러이러하다는 지식은 줄 수 있지만, 그 이유에 대해서는 알 수가 없다. 유클리드는 이 인식 근거만의 길을 잡았으므로 확실히 과학의 손실을 가져왔다. 그 이유는 가령 그는 처음에는 삼각형에 있어서 각과 변이 서로 규정하고, 상호 근거와 귀결 관계에 있고, 그것은 근거의 원리가 단순히 공간에서 갖는 형식에 의한 것이며, 이 형식이 모든 다른 경우와 같이 이 경우도 하나의 삼각형이 이렇게 있는 것은, 그것과 다른 삼각형이 이렇게 있는 것으로 된다는 필연성을 확연히 보여주어야 하는 것이었다.

유클리드는 그처럼 삼각형의 근본적인 통찰을 부여하지 않고, 삼각형에 관한 임의로 선택된 두서너 개의 단편적인 정리만 들고, 모순 원리를 근거로 논리적으로 행해진 구차한 증명에 의하여 그들 정리의 이론적인 인식 근거를 부여하고 있다. 그러므로 거기서 얻는 것은 이들 공간적 관계에 관해서의 남김 없는 인식이 아니고, 그들 관계에서 임의로 알려진 두서너 개의 결과뿐이다.

이것은 마치 정교한 기계가 가진 여러 가지 작용은 보여주면서, 그 내부의 연관과 장치는 보여주지 않는 것과 같다. 유클리드가 증명하는 것은 모두 그렇다는 것은 모순의 원리에 의하여 아무래도 용인하지 않으면 안 된다. 그러나 왜 그런지는 모른다. 그러므로 마술을 보고 난 뒤처럼 어딘지 모르게 유쾌하지가 않다. 또 실제로 유클리드의 증명이 대부분 상당히 마술과 비슷한 부분이 있다.

진리는 언제나 거의 뒷문으로 들어온다. 즉 그것은 우연히 어떠한 부수적인 사정에서 생기기 때문이다. 간접적 논증은 모든 문을 차례로 닫고 하나만 열어두는 것이 보통이다. 그러므로 부득이 그곳으로 들어가야만 한다. 피타고라스의 정리와 마찬가지로, 이유가 분명하지 않은 채 선을 그어야 할 때가 자주 있다. 그리고 나중에야 자기도 모르게 강제로 끌려 학습자의 동의를 얻기 위한 함정이었다는 것을 알게 되는데, 그렇게 되면 학습자는 내적 연관이란 점에서는 전혀 납득가지 않는 것도 놀라면서 용인하지 않을 수 없게 된다.

그리고 이같이 하여 유클리드를 모두 학습했다 하더라도 공간적 관계 법칙을 진실로 통찰할 수가 없게 되고, 그 대신에 그들 법칙의 두서너 개의 결과를 암기하는 데 불과한 것이 된다. 이 같은 본래 경험적인, 비과학적인 인식은 병과, 병에 대한 약은 알고 있어도 양자의 연관을 알지 못하는 의사의 인식과 비슷하다. 이 모든 것은 어떤 인식에 고유한 기초작업과 명증 방법을 기분 내키는 대로 거절하고, 그 대신에 그 인식의 본질과 관계없는 방법을 무리하게 들여놓은 결과다.

그런데 유클리드가 이것을 완성한 방법은 크게 칭찬받게 되었고, 이러한 칭찬은 수 세기를 통하여 유클리드에게 바쳐졌고, 널리 퍼졌다. 그러므로 그가 이룩한 수학의 취급 방식이 모든 과학적 설명의 모범이라고 불리게 되었고, 다른 모든 과학도 이에 따라 재건하려고까지 했는데, 나중에는 이유도 모르는 채 이 방식에서 멀어져 버린 사람도 있었다.

그러나 우리가 보는 바로 수학에 있어서 유클리드의 방법은 너무나 심한 도착(倒錯)이라고밖에 생각되지 않는다. 그러나 인생에 관한 잘못이든 과학에 관한 잘못이든, 고의로 조직적으로 이루어지고, 나아가서 세상 일반의 찬동을 받게 된 것 같은 크나큰 잘못의 근거는 언제나 그 시대에 알고 있던 철학에 존재한다는 것을 확인할 수 있다.

엘레아학파 철학자는 처음으로 직관된 것과 사유된 것[41]의 차이를, 자주 그 모순을 발견하고, 그 차이와 모순을 그들의 철학설과 궤변에 여러 가지로 이용했다. 그 뒤 그들을 이은 것은 메가라학파, 변증파(辨證派), 궤변파, 신아카데미파, 회의파(懷疑派)의 철학자인데, 이들은 세상 사람의 주의를 가상(假象)으로 돌리게 했다. 즉 감각, 아니 오히려 감각의 재료를 바꾸어 직관으로 만드는 오성의 착각에 주의를 돌렸다. 즉 그 가상, 즉 착각 때문에 흔히 이성이 확실히 실재하지 않는다고 간주한 것이 보이기도 한다.

가령 물속에서 막대기가 꺾인 것처럼 보이는 경우가 그것이다. 여기서 사람들은 감각적 직관이 반드시 무조건 믿어서는 안 되는 것을 인식하고, 조급하게도 이성적·논리적 사유만이 진리의 기초라고 추론했다. 물론 플라톤(파르메니데스에 있어서)이나 메가라학파, 피론(Pyrrhōn)[42], 신아카데미학파는 여러 가지 실례에 의하여(나중에 섹스투스 엠피리쿠스가 취한 것 같은 방식으로), 추리와 개념도 오류를 범할 수 있고, 논과(論過)나 궤변에 빠지는 수도 있어서, 이것은 오히려 감각적 직관의 가상보다도 훨씬 생기기 쉽고, 또 훨씬 해결하기 어려운 것이라는 것을 주장했다.

---

41) 칸트는 이들 그리스어를 잘못 사용하고 있다. 이에 관해서는 부록에서 비난했는데 여기서는 언급하지 않기로 한다.

42) 그리스의 철학자. 기원전 365~275년. 회의파(懷疑派)의 시조.

그 사이 경험론에 대립하여 생긴 저 이성론이 우세하게 되고, 유클리드는 이 이성론에 따라서 수학을 만들어 갔다. 즉 공리는 부득이 직관적 명증에 바탕을 두지만, 다른 모든 것은 추리에 바탕을 두기로 했다. 그의 방법은 몇 세기 동안 그대로 행해져 왔다. 그리고 선천적 순수 직관이 경험적 직관과 구별되지 않는 한 그대로 행해지지 않을 수가 없었다. 사실 유클리드의 주석자인 프로클로스(Proklos)[43]는 이미 그 구별을 완전히 인식하고 있었던 것 같이 보인다. 이것은 케플러가 그의 저서 《세계의 조화(De Harmonia Mundi)》에서 라틴어로 번역된 프로클로스의 구절에서 엿볼 수 있다.

그러나 프로클로스는 이 문제를 중요시하지 않고 다른 사항으로부터 분리하여 제창했으므로 세상 사람의 주의를 끌지 못했고, 따라서 일반에 퍼지지를 못했다. 그로부터 2천 년 후에 나온 칸트의 학설은 유럽 여러 나라 사람의 모든 지식과 사유와 행동의 대변화를 일으킬 운명이었는데, 수학에서도 크나큰 변혁을 일으키게 되었다.

우리는 이 대철인(大哲人)으로부터 공간과 시간의 직관은 경험적인 직관과는 전혀 달라서 감관(感官)에 대한 모든 인상과는 전혀 관계없이, 이 인상으로 말미암아 제약되는 것이 아니고, 이 인상을 제약한다는 것을 알게 되었다. 즉 선천적이라는 것, 따라서 착각에 빠지는 일이 없다는 것을 배우고 난 뒤에 비로소 유클리드가 한 것 같은 수학의 논리적 취급 방식은 쓸데없는 조심이며, 건강한 다리에게 권하는 지팡이며, 그것은 마치 나그네가 밤에 밝

---

43) 그리스의 철학자. 410~485년. 유클리드의 《기하학원론》에 대한 주석은 고대 과학사 연구에 있어 없어서는 안 될 자료로 평가된다. 저서에 《신학원론》, 《플라톤 신학》 등이 있다.

게 보이는 단단한 길을 냇물이라 생각하고, 그 길을 걷지 않도록 조심하고, 항상 평탄치 않은 옆의 땅을 걸어가면서 냇물에 빠지지 않을 것이라고 생각해 만족하는 것과 같은 것을 알기 때문이다.

이제 우리는 확실히 다음과 같이 주장할 수가 있다. 즉 하나의 도형을 직관하는 경우에 우리에게 필연적이라고 생각되는 것은 아마 종이 위에 매우 불완전하게 그려진 도형으로부터 오는 것이 아니고, 또 그때 우리에게 사유되는 추상적인 개념에서 오는 것도 아니며, 우리가 선천적으로 의식하고 있는 모든 인식의 형식에서 직접 오는 것이다. 이 형식은 어느 곳에서나 근거의 원리지만 여기서는 직관의 형식, 즉 공간에서는 존재의 근거의 원리다.

그러나 이 원리의 명증성과 타당성은 인식 근거의 원리의 그것, 즉 논리적 확실성과 같은 크기며, 똑같이 직접적이다. 따라서 우리는 단순히 논리적 확실성을 신뢰하기 위하여 수학 고유의 영역을 버리고 수학을 그것과 전혀 인연 없는 영역, 즉 개념의 영역에서 확인할 필요도 없고 또 해서도 안 된다. 만일 우리가 수학 고유의 지반에 머물면 우리가 얻는 이익은 클 것이고, 수학에 무엇인가 있다는 지식은 그것이 왜 이렇게 있는가 하는 것과 같은 것이 된다.

그런데 유클리드의 방법에서는 양자를 분리하여 전자만을 인식하게 하지만 후자는 모른다. 그런데 아리스토텔레스는 《분석론 후편》 제1장 27페이지에서 매우 훌륭하게 다음과 같이 말하고 있다. "사물이 이렇게 있다는 것과 왜 이렇게 있는가 하는 것을 동시에 가르치는 지식은, 그것을 나누어서 가르치는 지식보다는 월등히 정밀하며 우수하다."

우리는 물리학에서 어떠한 것이 이렇게 있다고 하는 인식이, 그것 자체가 왜 이렇게 있느냐 하는 인식과 하나가 되었을 경우만 만족하기 때문이다. 즉 수은이 토리첼리관에서 28인치 높이까지 올라간다는 것은, 공기와의 힘 때문에 그렇게 된다는 지식이 있지 않으면 잘못된 지식이다. 그러나 수학에서 원에서 서로 교차하는 두 개의 현이 만드는 활꼴은 항상 같은 방형(方形)을 이룬다는 원의 숨은 성질(qualitas occulta)로서 우리는 만족할 수 있을까? 그렇다는 것을 유클리드는 물론 제3권의 제35 정리에서 증명하고 있는데, 그 이유는 말하지 않았다.

마찬가지로 피타고라스의 정리는 우리에게 직각삼각형의 숨은 성질을 가르쳐 준다. 유클리드의 짐짓 꾸민 듯한 교활한 증명은 우리가 그 이유를 묻는 단계에 이르면 아무 소용도 없다. 증명의 도움이 되기 위한, 이미 알려진 간단한 도형이 유클리드의 증명보다도 훨씬 잘 그 문제를 알 수 있고, 그 필연성과 또 그 성질의 직각에 의존하고 있는 것에 관한 내심의 확고한 신념이 생기게 된다.

직각삼각형에서 직각을 낀 두 변이 같지 않더라도 이 같은 직관적인 확신이 생길 것이 틀림없다. 그것은 대체로 모든 가능한 기하학상의 진리의 경우와 같고, 그 이유는 이러한 진리의 발견은 항상 이처럼 직관된 필연성에서 나온 것으로서, 증명은 나중에 비로소 여기에 붙여서 생각해 낸 것이기 때문이다. 따라서 기하학적 진리의 필연성을 직관적으로 인식하기 위해서는 그것을 발견한 경우의 사상 과정을 분석해 보면 알 수 있다.

수학 강의에서 내가 바라는 것은 대체로 분석적 방법이며, 유클리드가 사용한 것과 같은 종합적인 방법이 아니다. 물론 복잡한 수학적인 방법이 아니다. 복잡한 수학상의 진리 같은 경우 이 분석적 방법은 매우 어려움을 가져오겠지만, 그것은 극복하지 못할 그런 것이 아니다. 독일에는 이미 여기저기서 수학 강의 방식을 바꿔 이 분석적 방법을 택하려 하고 있다. 이것을 가장 과감하게 시행한 사람은 노르트하우젠 김나지움의 수학과 물리학 선생인 코작크씨다. 그는 1852년 4월 6일의 학교 시험 과목에 기하학을 내 원리에 따라 취급하는 세밀한 시도를 응용했다.

수학의 방법을 개량하기 위해서는 증명을 거친 진리가 직관적으로 인식된 진리보다 몇 가지 점에서 낫다든가, 모순 원리에 바탕을 둔 논리적인 진리가 직접적인 명증으로, 또 공간의 순수 직관도 포함하는 형이상학적 진리보다는 어떤 점에서 우수하다는 편견을 버릴 필요가 특별히 있다.

가장 확실하고 또 어떠한 경우도 설명할 수 없는 것은 근거의 원리 내용이다. 근거의 원리는 여러 가지 모습을 가지고 나타나지만, 모든 우리의 표상과 인식의 보편적인 형식을 나타내기 때문이다. 모든 설명은 이 원리로의 환원이며, 이 원리 일반에 의하여 나타난 여러 표상 간의 연관을 하나하나의 경우에 관하여 입증하는 것이다.

따라서 이 원리는 모든 설명의 근원이며, 그러므로 그 자신은 설명의 근원이며, 또한 그 자신은 설명할 수는 없고 설명할 필요도 없다. 어떠한 설명도 이미 이 원리를 전제로 하고 있고, 이 원리에 의해서만 의의가 있기 때문이다. 그러나 이 원리가 나타나는 여러 형태에는 우열의 차이가 없다. 이 원리는 존재의 근거의 원리, 혹은 생성의 근거의 원리, 혹은 행위 근거의 원리, 혹은 인식 근거의 원리로서 모두 확실하고 입증 불가능하다. 근거와 귀결의 관계는 그 원리가 어떤 형태로 나타나든지 필연적이다.

이 관계만은 일반적으로 필연성의 개념의 근원이기도 하고, 또 유일한 의의도 갖는다. 근거가 주어진 경우 귀결의 필연성이 있다는 것 이외의 필연성은 없고, 또 귀결의 필연성을 수반하지 않는 근거는 없다. 따라서 전제 속에 주어진 인식 근거에서 결론에서 말해지는 귀결이 생기는 것이 확실한 것과 같이, 공간에서의 존재 근거가 공간에서의 그 귀결을 제약하는 것도 확실하다.

만일 내가 이 양자 관계를 직관적으로 인식한다면, 이 확실성은 논리적인 어떠한 확실성과도 같은 정도다. 그러나 기하학적 정리는 모두 12개의 공리 중 하나와 마찬가지로 이러한 관계의 표현이다. 즉 기하학적 정리는 하나의 형이상학적 진리며, 형이상학적 진리로서 모순의 원리 그 자체와 마찬가지로 직접적으로 확실하지만, 모순의 원리는 하나의 초논리적 진리고, 모든 논리적 논증의 보편적인 기초이다.

어떤 무언가의 정리로 표현된 공간적 관계를 직관적으로 표명한 필연성을 부인하는 사람은 권리로 공리를 부인할 수가 있고, 또 같은 권리로 전제로부터의 추리의 귀결을 부인하고 다시 모순의 원리 자체도 부인할 수가 있다. 그것은 이들 모든 관계는 모두 증명될 수 없고, 직접적으로 명증하고 선천적으로 인식될 수 있기 때문이다. 그러므로 직관적으로 인식될 수 있는 공간 관계의 필연성을, 새로이 논리적인 논증에 의하여 모순의 원리에서 연역하려는 것은, 한 지방의 진짜 영주에 대하여 다른 지방 영주가 진짜 영주의 영토를 새로 봉토로 주려 하는 것과 다를 바가 없다.

그런데 유클리드가 한 일이 바로 이것이다. 그는 다만 공리만큼은 하는 수 없이 직접의 명증으로 기초했지만, 그것에 따르는 기하학적 진리는 모두 논리적으로 증명하는 것이다. 즉 여러 가지 공리를 전제로 하여 정리 속에 행한 가정과, 이전 정리와의 일치에서, 또는 그 정리의 반대가 가정과 공리와 이전의 여러 정리와 또는 정리 자신과 모순된다는 것으로부터 증명하는 것이다.

그러나 공리 그 자체는 다른 모든 기하학적 정리에 비하여 직접적인 명증성이 많은 것은 아니고, 내용이 적으므로 한층 더 간단하다는 것뿐이다. 범인을 심문하는 경우, 그 진술을 기록하여 그 진술의 일치를 바탕으로 그 진실성을 판단한다. 그러나 이것은 부득이한 경우로, 만일 그 범인의 진술의 진실을 직접 다른 관계와 분리하여 음미할 수 있다면 그런 응급수단으로는 만족할 수 없을 것이다. 특히 그는 처음부터 시종일관 거짓을 말했을지도 모르기 때문에 더욱 그러하다.

그런데 유클리드가 공간을 연구할 때의 방법이 바로 앞에 말한 그런 방법이었다. 물론 그 경우 그가 출발점으로 한 전제는 옳았다. 즉 자연은 곳곳에서, 그리고 그 근본 형식인 공간에서도 일관은 틀림없고, 또 그러므로 공간의 각 부분은 서로 근거와 귀결관계에 있어 어떠한 공간적 규정도 하나도 있는 그대로 있는 이외에는 있을 수 없고, 만일 다른 경우는 모든 다른 규정과 모순되기에 이른다.

그러나 이것은 정말 귀찮은 불만스러운 방법으로, 간접적인 인식을 그것과 조금도 다름없이 확실한 직접적 인식보다도 낮다고 하고, 더욱이 어떠한 것이 있다는 인식을 왜 그것이 있는가 하는 인식으로부터 구별하여, 과학에 큰 손해를 끼치게 하고, 끝으로 학습자에게 공간의 여러 법칙을 이해하게 하지 못하며, 거기에다 학습자에게는 사물의 근거와 그 내적 관련을 진실로 탐구하는 습관을 없애게 하고서, 그 대신 다만 그것이 그렇게 있다는 역사적인 지식으로 만족하게끔 시도하는 것이다. 이 방법은 통찰력을 연마하는 데 진정 적당한 것이라고 항상 말해지는데, 그것은 연마한 학습자가 추리에 있어서, 즉 모순의 원리를 응용해 연습한다는 점에 있다. 그것도 주어진 자료의 일치를 비교하기 위하여 특히 자기의 기억을 작용하는 것이다.

그런데 이상하게도 이 증명법은 기하학에만 응용되고, 산술에는 응용되지 않았다. 오히려 산술에서는 진리는 사실 직관에 의해서만 알 수 있으며, 이 직관은 산술에서는 다만 수를 헤아린다는 것뿐이다. 수의 직관은 오직 시간에 있고 따라서 기하학의 도형처럼 감각적인 도식으로는 대표되지 않으므로 직관은 단지 경험적이며 가상에 구애되고 있다는 의문은 이로써 없어졌다. 이러한 의문이 있었으므로 논리적인 증명법이 기하학에 도입될 수 있었다.

시간은 1차원밖에 가지지 않으므로 헤아린다는 것은 산술의 유일한 연산(演算)이고, 다른 모든 연산은 여기에 환원되지 않으면 안 된다. 그리고 헤아린다는 것은 뭐니뭐니해도 실천적 직관에 불과하고, 산술은 이것을 인용한다는 것에, 어떠한 주저도 있을 수 없고, 또 그것에 의해서만 다른 것, 모든 계산, 모든 방정식이 최후로 확증된다.

사람들은 가령 $\frac{(7+9)\times8-2}{3}=42$ 를 증명하지 않고, 시간에서의 순수 직관을 증거로 든다. 그러므로 헤아린다는 것에 의하여 하나하나의 정리가 모두 공리가 된다. 그러므로 기하학에는 증명이 있는데, 산술과 대수 전체 내용은 그렇지 않고 계산을 간단히 하는 방법뿐이다. 본래 시간은 수에 관하여 우리가 갖고 있는 직관은 앞에서 말한 것처럼 10 이상을 넘어서지 않는다. 그 이상이 되면 이제는 수의 추상적인 개념을 말로써 고정해 이것을 직관 대신에 사용하지 않으면 안 된다.

그러므로 직관은 이제부터는 실제로 행해지는 것이 아니고, 일정한 기호로써 표현되는 것에 불과하다. 그러나 비록 그렇다 하더라도 큰 수를 항상 같은 작은 수에 의하여 대표하는 수의 질서라는 중요한 수단에 의하여 모든 계산의 직관적인 명증이 가능하게 되어있다. 매우 추상적인 도움을 빌리는 경우도 그러하다. 그 경우 단순히 수뿐만 아니라 일정하지 않은 양과 연산 전체가 추상적으로만 사유되고, 이런 뜻에서 $\sqrt{r-b}$와 같은 기호로써 표현된다. 그러므로 이렇게 되면 연산하는 것이 아니라 그것을 예시(豫示)할 뿐이다.

기하학도 산술과 같은 권리와 확실성을 가지고 진리를 오로지 선천적 순수 직관 위에 수립할 수가 있을지도 모른다. 실제로 기하학에 많은 명증성을 부여하고, 또 각자의 의식에서 기하학의 정리의 확실성의 기초가 되는 것은 항상 존재의 근거의 원리에 따라 직관적으로 인식된 이 필연성으로 절대로 짐짓 꾸민 듯한 논리적 증명이 아니다. 논리적 증명은 언제나 문제와는 인연이 멀고 대개는 곧 잊혀지지만, 그것으로 확신이 손상하는 것도 아니고, 또 전혀 없다고 하더라도 그것으로 기하학의 명증성이 감해지는 것도 아니다.

이렇게 말하는 것은 기하학적 명증성은 논리적 증명과는 전혀 관계없이 증명은 항상 이미 다른 종류의 인식에 의하여 완전히 확신이 선 것만을 증명하기 때문이다. 이 범위 안에서는 논리적 증명은 다른 사람에 의하여 이미 죽은 적을 다시 공격하고, 적을 죽인 자는 자기라고 뽐내는 비겁한 병사와 같다.44)

---

44) 스피노자는 언제나 기하학식(more geometrico)으로 하는 것을 자랑으로 여겼지만, 실제로는 그 자신이 의식하고 있었던 것 이상으로 기하학의 방법을 사용했다. 그에게 있어서 세계의 본질에 관한 직접적인

이상 말한 것에 의하여 모든 명증성의 모범이 되고 상징이 될 수학의 명증성은 그 본질적인 증명에 기인하는 것이 아니고 직접적인 직관에 바탕을 두는 것이며, 따라서 이 경우 다른 모든 경우와 마찬가지로 이 직관이 모든 진리의 궁극적인 근거이며 원천이라는 것은 아마 어떠한 의문도 용납될 수 없으리라.

그러나 수학의 기초가 되는 직관은 다른 어떠한 직관보다도, 즉 경험적인 직관보다도 훨씬 낫다. 즉 수학의 기초가 되는 직관은 선천적이며 따라서 언제나 부분적으로 또 연속적으로밖에 주어지지 않는 경험에는 의존하지 않으므로, 모든 것이 비슷하게 직관의 근처에 있으며, 임의로 근거에서 출발하는 수도, 귀결에서 출발하는 수도 있다. 그리하여 이 같은 직관에는 귀결이 근거에서 인식되므로 그 직관에는 어떠한 착오가 생길 수가 없다. 이 같은 인식만이 필연성을 갖는다.

가령 삼각형의 양변이 같다는 것은 각이 같다는 것에 의하여 기초 지어지는 것으로 생각된다. 그러나 모든 경험적인 직관과 모든 경험 중의 대부분은 이와 반대로 귀결에서 근거로 나아가는 것으로서, 이 같은 종류의 인식은 착오가 없다고는 말할 수 없다. 필연성은 근거가 주어져 있는 한, 귀결에만 있는 것으로써, 여러 가지 다른 근거에서 똑같은 귀결이 생기는 수도 있으므로, 귀결에서

직관적 파악으로부터 이미 확실하고 결정적인 것을, 그는 그 직관적인 인식과는 관계없이 논리적으로 논증하려 했기 때문이다. 그러나 그가 목표로 하고 미리 그가 확실한 결과를 얻은 것은 물론, 그가 자기 나름으로 만든 여러 관념(실체, 자기 원인 등)을 출발점으로 하고, 개념의 범위가 본질상 광범위하게 퍼져 있으므로 마음대로 할 수 있는 해석을 감행하여 증명함으로써만이 가능하다. 그러므로 그의 학술에서 진리며 우수한 점은 그의 경우에 기하학과 마찬가지로, 증명을 떠나더라도 진리며 우수한 것이다.

근거를 인식한 경우는 필연성이 없다는 것이다. 이러한 종류의 인식은 언제나 귀납법(歸納法)에 지나지 않는다. 즉 하나의 근거를 지시하는 많은 귀결에서 그 근거가 확실한 것으로 생각해 두는 것이다.

그런데 그러한 사례가 완전히 모인다는 것은 있을 수 없으므로, 이 경우 진리도 무조건 확실하다고는 할 수 없다. 감각적 직관에서 얻은 모든 인식과, 경험을 가진 진리는 이러한 종류의 것뿐이다. 어떤 감각이 자극을 받으면 오성 추리가 행해지고 결과에서 원인을 추리하는 것이 된다. 그러나 기초 지어진 것에서 그 기초를 추론하는 것은 확실한 것이 아니므로 잘못된 가상이 착각으로 생기는 수도 있고, 또 앞에서 상세하게 설명한 것처럼 실제로 생기는 일이 자주 있다.

약간의 감각, 또는 오관(五官) 전부가 같은 원인을 지시하는 자극을 받은 경우 처음으로 가상의 가능성은 가장 적지만, 그렇더라도 전혀 없는 것은 아니다. 어떠한 경우, 가령 위조지폐의 경우 그것으로써 감관 전부가 기만당하는 것이다. 이 경우에 모든 경험적 인식, 따라서 모든 자연과학은 그 순수한 (칸트에 의하면 형이상학적인) 부분을 무시하고 있다. 자연과학에도 결과에서 원인이 인식된다. 그러므로 모든 자연과학은 가설에 바탕을 두고 있지만, 때때로 잘못되며 점차 올바른 가설에 자리를 양보해 나간다.

특정한 의도 아래 행할 실험의 경우에 한하여 인식이 원인에서 결과로, 즉 확실한 길을 걷게 된다. 그러나 실험 자체는 가설의 귀결 아래서 처음 기도되는 것이다. 그러므로 자연과학의 어떠한 부문도, 가령 물리학·천문학·생리학만 하더라도 수학과 논리학과 같이 한꺼번에 발견하는 일은 있을 수 없고, 어떠한 것이 성립될 때까지는 수백 년 동안의 경험을 수집하고 비교할 필요가 있었으며,

또 지금도 그러한 필요가 있다.

경험적인 확증을 쌓아 올림으로써 비로소 가설의 기초가 되는 귀납이 점차 완성되어가고, 이로써 실체적인 입장에서 확실한 것으로서 간주하기에 이른다. 그리고 기하학을 응용하는 것은 직선과 곡선이 약분(約分)할 수 없다는 것이 장애가 되지 않고, 또 산술에서도 대수(代數)의 완전한 정확성을 얻을 수 없다는 것이 장애가 되지 않듯이, 가설을 세우는 데 그 근원이 장애가 되는 것이라고는 생각되지 않는다.

원의 구적법(求積法)과 대수가 매우 조금씩 무한히 진실에 가까이 가게 되듯이 귀납, 즉 귀결에서 근거를 찾는 인식은 자주 있는 경험에 의하여 수학적 명증, 즉 근거에서 귀결을 찾는 인식에 무한히 가깝게 된다고는 할 수 없어도 착각의 가능성이 무시되어도 좋다는 정도까지는 가깝게 갈 수가 있다.

그러나 역시 착각이 있기는 있다. 가령 귀납 추리도 또한 헤아릴 수 없는 경우에서 모든 경우를, 즉 본래는 그 모든 경우가 바탕이 되는 미지의 근거를 찾는 추리다. 여기서 이런 식의 추리는 모든 사람의 심장은 왼쪽에 있다고 하는 추리만큼 확실한 것처럼 보이지 않는다. 그럼에도 매우 드문, 완전히 특별한 예외로 오른쪽에 심장이 있는 사람도 있다.

이 같은 감각적 직관과 경험과학은 같은 종류의 명증성을 갖는다. 수학과 순수 자연과학과 논리학이 선천적 인식으로서, 감각적 직관과 경험과학에 비하여 낮다는 것은 다만 모든 선천성의 기초가 되는 인식의 형식이 완전히, 또 동시에 주어지므로 이로써 수학과 순수 자연과학과 논리학이 항상 근거에서 귀결로 나아갈 수가 있지만, 감각적 직관과 경험과학에서는 대개 귀결에서 근거로밖에 나아갈 수가 없다는 점에 있다. 그러나 그 자체로는 인과성 법칙, 혹은 경험적 인식을 주도하는 생성의 근거 원리는 앞에서 말한 선천적인 여러 과학의 기준이 되는 근거의 원리의, 여러 다른 형태와 같이 확실한 것이다.

개념으로부터 하는 논리적 증명, 혹은 추리는 선천적 직관에 의한 인식과 함께 근거에서 귀결을 찾는다는 장점이 있고, 그러므로 논리적 증명 혹은 추리는 그 자체로써, 즉 형식상으로는 틀림이 없는 것이다. 이 때문에 증명은 일반에게 매우 중요시되기에 이르렀다. 그러나 이러한 추리에 오류가 없다는 것은 상대적이다.

즉 그 같은 추리는 과학의 상위(上位) 원리 아래에 포괄할 뿐이지만, 이상의 원리야말로 과학의 진리의 근본을 포함하고 있고, 그것은 또한 단순히 증명되는 것이 아니고 직관에 바탕을 두지 않으면 안 된다. 이 직관은 앞에서 말한 것과 같은 얼마 되지 않는 선천적 과학에 있어 순수 직관이지만 기타 경험과학에서는 언제나 경험적이며, 귀납에 의해서만 보편적인 것으로 높여질 수 있다. 따라서 경험과학은 개별적인 것이 보편적인 것으로부터 증명된다 하더라도, 이 보편적인 것은 그 진리성을 개별적인 것으로부터 얻은 것에 불과하고, 수집된 화물의 창고에 불과하며, 자기가 사물을 낳는 대지는 아니다. 진리의 기초작업에 대해서는 이상으로 매듭짓기로 한다.

오류의 기원과 가능성에 대해서는 플라톤의 비둘기를 잡는 이야기가 있다. 잘못하여 다른 비둘기장에 있는 비둘기를 잡은 것과 같다는 비유적인 해명을 한 이래(《테아이테토스(Theaetetus)》 167페이지 이하) 많은 설명이 시도되었다. 칸트는 대각선 운동의 비유를 사용해, 오류의 기원에 관한 막연한 일정하지 않은 설명을 했는데, 이것은 《순수이성비판》 초판 294페이지와 제5판 350페이지에 있다.

진리란 하나의 판단의 그 인식 근거에 대한 관계이므로 판단하는 사람이 이 같은 근거가 있다고 실제로 믿을 수가 있다. 그러나 갖고 있지 않다는 것이 어떻게 있는가, 즉 어떻게 오류, 즉 이성의 미망(迷妄)이 가능하느냐 하는 것은 확실히 문제다. 나는 이 가능성을 앞에서 설명한 가상, 즉 오성의 미망의 가능성과 정말 유사한 것이라 생각한다. 즉 내가 생각하기에는 (마치 여기서 이것을 말하면 그 설명이 된다) 어떠한 오류도 귀결에서 근거에 소급하는 추리며, 그 귀결이 해당되는 근거에서 생긴 것이고, 결코 다른 근거로부터는 생길 수 없다는 것을 알고 있을 경우는 타당하지만, 그 이외의 경우는 타당하지 않은 추리다.

오류를 범하는 사람은 하나의 귀결에, 그 귀결이 전혀 가질 수 없는 근거를 조정한다. 그것은 이 경우 그에게 오성이 실제로 부족하다. 즉 원인과 결과의 관계를 직접으로 인식하는 능력이 부족한 증거다. 혹은 또 하나의 경우, 이 경우가 자주 있는 경우지만, 오류를 범하는 사람이 귀결에 하나의 근거를 규정하는 경우, 사실 그 근거는 가능은 하지만, 귀결에서 근거로 소급하는 그의 추리의 전제에 다시 부과하여 자체의 귀결은 항상 그가 예거한 근거에서만 생긴다고 보게 되는 것이다.

이렇게 볼 수 있는 것은 그가 완전한 귀납을 하고 나서 비로소 가능하지만, 그는 그것을 하지 않고 다만 전제하고 있을 뿐이다. 따라서 그 '언제나'라는 것은 너무 광범위한 개념으로 그 대신에 '때때로'라든가 혹은 '대개'라든지 한다면 별 지장이 없을 것이다. 이렇게 되면 결론은 미결정인 것이 되고, 이러한 결론으로는 미망이 아닌 셈이다.

그러나 오류를 범하는 사람이 앞에서 말한 것 같은 방식으로 추론하는 것은 조급하게 구는 경우라든지, 혹은 가능성에 관한 지식이 좁아서 그로 말미암아 마땅히 해야 할 귀납의 필연성을 모르는 경우라든가 할 때다. 따라서 오류는 가상과 참으로 유사하다. 두 가지 모두 귀결에서 근거로의 추리이고, 가상은 언제나 인과성 법칙에 따라서, 또 단순한 오성에 의하여 직접 직관 자체에서 행해지는데, 오류는 근거의 원리의 모든 형식에 따라서, 이성에 의하여 본래의 사유에 있어서 행해지는 것이다.

그러나 가상과 마찬가지로, 인과성 법칙에 따라서 행해지는 경우도 정말 자주 있으며, 다음에 말하는 세 가지 실례는 바로 이것을 증명하는 것으로서 이들은 오류의 세 가지 종류의 유형 내지는 대표로 간주될 수 있을 것이다.

(1) 감각의 가상(오성의 미망)에 기인하는 오류(이성의 미망). 가령 그림을 양각으로 보고 실제로 그렇게 생각하는 경우. 이것은 다음과 같은 전제에서 추리하는 데서 온다. 즉 '짙은 회색이 군데군데 여러 가지 농담(濃淡)을 나타내면서 점차 희게 변하는 경우 언제나 그 원인은 융기된 곳과 움푹한 곳에 따라서 빛이 다르게 비추기 때문이다. 그러므로 ―'

(2) '내 금고 안의 돈이 없어졌을 경우, 그 원인은 언제나 내 하인이 다른 열쇠를 가지고 있다는 것이다. 그러므로 ―'

(3) '프리즘을 통하여 굴절된, 즉 위아래로 굽어진 태양의 상이 그때까지는 둥글고 또 희게 보인 것이, 지금은 길쭉하고 또 채색되어 보이는 것은, 그 원인은 반드시 빛에는 여러 가지 색의, 그리고 동시에 여러 모양으로 굴절하는 동질(同質)의 광선이 포함되어, 이 광선이 여러 가지 굴절성에 의하여 나뉘어 그 결과 지금 길쭉하고 동시에 여러 가지 색이 있는 상이 나타나는 것이다. 그러므로 ― 자 마시자꾸나!(ergo ― bibamus, 그러니 무엇이든 할 수 있다는 뜻 ― 번역자)'

이러한 추론은 흔히 잘못되어 보편화 된 가언적(假言的)인, 귀결에 대하여 하나의 근거를 상정하는 데서 생기는 전제 위에서의 추론이지만, 어떠한 오류도 이 같은 추론에 귀착됨에 틀림없다. 그것은 계산의 잘못이 아니다. 계산의 잘못은 진정한 오류라고는 할 수 없고 단순한 잘못이다. 즉 수의 개념이 지시하는 연산은 계수(計數)의 순수 직관에 있어서 행해지는 것이 아니고, 순수 직관이 아닌 다른 직관이다.

과학 일반의 내용이라 할 때는, 그것은 본래 항상 근거의 원리에 따라서 타당하고, 의미가 있는 이유 탐구를 도움으로 한, 세계의 여러 현상 상호 관계다. 이 관계를 나타내는 것이 설명이다. 따라서 설명은 두 개의 표상을, 그들 표상이 속하는 부문에 있어서 지배하는 근거 원리의 형태의 상호 관계에서 보여주는 것 이상으로 말할 수는 없다. 설명이 거기까지 가면 그 이상으로 왜라고 부를 수는 없다. 거기서 보여준 관계는 다만 그대로로서 그 이외에 표상될 수 없는 것, 즉 그 관계는 모든 인식의 형식이기 때문이다.

그러므로 사람들은 왜 2+2=4인가 하는 것을 묻지 않으며, 혹은 왜 삼각형의 각이 같으면 변도 같은가 하는 것도 묻지 않으며, 혹은 왜 전제가 참이면 결론도 참인가 하는 것도 묻지 않는다. 그 이상 왜라고 물을 수 없는 관계에까지 소급하지 않는 설명은 모두 어떤 숨은 성질을 상정하고 거기에서 정체한다.

그런데 근원적인 자연력은 모두 이러한 종류의 숨은 성질이다. 어떠한 자연과학적인 설명도 결국은 이 같은 자연력, 즉 어떤 완전히 어두운 곳에서 머물지 않으면 안 된다. 그러므로 자연과학적 설명은 한 사람의 인간의 내적 본질과 마찬가지로, 하나의 돌의 내적 본질도 설명하지 않고 그대로 두지 않으면 안 된다. 돌이 보여주는 중력과 응집력(凝集力)과 화학적 성질 등은 해명할 수도 없으며, 또 인간의 인식과 행동에 관해서도 해명할 수도 없다.

그리하여 가령 중력은 하나의 숨은 성질이다. 중력은 사유로부터 제외할 수가 있다. 즉 인식의 형식에서 하나의 필연적인 것으로서 나오지는 않기 때문이다. 이에 반하여 타성의 법칙은 필연적인 것으로 인과성 법칙에서 생긴다. 그러므로 인과성 법칙으로 환원하면 완전히 충분한 설명이 된다.

즉 어떻게든 설명되지 않는 것, 즉 근거의 원리가 나타내는 관계에 환원되지 않는 것은 두 개가 있다. 그 하나는 네 개의 형태로 나타나는 근거의 원리 자체다. 그것은 모든 설명의 근본이며, 이 원리에 관계하게 함으로써 비로소 설명의 의의가 있어서 그러하다. 둘째는 근거의 원리에 도달하지 못하는 것으로서, 또한 근원적인 것이 모든 현상이 되어 거기에서 생기는 그 무엇이다. 이것은 즉 물자체(物自體)고, 그 인식은 전적으로 근거의 원리에 의한 인식이 아니다.

그런데 이 물자체에 관해서는 여기서 완전히 모르는 채로 넘어갈 수밖에 없다. 우리는 제2권에서 과학으로 가능한 여러 업적에 관하여 고찰을 다시 해볼 생각인데, 물자체는 그 후에야 비로소 이해될 수 있기 때문이다. 그런데 자연과학과 모든 과학에서 물질(자체)의 설명은 할 수 없을 뿐만 아니라, 그 설명의 근본인 근거의 원리조차도 이 점을 넘어설 수는 없고, 물질을 그대로 두고 있지만 여기서 철학이 물질(자체)을 다시 꺼내어 자연과학과는 전혀 다른 철학 방식으로 고찰하는 것이다.

〈근거의 원리에 관한 논문〉 제51장에서 나는 여러 가지 과학에서 그 근거의 원리 중 어느 한 형태가 주도적 지도 원리가 된다는 것을 말했다. 실제로 아마 이것으로써 가장 적절한 과학의 분류가 될 수 있으리라 믿는다. 그런데 이 지도 원리에 의하여 행해진 설명은 모두 이미 말한 것처럼 항상 상대적인 것에 불과하다. 그것은 사물 상호 관계는 설명하지만, 이미 그 설명의 전제가 된 어떠한 것에 관해서는 설명하지 않은 채 그만두겠다.

이를테면 수학에서 공간과 시간이, 역학과 물리학과 화학에서는 물질·성질·근원력(根源力)·자연법칙이, 식물학과 동물학에서는 종(種)의 차이성과 생명 자체가, 역사에서는 인류와 그것의 독특한 사유와 의욕이 그것이다. ─ 모든 과학에서 근거의 원리가 항상 그때 적용되어야 할 형태를 취해왔다. ─ 철학에서는 독자적인 점이 있어서 어떠한 것도 이미 알고 있는 것으로서 전제하는 법이 없고, 모든 것이 철학에서는 같은 정도로 미지의 것이며 문제다. 여러 가지 현상의 관계뿐만 아니라 현상 자체도 문제며, 다른 여러 과학이 모든 것을 거기에 환원하고 만족하고 있는 당해의 근거의 원리 자체도 문제다.

철학에서는 이같이 근거의 원리로 환원한다 하더라도 아무 소득도 없을 것이다. 이 환원 계열의 일부는 다른 부분과 마찬가지로 철학에서는 미지의 것이고, 또 그러한 종류의 연관 자체도 철학은, 그 연관에 의하여 결부된 것과 마찬가지로 문제며, 또 이 결부된 것은 결부되기 전에도 혹은 그 뒤에도 함께 문제다. 이미 말한 것처럼 과학이 전제하고, 그 설명의 바탕에 두고, 그리고 한계로서 설정하는 것이야말로 철학 본래의 문제며, 그러한 범위 안에서 과학이 탐구하는 곳, 그곳에서 철학이 시작하기 때문이다.

증명은 이미 알고 있는 명제로부터 미지의 명제를 도출해 내는 것이므로, 철학의 기초일 수가 없다. 그러나 철학은 모든 것이 함께 미지며 다른 물질이다. 최초에 이 세계와 그 모든 현상을 있게 한 원리는 존재하지 않는다. 그러므로 철학은 스피노자가 바랐

듯이 고정된 원리(ex firmis principiis)에서 논증적으로 연역될 수 있는 것이라야 한다.

또 철학은 가장 보편적인 지식이므로 그 지식의 주된 원리는 그 이상으로 보편적인 다른 지식으로부터 연역일 수가 없다. 모순의 원리는 단순히 여러 개념의 일치를 확립할 뿐이고, 그 자체로는 개념을 만들 수가 없다. 근거의 원리는 여러 현상의 결합을 설명하는데 현상 자체를 설명하는 것이 아니다. 그러므로 철학은 세계 전체에 동력원인(動力原因, causa efficiens)이나 목적원인(causa finalis)을 구하는 것을 목표로 삼을 수는 없다. 적어도 나의 이 철학은 결코 세계의 유래와 목적을 구하는 것이 아니고, 다만 세계가 '무엇인가' 본질을 구하는 것이다.

그런데 '왜'는 '무엇'에 종속되어있다. '왜'는 세계 현상의 형식에 의하여, 즉 근거의 원리에 의해서만 생기고, 그 범위 안에서만 의의와 타당성이 있으므로 그 자신 이미 세계에 소속되어있는 셈이다. 물론 세계가 '무엇인가' 하는 것은 누구나 이제는 도움을 빌리지 않고서도 인식한다고 말할는지 모른다. 누구나 모두 인식의 주관 자체며, 그 표상이 세계이기 때문에.

이 같은 것은 그런 범위에서 진리일지도 모른다. 그러나 그 같은 인식은 직관적인 인식이며 구체적이다. 이 인식을 추상적으로 재현하고 연속적으로 변천하는 직관과, 또 일반적으로 감정이라는 광범위한 개념이 포괄되어 추상적인 명백한 지식으로서가 아니라, 단순히 소극적으로 표현될 수 있는 것을 이 같은 추상적인 지식으로, 항구적 지식으로 높이는 것, 이것이 철학의 임무다. 따라서 철학은 세계 전체의 본질을, 그 전체에 관해서도, 각 부분에 관해서도 함께 분명히 말하는 것이 아니면 안 된다.

그러나 무한히 많은 개별적인 판단에 혼돈되지 않기 위하여 철학은 추상 작용을 사용하고, 모든 개별적인 것을 보편적인 것에서 사유하고, 또 개별적인 것이 가진 여러 가지 차이도, 또 보편적인 것에서 사유하지 않으면 안 된다. 그러므로 철학은 세계 일반의 모든 다양한 것을 그 본질에 따라 조금밖에 되지 않는 추상적 개념으로 총괄하고, 지식에 넘겨주기 위하여 혹은 분리하고, 혹은 결합하고 할 것이다.

그러나 철학이 세계의 본질을 어느 일정한 개념들로 규정하게 되면, 그 개념으로 보편적인 것과 완전히 개별적인 것을 인식하지 않으면 안 되고, 따라서 양자의 인식은 매우 밀접하게 결부되어 있지 않으면 안 된다. 그러므로 철학하는 능력은 바로 플라톤의 말처럼, 여럿에서 하나를 인식하고, 하나에서 여럿을 인식하는 데 있다. 따라서 철학은 매우 보편적인 판단의 총체일 것이다. 이 판단의 인식 근거는 직접으로 아무것도 제외하지 않는 세계 자신의 전체성이다. 그러므로 철학은 인간의 의식에 나타나는 모든 것이다.

철학은 추상적 개념에 세계의 완전한 반복, 말하자면 반영이며, 이것은 본질적으로 동일한 것을 결합하여 하나의 개념으로 하고 잘못된 것을 구별하여 다른 개념으로 한다든지 하는 것 이외에 가능한 길은 없다. 이 임무는 이미 베이컨이 철학에 부여했던 것이며, 그는 다음과 같이 말하고 있다.

"참된 철학이란 세계 자체의 소리를 가장 충실하게 번역하고, 이른바 세계가 구술(口述)한 것을 그대로 받아 적는 것이며, 세계의 모방하여 만든 상(像) 이외의 아무것도 아니며, 자신의 것을 아무것도 부과하지 않고, 다만 그것을 되풀이하며 반향(反響)하는 것이다."45)(《학문의 진보》 L. 2 c. 13)

그러나 우리는 이것을 당시 베이컨이 생각하던 것보다는 훨씬 넓은 뜻에서 해석한다. 세계의 모든 면과 부분은 하나의 전체에 속하므로 상호 일치하는 점을 가졌지만, 이 일치는 앞에서 말한 것처럼 세계의 추상적인 모방하여 만든 상에도 재현되지 않으면 안 된다. 그러므로 여러 가지 판단의 총체에서 하나의 판단이 다른 판단에서 도출되는지도 모른다. 그것도 언제나 교호적(交互的)으로.

그러나 그러기 위해서는 이들 판단은 먼저 존재하고, 이렇게 하여 미리 직접으로 세계의 구체적 인식에 의하여 기초가 갖추어진 것으로 제시하지 않으면 안 된다. 모든 직접적인 기초작업은 간접적인 기초작업보다는 확실하므로 이상의 것은 더욱더 필요하다. 그들 판단은 판단 상호 간의 조화로 정리되어 하나의 사상이라는 통일을 얻게 되며, 이 조화는 공통의 인식 근거인 직관적 세계의 조화와 통일에서 생기는 것이다. 그러므로 이 조화는 판단을 기초 짓기 위한 첫째로는 사용되지 않고, 다만 판단의 진리성을 강화하기 위하여 부과될 뿐이다. 이 같은 과제 자체는, 그 해결 뒤에 비로소 밝혀질 수 있을 뿐이다.

제16장 ―

이제까지는 이상과 같이 이성을 인간에게만 고유한 특별한 인

---

45) 제2편 제17장 참조.

식력으로서, 또 이 인식력에 의하여 야기되는 인간성에 특유한 여러 가지 업적과 현상으로서, 이 방면을 모두 고찰해 왔다. 이 이외에 아직 남아 있는 것으로 생각되는 인간의 행동을 지도하는 범위 안에서의 이성, 즉 이 점에서 실천적이라고 말할 수 있는 범위 안에서의 이성에 관해 말하는 일이다.

그러나 여기서 말해야 할 것은 대부분 다른 곳에서, 즉 본서의 부록에서 말했다. 즉 칸트는 그의 실천이성을 (물론 대단히 편리한 것이지만) 모든 덕의 직접적인 원천이라 하고, 절대적인 (즉 하늘에서 내려온) 당위(當爲)의 죄라 하고 있는데, 나는 이 같은 실천이성의 존재를 논박했다. 나는 나중에 칸트의 도덕 원리에 대한 상세하고 근본적인 반박을 〈윤리학의 두 가지 근본 문제〉란 제목으로 했다. ─그러므로 나는 여기에서는 다만 이성이, 이 말의 진정한 뜻에 있어서, 행위에 대하여 현실적으로 어떠한 영향을 미치는가 하는 것에 관하여 약간 언급하는 데 그치겠다.

이성을 고찰함에서 처음에 이미 일반적으로 말했지만, 인간의 태도는 동물과는 현저히 다르며, 이 차이는 마침내 의식에 추상적 개념의 존재를 확인시키는 결과가 된다. 추상적 개념이 우리 인간의 모든 존재에 미치는 영향은 매우 깊고 또 중대하여, 그로 인한 인간과 동물 관계는 마치 눈이 있는 동물과 눈이 없는 동물(일종의 유형동물, 연형동물, 식물성 동물)의 관계만큼 다르다.

즉 눈이 없는 동물은 촉각에 의하여 공간에서 자기들에게 직접 접근하는 것, 자기들에게 접촉하는 것만을 인식하지만, 눈이 있는 동물은 원근(遠近)의 넓은 시야를 인식한다. 마찬가지로 이성이 없는 동물의 인식은 그들에게 시간 속에서 직접 대하는 직관적인 표상, 즉 실재적 표상에 한한다.

그런데 우리 인간은 추상적 인식 덕택으로 좁은 현실적인 현재 이외에, 다시 과거와 미래 전체에 더욱 넓은 가능성의 국토도 포괄한다. 즉 우리는 현재와 현실을 훨씬 넘어서 자유롭게 모든 방면으로 인생을 전망한다. 따라서 눈이 공간에 있어서, 또 감각적 인식에 있어서 갖는 가치는 소위 이성이 시간에 있어서, 또 내적 인식에 있어서 갖는 가치와 흡사하다.

그러나 대상이 눈으로 볼 수 있다는 것에 가치와 의의가 있는 것은 그것이 접촉할 수 있다는 것을 가리키는 것에서 오지만, 그것과 마찬가지로 추상적 인식의 모든 가치는 항상 그것의 직관적 인식에 대한 관계에 존재한다. 그러므로 당연히 또 자연인은 추상적 개념, 즉 단순히 사유된 것보다는 직접으로, 또 직관적으로 인식된 것에 중점을 두는 것이다. 자연인은 논리적 인식보다도 경험적 인식을 중요시한다.

그런데 실행보다도 오히려 말로 생활하는 사람, 현실계를 경험한다기보다는 오히려 문서와 서적에 의하여 세계를 본 사람, 그래서 현학자가 되고, 자구구애자(字句求愛者)가 된 사람은 모두 자연인과는 반대되는 성향을 가지고 있다. 여기서 비로소 어떻게 하여 라이프니츠와 볼프, 그리고 그의 모든 후계자가 심한 혼란에 빠진 결과, 둔스 스코투스(Duns Scotus)[46]의 선례에 따라서 직관적 인식을 혼란된 추상적 인식에 불과하다고 말했는지를 알 수 있다.

그런데 스피노자의 명예를 위하여 여기 언급하지 않을 수 없는 것은, 그는 보다 바른 생각을 가지고 있어서 앞의 인물들과는 반대로, 모든 일반 개념은 직관적으로 인식된 것들의 혼란에서 생긴다고 말했다.(《에티카(Ethica)》 제2부 정리 40, 비고 1) — 수학에서 수

---

46) 영국의 스콜라 철학자. 1266~1308년. 토마스 아퀴나스를 반대한 비평가다.

학 고유의 명증성을 배척하고 오로지 논리적 명증성만을 인정한다든지, 또 일반적으로 추상적이 아닌 모든 인식을 감정이라는 이름으로 포착하여 이것을 과소평가하고 마지막으로 칸트의 윤리학이 사정의 인식에서 직접으로 작용하여 옳은 것과 착한 일을 하게 하는 선의지(善意志)를 단순한 감정과 감동이라고 하여 가치도 효과도 없다고 하고, 추상적인 준칙에서 생긴 행위만이 도덕적 가치로 인정하려고 한 것들은 모두 이상과 같이 잘못된 입장에서 나온 것이다.

인간은 이성이 있어서 동물과는 달리 인생 전체를 모든 방면에서 전망할 수 있는데, 이 전망은 또 인생행로의 기하학적인, 무색의 추상적인 축도에 비교할 수 있다. 인간과 동물의 관계는 마치 해도(海圖)와 나침반의 사분의(四分儀)에 의하여 스스로 항로를 알고, 해상에서의 그때그때의 위치를 정확하게 아는 선장과, 그저 파도와 하늘만을 보고 있는 무지한 승무원 관계와 같다. 그러므로 인간이 구체적인 생활 이외에 다시 두 번째의 추상적인 생활도 하고 있다는 것은 한 번 고려해 볼 만하다는 것, 아니 더욱 놀라울 만한 일이기도 하다.

구체적인 생활에서 인간은 현실의 모든 폭풍과 눈앞의 영향에 내맡겨져 있다. 즉 동물과 마찬가지로 노력하고 고생하고 죽지 않으면 안 된다. 그런데 인간의 이성적인 사려에 의해 나타나는 추상적인 생활은 첫째 구체적인 생활, 즉 인간이 사는 세계의 조용한 영상(映像)이며, 지금 말한 그 축도다. 이 평정한 숙고의 경계에서, 구체적인 생활에서, 인간의 마음을 온전히 점령하여, 심하게 동요하는 상황이 담담하고 무색으로 여겨져 우선 남의 일처럼 생각된다. 즉 이 경지에 있는 동안은 인간은 단순한 방관자며 관찰자다.

이처럼 인간이 반성의 경지로 물러서는 것은 마치 배우가 자기 배역을 한 번 마치고 다시 등장하는 사이, 구경하는 사람들 사이에 끼여 앉아 그 자리에서 무대 위에서 무슨 일이 일어나든, 비록 자신의 죽음(희곡에서) 준비가 행해지고 있다 해도, 침착하게 관망하고, 다시 일어나 무대 위에서 그가 해야 할 역할을 하는 것과 같다.

동물의 사려 없음에 비하여 현저하게 다른 인간의 침착성은 이처럼 인간의 이중생활에서 생긴다. 이 침착성을 지닌 인간은 어떤 경우에는 미리 숙고하고 단호히 결의하고, 또 할 수 없다고 인식한 이상은 자기가 가장 중요한 것, 흔히 가장 무서운 것도 냉담하게 보면서 생각하도록 버려두며, 혹은 스스로 이것을 집행한다. 즉 그것은 자살, 결투, 생명을 위협하는 여러 모험과 기타 일반적으로 인간이 지닌 동물적 본성이 모두 반항하는 것과 같은 일이다.

여기서 사람들은 이성이 어느 정도까지 동물적 본성을 이겨내는가를 알게 되고, 강자에 대하여 '실로 너의 마음은 무쇠로다!' 《일리아스(Ilias)》 제24서, 521행)라고 외친다. 이 경우 우리는 정말로 이성이 실천적으로 나타난다고 할 수 있다. 즉 행위가 이성에 의하여 인도되는 경우, 직관적이고 개별적인 표상이라든가, 동물을 유도하는 순간적인 인상이라든가 하는 것이 결정적인 요소가 아닌 경우에는 언제나 실천이성이 나타나는 것이다.

그러나 이것은 행동의 윤리적 가치와는 전혀 다르고 관계가 없다. 이성적으로 행동한다는 것과 유덕하게 행동한다는 것은 전혀 별개의 것이다. 이성은 크나큰 선의(善意)와 하나가 될 때도 있고 크나큰 악의(惡意)와 하나가 될 때도 있어, 그 어느 것도 이성이 참여함으로써 비로소 커다란 효과가 생긴다. 이성은 거룩한 목적에도 나쁜 목적에도, 또 현명한 준칙에도 무지한 준칙에도, 여하튼 이들을 조직적으로 논리적인 일관성을 갖고 실행하는 데 함께 유용하다. 이 성질은 이성의 여성적인, 수동의 보조적인, 그리고 스스로 생산하지 않는 성질을 수반한다.

이 모든 것을 나는 부록에서 상세하게 설명했고, 실례를 들어 해설했다. 거기서 말한 것을 원래 여기서 논해야 하지만 칸트의 소위 실천이성에 대한 논박이므로, 거기에 들어가지 않을 수 없었다. 그러므로 나는 여기서 다시 그 부록 부분을 참조해 주기를 바라는 바다.

말의 참된 순수한 의미에서의 실천이성의 가장 완전한 발전, 즉 인간이 이성을 사용하기만 하면 도달할 수 있는 정점, 그리고 거기에 도달하면 인간과 동물의 차이가 가장 명백하게 나타날 수 있는 정점은 스토아학파의 현자(賢者)들이 이상으로 주장하는 점이다. 스토아학파의 윤리학은 본질적으로는 결코 덕론(德論)이 아니고 정신의 평정(平靜)에 의하여 행복을 얻고자 하는 것을 목적으로 하고, 목표로 하는 이성적 생활에 대한 지표에 불과하다.

그 경우 유덕한 행위가 나타나는 것은 말하자면 우연에 불과한 것이고, 수단으로서는 있을 수 있으나 목적은 아니다. 그러므로 스토아학파의 윤리학은 그 모든 본질과 관점에서 보아 《베다》와 플라톤, 그리스도교와 칸트의 교설처럼 직접으로 덕을 강요하는 여러 윤리설과는 근본적으로 다르다. 스토아학파의 윤리학의 목적은 행복이다. '모든 덕의 목적은 행복에 있다.'라고 스토바이오스는 스토아학파의 해설에서 말하고 있다.(《선집》 제2권 제7장 114페이지)

그러나 스토아학파의 윤리학은 행복이라는 것은 내적 평화와 정신의 평정 안에서만이 확실히 발견할 수 있고, 이 정신의 평정은 덕에 의해서만 달성될 수 있다는 것을 확인하고 있다. 그러고 보면 덕이 최고의 선이라는 말은 이것을 뜻한다.

그런데 물론 목적은 수단 때문에 점차 잊혀져 가고, 자기의 행복의 관심과는 전혀 다른 관심을 보여주는 방식에서 덕이 장려되어 자기의 행복과는 분명히 모순된다. 이것은 어느 학설도 직접으로 인식된 진리, 혹은 잘 말해지듯, 직접으로 느껴진 진리가 추론에 큰 힘을 가하면서 정도(正道)로 되돌아가게 하기 위하여 사용되는 모순적 귀결의 하나다.

이것은 사실 스피노자의 윤리학에서도 분명히 볼 수 있는 것으로, 이기주의적인 '각자의 이익을 구한다.'라는 것에서 명백한 궤변에 의하여 순수한 덕론을 도출하고 있다. 내가 스토아학파의 윤리학 정신을 이해한 것에 의하면 그 근원은 다음과 같은 사상에서 나온다. 즉 이성은 인간의 큰 특권이며, 그것은 직접으로 계획적인 행동과 거기에서 나오는 결과에 의하여 인생과 인생의 무거운 짐을 현저하게 덜어주는 것이지만, 이 이성은 또 직접으로 즉 단순한 인식으로 인생을 충만하게 하고 있다. 모든 종류의 고뇌에서 인간을 완전히, 혹은 거의 완전히 구할 수는 없을까 하는 사상이다.

이성이 부여된 인간이, 이성에 의하여 무한한 사물과 상태를 포괄하고 절망하면서 또 현재에서, 매우 짧은 순간적인, 불안한 인생의 덧없는 몇 년 사이에 생기는 일로 심한 고통을 받고, 격심한 요구와 도피에서 생기는 커다란 불안과 고뇌에 내맡겨지지 않으면 안 된다는 것은 이성이 가진 장점에 알맞지 않다고 생각되었다.

그리고 이성을 적당히 사용하면 인간은 이 같은 고뇌를 초월하고 불사신이 될 것이 틀림없다고 생각한 것이다. 그러므로 안티스테네스(Antisthenēs)[47]는 '이성이냐, 그렇지 않으면 목매는 줄이냐, 그 어느 것을 택하라.'(플루타르코스, 《스토아학파의 모순에 관하여》 제14장)라고 말했다. 그 뜻은 인생은 실로 많은 고통과 번잡한 것이 있으므로 사상을 정돈하여 그것을 초월하든지 혹은 인생을 버리든지, 그 어느 것을 택하지 않으면 안 된다는 것이다.

결핍이라든지 고뇌는 직접으로, 또 반드시 사물을 갖지 않은 상태에서 생기는 것이 아니고, 어떤 것을 갖고 싶은 마음이 있는데, 갖고 있지 않은 것에서 비로소 생기는 것이다. 따라서 이 갖고 싶다는 마음이야말로 갖지 않은 상태를 결핍하게 하고, 고통을 생기게 하는 유일한 필연적인 조건이라는 것을 알았다. '가난이 고통을 가져오는 것이 아니고, 욕망이 가져온다.'(에픽테토스, 《단편(斷片)》 제25장)

더군다나 희망을 낳게 하고 이것을 키우는 것은 기대와 요구라는 것은, 경험으로부터 알았다. 그러므로 우리를 불안하게 하고 고통스럽게 하는 것은 많은 사람, 또는 모든 사람에게 공통되는 불가피한 악도 아니며, 또 도저히 손에 넣을 수 없는 재물도 아니고, 인간으로서 손에 넣을 수도 있고 피할 수도 있는 것이 약간이라도 많으냐 적으냐 하는 문제다. 그뿐 아니라 절대적으로 손에 넣기 어려운 것을 손에 넣었을 때와, 절대적으로 피하기 어려운 것을 피했을 때 우리 마음이 가라앉는 것이 아니고, 상대적으로 손에 넣기 어려운 것을 손에 넣고, 상대적으로 피하기 어려운 것을 피할 수 있을 때 우리 마음은 완전히 가라앉게 된다.

그러므로 우리 개성에 부과한 악과, 그 개성이 아무리 해도 단념하지 않으면 안 될 재물과는 무관심하게 고찰된다. 그리고 인간

---

[47] 고대 그리스의 철학자. 기원전 435~370년경. 퀴닉학파. 소크라테스의 제자로 플라톤의 이데아론에 반대했다.

에게는 이 같은 특성이 있으므로 어떠한 희망도 만일 그것을 키워 나갈 기대가 없다면 얼마 가지 않아 소멸하고, 따라서 더 이상 고통이 생기지 않는다. 이 모든 것으로 알 수 있는 것은 모든 행복은 다만 우리의 요구와, 우리가 가진 것 사이에 바탕을 두고 있다는 것에 불과하다는 것이다.

　이 관계에서 양편의 양이 많으냐 적으냐 하는 것은 아무 관계가 없다. 이 관계는 한 편의 양을 감소하는 것에 의해서도, 또 다른 편의 양을 증대함으로써도 할 수 있다. 또 마찬가지로 모든 고뇌는 본래 우리가 바라고 기대하는 것과, 실제 우리에게 주어진 것의 불균형에서 생긴다. 그런데 이 불균형은 분명히 인식에 있는 것에 불과하고[48] 보다 높은 식견이 생기면 그것으로 말미암아 없어진다.

　그러므로 크리시포스(Chrysippos)[49]는 '본성(本性)에서 일어나는 것에 관한 경험에 따라 살아야 한다.'(스토바이오스, 《선집》 제2권 제7장 134페이지)라고 했는데, 그 뜻은 세계에 있는 사물에 관하여 적당한 지식을 갖고 생활하지 않으면 안 된다는 것이다. 생활이 어떤 계기로 안정을 잃는다든지, 불행으로 말미암아 좌절된다든지, 혹은 화를 낸다든지, 의기소침해진다든지 하는 경우가 자주 있는데, 그것은 그가 사태가 예상한 대로 되지 않는다는 것을 알아차린 것을 나타낸다.

---

48) '모든 마음의 동요는 판단과 의견에서 생긴다고 그들은 견해를 말한다.'(키케로, 《투스쿨룸 논쟁집》 제4권 제6장)
　'사람의 마음을 교란시키는 것은 사물이 아니라, 사물에 대한 견해다.'(에픽테토스, 《비망록》 제4장)

49) 그리스의 철학자. 기원전 280?~206년? 제논의 제자 클레안테스의 제자로, 스토아철학을 체계화했다.

즉 그가 잘못된 견해에 사로잡혀 있다는 것, 세계와 인생을 몰랐다는 것, 무생물은 우연에 의하여, 생물은 반대의 목적과 악의에 의하여, 어떠한 개인의 의지도 그 한 걸음마다 방해한다는 것을 모르고 있었다는 것을 나타낸다. 따라서 그는 인생의 이 같은 상태를 일반적으로 알기 위하여 그의 이성을 사용하지 않았든지, 혹은 대체로 알고는 있어도 하나하나에 대하여 상세하게 재인식하지 않고, 그리하여 거기에 대하여 놀라게 되고, 안정을 잃게 되는 경우는 판단력이 모자라든지 그 어느 쪽이다.50)

그러므로 더할 수 없는 기쁨도 모두 오류며 망상이다. 그것은 희망이 달성된 만족은 절대로 오래 계속되는 것이 아니고, 또 소유라든지 행복이라든지 하는 것도 모두 우연에서 때를 정하지 않고 빌려 온 것이며, 따라서 다음에는 다시 반환을 요구할지도 모르기 때문이다. 그러나 어떠한 고통도 이 같은 망상의 소멸에 바탕을 두고 있으므로 고통도 망상도 불완전한 인식에서 생긴다. 그러므로 현자에게는 환희도, 고통도 항상 먼 곳에 있고, 어떤 사건도 그의 마음의 평정을 방해하지 않는다.

스토아학파의 이 정신과 목적에 따라 에픽테토스(Epictetus)51)는 우리가 좌우할 수 있는 것과 좌우할 수 없는 것을 충분히 고려하여 이것을 구별하고, 우리가 좌우할 수 없는 것은 절대로 기대하지 말고, 그렇게 하여 확실하게 모든 고통과 고뇌와 불안에서

---

50) '일반적인 개념을 개개의 경우에 적용할 수가 없다는 것, 이것이 인간에게는 모든 악의 원인이기 때문에'(에픽테토스, 《논문집》 제3권 제26장)

51) 그리스의 철학자. 55?~135년? 스토아학파의 대표적인 철학자. 노예 출신으로 고문을 받아 절름발이가 되었다. 제자인 아리아노스가 그의 강의를 간추려 쓴 《어록》, 《제요》가 있다.

에픽테토스

해방된다는 신념에서 출발하며, 또 이것을 그의 지혜의 핵심으로서 항상 거기에 되돌아간다. 그런데 우리가 좌우할 수 있는 것은 의지뿐이다. 그리고 여기서 서서히 덕론(德論)으로 옮겨간다. 우리가 좌우할 수 없는 외계가 행불행을 규정한다면 우리 자신이 내심에서 만족하느냐, 만족하지 않느냐는 우리의 의지에서 생긴다는 것을 알기 때문이다.

그러나 선과 악이라는 명칭을 행과 불행에 붙여도 괜찮을까? 또는 만족과 불만족에 붙여야 하는 것일까? 이것이 나중에 문제가 되었다. 이것은 원래 마음대로 어떻게 해석하든 관계하지 않는 것이었다. 그런데 스토아학파 사람들은 이 문제에 관하여 페리파토스(Peripatos)학파[52] 사람들과 에피쿠로스학파 사람들과 끊임없이 논쟁하고, 전혀 비교되지 않는 두 개의 양을 무리하게 비교한다든지, 또 거기에서 생기는 대립적 모순적인 언설을 서로 퍼부어가면서 갑론을박했다. 키케로의 패러독스(Paradoxa)는 스토아학파에서 한 이 같은 언설의 흥미 깊은 집대성을 제공하기도 한다.

스토아학파의 개조(開祖) 제논(Zénón)[53]은 원래 이와 조금 다

---

52) 소요학파(逍遙學派). 아리스토텔레스학파가 숲속을 거닐며 강의하던 습관으로 이렇게 불렸다.

53) 그리스의 철학자. 기원전 335?~263년? 스토아학파의 창시자.

제논

른 길을 택했던 것 같다. 그의 출발점은 다음과 같은 것이었다. 지고(至高)한 선(善) 즉, 복지(福祉)와 정신의 평정을 얻기 위해서는 마땅히 자기 자신과 합치하여 생활해야 할 것이다.(일치해 산다는 것, 즉 하나의 로고스에 따라서 산다는 것. 스토바이오스, 《선집》윤리편 제2권 제7장 132페이지) 또 마찬가지로 '덕은 일생을 통하여 자기의 혼과 일치하는 데 있다.'(같은 책 104페이지)

그런데 이것은 철저하게 이성적으로 자기를 규정하고 변화하는 여러 인상과 변덕에 의해서가 아니고, 개념에 의하여 자기규정을 함으로써만 가능하다. 그런데 우리가 좌우할 수 있는 것은 우리의 행동의 준칙뿐이며, 성과와 외부 사정은 어쩔 수 없으므로 언제나 앞뒤가 같기 위해서는 성과와 외부 사정을 목적으로 하지 않고 행동의 준칙만을 목적으로 해야만 했다. 그것을 위하여 또한 덕론(德論)이 행해지기에 이르렀다.

그러나 제논의 직제자들에게도 이미 제논의 ― 자기 자신과 합치해 생활한다는 ― 도덕 원리는 너무나 형식적이고, 또 내용이 없는 것으로 생각되었다. 여기서 그들은 이 도덕 원리에 실질적인 내용을 부과하려고 다음과 같이 했다. 즉 '본성(natur)과 합치하여 생활한다.' 이것은 스토바이오스가 앞에서 말한 책에서 보고하는 것에 의하면, 무엇보다 클레안테스(Kleanthēs)[54]에 의하여 부과된

---

54) 그리스의 철학자. 기원전 331?~232년? 제논의 뒤를 이어 스토아학

것으로써 개념의 범위가 넓다는 이유와, 표현이 일정하지 않다는 이유로 매우 막연한 것이 되었다. 클레안테스는 일반적인 자연 전체를 뜻했는데, 크리시포스는 특히 인간의 자연(본성)을 뜻했기 때문이다.(디오게네스 라에르티오스Diogenes Laertios[55], 《유명한 철학자들의 생애와 가르침》 7의 89)

나중에는 이 인간의 자연에만 적합한 것을 덕이라 하고, 동물의 자연에 적합한 것을 동물의 본능의 만족이라 하여 이것으로써 다시 무리하게도 덕론 쪽으로 방향을 잡게 되고, 좋든 싫든 윤리학이 자연학에 의하여 기초 되지 않으면 안 된다는 말이 되었다. 사람들은 어떤 경우에도 원리의 통일을 목표로 삼았기 때문이다. 실제로 그들에게 신이나 세계는 결코 두 개의 서로 다른 것이 아니었다. 스토아학파의 윤리학은 전체로 보면 사실 인간의 크나큰 특권인 이성을 중대한, 또한 행복을 초래할 목적으로 이용하려는 귀중한 존경할 만한 시도이다.

'어떻게 하면 편안히 생애를 보낼 수 있을까?
충족하지 못할 욕망이 언제나 너를 어지럽고 괴롭게 하지 않고,
그다지 이롭지 않은 사실에 대하여 공포를 가지지 않고 희망도 가지지 않도록 하라.'(호라티우스, 《서간집》 Ⅰ, 18, 97)

라는 지수(指數)에 의하여 누구에게나 있는 생활의 괴로움과 아픔을 초월하게 하고, 또 바로 이 일로 인간이 최고도로 품위를 향

파의 영수(領袖)가 되었다. 크리시포스의 스승. 의지력을 모든 덕의 원천으로 삼았다. 저서에 《제우스 찬가》가 있다.

55) 그리스의 철학사가(哲學史家). 3세기 전반. 그리스 고대의 철학자의 열전체적(列傳體的) 철학사를 쓴 것으로 유명하다.

유하게 하려는 것이다. 이 품위야말로 동물과 반대로 이성적 존재로서의 인간이 가져야 하며, 품위는 이 뜻에서만이 문제가 될 수 있으며, 다른 의미에서 문제로 삼을 것이 아니다.

내가 이처럼 스토아학파의 윤리학에 관하여 견해를 말하는 것은 이성은 무엇이며, 이성은 무엇을 할 수 있는가를 설명하는 데 있어 언급하지 않으면 안 될 필연의 결과다. 그런데 사실 이 목적은 이성을 사용함으로써, 또 단순히 이성적인 윤리에 의하여 어느 정도는 달성할 수 있다. 현재의 경험이 보여주는 것에 의하면 일반적으로 실제적 철학자라 불리는 순수하게 이성적인 사람들 — 그들은 본래의, 즉 이론적인 철학자가 실생활을 개념에 옮기듯이, 그들은 개념을 실생활에 옮기기 때문에 실제적 철학자라 불리는 것은 당연하지만 — 은 아마도 가장 행복한 사람들이다.

그러나 이것만으로는 아직 이같이 하여 무언가 완전한 것이 성취되고, 또 실제로 올바르게 사용된 이성이 인생의 모든 무거운 짐과 고뇌로부터 해방되고, 복지를 얻게끔 도저히 하지 못한다. 오히려 고뇌 없는 인생을 산다는 것은 완전히 모순된 일이고, 이 모순은 보통 잘 사용되는 '지복(至福)한 생활'이라는 말에 포함되고 있다. 이것은 지금부터 내가 할 이야기를 끝까지 이해해 줄 사람들에게는 반드시 명백하게 될 것이다.

이 모순은 저 순수이성의 윤리학 자체에서도 이미 다음과 같은 점이 나타난다. 즉 스토아학파 사람은 그 행복한 생활에 대한 지침(이것이야말로 여전히 스토아학파의 윤리이므로)의 하나로 자살을 권유하지 않을 수 없었다.(마치 동양의 전제 군주가 가진 호화로운 장식과 장비에는 독이 든 병도 있듯이) 즉 자살을 권유하는 것은 어떠한 원리와 추리로서 철학적으로 생각해도 없앨 수 없는 육체적인 고뇌가 강하여, 치유 불가능하고, 따라서 유일한 목적인 복지가 쓸모없게 되어 고뇌를 이탈하는 길은 죽음 이외에는 없다고 할 때를 위한 것이다.

그리고 이 경우 모든 다른 약을 복용할 때처럼 예사로 죽음을 택할 수가 있다. 여기서 스토아학파의 윤리학과 앞에서 말한 다른 모든 윤리학의 심각한 대립이 명백하게 된다. 즉 다른 윤리학에서는 아무리 심한 고뇌가 있더라도 덕 자체로서, 또 직접적인 목적으로서 고뇌에서 벗어나기 위하여 생명을 끊는 것을 원하지 않는다. 사실 이들 윤리학 중에서 하나라도 자살을 비난하기 위한 참된 근거를 분명히 말할 수 있었던 윤리학은 하나도 없었고, 모두 애써 여러 가지 근거 비슷한 것을 모았을 뿐이다. 그 참된 근거는 우리 고찰의 관련상 제4권에서 말할 생각이다.

그러나 앞에서 말한 대립은 뭐니 뭐니 해도 원래 하나의 특별한 행복주의에 불과한 스토아학파와 다른 모든 윤리학 사이의 근본 원리에 존재하는 본질적인 차이를 나타내고 그것을 확증하는 것에 불과하다. 사실 양자는 결과에서 자주 일치하고 얼핏 유사한 것처럼 보일 때가 있다.

그런데 스토아학파의 윤리학의, 그 근본 사상에까지 들어있는, 앞에서 말한 것과 같은 내적 모순은 다음과 같은 점에서도 볼 수 있다. 즉 스토아학파의 윤리학의 설명 자체에서도, 결코 생명과 내적인 시적(詩的) 진실성을 얻을 수 없고, 나무로 만든 딱딱한 모형 인간 같아, 인간 자신은 자신의 지혜를 어쩔 수도 없다. 그가 가진 완전한 편안, 만족, 복지는 인간의 본성과는 정반대로 우리는 그것을 직관적으로 표상할 수는 없다.

인도의 지혜가 우리에게 보여주고, 그리고 실제로 낳게 한 세계 극복자들과, 스스로 나아가 죄를 보상한 사람들, 혹은 그리스도교의 구세주, 즉 심오한 생명에 가득 차고 가장 큰 시적 진실과 최고의 가치가 있으면서 그 위에 완전한 덕과 신성과 숭고함을 겸비하고, 가장 큰 고뇌 상태에서 우리 앞에 선 뛰어난 저 인물, 이 같은 사람들과 스토아학파 현자들을 비교하면 실로 큰 차이를 우리는 발견할 수 있다.[56)

56) 여기에 관해서는 제2편 제16장 참조.

제2권

●

의지(意志)로서의 세계의 첫째 고찰
― 의지의 객관화

Nos habitat, non tartara, sed nec sidera coeli :
Spiritus in nobis qui viget, illa facit.
                    ― Agrippa von Nettesheim, Epist, v. 14
우리를 숙식하게 하는 것은 땅 밑바닥도 아니요, 하늘의 별도
아니다.
우리 안에 숨 쉬고 있는 영혼이야말로 그것들을 만든다.
                    ―아그리파 폰 네테스하임, 《서간집》 제5권 제14장

제17장 —

우리는 제1권에서 표상을 다만 표상으로서, 즉 일반적인 형식상으로만 고찰했다. 물론 추상적 표상, 즉 개념에 관해서는, 이것도 결국 전적으로 직관적 표상에 관계함으로써만 그 실질과 의의가 있으며, 이것이 없으면 가치도 내용도 없는 셈이므로 그 범위 안에서 우리는 추상적 표상의 실질도 알게 된 셈이다. 따라서 우리는 철저하게 직관적 표상을 인용하면서, 그 내용과 그 세세한 규정과 그것이 우리 눈앞에 나타나는 여러 형태도 알기를 원할 것이다. 특히 우리에게 중요한 것은 직관적 표상의 본래적인 의의를 파악하는 것이리라.

그 의의는 보통 때는 다만 느낄 수 있을 뿐인데, 만일 이 의의가 없다면 직관적 표상에 의한 여러 가지 형상은 전혀 인연이 없는 무의미한 것으로서 우리 앞으로 스쳐 지나가 버릴 것이다. 그러나, 이 의의가 있으므로 그런 일 없이 오히려 직접으로 우리에게 말을 걸게 하고 이해되고, 우리가 모든 생명을 걸 수 있을 정도의 흥미까지도 갖게끔 되는 것이다.

우리는 눈을 수학, 자연과학, 철학으로 돌리는데, 이들 중 어느 하나를 보더라도 우리가 바라는 해명의 일부는 얻을 수 있을 것처럼 생각된다. 먼저 철학을 볼 것 같으면 그것은 머리를 여러 개 가진 괴물로, 그 머리들이 하는 말이 각기 다르다는 것을 알게 된다. 물론 방금 말한 점, 즉 저 직관적 표상의 의의에 관해서는 이들 머리의 의견 전부가 다르다는 것은 아니다. 회의론자와 관념론자는 별도로 하더라도 대체로 다른 사람들은 표상의 근거가 된 객관이 있다는 점에 대해서는 제법 일치된 의견을 가지고 있기 때문이다.

이 객관은 물론 그 모든 존재와 본질로 보아 표상과는 다르지만, 마치 하나의 일이 다른 일과 흡사하듯이 하나하나를 보면 서로 잘 닮은 점이 있다. 그러나 이 잘 닮았다는 것만으로 우리에게 아무 소용이 없다. 우리는 이 같은 객관을 표상으로부터 구별한다는 것은 불가능한 일이고, 오히려 모든 객관은 항상, 그리고 영원히 하나의 주관을 전제로 하고 있고, 그리하여 결국 표상이 틀림없으므로 우리는 객관과 표상이 같다는 것을 알기 때문이다.

현재 우리는 객관으로서 존재한다는 것이 표상의 가장 일반적인 형식으로 불가결한 것이고, 이 형식이, 즉 객관과 주관으로의 분열이라는 것을 인식한 셈이다. 그뿐 아니라, 이 경우 인용되는 근거의 원리는, 우리는 객관과 마찬가지로 표상의 형식에 불과하다. 즉 그것은 어떤 표상과 다른 표상의 합법적인 결합으로, 유한 혹은 무한의 모든 표상과 전혀 표상이 아닌 것은, 따라서 아직 표상될 수 없는 그 무엇의 결합은 아니다. 그런데 회의론자와 관념론자에 관해서는 제1권에서 외계의 실재성에 관한 논쟁을 규명할 때 설명했다.

여기서 우리가 매우 일반적으로, 단순히 형식상으로밖에 알지 못하는 직관적 표상에 관하여 가장 상세한 지식을 얻고자 수학에서 그것을 찾아보아도, 수학은 그들 직관적 표상에 관해서는 그것이 시간과 공간을 충족하는 범위에서만, 즉 그것이 양(量)을 갖는 범위 안에서가 아니면 우리에게 가르쳐 주는 것이 없을 것이다.

수학은 수량과 용량에 관해서는 매우 정밀하게 가르쳐 준다. 그러나 수량과 용량은 항상 상대적인 것에 불과하며, 즉 어떤 표상과 다른 표상의 비교, 이미 말한 것과 같은 크기에 관한 일면적인 고려밖에 하지 않는 비교이므로, 이 양과 용량도 사실 우리가 주로 구하는 지식은 아닐 것이다.

끝으로 많은 분야로 나뉜 광범한 자연과학의 영역에 눈을 돌리면, 먼저 우리는 자연과학을 두 가지로 크게 구분할 수 있다. 자연과학은 내가 형태학(形態學, Morphologie)이라고 부르는 형태에 관한 기술이든지, 혹은 내가 원인학(原因學, Ätiologie)이라고 부르는 변화의 설명이라든지, 그 어느 쪽이다. 전자는 불변의 형태를 고찰하고, 후자는 변화하는 물질을, 그 하나의 형식에서 다른 형식으로 이행하는 법칙에 따라서 고찰한다. 전자는 적당하지 못한 명칭이기는 한데, 그 모든 범위에 걸쳐서 자연사(박물학博物學)라고 불린다.

그리고 특히 식물학과 동물학으로서, 개체가 아무리 끊임없이 변해도 변하지 않는 유기적인, 그리고 그것으로 말미암아 일정한 여러 가지 형태를 우리에게 가르쳐 주는, 이 같은 형태가 직관적 표상의 대부분을 이루고 있다. 그것들은 형태학으로 분류되고, 구분되고, 통일되며, 자연적인 조직과 인위적인 조직에 의하여 질서가 주어지며, 개념화되어 이것으로 이들 모든 형태를 개관하고, 이것을 알 수 있게 된다. 또 전체적으로나 부분적으로나 모든 형태를 통하여 무한한 차이를 가진 유사성이 있음을 알 수가 있다. (unité de plan, 구상의 통일)

이것이 있음으로써 모든 형태는 매우 다양한 변화에 일치하면서, 개개의 형태가 갖추지 못하는 근본이념을 보여주는 것이다. 물질이 이행하여 이 같은 여러 형태가 된다는 것, 즉 개개의 개체가 발생한다는 것은 이 고찰에서의 주요한 부분이 아니다. 어떠한 개체도 그것과 같은 개체에서 생식 작용으로 생기며, 생식 작용은 어디까지나 신비한 것이며, 오늘날까지 명백하게 인식되지 못하고 있기 때문이다.

그런데 이 생식 작용에 관하여 알려진 얼마 되지 않는 사항은 생리학에서 설명되어야 하며, 생리학은 원인학적인 자연과학에 속해 있다. 대체로 형태학에 속하는 광물학(鑛物學)까지도 원인학적 자연과학이 될 경향이 있다. 특히 광물학이 지질학이 되는 경우는 더욱 그러하다. 사실 곳곳에서 인과의 인식을 주제로 하는 자연과학의 여러 부문은 모두 본래 원인학이다. 이 같은 여러 부문의 과학은 틀림없는 규칙에 따라서 물질의 어느 상태에서 필연적으로 다른 어느 상태가 생긴다는 것을 가르치고, 또 어느 일정한 변화가 필연적으로 다른 일정한 변화의 조건이 되기도 하고, 그것을 불러일으킨다는 것을 가르치는데, 이것을 보여주는 것을 '설명'이라 한다. 주로 이것에 속하는 것이 역학(力學)·물리학·화학·생리학이다.

그런데 이 같은 과학이 가르치는 것에 귀 기울여 보면 우리가 주로 구하는 지식은 원인학에서도 형태학에서도 거의 주어지지 않는다는 것을 알게 된다. 형태학은 우리 눈앞에 많은, 끝없이 다양한, 또 친족적 유사성에 의하여 친근한 여러 형태를 보이기는 하지만, 이것들은 우리에게 표상이며, 이러한 방식으로서 보여주는 한은 여전히 영원히 소원한 것에 머물고 만다. 그리고 이처럼 보기만 하면 그것은 마치 불가해한 상형문자(象形文字)처럼 우리 앞에 존재하는 표상이다.

이에 반하여 원인학은 인과 법칙에 따라서 물질의 일정한 상태가 다른 상태를 일으킨다는 것을 우리에게 가르쳐 주고, 그것과 동시에 이 상태를 설명하고, 그 의무를 완수한다. 그런데 원인학도 결국은 여러 가지 상태가 공간과 시간 사이에 나타날 때 따르는 법칙적인 질서를 가르쳐 주고, 모든 사례에 관하여 어떤 현상이 이때, 이 장소에서, 필연적으로 생기지 않으면 안 되는가를 가르치는 데 불과하다.

그러므로 원인학은 어떤 법칙에 따라서 여러 가지 상태에게 그것들이 시간과 공간에서 차지해야 할 위치를 정해 주는 것이고, 그 법칙의 일정한 내용은 경험으로 교시(敎示)된 것이다. 그러나 그 보편적인 형식과 필연성은 경험과는 관계없이 우리가 의식하고 있으나, 우리는 이것으로는 이 같은 여러 현상 중의 어떠한 현상의 내적 본질에 관해서 조금도 해명을 얻지 못하고 있다.

이 내적 본질은 자연력이라 불리고, 원인학적 설명의 영역 밖에 있다. 원인학적 설명은 이 같은 자연력이 나타나고 일어나는 불변의 항상성(恒常性)을, 원인학으로는 이미 알고 있는 여러 조건이 현존할 때마다 자연법칙이라 불리는 것이다. 그러나 이 자연법칙과, 여러 조건과, 일정한 장소와, 일정한 시간에 이처럼 나타나는 것, 이것을 원인학으로 알고, 또 대개 알 수 있다.

나타나는 힘 그 자체를, 즉 그 같은 법칙에 의하여 생기는 여러 현상의 내적 법칙은 그것이 가장 단순한 현상이든 가장 복잡한 현상이든, 모두 원인학에서는 하나의 영원한 비밀이며 온전히 인연이 없는 미지의 것이다. 원인학에서 오늘날까지 가장 완전하게 그 목적을 달성한 것은 역학(力學)이고, 가장 불완전한 것은 생리학이다. 돌이 그 내적 본성에 따라 땅 위에 떨어지고, 하나의 물체가 그 내적 본성에 따라 다른 물체와 충돌하는 경우에 생기는 힘은 동물을 운동하게 하고 성장시키는 힘과 마찬가지로, 미지의 것이며 신비한 것이기 때문이다.

역학은 물질이나 중력이나 불가입성(不可入性)이나 충돌에 의한 운동의 전달성, 혹은 강성(剛性)이라든지 하는 것은 해명되지 않는 것으로 전제하고, 이것을 자연력이라 부르며, 어떤 여러 조건 하에서 이것들이 필연적으로, 또 규칙적으로 나타나는 것을 자연법칙이라 부른다. 그러고 나서 비로소 역학은 그 설명을 시작하는 것으로 설명이란, 그 같은 각각의 힘이 어떻게 해서 어디서, 언제 나타나는가를 충실하게 또 수학적인 정밀성으로 기술하는 것이고, 또 역학이 취급하는 모든 현상을 이같이 여러 가지 자연력 중의 하나에 환원하는 것이다.

　　물리학과 화학과 생리학도 각자의 영역에서 이 같은 일을 하지만, 다만 이들 과학에는 역학보다도 훨씬 많은 전제가 필요하고, 그 성과가 훨씬 모자란다는 차이가 있다. 따라서 모든 자연에 관하여 아무리 완전한 원인학적인 설명을 하더라도 결국 그것은 설명 불가능한 여러 가지 힘의 목록이며, 그들 힘의 여러 현상이 시간과 공간에 나타나고 계속하여 일어나, 차례로 장소를 점거하는 데 대한 규칙을 확실하게 보여주는 데 불과할 것이다.

　　그러나 원인학적인 설명이 따르는 법칙은 그 점까지에도 미치지 못하므로, 이 설명은 이같이 하여 나타나는 여러 힘의 내적 본질을 설명하지 않은 채 그냥 두고, 현상과 현상의 질서 설명으로만 족하지 않으면 안 될 것이다. 그런 점에서 이 같은 설명은 대리석의 단면과 비교할 수 있다. 차례로 배열된 여러 가지 줄무늬는 알면서, 그 줄무늬가 대리석 내부를 어떻게 지나서 이렇게 표면에 나타났는지를 모르는 것과 같다. 혹은 너무나 기발하여 우습게 생각되는 비유일지 모르지만, 감히 말하면 비록 모든 자연에 관하여 아무리 완전무결하게 그 원인이 규명된다 하더라도 철학적인 연구가는 여전히 다음과 같은 기분이 될 것임에 틀림없다.

즉 누군가가, 영문도 모르면서 자기가 전혀 알지 못하는 사람들 사이에 끼어들어, 그 사람들이 각각 차례로 다른 사람을 자기 친구라고도 하고, 사촌 형제라고도 하면서 소개하여, 그 사람들과 충분히 알게 되었다고 하자. 그렇지만, 그들과 만나서 이야기할 때마다 만나서 반갑다든지, 잘 부탁한다든지 하면서도 그 사람은 언제나 '도대체 나는 어떻게 이런 알 수 없는 사람들 사이에 끼어들었을까?'라는 의문이 떠나지 않는 것과 같다.

따라서 원인학이라 하더라도, 우리가 다만 우리의 표상으로 알고 있는 여러 현상에 관해서는 우리가 바라고 있는 것 같은, 우리의 지식 이상의 해명은 결코 들을 수 없다. 아무리 현상의 설명을 하더라도 그 같은 현상들은 여전히 단순한 현상으로 전혀 다른 것으로서 우리 앞에 존재하며, 우리는 이 같은 단순한 표상의 의의는 이해할 수 없다.

인과적으로 연결하더라도 현상은 공간과 시간 속에 나타나는 규칙과 그 상대적인 질서만을 나타내 보일 뿐이고, 이같이 하여 나타난 것의 본질을 상세하게 우리에게 알리는 것은 아니다. 그뿐 아니라 인과성 법칙 자체는 어느 일정한 표상과 객관에 대해서만 타당한 것이고, 이 법칙은 이 같은 표상과 객관을 전제로 해야만 의의가 있다.

따라서 인과성 법칙은 이 같은 객관 자체와 마찬가지로 항상 주관에 관계함으로써만, 즉 조건부로 존재하는 것이다. 그러므로 바로 칸트가 우리에게 가르쳐 준 것처럼, 인과성 법칙은 주관에서 출발해도 즉 선천적으로도, 객관에서 출발해도 즉 후천적으로도 인식되는 것이다.

그런데 지금 우리가 탐구를 계속하려는 동기가 어디에 있느냐 하면, 우리가 갖는 표상이 이러한 표상이며, 이것들이 이러한 법칙에 준해서 관련하고 있고, 이 법칙들을 일반적으로 표현하여 언제나 근거의 원리라는 것을 아는 것만으로는 우리가 만족하지 않는다는 데 있다. 우리는 그 표상의 의의를 알고 싶은 것이다. 우리는 다음과 같이 묻게 된다.

이 세계는 표상 이상의 아무것도 아닌가? 어떠한 경우도 세계는 실체가 없는 꿈과 유령과 같은 환상처럼, 우리 곁을 스쳐 지나가는 것으로, 우리의 주목을 받을 만한 것이 되지 못하는 것인가? 혹은 그렇지 않고 세계는 무언가 좀 별다른 그 이상의 그 무엇인가? 만일 그렇다면 그것은 무엇인가?

이러한 물음의 대상은 표상과는 전혀, 그리고 본질상 근본적으로 다른 것이 아니면 안 되고, 따라서 표상의 형식과 표상의 법칙과는 전혀 관계없는 것이 아니면 안 된다는 것은 처음부터 확실히 말할 수 있다. 그러므로 표상에서 출발하여 표상의 법칙을 안내로 행한다면 구하고 있는 대상에는 도달할 수가 없다. 무릇 이들 표상의 법칙은 여러 객관과 표상을 상호 결부하는 데 불과하고, 이것이 곧 근거 원리의 형식이다.

여기서 이제 우리가 알 수 있는 것은, 외부로부터 사물의 본질에는 절대로 도달할 수 없다는 것이다. 외부로부터는 아무리 탐구해도 형상과 명칭을 얻는 데 불과하다. 마치 궁전의 주변을 돌아보아도 대문을 찾을 수 없어, 우선 그 정면만을 스케치하는 것과 다름없다. 이것이 우리 이전의 모든 철학자가 걸어온 길이다.

제18장 —

세계는 오로지 나의 표상으로서 나와 대립하고 있지만, 이 세계의 의의를 탐구한다든지, 혹은 인식 주관(몸은 없고 날개만 있는 천사의 머리)의 단순한 표상으로서의 세계에서 표상 이외의 것일지도 모르는 세계의 본질로 이행한다든지 하는 것은, 만일 탐구자 자신이 순수하게 인식할 수 있는 주관에 불과하다면 도저히 불가능할 것이다. 그런데 탐구자 자신은 저 표상의 세계에 뿌리를 박고 있다. 즉 그 세계에 개체로서 존재하고 있다. 그 이유는 그의 인식작용은 표상으로서의 전 세계를 제약하는 운반자이지만 사실 철저히 신체에 매개되어 있고, 이 신체의 감정적인 움직임이 앞에서 말한 것처럼 오성에서는 세계를 직관하는 출발점이 된다.

이 신체는 순수하게 인식할 수 있는 주관 자체에는 다른 표상과 마찬가지로 하나의 표상이며, 여러 객관 중의 한 객관이다. 신체의 운동도 행동도, 그 범위 안에서는, 이 주관으로는 모든 다른 직관적인 객관의 여러 변화와 마찬가지로밖에 알려져 있지 않고, 따라서 만일 그 같은 운동과 행동의 의의가 전혀 다른 방법으로나 또는 다른 무엇으로 해명되지 않는다면, 다른 직관적 객관의 변화와 마찬가지로, 아무 인연이 없는 이해 되지 않는 것이 될 것이다.

그렇지 않다면 탐구자는 자기 행위가 마치 다른 여러 객관의 변화가, 원인과 자극과 동기에 따라서 생기듯이, 주어진 동기에 응하여 자연법칙과 같은 항상성(恒常性)을 가지고 일어나는 것을 볼 수 있을 것이다. 그러나 그는 이 같은 동기의 영향을 그 동기의 원인과 다른 모든 그가 알 수 있는 결과와의 연결보다는 상세히는 이해하지 못할 것이다. 그렇다면 그는 자신의 신체의 여러 표출과 동작이 지닌 내적인, 그는 이해할 수 없는 본질에 관해서는 그것을 힘이라 하든, 성질이라 하든, 성격이라 하든, 마음대로 부를 수 있을지 모르지만, 그 이상으로 그 본질에 관해서 알 수 있는 것은 하나도 없을 것이다.

그런데 이 모든 것은 본질은 아니다. 오히려 개체로써 나타나는 인식의 주관에는 수수께끼 같은 말이 주어져 있다. 그리고 이 말이, '의지'다. 이 말만이 탐구자에게 자기 자신의 현상을 푸는 열쇠를 주며, 의의를 계시하고, 그의 본질, 그의 행위, 그의 운동의 내적 기관을 나타낸다. 인식 주관은 신체와 같으므로 개체로 나타나는데, 이 인식 주관에 신체는 완전히 다른 두 개의 방식에서 주어진다.

즉 첫째는 오성에 호소하는 직관에서의 표상으로, 여러 가지 객관 중의 객관으로, 또 그들 객관의 법칙에 지배당하는 것으로 주어지고, 다음에는 그것과 동시에 전혀 다른 방식에서, 즉 누구에게나 직접적으로 알려진 것으로서 주어져 있다. 이것을 의지라는 말로 표현할 수 있다. 그의 의지의 참된 행동은 모두 그대로 필연적으로 그의 신체 운동이다. 그는 실제로 그 행위를 하려 할 경우, 동시에 그 행위가 신체 운동으로 나타난다는 것을 지각하고 있지 않으면 안 된다.

의지 행위와 신체 동작은 인과의 유대로서 결부된, 객관적으로는 인식된 두 개의 다른 상태는 아니며, 따라서 원인과 결과라는 관계가 아니고 같은 것이다. 그것이 다만 전혀 다른 방식으로 주어져 있음에 불과하다. 즉 하나는 온전히 직접적으로 주어져 있고, 하나는 오성에 대하여 직관 속에 주어져 있는 것이다. 신체 동작은 의지의 객관화된 행위, 즉 직관에 의해 나타난 행위에 불과하다. 다시 이것은 신체의 모든 운동에도 해당하는 것으로 단순히 동기에 의하여 생기는 운동뿐만 아니라 단순한 자극에 의하여 생기는 부주의한 운동에도 해당한다는 것을 알 수 있다.

그뿐 아니라 신체 전부가 의지의 객관화된 것, 즉 표상이 된 의지에 불과하다는 것을 알 수 있다. 이 모든 것은 이제부터 앞으로 논급해 가는 사이에 결론으로 나타나고 또 분명하게 될 것이다. 그러므로 나는 신체를 제1권과 근거의 원리에 관한 논문에서는, 의식적으로 일방적으로 취한 입장(표상의 입장)에 따라서 직접적 객관이라 불렀지만, 여기서는 별개의 견지에서 의지의 객관성이라 부르기로 한다. 또 어떤 의미에서는 의지는 신체의 선천적 인식이며, 신체는 의지의 후천적 인식이라 할 수도 있다.

미래에 관계하는 의지의 결정은, 다른 날 원할 수도 있는 것에 관한 이성의 단순한 고려에 불과하며 본래의 의지 행위가 아니다. 다만 실행이 결의에게 결정적인 날인을 하는 것으로서, 결의는 그때까지는 언제나 변할 수 있는 의도이며, 이성 가운데 추상적으로 존재하고 있음에 불과하다. 의지의 작용과 행동은 반성에 있어서만이 다르고 현실로는 같다. 참된, 순수한, 직접적인 의지 행위는 모두 그대로, 직접으로 외부에 나타나는 신체 행위다.

그리고 이에 응하여, 또 다른 편으로는 신체에 미치는 작용은 모두 직접 그대로 의지에 대한 작용이다. 이 작용은 그 자체로서, 의지에 반하는 경우는 고통이라 불리고, 의지에 따르는 경우는 유쾌 혹은 쾌락이라 불린다. 양자의 단계적인 차별은 매우 다양하다. 그러나 고통과 쾌락을 표상이라 부르는 것은 온전히 부당하다. 고통과 쾌락은 결코 표상은 아니며 의지의 나타남으로, 신체에 의지가 직접 감응한 것이다.

즉 신체가 받는 인상의 강요된 순간적인 의욕 내지는 반 의욕이다. 직접으로 단순한 표상으로 보아야 할 것이고 따라서 상술한 것들의 예외가 되는 것은 신체에 대한 어떤 소수의 인상뿐이고, 이러한 인상들은 의지를 자극하지 않으며, 또 이러한 인상에 의해서만이 신체는 인식의 직접적인 객관이다. 신체가 오성에서의 직관으로는 이미 모든 다른 객관과 마찬가지로, 간접적인 객관이기 때문이다.

여기서 말하는 것은 시각 · 청각 · 촉각의 순 객관적인 감각의 감응을 말한다. 특히 이 같은 기관이 각기 고유의, 독특한, 자연적인 방법으로 촉발되는 범위 안에서지만 이런 방식은 이 같은 신체 부분이 가진 날카롭고, 그리고 특별히 변화한 감수성에 대한 매우 보잘것없는 자극이다. 그러므로, 그것으로 의지가 촉발되는 것이 아니고 오히려 의지의 어떠한 자극에도 방해받는 일 없이 직관을 성립하는 자료를 오성에 제공하는 것에 불과하다.

그러나 그들 감각기관의 한층 더 강한 감응과 또는 다른 종류의 감응은 모두 고통을 수반하고, 즉 의지에 반하는 것으로서, 그들 여러 기관도 또 의지의 객관성 일부를 이룬다. 여러 가지 인상이 오성에 대하여 자료가 될 수 있을 정도로 충분한 힘을 갖고 있으면 좋겠지만, 그것이 강도를 더하여 의지를 움직이고 고통과 쾌감을 느끼게 하는 것이 신경쇠약의 원인이 된다.

물론 고통도 되풀이되면 그중에는 둔한 점도, 분명하지 않은 점도 있으므로, 다만 하나하나의 음향과 강렬한 빛을 고통이라 느끼게 될 뿐만 아니라, 명확하게 인식되지 않지만 일반적으로 병적인 우울한 기분을 일으키게 한다. 또 특히 신체와 의지의 일치는 의지의 모든 강렬하고도 과도한 움직임, 즉 모든 정서가 완전히 직접적으로 그 내적 기관을 진동하고, 신체 곳곳의 생명 기능의 진행을 저해하는 것을 보아도 알 수 있다. 여기에 관해서는 《자연에서의 의지》 제2판 27페이지(제5판 227페이지)에 상세하게 논의되고 있다.

결국 내가 내 의지에 관하여 갖고 있는 인식은 직접적인 인식이지만 내 신체에 관한 인식에서 분리할 수는 없다. 나는 내 의지를 전체적으로는 인식하지 않고, 통일로도 인식하지 않고, 그 본질을 완전히는 인식하지 않고 오히려 개개의 행위에 있어서만이 인식한다. 즉 모든 객관과 마찬가지로 내 신체가 현상(現象)하는 형식인 시간에서 인식하는 것이다. 그러므로 신체는 내 의지를 인식하기 위한 제약이다. 따라서 내 신체가 없으면 나는 본래 이 의지를 표상할 수는 없다.

물론 근거의 원리에 관한 논문에서는 의지, 혹은 오히려 의지 작용의 주체는 여러 표상, 또는 객관 중의 한 특별한 것으로서 정해져 있지만, 그러나 거기에서도 이미 우리는 이 객관이 주관과 일치하여, 즉 온전히 객관됨을 끝내고 있음을 우리는 알았으므로, 우리는 이 일치를 '우수한 기적'이라고 불렀다. 이 책 전체는 말하자면 이 기적에 관한 설명이다. 내가 내 의지를 본래적으로 객관으로 인식하는 한, 나는 내 의지를 신체로 인식하는 셈이 된다.

그런데 만일 그렇다면 나는 다시 근거의 원리에 관한 논문에서 말한 제1종의 표상, 즉 실재적 객관 아래서 머물게 된다. 우리는 이제부터 앞으로 논술을 전개해 감에 따라서 점차 그들 제1종의 표상은 이미 그 논문에서 서술한 제4종의 표상, 즉 이제는 본질적으로 객관으로서 도저히 주관에 대립하지 않는 표상에 이르러 비로소 해명되고 해석된다는 것을 알게 될 것이다. 따라서 우리는 이 제4종의 표상을 지배하는 동기(動機)의 원칙으로부터 제1종의 표상에서 행해지는 인과성 법칙과, 이에 따라 생기는 것의 내적 본질을 이해하는 일을 배우지 않으면 안 된다는 것을 알게 될 것이다.

지금 우선 언급한 의지와 신체의 합치는 여기서 처음으로 행해지고, 또 지금부터 점점 더 행해질 것이고, 또 이렇게 해서만이 증명이 가능한 것이다. 즉 직접적 의식으로부터, 또는 구체적 의식으로부터 이성의 지식에까지 고양되고, 혹은 추상적 인식으로 옮겨 갈 수는 있다. 그런데 이 일치는 그 본질상 절대로 증명될 수는 없다. 즉 그 일치 자체가 가장 직접적인 인식이므로 간접적 인식으로서 다른 직접적 인식으로부터 연역할 수 없다.

그리고 우리가 만일 이 일치를 이 같은 가장 직접적인 인식으로서 파악하고 확보하지 않고, 그것을 간접적으로 연역된 인식으로 회복한다는 것은 기대해 보아도 소용없는 일일 것이다. 이 일치는 완전히 하나의 독특한 인식이다. 그러므로 나는 근거의 원리에 관한 논문 제29장 이하에서 모든 진리를 네 개의 종류로, 즉 논리적 진리·경험적 진리·형이상학적 진리·초논리적 진리로 나누었다. 이 일치는 원래 이 네 개의 종류 어느 것에도 어긋날 수 없다.

이 일치는 그 네 가지 종류의 진리처럼, 어떤 추상적 표상이 다른 표상에 대한 관계도 아니고, 혹은 직관적인 또는 추상적인 표상 작용의 필연적인 형식에 대한 관계도 아니고, 직관적 표상인 신체가 완전히 표상이 아니고 표상과는 전혀 다른, 즉 의지에 대하여 갖는 상대 관계에 대한 어떠한 판단의 관계이기 때문이다. 그러므로 나는 이 진리를 특히 강조하고, 그것을 특히 철학적 진리라고 부르고 싶다. 이 진리의 표현은 여러 가지로 사용될 수 있을 것이다.

즉 내 신체와 내 의지는 동일한 것이라든지, 내가 직관적 표상으로서 내 신체라 부르는 것은 내가 그것과는 전혀 다른 비교할 수 없는 방식에서 의식하고 있는 한에서, 내 의지라고 부른다든지, 내 신체는 내 의지의 객관성이라든지, 내 신체가 내 표상이라는 것은 별도로 하고, 내 신체는 내 의지임에 틀림없다라든지 하는 것 등이다.[1]

제19장 —

제1권에서 우리는 썩 마음 내키지 않았지만 자신의 신체를, 이 직관적 세계에 있는 다른 모든 객관과 마찬가지로 인식 주관의 단순한 표상이라고 설명했는데, 이제는 다음의 것이 분명하게 된 셈이다. 즉 각자가 의식하고 있는 것이지만, 자기 신체에 관한 표상은, 다른 점에 있어서 완전히 같다고 하더라도 모든 다른 표상과는 다르다는 것, 즉 신체는 다른 표상과는 전혀 별개의, 전혀 다른 방식에서, 의식 속에 나타나는 것으로서 이것을 의지라는 말로 표현한다.

그리고 우리 자신의 신체에 관하여 가진 이 같은 이중의 인식이야말로 우리에게, 신체 자체에 관하여, 동기에 응하는 신체 작용과 운동에 관하여, 또 외부로부터의 영향에 의한 신체의 수동

----

1) 제2편 제18장 참조.

에 관하여, 한마디로 표상으로서의 신체가 아니고, 그 이외의, 즉 신체 자체의 본질에 관하여, 우리가 다른 모든 실재적인 객관의 본질과 작용과 수동에 관하여 직접으로 갖고 있지 않은 것 같은 해명을 주는 것이다.

신체에 대한 이 같은 특별한 관계를 제외하고 고찰해 본다면 신체도 다른 모든 표상에 불과하지만, 인식 주관은 바로 이 특별한 관계가 있으므로 개체다. 그런데 인식 주관을 개체로 만드는 이 관계는 바로 그 이유로, 인식 주관과 그 주관의 모든 표상 속의 단 하나의 표상 사이에만 존재하는 관계고, 따라서 인식 주관은 이 유일한 표상을 단순히 하나의 표상으로서 의식하고 있을 뿐 아니라, 동시에 완전히 다른 방식으로서, 즉 하나의 의지로서 의식하고 있다.

그러나 만일 인식 주관이 이 같은 특별한 관계를, 즉 동일한 신체라는 것을 이중으로 인식하고 전혀 다르게 인식한다는 것을 도외시한다면, 그 동일한 것, 즉 신체는 다른 모든 표상과 마찬가지로 하나의 표상이므로 이것을 궁리하기 위해서는 인식 개체는 다음의 어느 것 하나를 가정하지 않을 수 없다.

즉 그 하나는 이 같은 유일한 표상이 다른 모든 표상과 다르다는 이유는, 개체의 인식이 이 같은 유일한 표상에 대하여 그처럼 이중 관계에 있다는 점에 있고, 이 유일한 직관적 객관을 통찰하는 경우만은 개체로서 동시에 두 개의 길이 열려 있지만, 그러나 이러한 일은 신체라는 이 유일한 객관이 다른 모든 객관과 다르다는 점으로 설명되어서는 안 되고, 개체 인식의 이 신체라는 객관에 대한 관계가 다른 모든 객관에 대한 관계와 다르다는 것에 의하여 설명되어야 할 것이라는 가정이다.

다른 하나는 이 유일한 객관은 본질적으로 다른 모든 객관과는 다르게 되어있고, 다른 모든 객관 속에서 이것만이 의지임과 동시에 표상이지만, 다른 객관은 단순한 표상, 즉 단순한 환영이다. 따라서 인식하는 개체인 신체만은 세계 속에서 단 하나의 현실적인 개체며, 주관의 단 하나의 직접적인 객관이라는 가정이다.

다른 여러 가지 객관은 단순한 표상으로 보면 인식 주관의 신체와 비슷하다. 즉 신체와 마찬가지로(존재한다고 한다면 표상으로서만이 존재할 뿐) 공간을 채우고, 또 신체와 마찬가지로 공간 속에서 작용한다. 이것은 물론 선천적 표상에 대한 확실한 인과성 법칙으로부터 증명될 수 있음은 말할 필요가 없다. 즉 이 법칙은 원인이 없는 결과라는 것을 인정하지 않는 것이다.

그러나 일정한 결과로부터는 어떤 원인 일반만이 추정될 수 있을 뿐이고, 하나의 같은 원인이 추정되지 않는다는 것은 여기서 별문제로 하더라도 그처럼 생각하고 있다는 점에서 여전히 단순한 표상의 범위에만 머물러 있는 셈이다. 인과성 법칙은 이 같은 표상에 대해서만 타당하고, 그 표상의 범위를 초월한다는 것은 도저히 있을 수 없는 일이다.

그런데 개체가 표상으로서만 알고 있는 객관이라도, 개체 자신의 신체와 마찬가지로 의지의 나타남이냐 아니냐 하는 것, 이것이 이미 제1권에서 말한 적 있는 외계의 실재성에 관한 본래적인 뜻이다. 이것을 부인하는 것이 이론적 이기주의의 뜻이고, 이 이론적 이기주의는 바로 그렇게 함으로써 자기 자신의 개체 이외의 모든 현상을 환영(幻影)이라고 보지만, 실천적 이기주의는 마찬가지 일을 실천적인 점에서 한다.

즉 자기 한 몸만을 실제적 인격이라 보고 다른 모든 인격을 하나의 환영이라 보며, 또 그렇게 취급한다. 이론적 이기주의를 증명으로써 논박할 수는 물론 없다. 그러나 철학에서는 회의적 궤변, 즉 과시로밖에는 사용되지 않는다. 사실 이것을 진지하게 확신하는 사람들이란 정신병원에나 가야 할 사람들일 것이다. 정신병원에서는 이러한 확신으로서의 이기주의에 대해서는 증명의 필요도, 치료할 필요도 없다.

그러므로 우리는 더 이상 이기주의와 관련된 일을 언급하지 않기로 한다. 그리고 그것은 항상 이론(異論)을 내세우는 회의론의 마지막 보루에 불과하다고 보는 것이다. 이렇게 하여 만일 개체성에 결박되고, 바로 그러한 점에서 제한되는 우리의 인식이 필연적으로 수반되는 결과로서, 각 개인은 다만 하나로서 있지만 다른 모든 것을 인식할 수 있다는 것이 된다. 이러한 제한이 있으므로 본래 철학의 요구가 생기는 것이지만.

그렇다면 더욱 철학에 의하여 인식의 한계를 확장하려고 애쓰는 우리는 이 점에 있어서 우리에게 대립하는 이론적 이기주의의 회의적인 논증을 하나의 작은 국경의 요새로 볼 것이다. 즉 그것은 영원히 함락되지 않는 요새가 분명하지만, 그 안의 수비병들은 절대로 요새 밖으로 나와 이쪽을 공격하지 않을 것이다. 우리는 그곳을 통과하고 아무런 위협도 받지 않고 빠져나갈 수가 있다.

이처럼 우리 자신의 신체의 본질과 작용에 관하여 우리가 지닌 인식은 지금까지의 설명으로 분명해졌듯이 전혀 다른 방식으로서 주어진 이중의 인식인데, 우리는 다시 이 인식을 자연에서의 모든 현상의 본질을 두는 열쇠로써 이용할 것이다. 그리고 우리 자신의 신체가 아닌 모든 객관, 따라서 이중의 방식으로 주어진 객관이 아니고 오로지 표상으로만 우리 의식에 주어져 있는 객관을 우리 신체에 조감하여 평가할 것이다.

그러므로 우리는 그들 모든 객관이 한편에서는 우리 신체와 조금도 다름없는 표상이며 — 표상에서는 신체와 같은 종류의 것이지만 — 다른 한편에서는 만일 그들 모든 객관의 존재를 주관의 표상으로 제외한 경우, 그래도 나중에 남는 것은 우리가 우리 자신에 조응하여 의지라 불리는 것과 같은 것이 틀림없다고 가정할 것이다.

우리 신체 이외의 물체계(物體界)에, 이 이외의 어떤 다른 종류의 존재 또는 실재를 귀속시켜야 좋을 것인가? 또 우리는 물체계를 구성했을 때의 요소를 어디서 가져와야 좋을 것인가? 의지와 표상 이외에는 우리가 아는 것은 하나도 없고 또 아무것도 생각할 수도 없다. 만일 우리가 우리의 표상 안에서만 존재하는 물체계에, 우리가 알고 있는 최대의 실재성을 부여하고자 할 때는, 우리는 각자의 신체가 가진 실재성을 그 물체계에 주는 셈이 된다. 모든 사람은 자신의 신체가 가장 실재적이기 때문이다.

그러나 우리가 이 신체와 동작을 분석하면 신체가 우리의 표상이라는 점을 제외하고는 의지 이외의 아무것도 발견하는 일이 없다. 이것으로 신체의 실재성은 남김없이 파헤쳐진다. 그러므로 우리는 물체계에 실재성을 부여하려면, 이 이외에서 실재성을 발견할 수가 없다. 따라서 만일 물체계가 단순히 우리의 표상 이상의 것이어야 한다면 우리는 다음과 같이 말하지 않을 수 없다.

물체계는 표상 이외의 것으로서는, 즉 물체계 자체로는 그 가장 내적인 본질상으로 보아 우리 자신에게, 직접으로 의지로서 발견되는 것이다. 나는 본질상으로 보라고 했지만, 우리가 의지 자체에 있어서가 아니고 여러 가지 정도를 달리하는 의지의 출현에 속한 것을, 의지로부터 구별할 것을 알기 위하여 의지의 이 같은 본질을 먼저 첫째로 상세히 배우지 않으면 안 되기 때문이다.

가령 인식을 수반하고 있는 것과 동기에 의하여 제약되고 있는 것 등은 이러한 현상이며, 이에 관해서는 앞으로 밝히겠지만, 의지의 본질에 속하는 것이 아니고 동물과 인간의 의지의 분명한 현상에 속하는 데 불과하다. 그러므로 만일 내가 돌을 땅 위로 떨어뜨리는 힘은 그 본질로 봐서는, 즉 그 자체는 모든 표상 이외에 있어서 의지라고 하더라도, 인간에게는 의지가 동기를 인식하고 나타났으므로, 돌도 그처럼 인식된 동기에 따라서 운동한다고 하는 바보 같은 생각이 이 명제에 포함되고 있다고는 생각하지 않을 것이다.2)

그런데 우리는 지금까지 우선 일반적으로 말한 것을, 이제부터는 상세하게 그리고 명확하게 입증하고 기초를 세우고 전체 범위에 걸쳐서 이것을 전개하려고 한다.3)

---

2) 우리는 베이컨이 물체의 모든 기계적·물리적인 운동은 이에 앞서서 물체의 내부에서 지각이 행해지고, 그 결과 비로소 나타난다고 말한 (《학문의 존엄에 관해서(De Augmentis Scientiarum)》 L 4의 끝머리) 것에 대해서는 결코 동의하지 않을 것이다. 사실 이 잘못된 명제에도 진리의 예감이 포함되어 있었으므로 명제로는 어떻게든 성립은 된 셈이지만. 또 케플러는 그의 논문 〈행성 화성에 관해서(De Planeta Martis)〉에서, 여러 행성이 그 타원 궤도를 조금도 빗나가지 않고 그 운행 속도도 매우 규칙적으로 유지되고, 따라서 행성 궤도의 평면삼각형의 저변을 통과하는 시간에 비례하지만, 이 같은 것을 행하기 위해서는 행성이 인식을 갖지 않으면 안 되는 것이라고 주장하고 있다. 이것도 앞의 예와 마찬가지로 우리는 동의할 수 없는 일이다.

3) 제2편 제19장 참조.

제20장 —

자기 신체의 본질 자체로서, 즉 이 신체를 신체가 되게 하는 것으로는 신체가 직관의 객체, 즉 표상이라는 것을 제외하면 이미 말한 것처럼, 의지는 무엇보다 먼저 신체의 수의운동(隨意運動)에서 나타난다. 그러므로 수의운동은 개개의 의지 행위가 가시적(可視的)인 것으로 된 것에 불과하고, 의지 행위에 직접 존재하고, 또 온전히 동시에 생기는 것이다. 즉 수의운동과 의지 행위는 동일한 것에 불과하고, 다른 것은 의지 행위가 이행하여 인식될 수 있는 형식을 취하고 표상이 되었다는 점뿐이다.

그런데 의지의 이 같은 행위는 자기 이외에 또 동기에도 근거가 있다. 그러나 동기는 내가 이때, 이 장소에서, 이 사정 아래서 의지하는 그것을 규정할 뿐이고, 그 이상으로 내가 일반적으로 내가 의지하는 것과, 또 내가 일반적으로 의지하는 그 무엇, 즉 내 의지의 움직임 전체를 특징 짓는 준칙을 규정하는 일은 절대로 없다. 그러므로 내 의지의 움직임의 본질은 동기로부터는 설명되지 않고, 동기는 다만 주어진 시점에서 의지의 움직임의 발현을 규정하는 데서 끝나고, 내 의지가 바깥으로 나타나는 기회가 되는 것에 불과한 것이다.

그런데 내 의지 자체는 동기의 법칙 범위 밖에 존재하고, 다만 각각의 시점에서의 의지의 출현이 필연적으로 이 법칙에 규정되고 있을 뿐이다. 내가 경험적 성격을 갖는다는 전제 하에서만이 동기는 내 행동의 충분한 설명 근거다. 그러나 만일 이 성격을 개념화하고 왜 내가 이것을 하고자 하고 저것을 하고자 하지 않느냐고 물으면, 지금까지 한 전제로는 여기에 대답하지 못할 것이다.

의지의 나타남이야말로 근거의 원리에 지배당하고 있지만, 의지 자체는 지배받고 있지 않기 때문이고, 의지는 그러한 뜻에서 근거 없는 것이라고 불러도 좋다. 이 경우 나는 일부의 칸트의 경험적 성격과 예지적 성격에 관한 설과 나의《윤리학의 두 가지 근본 문제》초판 48~58페이지와 178페이지 이하(제6판 85~96페이지)에서 여기에 관해 논구한 것을 전제로 하고, 일부는 제4권에서 상세하게 논할 생각이다.

지금 우선 주의할 것은 어떤 현상이 다른 현상에 의하여 근거가 주어졌다는 것, 즉 행위가 동기에 의하여 근거가 주어졌다는 것은 행위의 본질 자체가 그 자신 근거를 갖지 않는 의지라는 것과 결코 모순되지 않는다는 것뿐이다. 그 까닭은 근거의 원리는 비록 어떠한 형태라도 인식의 형식에 불과하고, 따라서 이 원리의 타당성은 표상이나 현상이나 모두 의지가 가시적(可視的)으로 된 것에만 미칠 뿐이고, 가시적이 되는 의지 자체에는 미치지 못하기 때문이다.

그런데 만일 내 신체 동작이 모두 의지 행위의 표현이고, 이 의지 행위에 있어서 주어진 동기 아래서는 내 의지 자체가 일반적으로, 또 전체로서 내 성격이 재현될 것이라고 한다면 모든 동작의 불가결한 조건도 또한 의지의 표현이 아니어서는 안 된다. 의지의 표현은 직접으로, 그리고 오로지 의지에 의하지 않는 것, 따라서 의지로서는 단순히 우연적인 것에 불과한 것, 의지의 표현 자체를 우연적인 것으로 하게 하는 것에는 의존하지 않는다.

불가결한 조건은 전체 신체 자체다. 따라서 신체는 이미 의지의 표현이 아니면 안 된다. 그리고 내 신체가 내 의지 전체, 즉 내 예지적 성격 — 이것이 시간에 나타나는 것이 내 경험적 성격이지만 — 에 대한 관계는, 마치 신체 하나하나의 동작이 의지의 하나하나 동작에 대한 관계와 같다.

그리하여 신체 전체는 가시적으로 된 내 의지에 불과하고 의지가 직관적인 객관이며, 제1급의 표상인 한에서, 신체는 내 의지 자체가 아니면 안 된다. 이것의 확증으로서 이미 거론된 것은 내 신체에 대한 작용은 모두, 또 직접 내 의지를 촉발하고 여기에 관한 고통 또는 쾌락을 낮은 정도에서는 쾌감, 또는 불쾌한 감각을 불러일으킨다는 것, 또 반대로 의지의 심한 움직임, 즉 감동이라든가 격정이라든가 하는 것은 신체에 충격을 주고 신체 기능의 진행을 저해한다는 것이다.

원래 내 신체의 발생에 관해서는 매우 불완전한 것이지만 원인학적으로 해명이 행해졌고, 그리고 그 발달과 유지에 관해서는 좀 더 완전한 해명이 행해졌으며 이것을 생리학적이라고 하고 있다. 그러나 생리학에서도 그 문제를 설명하는 데는 동기가 행위를 설명하는 정도밖에 가고 있지 않다. 그러므로 하나의 행위를 동기에 의하여 근거하고, 이 동기로부터 행위의 필연적인 결과가 생겼다고 보는 것은 행위가 일반적으로, 또 본질상, 그 자체는 근거가 없는 의지의 표현에 불과하다고 보는 것과는 모순되지 않는다.

그와 마찬가지로 신체의 여러 기능을 생리학적으로 설명하는 것은, 이 신체의 모든 존재와, 그 여러 기능의 모든 계열은 같은 신체의 외적인 동작에 각기의 동기에 따라 나타나는 의지의 객관화에 불과하다는 철학적인 진리를 방해하는 것은 아니다. 무릇 생리학도 바로 이 같은 외적인 동작, 즉 직접 수의적인 운동을 유기체의 원인으로 환원하려고 하기 때문이다. 이것은 말하자면 근육

운동을 체액(體液)이 흘러 들어가는 데서부터 설명하려 한다.(라일은 그의 《생리학 기록집》 제6권 153페이지에서 '밧줄이 젖으면 수축하듯이'라고 말하고 있다)

그러나 비록 이처럼 하여 실제로 근본적인 설명이 이루어졌다 하더라도, 그것으로 말미암아 모든 수의운동(동물 기능, 유기적 기능)이 의지 행위의 표현이라는 직접적이고 확실한 진리는 결코 무효가 되지 않을 것이다. 또 그것과 마찬가지로 생리학이 식물적 생명(자연적 생활 기능)을 아무리 훌륭하게 설명하더라도, 그것으로 발전해 가는 동물적 생명 전체가 의지의 표현이라는 진리는 결코 무효가 되지 않는다.

말할 필요도 없이 이미 논구한 것처럼, 대체로 원인학적인 설명은 모두 하나하나의 현상의 시간과 공간에 있어서 필연적으로 정해진 위치를 나타내고, 일정한 규칙에 따라서 그 현상이 그 위치에 필연적으로 나타난다는 것만 보여 줄 뿐, 그 이상으로 가는 법이 없다. 그런데 각 현상의 내적 본질은 이 같은 방법으로는 영원히 구명되지 않은 채로 있고, 이 같은 본질은 어떠한 원인학적 설명에 의해서도 전제로 되고 힘 혹은 자연법칙이라고 일컬어지며, 혹은 행위가 문제가 될 경우는 성격 혹은 의지라고 말해질 뿐이다.

따라서 개개의 행위는 모두 일정한 성격이라는 것을 전제로 한다면 반드시 주어진 동기에 따라서 생긴다. 또 동물의 성장, 양육 과정, 그리고 여러 가지 변화는 필연적으로 작용하는 원인(자극)에 따라서 행해지지만, 일련의 행위는 모두 개개의 행위도, 또 행위의 조건도, 행위를 수행하는 모든 신체 자체도, 그 신체를 성립하는 과정도 의지의 표현에 불과하고, 의지가 가시적으로 된 것, 즉 의지의 객관성에 불과하다.

인간과 동물의 신체 일반이 각기의 의지에 완전히 적합한 것은 여기에 바탕을 두는 것이고, 이 적합성은 어떤 특별한 목적을 위하여 만들어진 연장이 그것을 만든 사람의 의지에 적합한 것과 비슷하며, 그것보다 훨씬 우수하다. 그러므로 신체의 합목적성(合目的性), 즉 목적론적인 설명 가능성이라 볼 수 있다. 그러므로 신체의 여러 부분은 의지가 나타나게 되는 여러 주요 욕망에 완전히 조응하지 않으면 안 되고, 욕망의 가시적인 표현이 아니어서는 안 된다.

즉 치아(齒牙)와 인후(咽喉)와 장기(腸器)는 객관화된 배고픔이며, 생식기는 객관화된 성욕이며, 물체를 잡는 손과 재빠른 다리는 그것에 의하여 표현되는 이미 약간 간접적으로 된 의지의 노력에 조응한다. 일반적인 인간의 형태가 일반적인 인간의 의지에 조응하듯, 개인적으로 변용된 의지, 즉 개개인의 성격에는 개인적인 체형(體形)이 조응한다. 이 체형은 전체로 보나 부분으로 보나 특질을 가지고 있으며, 그 성격을 잘 표현하고 있다. 이미 파르메니데스(Parmenides)[4]가 아리스토텔레스가 인용한 시구(《형이상학》 III, 5)에서 이에 관해 말하고 있는 것은 매우 주목할 만한 일이다.

사람마다 유연한 사지(四肢)가 있는 것과 같이 사람의 정신에 나타난다.
사지를 구성하는 것과 같은 것이 생각하는 그것이기 때문이다.
즉 하나하나의 사람에 있어서도, 또 사람 전체에 있어서도, 사지의 본성이 생각하는 것이다.

---

4) 그리스의 철학자. 기원전 515~450년. 엘레아학파의 대표. '형이상학의 아버지'로 불린다.

구성하고 있는 것 중에 많이 존재하는 것이 사유하는 것이기 때문에.5)

제21장 ─

각자의 행위와 그 행위의 연속적인 기초인 신체에 의하여 표상으로서 표시되는 자기 자신의 현상의 본질 자체는 각자 자신의 의지며, 이 의지는 그 사람의 의지의 가장 직접적인 것을 형성한다. 이런 직접적인 의식으로는 객관과 주관의 대립이라는 표상 형식을 취하면서 완전히 나타남이 없고, 주관과 객관이 너무나 명백하게 구별되지 않을 것 같은 직접적인 방식으로 나타난다. 그러나 또 그것은 전체로서가 아니고, 하나하나의 행위에 있어서만이 개인 자체에게 알려진다.

이 같은 인식은 누구나 구체적으로는 직접으로, 즉 느낌으로는 있는데 앞에서 말한 것과 같은 여러 가지 고찰에 의하여 이 인식을 추상적으로, 즉 명백하게 확실히 얻은 사람은 되풀이하는데, 나와 더불어 이러한 확신을 얻은 사람은 완전히 저절로 모든 자연의 내적 본질을 푸는 열쇠를 손에 넣은 셈이다. 그가 이 확신을 얻은 이상 자기 자신의 현상과 같이 직접적 인식과 간접적 인식이

---

5) 제2편 제20장 참조. 또 내 저서 《자연에서의 의지에 관하여》에서 〈생리학〉과 〈비교 해부학〉 장에서, 여기서 설명한 것을 근본적으로 상술했다.

라는 양편에서 주어진 현상이 아니고 오로지 간접적인 인식에 의해서, 즉 단순히 일방적으로 표상으로서만이 주어져 있어 모든 현상에도 이 확신을 옮겨서 맞도록 되어있기 때문이다.

그는 자신과 완전히 닮은 현상 속에, 즉 인간과 동물 속에, 그들 현상의 가장 내적인 본질로써, 그와 같은 의지를 인정할 뿐만 아니라 더 나아가 그가 반성을 계속해 가는 사이에 식물에서 작용하고 성장해 가는 힘도, 또 결정을 만드는 힘도, 자석을 북극으로 향하게 하는 힘도, 이질적인 금속이 서로 접촉해 그에 작용하는 힘도, 물질의 친화력(親和力)에서 이합집산(離合集散)으로 나타나는 힘도, 마지막으로 모든 물질에서 실로 강력하게 작용하고, 돌을 지면으로 당기며, 지구를 태양으로 당기는 중력(重力)까지도, 이 모든 것은 현상으로만 보면 서로 다르지만, 내적 본질상으로 보면 동일한 것으로 인식되어야 하며, 그것은 직접적으로 매우 친숙하며 다른 어떠한 것보다 잘 알려져 있는 것으로 인식한다. 그것이 가장 분명하게 나타나는 경우 의지라고 불린다.

이제 우리는 더 이상 현상 아래 머물러 있지 않게 하고, 이것을 넘어서 물자체로 나아가게 하는 것은 오로지 반성을 여기에 적용하기 때문이다. 현상이란 표상을 말하는 것이고, 그 이상의 아무것도 아니다. 어떤 종류에 속하는 모든 표상, 즉 모든 객관은 현상이다. 그런데 의지만은 물자체다. 이 같은 것으로는 의지는 완전히 표상이 아니고, 전적으로 표상과는 다르다.

모든 표상, 객관은 의지가 나타난 것, 가시적으로 된 것, 즉 의지의 객관성이다. 의지는 모든 개체와 전체의 내면의 심오한 부분이며 핵심이다. 의지는 맹목적으로 움직이는 모든 자연력에 나타나고, 또 잘 생각한 인간의 행동에도 나타난다. 그러나 이 양쪽의 큰 차이는 나타나는 정도의 차이에 불과하고, 나타나는 것의 본질에 관한 차이가 아니다.

제22장 ─

　이 물자체(物自體, 우리는 칸트의 이 말을 기정의 공식으로 사용하려 한다)는 그 자체로 보아서는 이미 객관이 아니다. 모든 객관은 다시 물체라는 단순한 현상이며 이제는 이미 물자체가 아니기 때문이다. 그러나 만일 물자체를 어떻게든 객관적으로 사유하려면 물자체는 어떠한 객관에서, 즉 어떠한 형태로서 객관적으로 주어진 것, 따라서 물자체의 어떠한 하나의 현상으로부터 명칭과 개념을 빌려오지 않으면 안 되었다.

　그런데 이 현상을 합의점으로 이용하기 위해서는 물자체의 모든 현상에서 가장 완전한 현상, 즉 가장 명백한, 가장 발전한 인식에 의하여 직접으로 조명된 현상일 수밖에 없다. 그런데 이것이 바로 인간의 의지다. 그러나 여기서 잘 주의하지 않으면 안 될 일은 우리는 물론 이 경우, 보다 훌륭한 것에 의하여 작명(作名, denominatio a potiori)하고 있는 데 불과하고, 그러므로 의지라는 개념은 종래 사용하고 있는 것보다 더 넓은 범위를 가지고 있다는 것이다.

　플라톤이 자주 말한 것처럼, 서로 다른 여러 현상에서 같은 것을 인식하고, 유사한 것 속에서 다른 것을 인식하는 일이야말로 철학에 대한 조건이다. 그런데 이제까지는 자연에서 움직이고 작용하고 있는 모든 힘의 본질이 의지와 동일하다는 것은 인식되지 않았다. 그러므로 같은 속(屬)의 다른 종(種)에 불과한 다양한 현상이, 같은 속(屬)으로 간주하지 않고 다른 속으로 간주해 왔다. 따라서 또 이 속의 개념을 나타내는 말도 있을 수 없었다.

그러므로 나는 이 속을 가장 우수한 종에 따라서 작명하고, 이 종의 인식은 우리에게 가깝고 직접적이지만, 이 인식을 바탕으로 비로소 우리는 다른 모든 종을 간접적으로 인식하는 것이다. 따라서 의지라는 개념을 이 경우 필요에 따라서 확장할 수가 없고, 의지는 여전히 지금껏 이 말로써 표현되고 있는 하나의 종만을, 즉 인식에 의하여 인도되고 오로지 동기에, 추상적인 동기에 바탕을 두고 결국 이성의 지도하에 나타나는 의지 ― 이러한 의지는 이미 말한 것처럼 가장 명료하게 나타난 의지에 불과하다 ― 뿐이라고 생각하는 사람은 의지의 참된 뜻을 언제까지나 이해하지 못할 것이다.

여기서 우리는 직접으로 알고 있는, 다름 아닌 이 의지 현상의 가장 깊은 내면적인 본질을 사고에서 순수하게 가려내어, 다음에 이것을 동일본질(同一本質)의 보다 약한, 분명하지 않은 모든 현상으로 옮기고, 그리하여 의지라는 개념의 필요한 확장을 수행하지 않으면 안 된다. 그런데 모든 현상의 이 같은 본질 자체를, 의지라는 말로 표현하든 별개의 말로 표현하든 결국은 같은 것이라고 생각하는 사람이 있다면, 그 사람은 앞에서 말한 것과는 별도의 방식에서 내가 말하려는 것을 오해하는 것이다.

만일 본질로서의 물자체가 단순히 추리에 의하여 존재한다고 간주하고 따라서 간접적으로만, 또 추상적으로만 인식되는 그 무엇이라고 한다면, 어떠한 말로 표현하든 조금도 다름이 없을는지도 모른다. 만일 그러한 것이면, 두말할 필요 없이 물자체를 뭐라 이름 짓든 관계없다. 그 명칭은 어떤 미지수의 단순한 부호로써 존재하는 셈이다.

그러나 주문(呪文)처럼 자연에 있는 모든 것의 가장 깊은 내면적인 본질을 우리에게 보여 줄 의지라는 말은 결코 어떠한 미지수가 아니며 추리로써 얻어질 그 무엇도 아니다. 철저하게 직접으로 인식된 것이며, 우리가 가장 익숙하게 아는 것이다. 그러므로 우리는 의지는 무엇인가 하는 것은 의지 이외의 그 어떠한 것보다 더 잘 알고 있고, 또 이해하고 있다. 이제까지는 의지라는 개념은 힘이라는 개념 아래에 포괄되는데, 나는 이것을 반대로 자연의 모든 힘을 의지라고 생각하고 싶다.

이것을 말싸움에 불과하다든가, 아무래도 상관없다고 생각해서는 곤란하다. 오히려 이것이야말로 가장 의미심장한 가장 중요한 사항이다. 힘이라는 개념 바탕에는 다른 모든 개념과 마찬가지로 결국 객관적 세계의 직관적 의식이, 즉 현상이라든가 표상이라든가 하는 것이 존재하고, 힘이라는 개념이 여기에서 만들어지기 때문이다. 힘이라는 개념은 인과(因果)가 지배하는 영역에서, 즉 직관적 표상에서 추상되는 것으로, 따라서 원인학적(原因學的)으로는 온전히 그 이상의 설명은 할 수 없고, 모든 원인학적 설명의 필연적인 전제가 되는 점에서 원인이 바로 원인이 되는 것을 뜻한다.

이에 반하여 의지라는 개념은 모든 가능한 개념에서, 그 근원을 현상 속에 있지 않고 단순한 직관적 표상 속에도 있지 않으며, 각자의 내면 깊은 곳에서 오고, 가장 직접적인 의식에서 생기는 유일한 개념이다. 각자는 이 의지라는 개념에 자기 자신이라는 개체의 본질을 직접적으로, 아무 형식도 없이, 주관과 객관이라는 형식조차도 없이 인식하는 것이다.

의지는 인식과 인식된 것이 일치하므로, 만일 우리가 힘이라는 개념을 의지라는 개념으로 환원하면 실제로는 우리가 보다 미지의 것을 무한하게 이미 알고 있는 것으로 환원시킨 것이 된다. 우리가 실제로 간접적으로, 또 완전히 알고 있는 유일한 것으로 환원한 것이 되어서 우리는 우리의 인식을 현저하게 확장한 것이 된다.

그런데 만일 종래 행해져 왔듯이 인식을 의지라는 개념 아래 포괄하면, 세계의 내적 본질에 관해 우리가 가진 유일한 직접적인 인식을 포기하는 셈이 된다. 직접적 인식을 현상에서 추상한 개념에 몰입시키기 때문이다. 그러므로 이 같은 개념으로는 도저히 현상을 초월할 수는 없다.

제23장 —

물자체의 의지는 그 의지의 현상과는 전혀 다르며, 또 현상의 모든 형식으로부터도 완전히 자유다. 이 같은 현상의 형식은 의지가 나타나는 경우 비로소 취하는 형식이고, 따라서 의지의 객관성에 관계할 뿐으로 의지 자체와 관계가 없다. 하물며 이 형식에 종속하고 있는 여러 형식, 즉 대체로 근거의 원리라는 말로써 공통적으로 표현될 수 있다. 그중에는 알고 있는 것처럼 시간과 공간도 포함되지만, 이러한 형식과, 또 이러한 형식에 의하여 비로소 존립하고 가능하게 된 복수성(複數性)은 의지 자체에는 적합하지 않다.

원래 이 말은 옛 스콜라 철학에서 사용한 말인데, 이것을 빌려 시간과 공간을 개체화의 원리(principium individuationis)라고 하기로 한다. 이 점은 확실히 기억하기 바란다. 본질과 개념으로 보아 동일한 것을 다른 것으로 보고, 복수성으로 서로 나란히 전후해서 나타나는 것은 오로지 시간과 공간이기 때문이다. 그러므로 시간과 공간은 개체화의 원리이며, 이것이 스콜라 철학자들의 갖가지 궤변과 논쟁의 불씨가 되었는데, 이 같은 궤변과 논쟁은 수아레스(Francisco Suárez)[6]의 《형이상학 논구》(V. sect. 3)에 집약되어 있다.

이처럼 보면 물자체로서의 의지는 어떠한 형태에서 나온 근거의 원리에도 제약받지 않는다. 따라서 그 현상은 모두 완전히 근거의 원리에 따른 것이지만, 의지 그 자체에는 명백히 말하여 근거가 없다. 또한 의지의 시간과 공간의 현상은 무수하지만, 의지 그 자체는 모든 복수성으로부터 자유다. 의지 그 자체는 하나다.

그러나 이 하나라는 것은 어떤 객관이 하나라는 경우, 그 단일성(單一性)이 가능한 복수성에 대하여 인식되는 것 같은, 그러한 하나가 아니고, 또 복수성에서 추상에 의하여 생긴 하나라는 개념도 아니며, 의지는 개체화의 원리인 시간과 공간 이외에, 즉 복수성의 가능 밖에 존재하는 것으로서의 하나다. 이 모든 것이 다음에 말하게 될 여러 현상의 고찰과 의지의 여러 가지 나타남에 의하여 완전히 밝혀진 다음에 비로소, 우리는 시간과 공간, 그리고 인과성은 물체에는 귀속되지 않고 인식의 형식에 불과하다는 칸트

---

6) 스페인의 신학자·법률학자. 1548~1617년. 아리스토텔레스 철학과 토마스 아퀴나스의 신학을 강술하여, 당시 가톨릭교회 일류의 교의학자(敎義學者)로 중요시되었다.

의 학설의 진의를 충분히 이해할 수 있을 것이다.

의지가 근거가 있지 않다는 것은 실제로 인정되는 것이, 그것은 즉 의지가 인간의 의지로서 가장 분명히 나타내는 경우며, 인간은 이 의지를 자유롭고 독립한다고 부르짖었다. 그런데 이 의지 자체의 무근거성(無根據性)에만 마음이 쏠리고, 의지의 현상을 곳곳에서 지배하고 있는 필연성을 간과한 나머지 자유롭지도 못한 여러 가지 행위를 자유라고 말하고 있다.

무릇 개개의 행동은 모두 동기가 성격에게 주는 영향으로부터 엄밀한 필연성을 가지고 귀결되고 있다. 이미 말한 것처럼, 모든 필연성은 귀결과 근거의 관계며, 그 이상의 아무것도 아니다. 근거의 원리는 모든 현상의 보편적인 형식이고, 인간의 행위는 모든 현상과 마찬가지로 이 원리에 따르지 않으면 안 된다.

그러나 자기의식에서 의지는 직접으로 또 자체로서 인식되므로, 이 자기의식에서는 자유의 의식이 있다. 그런데 개체, 즉 개인은 물자체로서의 의지가 아니고 이미 의지의 현상이며, 현상으로서 이미 한정되어 있고 현상의 형식, 즉 근거의 원리에 따르고 있다는 사실이 간과된다. 여기서 기묘한 사실이 나타난다.

즉 모든 사람이 선천적으로 행동의 하나하나에 이르기까지 자유로운 것이라고 생각하고, 자신이 어떤 순간에도 별개의 생활 태도를 취할 수가 있다고, 즉 다른 사람이 될수 있다고 하는 것이다. 그러나 그는 후천적으로, 즉 경험에 의하여 자신이 자유롭지 못하고 필연성에 지배되어 있으며, 어떠한 결의와 반성을 하더라도 자신의 행동은 바꿀 수 없고, 자기 인생의 처음부터 끝까지, 자신이 갖고 싶지 않은 성격을 그대로 갖게 되고, 그리하여 자신이 맡은 역할을 끝까지 연출하지 않으면 안 된다는 것을 알고 놀라게 된다.

나는 여기서 이러한 고찰을 더 이상 자세히 논할 수는 없다. 이것은 사실 윤리적인 고찰로써 이 책의 다른 곳에서 말해야 할 일이기 때문이다. 여기서는 다만 다음의 것만 지적하고 싶다. 즉 의지는 그 자신은 근거가 없지만 의지의 현상으로는 필연성 원리, 즉 근거의 원리에 지배당하는 법이다. 이것은 자연의 여러 현상이 생기는 경우의 필연성을 위하여, 그 여러 현상에 의지의 표출을 인식하는 데 방해되지 않기 위해서이다.

이제까지는 동기, 즉 표상 이외의 근거가 없는 변화만이 이 의지의 현상이라 생각되었다. 그러므로 자연에서는 인간만이, 또는 기껏해야 동물이 의지를 가진 것으로 보아왔다. 이미 다른 곳에서 언급한 것처럼 사실 인식한다든지 표상한다든지 하는 것은, 동물의 동물다운 순수한, 그리고 동물만이 가진 성질이기 때문이다. 그러나 의지는 인식으로 인도되지 않는 경우도 작용한다는 것은 매우 손쉽게 동물의 본능과 공작충동(工作衝動)7)을 보면 알 수 있다. 이 경우 동물이 표상과 인식이 있다는 것은 문제가 되지 않는다.

동물이 목적을 향해 움직일 때는, 그 목적이 마치 인식된 동기처럼 작용하나, 동물은 목적을 인식하고 있지 않다. 동물의 이러한 행동은 동기 없이 행해지며 표상에 인도되지 않는다. 그리하여 우리에게 맨 먼저, 그리고 가장 명백히 의지가 티끌만 한 인식도 수반하지 않고서도 작용한다는 것을 보여준다.

생후 1년 된 새는 알에 대하여 아무 표상이 없으면서도 알을 낳기 위하여 둥지를 짓는다. 거미줄을 치는 어린 거미는 먹이에 대하여 아무 표상이 없다. 애명주잠자리는 애벌레일 때 개미에 대한 아무 표상이 없지만, 개미를 잡으려고 함정을 판다. 하늘가재

---

7) 이 같은 본능과 예술 충동에 관해서는 특히 제2편 제27장에 논하고 있다.

의 유충은 나무 안에 구멍을 파고 그곳에서 변태(變態)하는데, 그 때 수컷일 경우는 암컷의 두 배 크기의 구멍을 판다. 수컷일 경우는 뿔을 넣는 데 충분한 공간을 마련하기 위한 것으로, 유충은 뿔에 관해서는 아무 표상도 가지고 있지 않다.

동물의 이 같은 행위 중에는 다른 행위와 마찬가지로 의지가 작용하고 있다는 것은 너무나 명백한 일이다. 그러나 이 의지는 맹목적으로 작용하는 것으로, 인식을 수반하지만 인식에 의하여 인도되지는 않는다. 그런데 만일 우리가 동기로서의 표상은 의지 활동의 필연적·본질적 조건이 아니라는 것을 이해한다면 의지의 작용이 그다지 눈에 띄지 않을 경우도 의지가 작용하고 있음을 쉽게 인정할 것이다. 또 가령 우리가 짓는 집이 우리 의지와는 다른 의지로 지어지지 않는 것과 마찬가지로, 달팽이 껍질이 달팽이 자신도 모르는, 그러나 인식이 인도한 어떤 의지로 만들어진 것이라고는 생각하지 않을 것이다.

우리는 사람의 집도, 달팽이 껍질도, 모두 각기의 현상이 되어 자기를 객관화하는 의지의 소산이라 인정하고, 이 의지는 우리 인간에게는 동기에 의하여 움직이지만, 달팽이는 여전히 맹목적으로 외계를 향한 성형(成形) 본능으로 작용한다. 인간도 이 같은 의지가 맹목적으로 작용하는 때가 자주 있다. 인식으로 인도되지 않는 우리 신체의 모든 기능과 신체의 모든 생활 과정과 식물적 과정, 즉 소화, 혈액순환, 분비, 성장, 재생에 작용하고 있다. 신체의 동작뿐만 아니라 신체 자체가 앞에서 보아온 것처럼 철저하게 의지의 현상이며, 객관화된 의지이며, 구체적인 의지다. 그러므로 신체에서 행해지는 것은 모두 의지로 행해지지 않으면 안 된다.

그런데 이 경우 이 의지는 인식으로 인도되는 것이 아니고 동기에 의하여 규정되는 것도 아니며, 맹목적으로 작용하면서, 이 경우 '자극'이라는 원인에 의하여 규정되는 것이다. 내가 여기서 '원인'이라는 것은 가장 좁은 뜻으로 말하는 것이며, 물질의 한 상태가 다른 상태를 필연적으로 일으키는 경우, 그 상태가 계기가 되어 일으키는 변화에 같은 양의 변화를 받는, 즉 '작용과 반작용은 같다'라는 규칙으로 표현된다.

또 본래의 원인에 있어서는 작용(결과)은 원인과 정비례하고, 또 반작용도 비례하므로, 만일 작용 방식이 알려져 있으면 원인의 강도(强度)로부터 작용의 정도가 측정되고 계산될 수 있고, 그 반대도 가능하다. 이 같은 본래의 원인이라고 일컬어지는 것은 기계적 조직과 화학적 변화 등의 모든 현상에, 예컨대 무기물의 모든 변화에 작용한다.

그런데 내가 자극을 원인이라고 이름 지을 때, 그 원인은 그 자신이 그 작용에 상응하는 반작용을 받지 않고, 또한 그 반작용의 강도는 작용의 강도와 정도로서 병행되지 않으며, 작용의 강도는 따라서 반작용의 강도에 의하여 측정되지 않는 것이다. 오히려 이 경우는 자극을 좀 더 강하게 해도 작용이 상당히 증대할 수도 있고, 혹은 거꾸로 앞에 있었던 작용이 전혀 없어질 경우도 있다. 유기체 자체에 대한 작용은 모두 이러한 종류의 것이고, 즉 단순한 원인에 의해서가 아니라 자극에 응하여 동물의 신체의 모든 본래적인 유기적인 변화와 식물적인 변화가 행해지는 것이다.

그런데 자극은 일반적으로 모든 원인과, 또 동기와 마찬가지로 모든 힘이 시간과 공간에 나타날 때의 기점(起點)을 규정할 뿐이고, 그 이상으로 나타나는 힘 자체의 내적 본질은 규정하지 않는다. 우리는 이제까지 행한 영역에 따라서 이 힘의 내적 본질을 의지라고 인정하는 것이고, 여기서 우리는 신체의 의식적인 변화도 무의식적인 변화도 모두 의지에 의한 것이라고 생각한다.

자극은 인식에 의하여 철저하게 규정되어 있는 인과성과 가장 협의의 원인과의 중간이며, 양자의 다리 역할을 한다. 개인의 경우는 자극은 동기에 가까울 때도 있고, 또 원인에 가까울 때도 있지만 여전히 동기나 원인과는 다르다. 가령 식물의 수액(水液) 상승은 자극에 의하여 행해지고 단순한 원인으로는, 즉 수력학(水力學) 법칙이나 또 모세관(毛細管) 법칙에 의해서도 설명되지 않는다. 이 상승 현상은 이들 원인의 도움을 받는 것으로써, 그것만으로도 이미 단순한 원인에 의한 변화에 매우 가깝다.

이에 반하여 헤디사룸이나 미모사의 움직임은 단순한 자극으로 행해지는 것이고, 또 동기에 기인한 운동을 매우 닮아서 마치 그것에 이행하려고 하는 것같이 생각된다. 빛이 강해짐에 따라서 눈동자가 작아지는 것은 자극에 의한 것인데, 이것은 이미 동기에 기반을 두는 운동으로 옮겨가는 것이다. 그 까닭은 빛이 너무 강하면 망막이 아플 정도로 자극을 받으므로 그것을 피하기 위하여 눈동자가 수축되기 때문이다. 발기(勃起) 원인은 일종의 표상이므로 그것은 동기다.

그러나 이 원인은 자극과 마찬가지로 필연적인 작용을 한다. 즉 여기에 저항할 수 없으며, 이것이 작용하지 않기 위해서는 이것을 멀리하지 않으면 안 된다. 구토를 일으킬 듯한 불쾌한 경우도 마찬가지다. 자극에 의하는 운동과, 인식된 동기에 바탕을 둔 행동 사이의 전혀 다른 종류의 중간항(中間項)으로 간주하는 것은 이제 막 내가 말한 동물의 본능이다. 이러한 종류의 중간으로서 또 하나의 별개의 것으로 호흡이 있다고 말하고 싶을는지도 모르겠다. 물론 호흡이 수의운동에 속하는 것인가 불수의운동인가, 다시 말하여 본래 호흡이라는 것이 동기에 바탕을 둔 것인가, 자극으로 행해지는 것인가 하는 것은 이제까지 논의되고 있던 것으로서, 따라서 아마 양자의 중간일 것이라고 설명되고 있다.

마셜 홀은 호흡이 일부는 뇌수(즉 수의) 신경과 일부는 척수 (즉 불수의) 신경의 영향에 의하여 양쪽의 혼합작용이라고 설명하고 있다.(《신경계의 질병에 관해서》 293절 이하) 그러나 우리는 결국 호흡의 동기를 기반으로 하는 의지 발현의 하나라고 보지 않으면 안 된다. 다른 여러 동기, 즉 단순한 표상이 의지를 규정하여 호흡을 멈추게도 하고 빠르게도 할 수 있고, 또 호흡은 다른 모든 수의 행위와 마찬가지로 완전히 멈추게 할 수도, 마음대로 숨을 막히게 할 수도 있을 것같이 생각되기 때문이다.

실제로 이러한 일은 어떤 다른 무언가의 동기가 상당히 강하게 의지를 규정하고, 그것으로 이 동기가 공기에 대한 절실한 욕구보다 우세하다면 일어날 수도 있는 일이다. 어떤 사람들의 설에 의하면 디오게네스(Diogenes)[8]는 실제 이러한 방법으로 자살했다고 한다.(《디오게네스 라에르티오스》 VI, 76) 흑인들도 이렇게 죽었다고 한다.(F. B. 오지안더, 《자살론》 1813년, 170~180페이지)

이러한 실례로 우리는 추상적 동기의 영향이 강하다는 것, 즉 정말로 이상적인 의지 작용 쪽이, 단순한 동물적인 의지 작용보다 우세하다는 것을 말할 수 있을는지도 모른다. 호흡이 적어도 일부분은 뇌의 작용으로 제약된다는 것은 다음과 같은 사실에 의하여 입증할 수 있다.

즉 청산(靑酸)이 먼저 뇌를 마비시키고 다음에 간접적으로 호흡을 방해함으로써 죽음에 이르게 하는데, 만일 이 뇌의 마비가 없어질 때까지 인공적으로 호흡이 계속된다면 결코 죽음에까지는 이르지 않는다. 이 경우, 호흡은 동기가 자극과, 또 가장 단순한 원

---

8) 그리스의 철학자. 기원전 400?~323년경. '시노페의 디오게네스'라고도 한다. 금욕주의자로 소크라테스의 제자 안티스테네스의 제자다.

인이 작용하는 것과 같은 필연성으로 작용하고, 또 압력이 반대 압력에 의하여 그 힘을 잃게 되는 경우가 있는 것과 마찬가지로, 반대의 동기에 의하여 그 힘을 잃는 경우가 있는, 매우 명백한 실례를 보여주는 것이다.

호흡하는 경우, 이것을 멈출 수 있다고 생각할 수 있는 것은 동기에 바탕을 두어 일어나는 다른 어떠한 운동의 경우보다 훨씬 그 정도는 낮다. 사실 호흡의 경우는 동기가 매우 절박하고 직접적이며, 동기를 충족시키는 근육은 피로를 모르므로 동기의 충족은 매우 쉬우며, 보통 여기에 저항하는 일이 없고, 호흡 전체가 개체로서 가장 오랜 세월 동안 행해 온 습관에 의하여 지탱되고 있기 때문이다. 본래 모든 동기는 같은 필연성을 가지고 작용하는 것이다.

동기에 기반을 두는 운동에도, 자극에 의하는 운동에도 모두 필연성이 있다는 것이 인식되면 우리는 쉽게 유기체에서 자극에 의하여 온전히 법칙적으로 생기는 사항도 결국 본질적으로 보면 의지이고, 이 의지는 자체로는 아니지만 현상으로 된 이상, 전부 빠짐없이 근거의 원리, 즉 필연성에 지배된다는 것을 알게 될 것이다.9) 따라서 우리는 동물의 행동 자체도, 또 그 모든 생활, 체격, 조직에서도, 의지 현상으로 인식하는 데 만족하지 않고, 사물의 본질 자체에 관한 우리에게만 주어진 적접적인 인식을, 오로지 자극에 응하여 운동하는 식물에 옮겨서 생각해 보자.

그것은 인식이 결여된 것, 이 인식에 제약된 동기에 바탕을 둔 운동이 결여된 그것만이 동물과 식물의 본질적인 차이를 이루

---

9) 이 인식은 의지의 자유에 관한 내 현상 논문에 의하여 완전히 확인된다. 해당 논문(《윤리학의 두 가지 근본 문제》 30~44페이지)에서 원인, 자극, 동기의 관계도 상세히 논급했다.

기 때문이다. 그러므로 우리는 표상은 식물이라든가, 단순한 식물적 성장이라든가, 맹목적으로 작용하는 힘이라고들 생각되는 것은 그 본질 자체로는 의지라고 하며, 그리고 그것은 우리의 행위와, 우리의 신체 자체의 모든 존재에 나타나는 것 같은, 우리 자신의 현상에 기반을 이루고 있는 것과는 동일한 것이라고 인식할 것이다.

여기서 우리에게 남겨진 마지막 단계는 우리의 고찰 방법을 확장하고, 자연에서 보편적인 불변의 여러 법칙에 의하여 작용하고 있는 힘, 모든 물체의 운동을 지배하고 있는 힘, 전혀 기관(機關)이 없으며 자극에 대하여 감수성도 없고 동기에 대하여 인식도 없는 힘, 이 같은 여러 힘에까지 미치게 하는 것이다. 따라서 우리 자신의 본질의 직접적인 인식만이 우리에게 사물의 본질 자체를 이해하게 하는 열쇠를 주는데, 우리는 이 열쇠를 모든 현상 중에서 우리에게 가장 멀리 떨어져 있는 무기계에 속하는 이들 현상에 맞추어 보지 않으면 안 된다.

그런데 이들 현상을 탐구적인 눈으로써 한번 살펴보자. 물이 낮은 곳으로 흘러가려는 순간의 강렬한 제지할 수 없는 충동, 자석(磁石)이 기어코 북극으로 향하려는 집요함과, 쇠와 돌이 자석에 달려드는 힘, 전기의 양극이 다시 붙고자 할 때의 격렬함, 마치 사람이 떼어내려 하면 할수록 강렬해지는 그 상태. 또 결정(結晶)은 신속히, 또한 깜짝할 사이에 만들어지는데 여기에는 세세한 형식상의 규칙이 있다. 이 규칙성은 확실히 본래부터 여러 방향으로 향하려는 노력이 있으며, 이것은 응고하고 고정하여 완전히 결정되어 정밀히 규정되고 있음을 보여준다.

또 물체가 액체가 됨으로써 자유롭게 되고, 강성(剛性)의 속박에서 벗어나 서로 구하고 서로 멀어지고, 합하고 분리하는 경우에 볼 수 있는 선택. 마지막으로 우리가 직접 느끼는 일이지만 무게를 가진 물건이 대지로 향하려고 할 때 우리가 이를 저지하면, 물건은 우리 신체에 끊임없는 중압을 가하면서 물질이 가진 유일한 노력을 끝내 수행하려고 한다.

이처럼 여러 가지 현상을 보면 우리가 특별히 상상하려고 애쓰지 않아도, 우리와 동떨어진 현상에서도, 우리 자신의 본질을 재인식할 수가 있을 것이다. 즉 그 본질은 우리에게는 인식의 빛에 조명되면서 그 목적을 추구하는데, 무기계, 즉 그 본질이 가장 약한 현상계에서는 다만 맹목적으로, 둔하게, 일방적으로, 또 변화 없이 노력할 뿐이다. 그러나 어느 것이든 그 본질은 동일하므로, 마치 새벽녘의 여명도, 한낮의 광선도 모두 햇빛으로 불리듯이, 무기계에서나 인간에게나 의지라고 부르지 않으면 안 된다. 그리고 이 의지야말로, 세계에서의 모든 사물의 존재 자체며, 모든 현상의 유일한 핵심이라는 것을 나타내는 것이다.

무기계의 여러 현상과 우리가 우리 자신의 본질의 내면이라고 느끼는 의지와의 거리는 여기서 오히려 두 가지가 전혀 다르다고 보이는 점으로 말하자면, 주로 무기계 현상에서는 완전히 일정한 합법칙성이 행해지고 있는데, 인간의 현상 방식은 얼핏 보면 규칙 없는 자의(恣意)가 행해지고 있다는 양자의 대조에서 유래한다. 그것은 인간에게 개성이 강하게 나타나기 때문이다. 각자는 제각기 성격을 갖고 있다.

그러므로 다 같은 동기라 할지라도 반드시 모든 사람에게 같은 힘을 미친다고는 볼 수 없다. 여러 가지 부수적인 사정이 어느 개인의 넓은 인식 영역에 존재해도 다른 여러 개인은 이것을 모르는 일도 있고, 이 같은 부수적 사정이 그 동일한 동기의 작용을 변하게 하는 것이다. 따라서 동기만으로 행위를 미리 규정할 수는 없다. 거기에는 또 하나의 별개의 요인인 개인의 성격과, 이 성격에 수반하는 인식에 관계되는 세밀한 지식이 부족하기 때문이다.

이에 반하여 자연력의 여러 현상은 이 경우 이와는 정반대다. 자연력은 아주 작은 오차도 없이, 개성도 없이, 일반 법칙에 따라서 명백히 현존하는 사정에 따라 작용하고 매우 정밀하게 예정된다. 그리고 이와 동일한 자연력은 그 무수한 현상에서 같은 방식으로 나타난다. 이 점을 해명하고 의지는 하나의 불가분의 것으로서 의지의 가장 약한 현상에도, 가장 강한 현상에도, 아무리 차이가 나더라도, 모든 현상에 있어서, 동일한 것이라는 것을 증명하기 위해서는 우리는 먼저 첫째로, 사물 자체로서의 의지의 현상에 대한 관계, 즉 의지로서의 세계와 표상으로서의 세계에 대한 관계를 고찰하지 않으면 안 된다. 이것에 의하여 우리는 이 제2권에서 취급한 문제 전체를, 보다 더 깊이 연구하기 위한 가장 좋은 방법을 발견할 수 있을 것이다.[10]

제24장 —

우리가 위대한 칸트에게 배운 것은 시간과 공간의 인과성은 그것의 모든 합법칙성(合法則性)으로 보나, 모든 형식의 가능성으

---

10) 제2편 제23장 참조. 내 저서 《자연에서의 의지에 관하여》의 〈식물 생물학〉 장(章)과 나의 형이상학으로서 특히 중요한 〈자연 천문학〉 장 참조.

로 보나, 그 속에 나타나고 그들 내용을 이루고 있는 여러 객관적인 것으로부터 완전히 독립하여 우리의 의식 속에 존재한다. 다시 말하면 시간과 공간과 인과성은 객관에서 출발하나 주관에서 출발하나 함께 발견할 수 있다는 것으로서, 이들은 같은 권리를 갖고서 주관이 갖는 직관의 방식이라 부를 수도 있고, 또는 객관의 —그 객관의 객관(칸트는 현상이라 한다) 즉 표상인 한에서는— 성태(性態)라고도 할 수 있다.

그들 형식은 객관과 주관 사이의 불가분의 한계라고도 볼 수 있다. 그러므로 사실 모든 객관은 이들 형식에 나타나지 않을 수 없지만, 주관은 현상하는 객관으로부터는 독립으로, 이들 형식을 완전히 소유하고 개관한다. 그런데 만일 이들 형식 속에 나타나는 여러 가지 객관이 공허한 환영이 아니고 어떠한 의의가 있는 것이라면, 이들 객관은 객관이 아닌 그 무엇을 뜻하고, 객관이 아닌 무엇인가의 표현이 아니어서는 안 된다. 즉 그 무엇이라는 것은 다시 그들 객관 자체와 마찬가지로 객관, 즉 표상이 아니고 단순히 상대적으로, 즉 주관에 대해서만 존재하는 것이 아닌, 본질적인 제약으로서 주관에 대립하는 것과, 그 형식으로부터 독립해 존재하는 것, 즉 표상이 아니고 물자체가 아니면 안 된다.

여기서 적어도 다음과 같은 의문이 생길 수 있을 것이다. 그들 표상과 객관은, 그것이 주관의 표상이며 주관의 객관이라는 점을 제외해도 여전히 그 무엇이라 할 수 있는가? 그리고 만일 그 무엇이라면 그것은 어떠한 뜻인가? 그들 객관이 가진 면에서 표상과 전혀 다른 면이란 무엇인가? 물자체란 무엇인가? 의지 이것이 우리의 답이었지만, 나는 당분간 여기에 언급하지 않겠다.

물자체가 무엇이든, 칸트는 시간과 공간과 인과성은 (우리는 이것을 나중에 근거의 원리가 갖는 여러 형태로서 인식하고, 근거의 원리를 현상 형식의 일반적인 표현으로 인식한 것이지만) 물자체의 여러 규정이 아니라 물자체가 표상이 된 뒤에, 또 표상이 된 그 범위에서 비로소, 다시 말하여 물자체가 현상에 속하는 범위 안에서 비로소 물자체에 귀속하는 것이고, 물자체 자신에는 귀속하지 않는다고 올바르게 결론을 내렸다. 주관은 모든 객관으로부터 독립하여 스스로 이러한 형식을 완전히 인식하고 구성하기 때문에 이들 형식은 표상이 되는 것이 아니고, 표상 존재 그 자체에 부수되지 않으면 안 되기 때문이다.

이들 형식은 표상 자체의 형식이 아니어서는 안 되고, 표상이라는 형식은 다른 어떠한 사물의 성질이어서는 안 된다. 이들 형식은 주관과 객관의 단순한 대립이라는 것과 동시에 이미 (개념에서가 아니고 실제에 있어서) 주어져 있지 않으면 안 된다. 따라서 인식 일반의 형식을 세밀히 규정한 것에 불과하고, 이것을 가장 일반적으로 규정한 것이 주관 객관의 대립이라는 것이다.

그런데 현상이 되고 객관이 되는 것, 이것은 시간과 공간과 인과성에 의해서만 표상될 수 있고, 다시 이들 형식에 제약되는데 그것이 서로 나란히 앞뒤로 일어남으로써 다수성(多數性)이 되고, 인과성 법칙으로 변화와 지속된다. 또 인과성을 전제로 비로소 표상될 수 있는 물질이 되며, 마지막으로 이 물질을 매개로 하여 비로소 표상될 수 있는 모든 것이 된다. 이 모든 것은 총체적으로 나타나는 그것, 표상 형식을 취한 그것에 본래 고유한 것이 아니고 표상이라는 형식 자체에 속하는 데 불과하다.

그런데 이와 반대로 현상 속에서 시간과 공간과 인과성에 제약되지 않고, 이 같은 형식에 환원되지도 않으며, 또 이들 형식에 의하여 설명되지도 않는 것, 이것이야말로 직접으로 현상하는 것, 즉 사물 자체를 나타내는 것이리라. 따라서 가장 완전한 인식 가능성, 즉 최대의 명석성(明晳性), 판명성(判明性), 남김 없는 탐구 가능성은 필연적으로 인식 자체에 고유한 것, 즉 인식의 형식에 속하겠지만, 그 자체가 표상이 아닌 것, 즉 객관이 아닌 것, 이 같은 형식을 가짐으로써 비로소 인식 가능하게 된 것, 즉 표상과 객관으로 된 것은 귀속하지 않는다.

말하자면 (인식되는 내용, 그리고 비로소 표상이 된 것에 의존하는 것이 아니고) 인식되는 것, 표상이 되는 것의 일반(一般), 그리고 인식되는 것, 표상이 되는 자체에만 의존하는 것, 그러므로 인식되는 모든 사물에 차별 없이 귀속하는 것, 바로 이 이유에서 객관에서 출발하든 주관에서 출발하든 모두 발견될 수 있는 것, 이 같은 것만이 조금의 어설픔도 없이 충분히, 완전하게, 그리고 철저하게 명석한 인식을 줄 수 있으리라.

그런데 이 같은 것은 우리가 선천적으로 의식하고 있는 모든 현상의 여러 형식 속에 있는 것에 불과하고, 이 같은 형식은 총괄하여 근거의 원리라고 일컬어지며, 직관적인 인식(우리는 여기서 오로지 이것을 문제 삼는데)에 관계하는 이 원리의 형태가 시간과 공간과 인과성이다. 순수 수학 전체와 선천적인 순수 자연과학은 오로지 이 같은 형식에 바탕을 두고 있다.

그러므로 이 같은 수학과 자연과학에서만은, 인식에 조금도 불투명한 점도 없이, 또 근거를 규명할 수 없는 것(근거 없는 것, 즉 의지)에 봉착하는 일도 없이, 또 거슬러 올라가 연역할 수도 없는 것에 도달할 수도 없다. 이 같은 점에서 칸트는 이미 말한 것처럼 이런 인식을 특히, 아니 오로지 논리학이라는 것을 별도로 과학이라고 부르려 했다.

그러나 다른 한편으로 말하면 이 같은 인식은 표상과 표상의 단순한 관계, 즉 완전히 내용 없는 형식을 나타내는 데 불과하다.

만일 이 같은 인식이 내용을 갖고 이들 형식에 현상이 들어가면, 그 내용과 현상은 이미 그 본질을 이제는 완전히는 인식되지 않는 그 무엇을, 이제는 더 이상 다른 무엇으로는 설명되지 않는 그 무엇을, 즉 그 인식의 명증성(明證性)을 상실하고, 완전한 명료성을 상실하는 것, 근거 없는 그 무엇을 포함하는 것이 된다.

근거의 규명을 면하게 하는 이러한 것이 바로 물자체이며, 이것은 표상이 아니며, 이 같은 형식을 취하여 비로소 인식될 수 있는 것, 그것이다. 이 형식은 원래는 물자체로는 관계가 없는 것이며, 물자체는 이 형식과 결코 완전히 합치할 수도 없고, 또 결코 단순한 형식으로 환원될 수도 없다. 그리고 이 형식은 근거의 원리이므로, 물자체는 그러므로 완전히는 그 근거를 규명할 수 없는 것이 된다.

그리하여 비록 모든 수학이 우리에게 현상에 관한 크기와 위치와 수를, 요컨대 공간적 관계와 시간적 관계에 관한 충분한 인식을 제공하고, 다시 모든 원인학(原因學)은 여러 현상이 자신의 모든 규정을 수반하여, 시간과 공간 속에 나타나는 법칙적인 여러 조건을 완전히 나타내기는 하지만, 아무리 설명한다 한들, 그때마다 어떤 일정한 현상이 어째서 하필이면 여기 이제 나타나며, 왜 하필이면 이제 여기 나타나지 않으면 안 되는가 하는 필연성 이상의 것은 가르치지 않는다.

결국 우리는 수학과 원인학의 도움을 빌리는 한에는 영원히 사물의 내면 깊이 존재하는 본질을 규명할 수는 없고, 거기에는 여전히 아무리 해도 설명되지 않는, 오히려 언제나 설명의 전제가 되는 무엇인가가 남는다. 즉 자연의 여러 가지 힘, 여러 가지 사물의 일정한 활동방식, 여러 가지 현상의 성질과 성격, 근거가 없는 것, 이들은 모두 현상의 형식인 근거의 원리에는 의존하지 않고 이 형식 자체도 근거의 원리에는 관계가 없지만, 한 번 이 형식에 들어가면 그 법칙에 따라서 나타나는 것이다.

그러나 이 법칙은 바로 그 나타나는 방식을 규정하는 데 불과하고, 나타나는 것을 규정하는 것이 아니다. 즉 현상의 방법을 규정하는 데 불과하고, 나타나는 것을 규정하는 것이 아니다. 형식을 규정하는 데 불과하고, 내용을 규정하지는 않는다. 역학과 물리학과 화학은 불가입성(不可入性), 중력, 강성(剛性), 유동성(流動性), 응집력(凝集力), 탄성, 열, 빛, 친화성, 자기(磁氣), 전기 등을 움직이게 하는 규칙과 법칙을 가르친다. 이것들은 이들 여러 가지 힘이 시간과 공간 속에 나타날 때마다 생기는 법칙이며 규칙인데, 그들 힘 자체는 아무리 설명해도, 역시 여전히 숨은 여러 성질이다. 이것이야말로 물자체고, 나타나는 것으로 그 같은 여러 가지 현상이 되지만, 그들 현상 자체와는 전혀 다른 것이기 때문이다.

물론 물자체가 현상으로 된 경우는 표상의 형식으로서의 근거의 원리에 완전히 지배되어 있으나, 물자체는 결코 이 같은 형식에 환원되지는 않는다. 따라서 원인학적으로 궁극적인 것에까지 소급해 설명할 수도 없고, 완전히 그 근거를 규명할 수는 도저히 없다. 물자체가 표상의 형식을 취한 범위 안에서는, 즉 형상으로 된 범위 안에서는 완전히 이해될 수도 있다. 그러나 물자체의 본성은 그 불가해성(不可解性)으로 말미암아 조금도 설명되지 않는다.

그러므로 하나의 인식이 그가 가진 필연성의 증대에 따라, 즉 그 인식에 있어서 공간적인 여러 관계처럼 그 이외에는 전혀 사유되지 않고, 또 표상도 되지 않는다는 요소가 증대됨에 따라, 다시 말하면 인식이 명료성과 충족의 정도가 증대됨에 따라서 더욱더 순 객관적인 실질은 감소하며, 혹은 점차 인식에서의 본래의 실재성(實在性)이 감소한다.

이와 반대로 인식에 있어서 순수하게 우연한 것으로 해석하지 않으면 안 되는 것이 많으면 많을수록, 우리가 어떻게 해서라도 단순한 경험적으로 주어진 것이라고 보아야 할 것이 많으면 많을수록, 그것만큼 더욱 인식에는 참되게 객관적인 것, 실제적인 것이 많다. 그러나 이것과 동시에 설명될 수 없는 것, 즉 더 이상 다른 것으로부터는 연역되지 않는 것들도 많다.

물론 어떠한 시대에도 목적을 잘못 세운 원인학은 모든 유기적인 생명을 화학적 현상 내지는 전기에 환원하려고 하든지, 또는 모든 화학적 현상, 즉 성질을(원자의 형태에 의한 작용인) 기계적 현상으로 환원하려 했다. 그 기계적 현상을 일부는 운동학의 대상, 즉 시간과 공간이 합치하여 운동의 가능성으로 된 것으로 환원하고, 일부는 단순한 기하학의 대상, 즉 공간에서의 위치에 환원시키려고 했다.(이를테면 당연하게도, 거리의 제곱에 비례해 작용이 저하한다는 것 같은 지레의 이론을 순 기하학적으로 구성한다)

마지막으로 기하학은 산술에서 문제가 해결된다. 산술은 차원이 하나이므로 근거의 원리의 형태에서 가장 이해하기가 쉽고, 가장 개관하기 좋고, 마지막까지 근거를 규명할 수 있는 형태다. 여기서 일반적으로 거론된 방법의 예는 데모크리토스의 원자론, 데카르트의 와동설(渦動說), 르사주의 기계적 물리학 등이다. 르사주는 18세기 말에 화학적인 친화력도, 중력도 기계적으로 충동과 압력에 의하여 설명하려 했다. 좀 더 상세한 것은 그의 《뉴턴의 루크레티우스(Lucrèce Neutonien)》를 보면 알 수 있다. 또 라일이 동물적 생명의 원인으로 형태와 혼합을 들고 있는 것도 이와 같은 지향(志向)이다.

끝으로 바로 현재, 19세기 중반에 다시 일기 시작한 저속한 유물론은 자신들의 무지를 독창적인 것으로 생각하는데, 이것 역시 이상의 여러 예와 완전히 같은 종류에 속한다. 이 유물론은 어리석게도 처음부터 생명력을 부정하고, 여러 가지 생명 현상을 물리적인 힘과 화학적인 힘으로부터 설명하려고 하며, 이 같은 힘을 물질의 기계적인 작용으로부터, 즉 공상의 소산인 원자의 위치와 형태와 운동으로부터 발생하는 것이라 했다. 그리하여 이 같은 자연의 모든 힘을 원동(原動)과 반동으로 환원시키려는 것으로서, 이 원동과 반동이 그 유물론의 '물자체'다.

따라서 이러한 생각으로 말하면 빛도 공상적인, 이 목적을 위하여 요청된 에테르의 기계적인 진동이며, 또 파동이라고 해야 한다. 이 에테르가 눈에 도달해 망막을 진동시키고, 이 진동수가 매초 483조(兆)면 붉은색이 되고, 727조면 보라색이 된다고 한다. 그렇다면 색맹은 이 진동수를 헤아릴 수 없는 사람이 될 것이다. 정말 그렇지 않은가? 이런 엉터리 같은 기계적인 데모크리토스식의 졸렬한, 그리고 실로 알맹이 없는 이론은 괴테의 색채론(色彩論)이 나온 지 50년이 지난 오늘날에도 여전히, 뉴턴의 빛의 동질설을 신봉하고 공언하는 것을 부끄럽지 않게 생각하는 무리에게는 안성맞춤인 이론이라 할 수 있다.

이 같은 무리는 같은 일이 어린아이(데모크리토스)에게는 허용되어도, 어른에게는 허용되지 않는다는 것을 알아차릴 것이다. 그들은 언젠가는 형편없는 결과에 도달하는 일도 있을지 모르지만, 이 경우에 그들은 남몰래 피하여 그러한 설을 신봉하지 않는 것처럼 할 것이다.

이처럼 여러 근원적인 자연의 힘을, 잘못해 서로 환원시키는 방식에 대해서는 우리는 언제나 한번 논급해 볼 생각인데, 여기서는 이것으로 끝맺는다. 만일 이 같은 설이 허용된다면 말할 것도 없이 모든 사항은 설명되고, 근거는 규명되며 결국은 하나의 계산 문제로 환원되고 말 것이다. 만일 그렇게 되면 계산 문제는 지혜의 신전에서 가장 신성한 것이 되고, 근거의 원리가 요행히 도달하는 지점도 결국 이것 외에 있을 수 없는 것이 될 것이다.

그러나 그렇게 되면 현상의 내용은 모두 없어지고, 단순한 형식만이 남을 것이다. 즉 나타나는 것이 '무엇인가' 하는 것은 '어떻게' 나타나는가에 환원될 것이다. 그리고 이 '어떻게'는 선천적으로도 인식할 수 있는 것이므로 완전히 주관에 의존하고, 따라서 주관에 의해서만 존재하고, 그러므로 단순한 환영(幻影)이며, 철저하게 표상과 표상의 형식이고, 물자체에 관해서는 아무 문제점을 제공하지 않을 것이다.

그러므로 만일 이 설이 허용된다면 전 세계는 실제로 주관으로부터 연역된 것이 되고, 사실 피히테가 허풍으로 이루어 놓은 것처럼 겉으로만 성취한 것같이 될 것이다. 그런데 사실은 그렇게 되지는 않는다. 그런 방식으로는 공상과 궤변과 환상은 될 수 있을지 모르나 과학은 될 수가 없다. 그것은 자연의 천태만상 현상을 개별적인 여러 근원력으로 환원하는 것을 성공적으로 이루어 놓은 셈이다.

그리고 성공적으로 된 그때, 참된 진보도 이루어 놓게 되는 셈이다. 즉 처음에는 다른 것으로 생각되었던 몇 개의 힘과 성질 속에서 어떠한 것이 다른 것으로부터 연역하며 (전기에서 자기가 연역하는 것 같은) 그리하여 그 수가 줄게 되었다. 자연의 모든 근원적인 힘 자체를 인식하고 제시하며, 그리고 그와 같은 힘의 작용 방법을, 즉 인과율에 의하여 그들 힘의 표출이 시간과 공간 속에서 생기고, 상호 그 위치를 규정하는 경우에 존재하는 규칙을 확립하면 원인학의 목적은 달성한 것이라고 할 수 있다.

그러나 근원력은 언제나 남을 것이다. 즉 불용해성(不溶解性)의 잔재로서 언제나 현상의 내용이 남고, 이 내용은 그 형식에 환원되지 않는 것, 따라서 근거의 원리에 의하여 다른 그 무엇으로부터도 설명할 수 없다. 자연의 그 어느 것에도, 그 근거를 보여주기 어려운 설명이 불가능한, 원인을 규명할 수 없는 그 무엇이 포함되어 있기 때문이다. 이것이 즉 그 사물의 독특한 작용 방식이며, 이것이야말로 그 자체가 현재 존재하는 방식이며, 그 본질이다. 물론 사물 하나하나의 작용에 관해서는 모두, 그것이 바로 지금, 그리고 바로 이곳에서 행해지지 않을 수 없다는 원인을 입증할 수는 있다.

그러나 자체가 어떻게 이렇게만 작용한다는 원인을 입증한다는 것은 도저히 불가능한 일이다. 만일 그 자체가 다른 어떠한 성질도 없으며, 태양 광선에 보이는 먼지 중의 하나라 하더라도, 그것은 적어도 중력(重力)과 불가입성(不可入性)으로써, 근거를 규명할 수 없는 그 무엇을 보여주고 있다.

그런데 이것이야말로 내가 되풀이해 말하지만, 그 자체로는 인간에게 있어서 의지라는 것과 같은 것이고, 의지와 마찬가지로 그 내적 본성은 설명되지 않으며, 그 자체로는 의지와 동일한 것이다. 원래 의지의 그때그때의 발현(發現)에 대해서는, 즉 이때 이 장소에서의 의지의 하나하나의 동작에 대해서는, 그 인간의 성격이라는 것을 전제로 하고서, 그 의지가 필연적으로 발동시킨 동기를 지적할 수가 있다.

그러나 그 인간이 이러이러한 성격이 있고, 무언가를 하려 하고, 몇 개의 동기 중에서 다름 아닌 이 동기를 취하고, 어느 하나의 동기가 그의 의지를 움직인다는 것의 근거는 결코 설명되지 않는다. 인간의 성격은 동기로 말미암아 일어난 행위를 설명하는 데는 전제가 되는 것으로, 그 근거는 규명할 수 없지만, 이것이야말로 모든 무기물은 본질적인 성질이며 운동방식으로서, 그 발현은 외부로부터의 영향에 의하여 야기되는 것이다.

그런데 그 본질적인 성질, 운동방식 자체는 그 이외의 어떠한 것에 의해서도 규정되지 않고, 또 설명도 되지 않는다. 그 성질은 그 같은 하나하나의 현상에 의하여 비로소 가시적으로 되지만, 이 하나하나의 현상은 근거의 원리에 지배당하고 있다. 그러나 이 성질 자체는 근거를 갖지 않는다. 이미 스콜라 철학자들은 이것을 대체로 정확하게 인식하고, 실체의 형식(forma substantialis)이라 불렀다.11)

우리가 가장 이해하기 쉬운 것은 가장 빈번한, 가장 일반적인, 가장 단순한 형상이라고 말하는데, 이것은 늘 있을 수 있는 잘못이며, 동시에 큰 잘못이다. 오히려 이 같은 형상은 우리가 늘 일상적으로 보고 있는 것이고, 거기에 관하여 무지인 것에 익숙한 것 같은 현상이다. 돌이 땅 위에 떨어지는 것은 동물이 운동하는 것과 마찬가지로 설명 불가능한 것이다.

지금까지 생각되어 온 것은 앞에서 말한 것처럼(중력, 응집력, 불가입성 같은) 가장 일반적인 자연의 여러 힘으로부터 출발하여 이것을 바탕으로 이것보다 특수한, 그리고 복잡한 사정에서만이 작용하는(화학적 성질, 전기, 자기 같은) 여러 힘을 설명하고, 그리고 마지막으로 이들 힘으로부터 유기체와 동물의 생명, 인간의 인식작용과 의지 작용까지도 이해하려는 것이다.

이 경우 암묵 속에 순전히 숨은 여러 성질이 그것들의 거점

---

11) 여기에 관해서는 수아레스의 《형이상학 논구》 XV, sect. 1. 참조.

(據點)이 되었는데, 이러한 성질을 다시 규명할 생각은 없고, 그것을 토대로 논리를 세우려고 했기 때문에 그 같은 성질의 해명은 포기되었다. 이미 말한 것처럼 그러한 일은 성공할 수가 없다. 그러나 한 번 시도해 본다 한들, 그처럼 하여 성립된 논리는 언제나 공중누각일 것이다. 어떻게 설명해도 그 설명이 첫 번째 문제와 마찬가지로 미지의 것으로 귀착되는 것이라면 아무 소용도 없다.

그러나 결국 그 같은 일반적인, 자연의 여러 힘의 내적 본질에 관해서는 동물의 내적 본질에 관한 것보다 이상으로 이해되는 것일까? 양쪽 모두 규명되지 않은 것이 아닌가? 그 근거가 규명되지 않은 이유는 그것이 근거를 가지지 않았기 때문이며, 그것이 현상의 내용이고 본체기 때문이며, 이 본체는 결코 현상의 형식, 즉 현상의 방식, 근거의 원리에 환원되는 것이 아니다.

그런데 우리는 여기서는 원인학이 아닌 철학을, 즉 세계의 본질에 관한 상대적인 인식이 아니라 절대적인 인식을 목표로 하므로, 앞에서 말한 결과는 반대의 길을 찾아서 우리는 직접적이고, 가장 완전히 알고 있으며, 가장 친숙한 것, 우리에게 가장 가까운 것으로부터 출발하여, 우리에게 가장 먼, 편파적인, 간접적으로만이 알려진 것에 불과한 것을 이해한다.

그리하여 우리는 가장 강렬하고 중대하며 명백한 현상에서 불완전한 미약한 현상을 배우려고 생각하는 것이다. 나 자신이 신체를 제외하면, 내가 알고 있는 것은 모든 사물의 한 면, 즉 표상의 면뿐이다. 그와 같은 것들의 여러 가지 변화를 일으키는 원인을 모두 내가 알고 있다 한들, 그 내적 본질은 여전히 내게는 닫힌 그대로이며 속 깊은 비밀이다.

어떠한 동기의 작용으로 내 신체가 어떠한 행동을 한다. 이것은 외적인 여러 가지 근거에 규정된 나 자신의 변화의 내적 본질이지만, 나는 이 경우에 내 내부에서 행해지는 것을 비교함으로써만, 여러 가지 무생물이 원인에 바탕을 두고 변화하는 방식을 통찰할 수가 있고, 그리하여 이들 무생물의 내적 본질의 정체를 이해할 수가 있고, 원인을 알고 있더라도 그것은 그 본질의 출현이 시간과 공간 속에 들어올 때의 규칙을 보여 줄 뿐이고, 그 이상의 아무것도 아니다.

내가 이것을 할 수 있는 것은 내 신체만이 특별한 객관이고, 그것은 내가 그 한 면, 즉 표상의 면만이 아니라, 의지라 부르는 제2면도 알 수 있는 유일한 객관이기 때문이다. 따라서 나 자신의 신체 조직과 나아가서는 내 인식 작용과 의지 작용, 동기에 바탕을 둔 내가 하는 운동 같은 것은 만일 이러한 것들을, 전기와 화학 현상과 기계 현상에 의한 원인으로부터 발생하는 운동으로 환원하는 일을 할 수만 있다면, 좀 더 잘 이해되리라 생각한다면 잘못이다.

오히려 나는 내가 구하는 것이 원인학이 아니고, 철학인 이상, 원인에 바탕을 두고 일어나는 무기물의 가장 단순하고 가장 평범한 운동이라도, 그 내적 본질은 첫째로 동기에 바탕을 두고 행해지는 나 자신의 운동으로부터 배워 나아가야 한다. 그리고 자연의 모든 물체에 나타나는 근거의 규명할 수 없는 여러 가지 힘은 그 성질상, 내 안에 있어서 의지와 같으며, 정도의 차이에 지나지 않는다는 것을 인식하지 않으면 안 된다.

근거의 원리에 관한 논문에서 거론된 제4종의 표상(동기에 관한 표상)은, 내 생각으로는 제1종의 표상(존재에 관한 표상)의 내적 본질을 인식하기 위한 열쇠가 되지 않으면 안 되고, 그리하여 나는 동기의 원리로부터 인과성 원리의 내적인 의의를 이해하는 것을 배우지 않으면 안 된다.

스피노자

　어떠한 충격으로 돌이 하늘을 날 때, 만일 돌에 의식이 있다면 자신의 의지로 날고 있다고 생각할 것이라고 스피노자는 말했다.(《서간》 62) 나는 여기에 덧붙여서 돌의 생각은 옳다고 말하고 싶다. 그 충격은 돌도, 내 동기와 같으며, 돌의 경우 응집력·중력·불변성으로 가정된 상태에서 나타나는 것은, 그 내적 본질로 보면 내가 내 내면에 있어서 의지로써 인식된 것과 동일한 것이며, 돌에도 인식이 부과된다면 의지로써 인식될 것이기 때문이다.

　스피노자는 앞에서 말한 곳에서 돌이 날 때의 필연성에 주목하고, 이 필연성을 인간 개개의 의지 행위의 필연성으로 옮겨 생각하려고 하는데, 그것은 일리가 있는 일이다. 그런데 내가 고찰하는 것은, 모든 실재적인 필연성(원인에서 결과가 생기는)을 그 전제로 하고, 비로소 의의와 타당성을 부여하는 내적 본질이며, 인간은 성격이라 하고 돌은 성질이라 하는데 양자는 같으며, 직접으로 인식되는 경우는 의지라고 불린다.

　그리고 그것이 돌은 최저의, 인간은 최고도의 가시성(可視性), 즉 객관성을 갖는다. 모든 사물의 경향에는 인간의 의지 작용과 같은 것이 있다는 것은 아우구스티누스(Aurelius Augustinus)[12]까지

---

12) 초대 그리스도교 교회의 위대한 철학자·사상가. 354~430년. 저서에 《고백록(告白錄)》, 《삼위일체론(三位一體論)》, 《신국론(神國論)》이 있다.

도 올바른 느낌으로 인식했다. 그래서 나는 여기에 이 문제에 관한 그의 소박한 말을 기록하지 않을 수 없다.

"만일 우리가 짐승이라면, 육신의 생활과 그 감각에 일치하는 것을 사랑할 것이다. 그리고 이 같은 것이 우리의 온전한 선(善)일 것이다. 따라서 이 점에 있어서 우리가 잘되어 가면, 그 이외에 아무것도 구하려 하지 않을 것이다. 또 만일 우리가 나무라면 무언가를 느끼고 운동으로 그것을 손에 넣으려고 하지 않을 것이다. 그러나 우리는 그것으로 인하여 더한층 번영하고, 결실할 수 있는 것을 욕구하고 있는 것처럼 보일 것이다. 만일 우리가 돌과 냇물과 바람과 불꽃, 혹은 그와 같은 것이라면 확실히 어떠한 감각도 생명도 있지 않지만, 어떤 우리의 장소와 위치에 대한 욕구는 우리에게 결핍되어 있지는 않을 것이다. 무게를 가진 것을 움직이는 힘은 이른바 물체에 대한 사랑과 같아, 무거우면 아래로 내려가고 가벼우면 위로 올라간다. 물체는 무게에 의하여, 마치 정신이 사랑에 의하여 어디로든지 실려 갈 수 있듯이 기울어지기 때문이다."
(《신국론(De Civitate)》 XI, 28)

여기서 특기할 것은 이미 오일러가 중력(重力)의 본질은 고유한 '경향과 욕망'(의지)에 환원되지 않을 수 없다는 것을 통찰하고 있었다는 것이다.(〈왕녀에게 보내는 서간〉 제68) 이것이 바로 그가 뉴턴이 사용한 중력의 개념을 싫어한 까닭이며, 그는 이전의 데카르트의 이론에 따라서 이 개념의 변용을 시도하려고 했다. 즉 중력을 에테르의 물체에 대한 충돌에서 연역하려고 하는데, 이러한 것이 '한층 더 합리적이며, 명쾌한, 이해하기 쉬운 원칙을 좋아하는 사람들에게는 더 적절한 것이리라'고 한다. 그는 인력(引力)을

'숨은 성질'로써 물리학에서 몰아내고 싶은 것이다. 이것은 마치 비물질적인 정신의 상관자로서, 오일러 시대에 성행한 생명 없는 자연관에 어울리는 것이다.

그러나 내가 제창하는 근본 진리에 관해서는 주목할 만한 것이 있다. 그것은 이미 그 당시, 이 민감한 두뇌의 소유자인 오일러는, 이 근본 진리가 아득하게 빛을 발하는 것을 볼 수가 있었다. 급히 되돌아서서 당시의 모든 근본 진리가 위태롭게 되지 않을까 근심하고, 예로부터 내려온 진부하게 된 부조리까지도 옹호를 위하여 구하려 했다는 것이다.

제25장 ─

우리는 다원성(多元性)은 일반적으로 반드시 시간과 공간에 의하여 제약되고, 시간과 공간 속에서만이 사유될 수 있다는 것을 알고 있다. 이 점에서 우리는 시간과 공간을 '개별화의 원리'라고 부른다. 그런데 우리는 시간과 공간을 근거의 원리의 형태로써 인식했고, 이 원리 속에서 우리의 선천적 인식은 모두 표현되고 있다. 시간과 공간은 앞에서 설명한 것처럼 시간과 공간으로는 사물의 인식 가능성에만 귀속되어야 하고, 사물 자체에 귀속될 수는 없다.

시간과 공간은 우리의 인식 형식에 불과하고, 사물 자체의 특성은 아니다. 사물 자체는 인식의 모든 형식에서 가장 보편적인 형식, 즉 주관에 대한 객관적 존재라는 형식으로부터 독립해 표상과는 결국 전혀 다르다는 것이다. 이 물자체가 의지하는 점에 관해서는 내가 지금까지 충분히 입증하고 또 명백하게 한 셈인데, 의지란 그러한 것으로 그 현상으로부터 분리해 고찰하면 시간과 공간 밖에서 존재하는 것이고, 따라서 다원성이 아니고 하나다.

그러나 하나라 하더라도, 이미 말한 것처럼 개체가 하나가 되고, 개념이 하나가 된다는 그러한 뜻에서의 하나가 아니고, 다원성을 가질 수 있는 조건인 개별화의 원리와는 관계없는 그 무엇이 하나라는 뜻이다. 그러므로 공간과 시간에서의 사물의 다원성은 모두 의지의 객관성으로, 이 다원성은 의지와는 관계하지 않고, 사물이 아무리 복수라도 의지와는 여전히 불가분의 관계에 있다.

돌에는 의지의 적은 부분이 있고, 인간에게는 의지의 많은 부분이 있다는 것은 아니다. 부분과 전체의 관계는 오로지 공간에 속하는 것이고, 이 공간이라는 직관 형식을 떠나면 더 이상 아무런 뜻을 갖지 못하기 때문이다. 그뿐 아니라 많다든지 적다든지 하는 것도 현상, 즉 가시성, 객관에만 관계한다. 객관화의 정도는 돌보다는 식물 쪽이, 식물보다는 동물 쪽이 높다.

실제로 의지가 나타나서 가시적이 된다. 즉 객관화하는 데는 가장 미약한 여명(黎明)과 가장 밝은 햇빛 관계처럼, 또 가장 강도가 센 음향과 가장 약한 여운 관계처럼 실로 무한히 다양한 정도의 차이가 있다. 우리는 또 나중에 의지의 객관화, 의지의 본질 묘사에 필요한 이 가시성의 정도에 대한 고찰로 되돌아갈 것이다.

그러나 의지의 객관화 정도의 차이는 의지 자체와는 직접적인 관계는 없지만, 이들 여러 가지 단계에서의 현상의 다원성, 즉 모든 형태를 가진 많은 개체, 혹은 모든 힘이 개체에 나타나는 많은 것은 의지와는 관계가 없다. 이 다원성은 직접으로 시간과 공간에 제약되는데, 의지 자체는 결코 시간과 공간으로 들어가지 않기 때문이다.

의지는 수백 만의 솔 고갱이에도, 한 그루의 솔 고갱이에도 모두 같은 정도로 완전히 자기를 구현한다. 솔 고갱이의 수, 즉 공간과 시간에서 솔 고갱이의 다양화는 의지에 관해서는 아무 의의가 없다. 다만 공간과 시간 속에서 인식하고, 그 속에서 스스로 다양화하고 분산된 여러 개체에 관해서만이 의의가 있다. 이들 개체의 다원성은 그 자체, 또는 의지의 현상에 관계할 뿐이고 의지 자체에는 관계하지 않는다.

그러므로 만일 다만 하나일지라도 완전히 근절된다면 비록 그것이 아무리 미미한 것이라 할지라도, 그것과 더불어 전 세계도 멸망할 것이 틀림없다고까지 주장할 수 있을 것이다. 위대한 신비주의자 안겔루스 질레지우스(Angelus Silesius)[13]도 이 같은 느낌을 다음과 같이 말하고 있다.

"내가 없었다면 신은 일순간이라도 살아 있을 수 없다는 것을 나는 알고 있다. 만일 내가 없어진다면 신은 부득이 정신을 버리지 않을 수 없을 것이다."(《케루빔의 나그네》 I, 8)

오늘날까지 측정할 수 없는 우주의 거대함을 만인에게 이해시키려고 갖가지 방식의 시도가 행해지고, 이것을 이용해 우주의 크기에 비하여 지구가 얼마나 작은 것인가, 하물며 인간이 얼마나 작은가 하는 것과, 또 이와 반대로 이처럼 작은 인간의 정신이 저처럼 큰 우주를 추리하고 파악하고 다시 측정하기도 하는 그 위대함에 관하여 교화적(敎化的)인 고찰을 하기도 한 것이다. 이것 모두

---

13) 독일의 신비적인 종교 시인. 본명은 요한 셰플러(Johann Scheffler). 1624~1677년. 신교에 반대하여 가톨릭으로 개종했다.

는 나무랄 것은 없다.

그러나 나는 세계의 불가측성(不可測性)을 고찰함에 있어 가장 중요한 것은, 그 출현 자체가 세계라 할 수 있는 본질 자체는 ─ 비록 그것이 무엇이든 ─ 그 참된 자체를 그처럼 무한의 공간 속에서 분산하고 분할할 수는 없고, 오히려 이 무한의 연장은 완전히 그 본질의 현상에만 속하고, 이에 반하여 본질 자체는 자연의 어떠한 사물 속에도, 어떠한 생물 속에도 완전히, 또 분할되지 않고 현존하고 있다는 것이다.

그러므로 다만 하나의 사물에 관한 연구에 전념하고 있어도 아무 잃을 것도 없다. 또 무한의 세계를 측정하고, 혹은 가장 유효한 것인지는 모르겠으나 끝없는 공간을 자신이 돌아다닌다 해도, 그것으로 참된 지혜가 얻어지는 것도 아니다. 오히려 참된 지혜는 무언가 단 하나의 사물에 관한 참된 본래의 본질을 완전히 인식하고 이해하려고 수련하면서, 그 하나의 것을 완전히 탐구함으로써만 얻어지는 것이다.

따라서 플라톤의 학설을 신봉하는 사람이라면 당연히 스스로 인정하지 않을 수 없지만, 다음에서 언급하는 일은 다음 권에서 상세한 고찰의 대상이 될 것이다. 즉 의지의 객관화에 관한 여러 가지 단계는 무수한 개체로 나타나고, 객관화의 비교할 수 없는 모범으로, 혹은 사물의 영원한 형식으로 현재 존재하고는 있지만, 그 자체는 개체의 매질(媒質)인 시간과 공간 속에는 들어가지 않고 고정하고 있으며, 어떠한 변화도 받지 않으며 항상 존재하고 있고 생성하는 것은 아니다. 그런데 한편으로 무수한 개체는 생멸(生滅)하고 항상 생성하지만 절대로 상주(常住)는 아니다. 되풀이하지만 이 같은 의지의 객관화의 여러 단계는 플라톤의 이데아(이념)에 불과하다.

내가 미리 여기서 이렇게 말하는 것은 이제부터 이념이라는 말을 이런 뜻으로 사용하고 싶기 때문이다. 따라서 내가 이런 말을 사용할 경우 언제나 플라톤이 이것에 부여한 참된 본래의 뜻에서라고 해석하기 바란다. 이 경우 스콜라 철학에서 말하는 독창적인 이성이 여러 가지 것을 추상적으로 만들어 내는 것을 뜻한다고 생각해서는 곤란하다. 칸트는 이것을 표현하는 데 있어서 이미 플라톤이 가지고 있고, 가장 적절하게 사용한 이념이라는 말을 불법으로, 또 적당하지 않게 악용한 것이다.

그러므로 내가 이념이라는 경우의 이 뜻은 의지의 객관화의 일정한 고정된 여러 단계를 말하는 것이고, 그 의지가 사물 자체며, 따라서 다원성과는 관계가 없는 범위에 있다. 이러한 단계와 개개의 사물에 대한 관계는 마치 그들 사물의 영원한 형식, 혹은 모범에 대한 관계와 같다. 디오게네스 라에르티오스는 저 플라톤의 교의(敎義)를 다음과 같이 매우 간명하게 표현하고 있다.

"플라톤은 말한다. 자연 속에서의 이념은 마치 원형과 같은 존재다. 그리고 이념 이외의 것은 이념의 모조물로 만들어져 있으므로, 그 이념과 비슷하다."(《유명한 철학자들의 생애와 가르침》 Ⅲ, 12)

칸트의 잘못 사용에 관해서는 여기서 끝맺기로 한다. 이에 관해서 필요한 것은 부록에서 언급하기로 한다.

제26장 —

의지의 객관화의 가장 낮은 단계로 나타나는 것은 가장 일반적인 자연의 여러 힘이다. 이들 힘은 일부는 중력과 불가입성처럼 어떠한 물질에도 예외 없이 나타나고, 일부는 여러 힘의 상호 간에 현존의 물질 속에서 분할된다. 따라서 강성(剛性), 유동성, 탄성(彈性), 전기, 자기(磁氣), 각종의 화학적 특성과 성질들처럼 어떤 종류의 힘은 이 물질을, 다른 힘은 저 물질을 하는 것처럼 그것에 의하여 특별한 차이 있는 물질을 지배한다. 이들의 힘은 그 자체로는 인간의 행위와 마찬가지로 의지의 직접적인 표현이며, 이러한 힘으로는 인간의 성격과 마찬가지로 근거가 없는 것이다.

단지 그 힘의 개별적인 현상은 인간의 행동과 마찬가지로 근거의 원리에 지배를 받지만, 힘 그 자체는 아무리 해도 결과라고도 원인이라고도 할 수 없고 오히려 모든 원인과 결과의 선행조건이며 전제 조건으로, 힘 그 자체의 본질은 이 원인과 결과를 통하여 전개하고 구현하는 것이다. 그러므로 중력과 전기의 원인을 묻는 것은 분별 있는 일이 아니다.

중력과 전기는 근원적인 힘이다. 본래 이 힘의 출현은 원인과 결과로 행해지고, 따라서 그 개별적인 현상에는 각기 원인이 있고, 또 그 원인 자체는 역시 개별적인 현상이며, 그 힘이 여기서 구현해 시간과 공간 속에 나타나지 않으면 안 되는 규정을 보이는 셈이다. 그러나 그 힘 자체는 결코 어떤 원인의 결과도 아니고, 또 어떤 결과의 원인도 아니다.

그러므로 '중력은 돌이 낙하하는 원인이다.'라는 것은 잘못이다. 오히려 이 경우는 지구가 돌을 당기므로 지구가 가깝다는 것이 원인이다. 만일 지구를 없애면 중력이 남아 있어도 돌은 낙하하지 않을 것이다. 힘 자체는 완전히 인과의 연쇄 밖에 존재하고 있다. 인과의 연쇄는 시간과 관계하여 비로소 의의가 있으므로 시간을 전제로 하지만, 힘 자체는 시간 밖에 있다.

각 개체의 변화는 각기 반드시 또 개체의 변화를 원인으로 하지만, 나타나는 개체의 변화가 되는 기본적인 힘을 원인으로 하는 것은 아니다. 하나의 원인이 몇 번 일어나더라도, 그 원인에 항상 활동력을 주는 것은 자연력이고, 그러한 것으로는 근거를 가지지 않기 때문이다. 그것은 오로지 원인의 연쇄와 대체로 근거의 원리 영역 밖에 존재하고, 철학적으로는 모든 자연의 즉자태(卽自態, Ansich)인 의지의 직접적인 객관성이라 인정되는데, 원인학으로, 여기 물리학에서는 근원력, 즉 숨은 성질로써 표시된다.

의지의 객관성의 높은 단계가 되면, 개성이 현저하게 나타난다는 것을 알 수가 있다. 특히 인간은 그것이 개인적인 성격의 현저한 차이로, 즉 완전한 인격으로서 이미 외면적으로도, 분명한 특징을 가진 개별적인 얼굴 생김새에 의하여 표현되고, 이것이 체격 전체에도 관계한다. 어떠한 동물도 이 같은 개성을 인간처럼 분명하게 가진 것은 물론 없다. 고등동물 중에서, 어느 정도 개성의 표현 같은 것을 가지고 있는 데 불과하다. 하지만 이것도 아직 종족의 성질이 전적으로 우세하여, 개성의 외모는 거의 나타나지 않는다.

하등동물일수록 개별적인 성격의 징후가 없어지고 종(種)의 일반적인 성격이 나타나며, 종의 특별한 외모만이 남게 된다. 종족의 생리학적인 특성이 분명해지면, 그것으로써 그 종족에 속하는 개체의 것은 정밀한 추리로 알 수 있다. 그런데 인간의 경우 각 개인은 각기 개별적으로 연구되고 규명되지 않으면 안 된다. 이것은 그들 개인의 행동을 어느 정도 확실하게 규정하기 위해서는, 이성과 더불어 처음으로 생기는 허위의 가능성 때문에 매우 곤란하게 된다.

뇌(腦)의 주름과 굴곡은 조류(鳥類)에는 없고, 설치류(齧齒類)에는 매우 조금 있을 뿐이고, 고등동물은 양쪽이 훨씬 대칭적으로 되어있다. 개체마다 일정하여 동일한데, 이것은 아마도 앞에서 말한 것과 같은 인류와는 다른 동물의 차이와 관련되어 있을 것이다. 또 인류가 모든 동물과 다른 개별적인 고유한 특질의 현상이라 볼 수 있는 것은, 동물들은 성욕의 만족을 구함에 있어서 상대를 선택하지 않는다. 하지만 인류는 이 선택이 매우 강하고, 어떠한 반성에도 좌우되지 않는, 본능적인 방식으로 행해지므로 마침내는 강렬한 정열에까지 치닫게도 된다. 여기서 인간은 각기 이 같은 특별한 규정과 특질을 가진 의지의 표현이라고 간주해야 하고, 또 이른바 일종의 독자적인 이념이라고까지 간주해야 한다.

그러나 동물은 이 같은 개별적인 특질을 전체적으로 봤을 때 결여되어 있고, 약간의 종(種)이 고유한 의의를 가질 뿐으로, 그 개별적 특질의 징후는, 인류와 거리가 먼 동물일수록 없어져 가며, 마침내 식물에 이르러서는 개체의 고유성은 모두 없어지고, 그 고유성은 토지와, 기후의 좋고 나쁨과, 기타 우연한 조건에 의해서만 설명될 수밖에 없다.

그리하여 결국에는 자연의 무기물 세계에는 무릇 개성이라는 것은 없어져 버린다. 다만 결정(結晶)은 어느 정도 개체라 볼 수 있다. 즉 결정은 일정한 방향으로 향하는 노력이 응고에 의하여 고정된 통일이다. 이 응고가 일정 방향으로의 노력의 흔적을 남기고 있다. 이와 동시에 결정은 그 핵심이 되는 형태가 모여 이루어진 것으로, 그것이 하나의 이념에 의하여 결합하고 통일된 것이다.

이러한 사정은 마치 나무가 하나하나의 발아(發芽)하는 섬유의 집합체인 것과 조금도 다름없고, 그 섬유는 어떠한 엽맥(葉脈)에도, 어떠한 잎에도, 어떠한 가지에도 나타나며, 그것 때문에 그때마다 이른바 이들 엽맥과 잎과 가지의 각각이 하나의 독자적인 식물로서 그것이 큰 식물에 기생하여 양육되고 있다. 그러므로 그 나무는 결정과 마찬가지로 작은 여러 가지 식물과 조직적인 집합체다.

물론 이 전체가 처음으로 어떤 불가분의 이념, 즉 의지의 객관화의 이 같은 일정한 단계로 완전히 표현되지만, 그러나 같은 종류의 결정의 각 개체는 외적인 우연성에 의하여 초래되는 차이 이외에는 아무 차이도 있을 수 없다. 그러므로 어떠한 유(類)도 임의로 큰 결정으로 만들 수도 있고, 작은 결정으로 만들 수도 있다.

그런데 결정 자체로는, 즉 개별적인 특질의 징후를 가진 것으로의 개체는 무기적인 자연에서는 이제 더 발견할 수는 없다. 무기적인 자연의 모든 현상은 일반적인 자연력의 표현이며 의지의 객관화의 한 단계의 표현인데, 이러한 단계는 결코 (유기적 자연처럼) 이념 전체를 부분적으로 나타내는 여러 개성의 차이를 매개로 하여 객관화하는 것이 아니고 오로지 종(種)으로만 나타나고, 개개의 모든 현상에서도 추호의 구별도 없이 완전히 종만을 나타낸다.

시간·공간·다원성과 원인에 의한 피제약성(被制約性)은 의지에도, 이념(의지의 객관화 단계)에도 속하지 않고 의지와 이념의 개개의 출현에 속하는 것이다. 그러므로 중력이라든가 전기라든가 하는 자연력이 아무리 무수한 현상이 되어 나타나더라도, 그 자연력은 자체로써 완전히 한치도 틀림없이 같은 방식에서 나타나며, 다만 외적인 여러 사정으로 현상이 바뀌는 데 불과하다.

이 같은 자연력의 본질은 그 현상이 아무리 다양하여도 단일이라는 것, 그리고 이 자연력의 출현은 출현할 만한 조건만 갖추면 인과율에 의하여 일정 불변하다는 것, 이러한 것이 자연법칙이다. 이 자연법칙이 경험으로 일단 알려지게 되면, 자연력의 성격은 이 법칙에서 표현되고 포함되고 있으므로 자연력의 현상은 미리 엄밀하게 규정되고 계측할 수가 있다.

그런데 의지의 객관화의 낮은 단계에서는 여러 현상은 합법적으로 행해지므로, 그로 인하여 이들 현상이, 같은 의지가 객관화의 보다 높은 단계, 즉 동물 혹은 인간의 행위로서 보다 분명한 단계에서 나타나는 현상과는 현저하게 다른 것같이 보이는 것이다. 이들 높은 단계의 현상에서는 강약의 차는 있을지언정, 개별적 성격이 나타나고, 또 동기에 의하여 좌우된다. 이 동기도 인식 속에 있으므로 방관자로서 모르는 경우가 자주 있고, 종래는 이들 낮은 단계의 현상도 높은 단계의 현상과 마찬가지로 그 내적 본질은 동일하다는 것이 전적으로 오인되어 왔다.

자연법칙의 확실성은 이념의 인식에서 출발하지 않고 개개의 사물의 인식에서 출발하여 생각하면 놀라울 만한 것이고, 그뿐 아니라 때로는 기분이 나쁠 정도다. 자연이 그 법칙을 단 한 번도 잊지 않고 있다는 것은 경탄할 만한 일이다. 가령 어떤 물질이 일정한 조건 하에 모이면 일종의 화합물이 생기고, 가스가 생기고, 연소가 이루어진다.

또 우리가 준비한 조건에서, 혹은 완전히 우연히 일어난 조건에서도, 조건들이 맞기만 하면 (그 정밀성은 기대하지 않은 결과로 더욱 놀라운데) 오늘날에도 천 년 전과 조금도 다름없이 즉시, 또 조금의 지연도 없이 일정한 현상이 일어난다. 우리가 가장 강하게 이러한 경탄을 느끼는 것은 매우 복잡한 사정 하에서만이 일어나는 현상, 그중에서 우리에게 미리 알려진 희한한 현상에 있어서이다.

가령 어떤 두 종류의 금속을 교대로 산성 액체와 접촉하면, 이 두 종류의 금속을 연결하기 위해 양쪽 끝에 놓은 은판(銀板)은 갑자기 푸른 불꽃을 내고 탄다. 또 어떤 조건 아래서는 단단한 다이아몬드가 탄산(炭酸)으로 변하고 만다. 이 같은 현상은 자연력이 영혼처럼 곳곳에 널리 퍼져 있다는 증거인데, 우리는 이러한 현상에 접해야만 비로소 놀라게 된다.

그리고 이 경우 우리는 일상적인 여러 현상에서는 생각하지도 못한 일들을 보고 놀란다. 즉 원인과 결과 사이의 연관은 마치 주문(呪文)과, 그 부름에 따라 나타나는 영(靈) 사이에 있다는 거짓 이야기로써 말해지는 연관처럼 불가사의한 것이다. 그런데 우리가 철학적 인식에 들어서면서 자연력이 의지의, 즉 우리 자신의 내적 본질로서 인식하는 것들의 객관화의 일정한 단계라는 것을 알게 된다. 이 의지는 자체로는 현상과 형태와는 별개로 보면 시간과 공간 밖에 존재한다.

그러므로 시간과 공간에 의하여 제약된 다원성은 의지에도, 또 직접적으로는 의지의 객관화, 즉 이념에도 귀속시켜서는 안 되며, 그 현상에 비로소 귀속시켜야 한다는 것, 그러나 인과성 법칙은 시간과 공간에 관계함으로써만 의의가 있으며, 그리고 이 법칙은 시간과 공간에서의 의지가 발현되는 여러 가지 이념의 다양한 현상에 대하여, 그들 현상이 생기는 사이에, 따르지 않으면 안 될 질서를 규제하면서, 그 위치를 규정함으로써 이 이념에 귀속한다. 다시 말해서 이 같은 인식에 있어서 칸트의 위대한 가르침의 내적

의미를 우리가 알게 되면, 공간과 시간, 인과성은 물자체에 돌려져야 할 것이 아니라 현상에 돌려져야 할 것이며, 우리의 인식의 형식에 불과한 것이다.

우리는 물자체의 성질이 아니라는 것을 알면 자연력이 작용할 때 합법적인 것, 정확한 것, 자연력의 무수한 현상이 모두 완전히 같다는 것, 이들 현상이 어김없이 일어난다는 것에 관한 놀라움은 어린아이나 미개인이 처음으로 여러 면으로 된 유리로 꽃을 보는 경우, 자기가 보는 무수한 꽃이 모두 같은 꽃이라는 것을 보고 놀라면서, 그 꽃잎의 하나하나를 헤아리는 것과 비교할 수 있다.

따라서 일반적·근원적 자연력은 모두 그 본질은 의지가 낮은 단계에 있어서 객관화한 것에 불과하다. 우리는 이러한 단계를 각기 플라톤의 의미에서 영원한 이념(이데아)이라고 말한다. 그러나 자연법칙은 이념의 현상 형식에 대한 이념의 관계다. 이 형식이 시간·공간·인과성으로, 이들은 상호 필연적이며 또 불가분 관계에 있다. 이념은 시간과 공간에 의하여 다양화되고 무수한 현상이 된다.

그런데 이들 현상이 이처럼 다양화한 형태가 됨에 있어서 따르는 질서는 인과성 법칙에 의하여 엄밀히 규정된다. 이것이 이른바 여러 가지 이념의 다양한 현상의, 한계점의 규범이며, 공간·시간·물질은 이 규범에 의하여 여러 가지 현상으로 할당된다. 따라서 이 규범은 필연적으로 그들 각종 현상의 모든 것에 공통되는 기저인, 현존하는 물질 전체의 동일성에 관계한다.

만일 이들 현상이 모두 그 공통되는 물질에 의지하고, 그것을 서로 나누어 갖지 않는다면, 이들 현상의 요구를 규정하는 데 이 같은 법칙은 필요하지 않을 것이다. 즉 그들 현상은 모두 동시에 나란히 무한한 시간에 걸쳐서, 무한한 공간을 충족하게 될 것이다. 그런데 영원한 이념의 그 같은 현상은 모두 동일한 물질을 의지하고 있으므로, 그 출현과 소멸의 규칙이 없으면 안 되게 되었다.

만일 이 규칙이 없다면 하나의 현상이 다른 현상으로 대치되는 법이 없을 것이다. 이 같은 인과성 법칙은 본질적으로 실체의 불변성과 결합해 있어서 양자는 상호 의의가 있다. 그러나 이 양자에 대해서는 공간도 시간과 마찬가지로 상호 관계에 있다. 동일 물질에 관하여 서로 대립하는 규정을 부과할 수 있다는 단순한 가능성이 시간이며, 또 모든 서로 대립하는 규정의 적용을 받으면서도 동일 물질이 그 동일성에 고집할 수 있다는 단순한 가능성이 공간이기 때문이다.

그러므로 우리는 앞 권에서 물질은 시간과 공간의 합일(合一)이라고 말했지만, 이 합일은 실체가 고정하는 경우는 우연성의 변화로 나타나고, 이러한 것의 일반적 가능성이야말로 인과성이며 또는 생성이다. 그러므로 우리는 물질은 철저하게 인과성이라고 말했다. 우리는 오성을 인과성의 주관적 상관자라고 언명하고, 다시 물질(따라서 표상으로서의 세계 전체)은 오성에 의해서만이 현재 존재하고, 오성은 물질의 조건이며, 운반자며, 필연적인 상관자라고 말했다.

이 모든 것은 제1권에서 이미 상세하게 설명한 것을 한 번 더 기억을 새롭게 하기 위해 말한 것이다. 제1권과 제2권을 완전히 이해하기 위해서는 이들 양 권이 내면적으로 일치한다는 것에 주의하기 바란다. 즉 현실 세계에서는 불가분하게 합일되어있는 것이 세계의 두 면, 즉 의지와 표상으로서 이 양 권에 나뉘어 있는데, 그것은 의지와 표상을 개별적으로 취급하여, 그로써 한층 더 분명하게 인식시키기 위해서다.

인과성 법칙은 시간과 공간이라는 양자가 합일함으로써 성립하는 물질과 관계하는 데서만이 의의가 있다. 즉 인과성 법칙은 여러 가지 자연력 현상이 시간과 공간과 물질을 분담해 나타날 때 기준이 되는 한계를 규정하는 것이다. 근원적인 자연력 자체는 물 자체로서, 근거의 원리에 지배되지 않는 의지의 직접적인 객관화로서 그들 시간과 공간과 물질이라는 형식 밖에 있으며, 원인학적인 설명은 모두 이 형식의 범위 안에서만 효력과 의의가 있다.

바로 그 이유로 어떠한 원인학적 설명도 자연의 내적 본질에까지 도달할 수 없는 것이다. 이러한 것을 실례를 들어서 한층 명료하게 하는 것도 쓸데없는 일이 아닐 것이다. 이 같은 목적을 위하여 여기에 역학(力學) 법칙에 의하여 구성된 하나의 기계를 예로 든다.

쇠로 만든 추(錘)가 중력에 의해 운동을 시작한다. 구리 바퀴는 그 강성(剛性)으로 저항하고, 그 불가입성으로 서로 부딪치고, 밀어 올리고 또 지레에 부딪치고, 이것을 밀어 올린다 등. 이 경우 중력과 강성과 불가입성은 근원적인, 설명 불가능한 힘이다. 역학이 설명하는 것은 이들 근원적인 힘이 밖으로 나와, 일정한 물질과 때와 장소를 지배하는 데 관한 여러 조건과 그 방식에 불과하다. 가령 지금 강력한 자석이 추에 작용해 중력에 이겼다면, 기계의 운동은 정지되고, 그 물질은 전혀 다른 자연력이 움직이는 무대가 된다.

그리고 원인학적 설명은 이 자연력에 관해서는 역시 그것이 나타나는 조건, 즉 자기의 조건 이외에는 아무것도 알려주지 않는다. 그런데 기계의 구리판을 아연판 위에 두고, 그 사이에 산성 액체를 흘려 넣으면, 기계와 동일한 물질은 순간적으로 다른 근원력, 즉 평류(平流)전기가 된다. 이 전기 법칙에 의해, 그 물질에 생기는 전기의 여러 현상을 통하여 평류전기가 나타난다.

원인학은 이 같은 현상에 관해서도, 그것이 나타나는 사정과 법칙을 설명하는 것 이외에 아무것도 할 수가 없다. 여기서 다음에 온도를 바꾸어서 순수한 산소를 넣으면 기계 전체가 탄다. 즉 여기서는 또다시 전혀 별개의 자연력, 즉 화학적인 힘이 이때, 이곳에서 이 물질에 대하여 거부할 수 없는 요구를 하게 되고, 그 물질로 인해 이념으로서, 의지의 객관화의 특정한 단계로 나타나는 것이다.

그렇게 생겨난 금속 석회가 산과 화합하면 소금이 되고 결정이 된다. 이것은 별개의 이념 현상이며, 그 이념 자체의 근거는 또 규명할 수는 없지만, 이 현상의 출현은 원인학이 설명할 수 있는 여러 조건에 의존하고 있었던 셈이다. 결정은 풍화(風化)하고, 다른 여러 물질과 혼합해 여기에서 식물을 낳게 한다. 즉 하나의 새로운 의지 현상이다. 이처럼 동일한 불변의 물질을 끝없이 추구해 가면, 어느 때는 이 자연력이, 또 다른 때는 저 자연력이 그 물질에 대하여 힘을 얻고, 얼마 안 가서 그 힘을 발휘하여, 그 자연력의 발현이 되고, 그 힘의 본질이 구현된다는 것을 알게 된다.

이 힘의 규정과 그것이 발휘되는 때와 장소는 인과성 법칙에 의하여 설명되는데, 이 법칙에 바탕을 둔 설명은 이것 이상으로 나아가지 못한다. 힘 자체는 의지의 현상이며, 그런 것으로는 근거의 원리의 형태에 지배되지 않는, 즉 근거가 없는 것이다. 힘 자체는 시간 밖에 있고 곳곳에 널리 퍼져 있으며, 스스로 나타나서 이제까지 이 일정한 물질을 지배하고 있는 여러 힘을 구축하고, 이 물질을 점령할 수 있게 되는 사정이 생기는 것을, 항상 간절히 기다리는 듯 여겨진다.

모든 시간은 이 힘의 현상에 대해서만 존재하고, 힘 자체에 대해서는 아무 의의가 없다. 몇천 년이라는 세월 동안, 여러 가지 화학적인 힘은 하나의 물질 속에서 졸고 있다가 시약(試藥)과 반응해 그들의 힘이 해방됨에 따라서 나타나게 된다. 그러나 시간은 이 현상에 대해서만 존재하고, 힘 그 자체에 대해서는 존재하지 않는다.

몇천 년이라는 사이, 평류전기는 구리와 아연 속에서 짐짓 졸고 있었고, 은과 더불어 안정되어 있었지만, 이 3자가 서로 필요한 조건 아래서 반응하면 순간적으로 연소하지 않을 수 없게 된다. 유기물 세계에도, 마른 씨가 3천 년이라는 기나긴 세월 동안 잠든 힘을 유지하고, 마침내 조건이 맞으면 식물로 싹이 나는 것을 볼 수가 있다.[14]

---

14) 1840년 9월 16일 페티그루씨는 런던의 문학 과학회에서 이집트 고대의 유물에 관해 강연할 때, 윌킨슨 경이 테베 강변의 고분에서 발견한 밀알을 보여주었다. 그것은 고분에서 3천 년 동안 그대로 보관되어 온 것으로, 밀봉된 꽃병 속에 들어있었다. 그는 그중 열두 알을 심었는데, 거기에서 하나의 밀이 자라나 5피트나 커서 열매를 맺었다.(1840년 9월 21일 타임지Times紙) 이와 마찬가지로 홀튼씨는 1830년 런던의 의학식물학회에서, 이집트에서 발견된 미라 손에 쥐고 있었던 마디가 굵은 나무뿌리 하나를 보여주었다. 이 나무뿌리는 어떤 종교적인 고려에서 미라 손에 쥐어져 있었던 모양으로, 적어도 2천 년은 지난 것이다. 홀튼씨는 이 나무뿌리를 화분에 심었는데, 곧 싹이 났다. 1830년의 의학지에 인용된 이 내용은 1830년 10월의 〈대영왕립학회 저널(Journal of the Royal Institution of Great-Britain)〉(180페이지)에 실려 있다. '런던의 하이게이트에 있는 그림스톤씨 정원에 있는 식물 표본관의 완두나무에는 열매를 많이 맺고 있는데, 이것은 페티그루씨와 대영박물관 직원들이 이집트의 어떤 석관(石棺)에서 발견한 화분에서 입수한 완두에서 생긴 것이다. 이 완두는 2844년 동안 그 관 속에 있었음에 틀림없다.'(1844년 8월 16일 타임지) 그뿐 아니라,

이제 이러한 고찰로 우리에게는 자연력과 모든 그들 현상 사이에 존재하는 차이가 명백하게 되었다. 그리고 우리는 자연력은 의지가 객관화하는 경우의 이 일정한 단계에서의 의지 자체지만, 시간과 공간에 의하여 다원성이 귀속되는 것은 현상뿐이고, 인과성 법칙은 개개의 현상에 대한 시간과 공간에서의 위치의 규정에 불과하다는 것을 인식할 수 있다. 그렇다면 우리는 말브랑슈가 주장한 기회원인(causes occasionelles) 설의 깊은 뜻도 인식할 수 있으리라. 말브랑슈의 이 설은 그의 저서 《진리의 탐구》, 특히 제6권 제2부 제3장과 3장 부록의 해설에 설명되어 있다. 이 설과 나의 방금의 설명을 비교해 양 설의 사유 과정이 전혀 다른데도 불구하고 매우 완전히 일치한다는 것을 아는 것도 크게 의의 있는 일이다.

그뿐 아니라 나는 말브랑슈가 그 시대에 저항할 수 없는 강요된 기존의 여러 교설에 완전히 사로잡혀 있었음에도, 이러한 속박과 무거운 짐 아래서 이처럼 성공적으로, 올바르게 진리를 찾아내고, 그 진리를 그 시대의 기존 교설, 적어도 그 교설의 말만이라도 맞도록 할 수 있었다는 것에 놀라지 않을 수 없다. 진리의 위력은 믿을 수 없을 만큼 크고, 또 말로 다 할 수 없을 정도로 지속하기 때문이다.

우리는 진리의 흔적이 때때로 여러 시대와 나라의 여러 가지 교설 속에 이상야릇한, 아니 불합리를 다한 교설에까지 자주 기묘한 무리 사이에서 불가사의한 혼합 상태를 이루고 있어도, 그래도 여전히 인정되고 있음을 알고 있다. 그렇게 볼 때 진리는 뒹구는

석회석 속에서 살아 있는 개구리가 나온 것을 추리해 보면 동물의 생명까지도, 동면(冬眠)부터 시작해 특수한 상황으로 보존되면 앞의 예와 같이 몇천 년에 걸쳐서 정지할 수가 있다는 것을 짐작할 수 있다.

큰 돌덩어리 밑에서 솟아 나와 빛을 향하여 자라고, 우여곡절의 고난을 겪고서 볼품없이 퇴색하고 위축되면서도, 그래도 역시 빛을 향해 자라는 식물에 비길 수 있을 것 같다.

여하간 말브랑슈는 옳았다. 자연적 원인은 모두 기회원인에 불과하고, 이른바 유일하고도 불가분한 의지가 나타나기 위한 기회와 동기를 부여하는 데 불과하고, 이 의지야말로 모든 사물 자체며, 그 단계적인 객관화가 가시적인 이 세계다. 다만 이 장소, 이 시간에 나타나서 눈으로 확인할 수 있게 되는 것은 원인에 의하여 유발되는 것이고, 그 범위에서는 원인에 의존하지만 현상의 전체, 현상의 내적 본질은 원인에 의존하고 있는 것은 아니다. 현상의 내적 본질은 의지 자체며, 이에 대해서는 근거의 원리도 적용되지 않고, 의지 자체는 근거를 갖지 않는다.

세계 속의 어떠한 것도, 그 존재 자체 내지는 그 존재 일반의 원인이 있지 않고, 다만 그 자체가 여기에, 지금이라는 현실에 존재하게 하는 원인이 있음에 불과하다. 하나의 돌이 왜 어떤 때는 중력을 나타내고, 어떤 때는 강성을, 어떤 때는 전기를, 어떤 때는 화학적 성질을 나타내는가 하는 이유는 원인, 즉 외부로부터의 영향에 의존하고 있고, 따라서 원인으로부터 설명될 수가 있다.

그런데 이 같은 성질 자체, 즉 그 성질을 바탕으로 성립하고, 앞에서 말한 것과 같은 여러 가지 방식으로 나타나는 돌의 본질 자체, 즉 돌은 일반적으로 있는 그대로의 모습 그 자체라는 것, 돌이 일반적으로 존재한다는 것, 이것은 아무 근거가 없고, 근거가 없는 의지의 가시화(可視化)이다. 따라서 모든 원인은 기회원인이다.

이것은 인식이 없는 자연에서 우리가 알게 된 것이다. 현상의 발생을 규정하는 것이 원인이나 자극이 아니고 동기인 경우에도,

즉 동물과 인간의 행동에서도 마찬가지다. 동물과 인간의 경우, 자연과 마찬가지로 나타나는 것은 동일한 의지이기 때문이다. 다만 의지의 발현하는 정도는 현저하게 차이가 있고, 의지는 현상에서는 다양하며, 현상에 관해서는 근거의 원리에 지배되지만, 의지 자체로서 이들 모든 것과는 관계가 없다.

동기는 인간의 성격을 규정하는 것이 아니고 이 성격의 현상, 즉 행위를 규정할 뿐이다. 즉 인간 생활의 외면적인 모습을 규정하나, 이 내면적인 의의와 실질을 규정하는 것은 아니다. 이들 내면적인 의의와 실질은 성격에서 나오는 것이고, 이 성격은 의지의 직접적인 표현이며, 따라서 근거가 없다. 왜 어떤 사람은 악인이고, 어떤 사람은 착한 사람인가 하는 것은 동기나 외적인 영향, 가령 교훈이나 설교 여하에 있는 것은 아니며, 이런 뜻에서는 설명이 불가능하다.

그러나 악인이 그 주위의 좁은 범위에서 행하는 사소한 부정행위나 비겁한 음모, 파렴치한 행위에 자기의 악의를 나타낸다든지, 정복자로서 여러 국민을 압제하고, 세계를 고난에 빠뜨리게 하고, 수백만 명의 피를 흘리게 하느냐 하지 않느냐 하는 것은, 그 사람의 현상의 외적인 형식이고 현상의 비본질적인 것이다. 그것은 운명에 의하여 그에게 놓인 사정과 환경과 외부 영향과 동기에 의존하고 있다. 그러나 이러한 동기에 바탕을 둔 그의 결단은 이 같은 외적인 영향과 동기로는 결코 설명할 수 없다. 그것은 의지에서 나오는 것이며, 이 의지의 출현이 바로 인간이다. 이에 관해서는 제4권에서 설명하기로 한다.

성격이 그 특질을 전개하는 방식은 마치 인식이 없는 자연의 각 물체가, 각기 그 특질을 나타내는 방식에 비할 만한 것이다. 물은 물에 내재하는 여러 가지 특질을 가지고 있으나 어디까지나

물이다. 그런데 물이 고요한 호수로서 그 호수 가를 비추든지, 혹은 성난 파도가 되어 바위와 부딪치든지, 또 인공에 의하여 분수가 되어 공중 높이 솟아오르든지 하는 것은 외적인 원인 여하에 달려 있다. 물은 어느 것이든 마찬가지로 자연적이다. 그러나 사정이 달라짐에 따라 물은 호수가 되기도 하고, 성난 파도가 된다. 어느 것이든 즉시 응할 준비가 되어있고, 또 어떠한 경우도 본연의 성질에 충실하며, 또 항상 본연의 성질을 나타낼 뿐이다.

　이처럼 인간의 성격도 어떠한 사정에 따라 나타나겠지만, 이 성격에서 나타나는 현상은 사정이 달라짐에 따라서 달라질 것이다.

제27장 ―

　우리는 자연의 여러 가지 힘과 그 힘의 현상에 관해서 지금까지 모든 각도에서 고찰한 결과, 원인으로부터 설명한다는 것이, 만일 그것이 모든 현상 내용을, 그것이 가진 단순한 형식으로 환원하려는 어리석은 노력으로 빠지고 싶지 않다면 ― 만일 그렇다면 결국 형식 이외에 남는 것은 하나도 없다 ― 어디까지 이르며, 어디서 정지하지 않으면 안 되는가 하는 것을 분명히 안 셈이다. 그렇다면 우리는 또 일반적으로 모든 원인학에 대하여 요구해야 할 일은 자연현상에 관하여 그 원인을 탐구하는 것이다. 즉 현상에서 반드시 발생하게 하는 사정을 탐구하는 일이다.

그런데 원인학은 다양한 사정에서 여러 형태를 취한 현상을 모든 현상 속에서 움직이며, 원인의 전제로 되는 것, 즉 자연의 근원적인 힘으로 환원시키지 않으면 안 된다. 현상의 차이가 근원력의 차이에 유래하는 것인지, 혹은 그 힘을 발현시키는 사정의 차이에 유래하는 것인지를 올바르게 판별하며, 동시에 동일한 힘이 다른 사정 아래서 발현된 것을 다른 힘의 현상으로 간주한다든지, 원래 다른 힘에 속하는 것을 동일한 힘의 발현이라 간주하는 일이 없도록 특히 조심하지 않으면 안 된다.

그런데 그렇게 하기 위해서는 직접적인 판단력이 필요하다. 그러므로 물리학에서 통찰력을 증대할 수 있는 사람은 매우 적지만 경험을 증대하는 일은 누구나 할 수 있다. 태만과 무지로 말미암아 사람은 자칫 잘못하면 너무 조급하게 근원적인 힘을 인용해 버린다. 이것은 아이러니에 속하는 과장으로, 스콜라 철학자들의 본체(本體, Entität)나 통성원리(通性原理, Quidität)에서 볼 수 있다.

나는 지금까지의 설명으로 이 같은 본체나 통성원리가 두 번 다시 거론될 추세를 조성하지 않기를 간절히 바라는 바다. 물리학적인 설명을 하는 대신에 신의 창조력을 인용한다든지, 의지의 객관화를 인용한다든지 해서는 안 된다. 물리학은 원인을 구하는 것인데, 의지는 결코 원인이 아니기 때문이다. 현상에 대한 의지의 관계는 완전히 근거의 원리에 따르는 것이 아니고, 그 자체 의지에, 다른 편에서 표상으로서 현실에 존재한다. 즉 그것이 현상이다. 그 자체 의지도 현상으로서는 현상의 형식을 형성하고 있는 법칙에 따른다. 가령 어떠한 운동도, 그것이 비록 항상 의지의 현상일지라도 하나의 원인을 가지며, 그 운동은 일정한 때와 장소에 관하여 일반적이 아니고, 내적 본질상으로서가 아닌, 개별적인 현상으로, 이 원인에서 설명되지 않으면 안 된다.

이 원인은 돌의 경우는 기계적인 원인이며, 사람이 운동할 경우는 동기지만, 어떤 경우라도 원인이 없는 일은 없다. 이에 반하여 일반자, 어느 일정한 종류의 현상 전반에 공통되는 본질, 즉 그것을 전제로 하지 않고서는 원인으로부터의 설명이 의미도 의의도 가질 수 없는 그 자체, 이것이 바로 일반적인 자연력이고, 원인학적인 설명은 여기에 머물며, 여기서부터는 형이상학적인 설명이 시작하므로 이 자연력은 물리학에서는 숨은 성질로서 두지 않으면 안 된다.

그러나 인과의 연쇄는 인용되어야 할 근원력에 의하여 단절되는 것이 절대로 아니고, 또 연쇄의 초항(初項)으로서의 근원력에 역행하는 것도 아니며, 연쇄의 가장 가까운 항도, 가장 먼 항도 모두 마찬가지로, 이미 그 근원력을 전제로 하고 있어서 그렇지 못한 경우와는 어느 하나라도 설명될 수가 없다. 인과의 한 계열이 서로 다른 여러 가지 힘의 현상으로 나타날 수는 있다.

이 경우 내가 앞에서 금속 기계의 예에서 설명한 것처럼, 그들의 힘은 인과의 계열에 인도되어 연속적으로 나타나 가시적인 것으로 된다. 그러나 상호 도출할 수 없는 이들 근원력의 차이는 여러 가지 원인의 연쇄 통일과, 그 연쇄의 각 항 간의 연관을 단절시키는 것은 절대로 아니다. 자연의 원인학과 자연철학은 서로 절대로 방해하지 않으며, 양립하면서 같은 대상을 서로 다른 관점에서 고찰하는 것이다.

원인학은 설명되어야 할 개개의 현상을 낳게 한 원인을 해석하고, 이들 모든 원인과 결과 속에 작용하는 일반적인 힘을, 그 모든 설명의 근본으로서 제시하고 이들의 힘을 정밀하게 규정하고, 그 수와 그 상이점을 규정하고, 다시 그들 힘의 하나하나가 사정이 달라짐에 따라 여러 가지 모습으로 나타나는 모든 결과를 항상, 그 힘이 확실한 규칙에 따라서 전개하는 그 힘의 특유한 성격에 응하여 규정하는 것이다. 이 규칙을 자연법칙이라고 한다.

물리학이 모든 것을 여러 가지 점에서 완수하면 물리학은 완성하는 것이 된다. 그렇게 되면 무기적 자연에는 이제 미지의 것은 하나도 없게 되고, 또 이들 힘 가운데 어느 하나의 힘의 현상이 일정한 사정 아래서 어떤 자연법칙에 따라서 나타나는 것으로서 증명되지 않는 것 같은 결과란 하나도 존재하지 않게 된다.

그런데도 자연법칙은 자연으로부터 결정된 규칙이 틀림없고, 자연은 이 규칙에 따라서 일정한 사정 아래서는, 그 사정이 생기기만 하면 언제라도 같은 작용을 보여 줄 뿐이다. 그러므로 실제로 자연법칙은 일반적으로 말로 나타난 사실로 정의할 수 있다. 그렇게 되면 모든 자연법칙을 완전히 나타낸 것으로 치더라도 그것은 사실을 하나도 빠뜨리지 않은 목록에 불과하다.

다음에 모든 자연의 고찰을 완전하게 만드는 것은 형태학인데, 이것은 유기적 자연의 일정한 여러 형태를 헤아리고 비교하여 규정하는 것으로, 개개 생물의 생성에 대한 원인은 거의 문제 삼지 않는다. 어떠한 생물도 그것을 낳는 원인은 생식이고, 생식 이론은 일반적으로 행해지고 있는데 드물게는 우연 발생(generatio aequivoca)[15] 이론도 있다.

그런데 엄밀히 생각해 보면 의지의 객관성의 낮은 모든 단계의 현상, 즉 물리적 현상과 화학적 현상이 개별적으로 나타나는 출현 방식도 역시 우연 발생에 속하는 것이고, 이처럼 나타나는 조건을 설명하는 것이 바로 앞에서 말한 원인학의 의무다. 그런데

---

15) 생물이 무생물로부터 생겨날 수 있다고 하는 설. 이 설은 파스퇴르의 실험으로 부정되었다.

철학은 어떤 곳에서도, 자연에 관해서도 일반적인 것만을 고찰한다. 즉 자연은 근원력만을 철학 대상으로 한다. 그리고 철학은 그들 근원력을 이 세계의 내적 본질이고 자체라고 할 수 있는 의지의 객관화의 여러 단계로 보고 이 세계를 의지를 떠나 생각해서, 주관의 단순한 표상이라고 여겨진다.

만일 원인학이 철학의 준비 공작을 하고, 철학의 교설에 여러 가지 증거에 따른 응용을 제공하지 않고, 오히려 모든 근원력을 부인하고, 다만 하나의, 가령 불가입성과 같은 가장 일반적인 힘만을 남기고, 이것을 근본적으로 이해할 수 있다고 생각하고, 다른 모든 근원력도 무리하게 이 힘에 환원시키려는 것이 원인학의 목적이라 생각한다면, 그것은 원인학 자신의 기초를 빼버리는 것이 된다. 그렇게 하면 진리는 진리가 아니고, 오류만을 낳게 될 것이다. 그렇게 되면 자원의 내실(內實)은 형식에 의하여 구축되고, 모든 외부에서 일어나는 여러 사정으로 귀속되어 사물의 내적 본질에는 아무것도 귀속되는 것이 없게 된다.

실제로 이러한 방법으로 완수된다면 이미 말한 것처럼 결국은 한 개의 계산 문제가 세계의 수수께끼를 풀어 버리게 될 것이다. 그런데 앞에서도 언급한 것처럼, 모든 생리학적인 작용을 형식과 화합으로, 이른바 전기에 환원하고, 전기를 다시 화학 현상으로 환원하게 하며, 화학 현상을 또다시 기계 현상으로 환원한다는 생각은 바로 이 길을 걷는 것이다. 데카르트와 원자론자들의 오류는 바로 모든 것을 기계 현상으로 환원하려는 데 있었다. 그들은 천체의 운행을 일종의 유동체(流動體)의 충격으로 환원하고, 사물의 여러 성질을 원자의 연관과 형태로 환원하며, 자연의 모든 현상을 불가입성과 응집력의 단순한 나타남이라고 설명하기 위해 노력한다.

이 같은 고찰 방식은 이미 없어졌지만, 오늘날에도 역시 전기적 · 화학적 · 기계적인 입장을 밝히는 생리학자들은 같은 설명을 되풀이한다. 그들은 완고하게도 유기체의 생명 전체와 그 모든 기능을, 유기체 성분의 '형식과 화합'으로부터 설명하려고 한다. 생리학적 설명의 목적은 유기적 생명을 물리학이 고찰하는 일반적인 힘으로 환원하는 데 있다는 것은 메켈의 《생리학 전집(Archiv für Physiologie)》(1820년 제5권 185페이지)에도 기록되어 있다. 라마르크도 그의 저서 《동물 철학(Philosophie zoologique)》(제2권 제3장)에서, 생명을 열과 전기의 작용에 불과하다고 말하고 있다. '생명의 본질적인 원인을 동시에 포함하기 위해서는 열과 전기 물질만 있으면 충분하다.'(같은 책 16페이지)

만일 그렇다면 본래 열과 전기가 물자체고, 동식물계는 이 물자체의 현상이 되는 셈이다. 이 같은 고찰의 불합리는 그 책의 306페이지 이하에 분명히 나타나 있다. 이러한 견해는 모두 이제까지 자주 여지없이 공격받아 왔는데, 이것이 또 최근에 이르러 염치없게도 다시 고개를 들기 시작했다는 것은 우리 모두 잘 아는 일이다.

이 견해를 세밀히 검토해 보면, 그 밑바닥에는 유기체를 물리적 · 화학적 · 기계적인 힘의 여러 현상의 집합체로 보고, 이들 힘이 한곳에 우연히 모여서 아무 그 이상의 뜻도 없이 조화(造化)의 장난으로 유기체를 만들었다는 전제가 있게 된다. 그러면 철학적인 고찰로는 사람과 동물이라는 유기체는 어떤 독자적인 이념의 표현, 즉 그 자신이 직접으로 의지가 일정한 높은 단계로 객관화한 것이 아니고, 이들 유기체에 나타난 이념은 전기와, 화학 현상과, 기계 현상 속에서 의지를 객관화하는 이념에 불과한 것이다. 따라서 유기체는 인간과 동물의 모습이 구름과 종유석(鐘乳石)에서 날

아온 것처럼, 우연히 이들 힘이 모여서 조성된 것처럼 되어, 그 자체로는 그 이상의 흥미가 있을 수 없게 된다.

그런데도 어떤 범위 안에서 그처럼 물리적·화학적 설명 방법을 유기체에 적용한다는 것은 허용해야 하며, 또 유익한 것이기도 하지만, 그것이 어느 정도까지 인정되어야 하느냐 하는 것은 이제 곧 알 수 있을 것이리라 믿는다. 즉 내가 설명하려는 것은 생명력은 말할 필요 없이 무기적 자연의 여러 힘을 이용도 하고 적용도 하지만, 그러나 결코 그들의 힘으로 성립되는 것은 아니며, 그것은 마치 대장간이 망치와 쇠판으로 되어있지 않은 것과 같은 것이다. 그러므로 매우 단순한 식물이라 하더라도 무기적 자연의 여러 힘, 가령 모세관(毛細管)의 힘과 삼투 등으로 설명한다는 것은 있을 수 없는 일이며, 동물에 있어서는 더욱 그러하다. 이 같은 곤란한 연구의 길을 개척하기 위하여 다음과 같은 고찰을 해보기로 한다.

지금까지 말한 모든 것으로 보면, 의지의 객관성의 높은 여러 단계를 낮은 여러 단계로 환원하려는 것은 의심할 여지 없이 자연과학의 잘못이다. 근원적이고 그 자신 성립하고 있는 여러 자연력을 오인한다든지 부인한다든지 하는 것은, 이미 알려진 힘이 특수한 방식에서 나타난 것에 불과한 것을 근거도 없이 무언가 독특한 힘이라고 간주하는 것과 마찬가지로 잘못되어 있는 것이다.

그러므로 칸트가 뉴턴과 같은 사람에게 풀 줄기의 근거에 관한 설명을 요구한다는 것은 무의미한 것이라고 말한 것은 참으로 옳다. 사실 뉴턴은 풀 줄기를 물리적 힘과 화학적 힘으로 귀속하고, 이들 힘의 우연한 집합, 즉 단순한 조화의 장난으로 줄기가 된 것이라 했다. 줄기에는 어떠한 독특한 이념이 나타나는 것이 아니고, 의지가 높은 특별한 단계에서 직접 구현되는 것이 아니어서 무기적 자연의 나타남처럼, 우연히 이 같은 줄기 모습으로 나타난 것에 불과하다고 생각하는 사람이라고 스콜라 철학자들은 이 같은 설명을 결코 허용하지 않았을 것이다.

그들 같으면 이 설명은 실체 형식(forma substantialis)을 부정하고, 이것을 우연 형식(forma accidentalis)으로 깎아내리는 것이라고 당연하게 말했을 것이다. 아리스토텔레스가 말하는 실체 형식은, 마치 내가 하나의 사물의 의지의 객관화 정도라 부르는 것과 같은 뜻이기 때문이다. 그러나 또 다른 한편에서는 모든 이념 속에, 즉 무기적 자연의 모든 힘, 유기적 자연의 모든 형태 속에 구현되어 표상의 모습을 갖추고, 객관성 모습을 갖추는 것은 동일한 의지라는 것을 간과해서는 안 된다.

그러므로 의지의 단일성은 의지의 모든 표현 사이의 일종의 내적인 유사성에 의하여 인정되는 것이 틀림없다. 그런데 이 단일성은 의지의 객관성보다 높은 단계에서 나타나고, 이 같은 단계, 즉 식물계와 동물계에서는 현상 전체가 모든 형식 전반에 빠짐없이 통하는 유사성에 의하여, 어느 현상에서나 볼 수 있는 근본 유형에 따라 보다 분명하게 되어있다.

따라서 이 근본 유형 개념은 지금 세기에서 프랑스 사람들이 시작한 우수한 동물학적 분류의 주요한 원리가 되었다. 비교해부학에서는 매우 완전하게, 구상의 통일이라든가, 또는 해부학적 요소의 동일성으로 확인된다. 이 근본 유형을 밝혀내는 것이 셸링학파 자연철학자들의 주요 임무고, 그들의 공적이 어느 정도 있다면 그것은 그들이 한 일에서 가장 칭찬받을 만한 일일 것이다.

그러나 사실 그들은 자연에서 유사성을 찾는 것에만 급급한 나머지 대부분 흰소리로 끝나고 만다. 여하간 무기적 자연의 여러 이념 속에서도, 전기와 자기 — 이 양자의 동일성은 나중에 확인되었다 — 사이와, 화학적 인력과 중력 사이 등에서도 일반적인 친

셸링

화성과 동족성을 확증한 것은 옳았다. 그들이 특히 세상 사람의 주의를 환기한 것은 양극성(兩極性)이 자석과 결정에서 인간에게 이르기까지, 자연의 대부분 현상의 근본 유형이라는 점이었다. 이 양극성은 하나의 힘이 두 개의 질적으로 다른 움직임으로 분리되고, 이것이 대립하면서도 다시 하나가 되려고 애쓰는 상태며, 이것이 공간적으로는 반대 방향으로의 분리로 나타난다. 그러나 중국에서는 오래전부터 이 같은 인식이 음양(陰陽) 대립설로 나타나고 있다.

　실제로 세계의 모든 사물은 동일한 의지의 객관성이고, 따라서 그 본질은 동일하므로 그들 사이에 분명한 유사성이 있게 되고, 또 약간 불완전한 것 중에서도, 반드시 그다음에 위치하는 것보다는 완전한 것의 흔적이나 전조(前兆)나 소질이라든가 하는 것이 나타나고 있음이 틀림없다는 것은 말할 필요도 없는 일이다. 그 같은 형식은 모두 결국 표상으로서의 세계에만 속하므로, 표상의 가장 일반적인 형식 속에서도 그 같은 형식을 충족해야 할 모든 것의 근본 유형, 전조, 소질을 발견하고 이것을 확증할 수가 있다고 믿어진다. 이것을 막연하게 인식했으므로 카발라(Kabbalah)[16]나, 피타고라스학파의 모든 수리 철학과, 중국인의 《역경(易經)》

---

16) 9~13세기에 걸쳐서 성립한 유대교의 신비설. 전설이라는 뜻. 신 플라톤학파의 영향을 받았으며, 그 중심 사상은 유출설(流出說)이다.

이 생겼으리라 생각된다.

앞에서 말한 셸링학파도, 자연의 모든 현상 사이에 있는 유사성을 지적하려고 여러 가지로 고심했다. 그중에는 실패했지만, 공간과 시간의 단순한 법칙에서 여러 가지 자연법칙을 연역하려는 시도도 약간 있기는 했다. 그러나 나중에 천재가 나온다 하더라도 이 두 개의 노력을 어느 정도까지 실현할 수 있을지 의문이다.

이제 현상과 물자체의 구별은 절대로 염두에 두지 않으면 안 되고, 따라서 또 모든 이념 속에 객관화된 의지의 동일성을(의지에는 그 객관성의 일정한 여러 단계가 있으므로), 왜곡해 의지가 나타나는 개개의 이념 자체의 동일성이라고 보아도 안 된다. 그러므로 화학적 인력과, 전기적 인력과, 중력에 의한 인력 사이에는 내적인 유사성이 있다는 것은 인정되었다. 또 화학적 인력과 전기적 인력은 중력에 의한 인력의 이른바 높은 세력이라고 볼 수도 있지만, 그러나 전자를 후자로 환원하는 것은 절대로 안 된다.

그것은 마치 모든 동물의 구조가 내적으로 유사하더라도, 그 종(種)을 혼돈하든지, 동일시하든지, 보다 완전한 종을 불완전한 종의 변종이라고 언명할 수 없는 것과 다름없다. 그리하여 결국 생리적인 기능도 또 결코 화학적인 과정이나 물리적인 과정에 환원해서는 안 된다. 그러나 이 방법이 어떤 제한 안에서는 정당하다는 것을 보이기 위해서는 상당한 확실성을 가지고 다음 것을 용인할 수가 있다.

의지의 객관화의 차원 낮은 단계, 즉 무기물은 의지의 현상 속에 인과성에 의하여 서로 현재 존재하는 물질을 내 것으로 하려고 싸우는 것이 약간 있다. 그렇게 되면 이 싸움으로 더 높은 이념 현상이 생기고, 이 이념은 이제까지 존재하던 것보다 불완전한 이념을 모두 압도한다. 하지만 그 유사한 것을 자기 속에 포섭함으로써, 그 이념의 본질을 종속적인 방식으로 존립하는 것이다.

이 같은 일이 행해지는 것은, 현상하는 의지가 모든 이념에 있어서 동일하다는 것, 의지가 점차 고도의 객관화로 향해 노력한다는 것으로만이 이해될 수 있다. 그러므로 우리는 뼈가 굳어지는 것은 분명히 원래 석회에서 행해지고 있는 결정의 유사한 것으로 보는 것이다. 물론 골화(骨化)는 절대로 결정으로 환원되어서는 안된다. 이 유사는 살이 굳어짐에서는 훨씬 적게 나타난다.

그리하여 동물의 몸에 있는 여러 종류의 체액의 화합과 분비는 화학적 화합과 분류의 유사물이고, 이 경우에도 화학적 화합과 분리 법칙은 여전히 작용한다. 하지만 종속하며, 현저하게 변화하며, 보다 높은 이념으로 정복된 형식을 취하고 있다. 따라서 유기체 밖에서는 단순한 화학적인 힘은 결코 이 같은 액체를 만들지는 않을 것이다.

"화학은 그것을 자연조작(Encheiresin naturae)이라 부르는데, 그것은 스스로를 비웃는 말로써 사실은 이유를 모르는 것이다."17)

더욱 완전한 이념은 여러 가지 차원이 낮은 이념 내지는 의지의 여러 가지 객관화를 이처럼 정복한 후에 나타나는데, 이런 더욱 완전한 이념은 제압된 차원이 낮은 이념 속에서, 고도의 세력

---

17) 엔케이레시스(encheiresin) 뜻은 '손으로 하다' '처치하다'로 옛날부터 화학에서 작업을 가리킬 때 사용하던 개념이다. 괴테가 《파우스트》에서(제1부, 1940~1941행의 메피스토펠레스의 말) 앞과 같은 인용문과 더불어 '자연을 표면적·부분적으로 취급하는 것'이라는 신조어(新造語)를 사용해 널리 알려지게 되었다. 한 걸음 더 나아가, 연구의 특별한 방법을 뜻하기도 한다.

을 가진 유사체를 자기에게 받아들이는 것으로써 비로소 완전히 새로운 성격을 획득하는 것이다. 즉 의지는 더욱 분명한 새로운 방식으로 스스로를 객관화하는 것이다.

유기체의 체액, 식물, 동물, 인간은 본래 우연 발생에 의한 것인데, 나중에는 기존의 맹아(萌芽)에 대한 동화에 의하여 발생한다. 이와 같이하여 차원 낮은 여러 현상의 다툼에서 이들 현상을 모조리 삼키는 것 같은, 그러나 또 이들 모든 현상의 노력을 더욱 고도로 실현하는 차원 높은 현상이 생긴다. 따라서 여기에도 이미 '뱀이 뱀을 잡아먹지 못하면 용이 될 수 없다.'라는 법칙이 적용되고 있다.

이상 나는 이들 사상의 내용상으로 보아 아무래도 피할 수 없는 불투명성을 서술의 투명성에 의하여 극복할 수 있지 않았나 보고 있다. 그러나 내가 말하고자 하는 것이 이해되지 않는 그대로 방치된다든지, 또는 오해받지 않기 위해서는 독자 자신의 고찰이 내게 크게 도움을 주리라고 생각한다.

앞에서 말한 것 같은 견해에 의하면 사실 유기체에는 화학적인 작용과 물리적인 작용의 흔적은 확인되는데, 유기체를 이들 작용으로부터 설명할 수는 절대로 없다는 것은 유기체는 이 같은 여러 가지 힘이 합치된 작용으로, 즉 우연히 생긴 현상은 절대 아니고, 차원 낮은 여러 이념을 '압도적인 동화작용'에 의하여 자기에게 예속시킨 차원 높은 이념이다. 그러므로, 또 모든 이념에서 자신을 객관화하는 유일한 의지는 되도록, 고도의 객관화로 나아가기 위한 노력을 하면서 이념의 싸움을 겪은 후에, 그 현상의 이들 차원 낮은 단계를 포기하고, 한층 차원 높은 단계에서 그것보다 더욱 강력한 상태로 나타나기 때문이다.

투쟁 없는 승리는 없다. 차원 높은 이념, 혹은 의지의 객관화는 차원 낮은 이념을 압도함으로써만 나타날 수 있으므로, 이들 차원 낮은 이념의 저항을 받는 이들의 이념은 차원 높은 이념에 봉사하면서도, 그래도 여전히 자신의 본질을 독립해 또한 완전히 표출하려고 노력하고 있다.

쇠를 끌어올린 자석은, 의지의 가장 낮은 객관화로서 그 쇠의 물질에 대한 근원적인 진리를 가진 중력과 끊임없이 투쟁하는데, 이 부단한 투쟁에서 자석은 저항하기 위해 보다 더 큰 힘을 내기 때문에 오히려 강화되기까지에 이른다. 이와 마찬가지로 의지의 현상은 모두 인간의 신체에 나타나는 의지의 현상까지도 차원 낮은 이념으로서, 그 물질에 대하여 이미 권리를 가지고 있는 많은 물리적인 힘과 화학적인 힘에 항거하여 부단한 투쟁을 계속하는 것이다. 중력을 제압하고 잠시 팔을 높이 들고 있다가, 얼마 안 가서 내려놓게 되는 것도 이 때문이다.

또 건강한 쾌적한 마음은 자기의식을 가진 유기체의 이념이 본래 체액을 지배하고 있는 물리적인 법칙과 화학적인 법칙에 이긴 것을 나타낸다. 하지만 이 같은 기분도 사실 자주 중단되고, 또 실제로 이 기분에는 항상 그들 저항에서 생기는 일종의 크고 작은 여러 가지 불쾌한 기분을 수반하는 것도 이 때문이다. 이것에 의하여 이미 우리 인간의 생명의 식물적인 부분은 끊임없이 어떤 남모르는 고민에 연결되어 있다.

또 소화가 모든 동물적인 기능을 저하하는 것도 이 때문이다. 이렇게 말하는 이유는 소화는 동화 작용에 의하여 화학적인 자연력을 제압하기 위해서는 모든 생명력을 필요로 하기 때문이다. 따라서 또 일반적으로 육체적인 생활의 무거운 짐이 있고, 잠의 필연성과 마지막으로는 죽음의 필연성이 있는 것도 이 때문이며, 그것은 이제까지 억압되어 온 여러 가지 자연력이 조건이 좋으면,

항상 자연력을 제압하느라 지친 육체에서, 그때까지 빼앗긴 자신의 물질을 마침내는 탈취하기 때문이다.

그러므로 또 이렇게도 말할 수 있다. 각 유기체는 이념의 모사이고, 유기체와 물질의 다툼, 차원 낮은 여러 가지 이념을 제압하기 위하여 사용되는 부분의 힘을 빼 버린 뒤의 이념을 나타내는 것에 불과하다고 야콥 뵈메는 막연하게나마 이것을 생각한 듯하고, 그의 저서의 어딘가에 인간과 동물과 식물까지도 모두 실제로는 반은 죽어 있는 것이라고 말하고 있다.

그런데 유기체가 의지의 객관성의 낮은 단계를 나타내는 저 여러 가지 자연력을 제압할 수 있는 정도의 크고 작음에 따라, 유기체는 어느 때는 더욱 완전하게, 어느 때는 더욱 불완전하게 그 이념을 표현하게 된다. 즉 그 종족 중의 미를 구비하는 이상에 더욱 가깝게, 더욱 멀게 된다.

이와 같이하여 우리는 자연의 곳곳에서 항쟁, 투쟁, 승리의 교체를 본다. 그리고 또 바로 거기에, 의지 고유의 자기 자신과의 분열을 한층 더 명확하게 인정할 수 있을 것이다. 의지의 객관화의 여러 단계는 다른 단계와 물질·공간·시간을 다툰다. 기계적·물리적·화학적·유기적인 여러 현상은 각기 자신의 이념을 구현하고 싶은 까닭에, 어떻게든 이것을 나타내려고 애태우면서 인과성에 의하여 상호 물질을 탈취하려 하므로, 불변하는 물질은 계속하여 모습을 바꾸지 않으면 안 된다.

이 싸움은 모든 자연 속에서 볼 수 있다. 아니 자연은 이 싸움으로 비로소 성립한다. '만일 사물에 싸움이 없다면, 모든 것은 하나일 것이라고 엠페도클레스는 말하고 있다.'[18] 이 싸움 자체가

18) 아리스토텔레스, 《형이상학》 제5권.

바로 의지에서의 고유한 자기 자신과의 분열의 표현이기 때문이다.

이 일반적인 싸움이 가장 분명하게 눈에 띄는 것이 동물계고, 동물계는 식물계를 영양의 대상으로 하고, 또 동물계 자체는 각각의 동물은 다른 동물의 먹이가 되고 영양이 된다. 즉 그 이념을 구현하게 한 물질은 다른 이념을 나타내기 위하여 물러서지 않으면 안 되고, 각 동물은 그 존재를 유지하기 위해 다른 동물을 죽이지 않으면 안 된다.

그러므로 생에 대한 의지는 철저하게 자기 자신을 소모하며, 여러 가지 형태로 자신의 영양분이 되는데, 결국 인류는 다른 모든 존재를 제압하므로 자연을 자기가 사용하기 위한 제품이라고 보기에 이른다. 그러나 인류도 제4권에서 말하겠지만, 그 자신 속에 이 싸움, 즉 의지의 자기 분열이라는 것을 무서우리만큼 분명히 나타내고 있고, '인간은 인간에 대해 늑대(homo homini lupus)'[19]가 되는 것이다. 비록 그렇다 할지라도 이 같은 싸움, 이 같은 제압은 마찬가지로 의지의 객관성의 낮은 차원의 단계에서도 볼 수 있을 것이다.

많은 곤충(특히 맵시벌)은 그 알을 다른 곤충의 유충의 피부, 즉 체내에 낳는데, 그 알이 부화하여 바깥으로 나온 뒤의 첫 번째 일은 그 유충을 없애는 것이다. 새로 나온 히드라는 옛 히드라의 한 가지에서 자라나, 나중에 여기서 나누어지는데, 옛 히드라에 붙어 있는 동안 이미 거기에서 먹이 쟁탈을 하고, 다른 히드라의 입에서 먹이를 빼앗는다.[20]

---

19) 출전은 플라우투스(Plautus), 《아시나리아(Asinaria)》 제2권 495페이지.

20) 트렘블리(Trembley), 《다지류(Polypod)》 제2권 110페이지, 제3권 165페이지.

그런데 이러한 종류의 가장 뚜렷한 실례로, 오스트레일리아의 불독개미가 있다. 이 개미를 두 동강 내면, 머리 부분과 꼬리 부분이 서로 싸운다. 머리 부분이 꼬리 부분을 물면 꼬리 부분은 머리 부분을 찌르면서 용감하게 싸운다. 싸움은 반 시간 정도 계속되고, 둘 다 죽든지 다른 개미들에게 끌려가는 것이 보통이다. 언제나 이 같은 경로를 걷는다.[21]

미주리강 주변에는 때때로 거대한 떡갈나무가 줄기와 가지가, 들포도덩굴에 감겨 얽매여서 질식할 것처럼 되어 시들 것 같은 인상을 받을 때가 있다. 이 같은 현상은 매우 차원 낮은 단계에서도 볼 수 있다. 유기체의 동화 작용으로 물과 숯이 식물의 수액으로 바뀌고, 식물이나 빵이 혈액으로 바뀌는 것이 그것이다. 화학적인 힘을 제한해 부차적인 방식으로 작용하면 동물적인 분비가 행해지는데, 그러한 경우에는 언제나 이 같은 현상이 나타난다.

무기적 자연에도 이러한 현상이 있다. 결정체가 서로 충돌하든지 교차하든지 방해하든지 하여 순수 결정의 모습을 취할 수 없는 경우가 그러한 예이다. 실제로 대부분의 결정광(結定鑛)이, 의지가 그 객관화의 매우 낮은 단계에서 행하는 이러한 싸움의 모사다. 또 자석이 쇠에 자력을 넣어 거기에 자기의 이념을 나타나게 하려는 경우라든지, 평류전기가 친화력을 제압하여, 매우 굳게 결부된 화합물도 분해하고 화학 법칙을 무효로 만들게 할 정도로 작용하여, 그 결과 음극에서 분해한 소금의 산(酸)은 도중에 있는 알칼리와 화합하지 않고, 또 리트머스 시험지를 대도 이것을 붉게 하지 않고 양극으로 가지 않으면 안 되는 경우가 그러하다.

대체로 이런 모습은 중심의 천체와 행성 관계에도 나타난다.

---

21) 〈위클리 저널〉에 실린 호윗(Howitt)의 서간. 이 글은 1855년 11월 17일 갈리냐니스 메신저에 인쇄되었다.

행성은 유기체에서도 화학적인 힘과 마찬가지로 중심의 천체에 결정적으로 의존하고 있으면서도, 여전히 이에 반항하고 있다. 여기서부터 구심력과 원심력의 부단한 긴장이 생기고, 이 긴장이 우주 운행을 유지하고 있으며, 그 자신이 이미 우리가 고찰하고 있는 의지의 현상에 고유한, 곳곳에서 볼 수 있는 투쟁을 나타내고 있는 하나의 표현이다.

어떠한 물체도 의지의 현상이라 봐야겠지만, 의지는 어떻든 하나의 노력으로 나타나므로 구형(球形)을 이루게 된 천체의 원상태는 정지(靜止)가 아니라, 휴식도 목표도 없이 앞으로 향하여 끝없는 공간을 진행하는 운동, 노력이었을 것이다. 여기에는 타성의 법칙도, 인과의 법칙도 대립하지 않는다. 타성의 법칙에 의하면, 물 자체는 정지에 대해서도, 운동에 대해서도 무관심하므로 물질의 근원적인 상태는 정지일 수도 있고, 운동일 수도 있기 때문이다. 따라서 그 물질이 현재 운동하고 있는 경우, 우리는 그 운동에 앞서서 정지 상태가 있다고 주장할 권리도 없고, 운동의 시초의 원인을 물을 권리도 없다.

이와 반대로 보아 그 물질이 정지하고 있다 하더라도 우리는 이 정지 상태에 선행하는 운동을 전제한다든지, 운동이 멈추고 정지된 원인을 물을 수도 없다. 그러므로 원심력을 일으키는 첫 번째 충격은 구하려 해도 얻어지지 않는다. 오히려 이 원심력은 칸트와 라플라스의 가설에 의하면 행성의 경우 중심 천체의 원래의 회전의 잔재였고, 여러 행성은 이 중심 천체가 수축하는 사이에 여기서 분리된 것이다. 그러나 이 중심 천체 자체는 본질적으로 운동하고 있다. 즉 중심 천체는 언제나 회전을 계속하고 있고, 동시에 무한한 공간 속을 날고 있으며, 우리 눈에 보이지 않는 한층 더 큰 중심 천체 주위를 순환하는 것이다.

이 같은 견해는 천문학자들의 중심 태양의 억측과 완전히 합치하며, 모든 태양계와 태양이 속한 모든 별 무리의 이동을 지각할 수 있는 것과도 완전히 합치한다. 마침내는 이것으로부터 중심 태양을 포함해, 모든 항성이 이동한다는 추론도 된다. 이 같은 이동은 두말할 것 없이 무한한 공간에서는 아무 뜻도 없고(절대 공간에서의 운동은 정지와 구별되지 않기 때문이다), 또 바로 이 이유로 이미 직접 목적 없는 노력과 비상(飛翔)에 의하는 것과 마찬가지로 이미 말한 허무의 표현이 되고, 궁극 목적의 결여라는 표현이 된다.

우리는 이 허무, 이 궁극 목적의 결여를 이 제2권의 마지막 부분인 의지의 노력의 모든 표출 속에서 인정하지 않을 수 없게 될 것이다. 따라서 또다시 무한의 공간과 무한한 시간이 의지의 모든 현상이 가장 일반적인, 가장 본질적인 형식이 아니어서는 안 되며, 모든 현상은 의지의 모든 본질을 표현하기 위하여 현존하는 것이다.

마지막으로 우리는 단순한 물질 속에서도 이것을 물질로 보면, 이미 우리가 고찰한 것 같은 모든 의지 현상의 상호 투쟁이 이루어지고 있음을 인식할 수가 있다. 즉 물질 현상의 본질은 칸트에 의하여 올바르게도 반발력과 견인력이라는 말로 표현되어 있고, 따라서 물질이 실재하는 것은 상반된 두 개의 힘이 투쟁함으로써 가능하지만, 이러한 범위 안에서 이와 같은 재인식은 가능하다.

만일 우리가 물질의 모든 화학적인 차이를 도외시하거나, 인과의 연쇄(連鎖)를 소급해, 아직 아무 화학적인 차별이 있지 않았던 곳까지 생각이 미치면, 거기에 남는 것은 단순한 물질이며, 구상(球狀)으로 뭉쳐진 세계다. 그 생활, 즉 의지의 객관화를 형성하는 것은 앞에서 말한 것과 같은 견인력과 반발력의 싸움이다.

견인력은 중력(重力)으로 사방에서 중심으로 향하여 만물을 밀어붙이고, 반발력은 강성(剛性)에 의하든 탄성에 의하든, 어쨌든 불가입성으로 견인력에 대항한다. 이 같은 부단한 박진과 대항은 최저 단계에서의 의지의 객관성이라고 간주할 수 있고, 또 이미 이 단계에서도 의지의 특질을 나타내고 있다. 이렇게 보면 여기서는 이미 최저 단계에서는 의지가 어떤 맹목적인 충동으로서 어두운 막연한 활동으로 나타나고, 직접 인식하는 것은 도저히 불가능하다는 것을 알 수 있을 것이다. 이것은 의지의 객관화의 가장 단순하고도 가장 미약한 방식이다.

　　그런데 의지는 이 같은 맹목적인 충동과 인식이 없는 노력으로는 무기적 자연 전체에도, 모든 근원력에도 나타나고, 이 같은 힘을 탐구하고, 그 법칙을 배우는 것이 물리학과 화학이 하는 일이다. 그리고 이들 힘은 모두 수백만 가지의 여러 현상 속에도 나타나는데, 그 현상은 모두 완전히 질과 정도에 있어서 같으며, 개별적인 특질은 조금도 보이지 않고 다만 시간과 공간에 의하여, 즉 개별화의 원리에 의하여 다양화되었음에 불과하다. 그것은 마치 하나의 사물의 상이 유리의 다각적인 면을 통하여 다양하게 보이는 것과 같다.

　　의지는 한 단계 한 단계 점차 명확하게 스스로를 객관화한다. 식물계는 의지의 현상과 연결하는 유대는 본래의 원인이 아니고 자극이므로, 여기서 또 의지는 완전히 인식이 있지 않고, 어두운 동력(動力)으로서만 작용할 뿐이다. 이것은 동물적 현상의 식물적 부분에서도, 즉 동물의 발생과 성장과, 그 내부적인 경제성의 유지라는 점에서도, 여전히 단순한 자극이 그 현상을 필연적으로 규정하는 것이다.

　　의지의 객관성의 단계가 점차 높아가면 마침내는 이념을 나타내는 개체가 자극에 반응하는 단순한 운동에 의해서는 동화되어야 하는 자신의 양분을 얻지 못하는 단계에 이른다. 이 같은 자극은 외부로부터 주어지는 것을 기다리지 않으면 안 되는데, 여기에서 식물은 특별히 규정된 것이기 때문이다. 또 현상은 점점 그 다양성을 증대해 가므로 혼란이 커지게 되고, 그 결과 여러 현상은 상호 방해하기에 이르고, 단순한 자극으로 움직이던 개체가 양분을 얻으려고 기대하는 기회는 순조롭지 못할 것이 뻔하다.

그러므로 동물은 인식도 없이 그냥 알, 혹은 모태에서 나올 때부터 양분을 필요로 하고 선택하지 않으면 안 된다. 이것에 의하여 여기에 동기에 응하는 운동과 이것을 위한 인식이 필요하게 되고, 따라서 인식은 의지의 객관화의 이 단계에서 필요하게 된 수단, 즉 메카네로써 개체를 유지하고, 종족을 번식하기 위하여 나타난다. 인식은 뇌보다 큰 신경절을 통해 나타난다.[22]

그것은 마치 자신을 객관화하는 의지 외의 모든 노력과 규정이 하나의 기관에 의하여 대표되는 것과 같은 것으로, 결국 인식은 표상에 대하여 하나의 기관으로 나타난다. 그러나 이 수단, 이 메카네가 생기는 것과 동시에 일시에 표상으로서의 세계가, 그 모든 형식인 객관과 주관, 시간, 공간, 다원성, 인과성을 가지고 성립한다. 여기서 세계는 제2의 면을 나타낸다. 이제까지 세계는 단순한 의지였지만 이제는 이와 동시에 표상이며, 인식하는 주관의 객관이다.

의지는 이제까지는 암흑 속에서 매우 확실하게 또 틀림없이 스스로의 충동을 추구하고 있었지만, 이 단계에 이르면 하나의 수단으로써 광명이 비친 것이고, 이 수단으로서의 광명은 가장 완전

22) 제2편 제22장 참조.

한 의지의 현상에 대하여, 그 혼잡과 복잡한 성격으로 생기는 어쩔 수 없는 폐단을 없애기 위해 필요하게 된다. 의지가 이제까지 무기적인 자연과 단순히 식물적인 자연에서 작용하는 경우에 표시된 틀림없는 확실성과 합법성은 의지가 오로지 그 근원적인 본질에 있어서만, 즉 맹목적인 충동으로써, 의지로써 움직였던 관계로, 이때 전혀 별개의 제2의 세계, 즉 표상으로서의 세계의 도움도 받지 않으며, 동시에 방해도 받지 않는 것에 기인한다. 이 제2의 세계는 물론 의지 본래의 본질의 모사에 불과한데, 그것은 전혀 별개의 성질이 있고 이제는 이것이 의지 현상의 연관 관계에 개입하는 것이다. 이렇게 되면 의지 현상의 어김없는 확실성은 없어지고 만다.

동물도 환각과 착각에 빠지는 경우가 있다. 그런데 동물은 직관적 표상만이 있을 뿐이고, 개념도 반성도 없다. 따라서 현재에만 매여 있을 뿐, 미래를 고려하지 못한다. 이 같은 이성이 없는 인식은 어떠한 경우도 그 목적을 달성하는 데 충분하지 않았던 모양으로, 여기서 가끔 보조적인 것이 필요하게 된 것 같다. 그것은 다음과 같은 매우 이상한 현상이 생기기 때문이다. 즉 의지의 맹목적인 작용과 인식의 빛 아래서의 작용이라는 두 가지 현상이 실로 놀라운 방식으로 상호 간의 영역에 개입한다는 것이다.

첫 번째는 공작충동(工作衝動)에서는 직관적 인식과 거기에 따른 여러 동기에 의하여 인도된 동물 행동 가운데, 이들 인식과 동기가 없는 행동, 따라서 맹목적으로 작용하는 의지의 필연성으로 수행된 행동이 보이는 것이다. 이 같은 공작충동은 동기나 인식에 지배받지 않지만, 마치 추상적이고 이성적인 동기에 따라 그 업적을 성취한 것처럼 보일 정도다.

이와 상대되는 두 번째는 반대로 인식의 빛이 맹목적으로 작용하는 의지의 작업장에 침입하여 인간의 신체의 식물적인 기능을 발현한다. 즉 자기적(磁氣的) 투시(透視)의 경우다. 그런데 마지막에 의지가 그 객관화의 가장 높은 정도에 도달할 경우, 동물에게 나타난 오성의 인식으로는 불충분하다. 즉 오성은 감관에 의하여 재료를 제공받는데, 이들 재료로부터는 현재에 매인 단순한 직관 이외에 나타날 것이 없기 때문이다.

인간은 복잡하고, 다면적이고, 유연하고, 매우 빈곤한, 또 많은 상처를 받기 쉬운 존재이므로, 살아가기 위해서는 두 겹의 인식에 의하여 발현하지 않으면 안 되었다. 말하자면 직관적 인식과 더불어 차원 높은 인식이 더 필요했다. 즉 직관적 인식의 반성이며, 추상적 개념의 능력으로서의 이성이다. 이 이성과 함께 사려(思慮)가 생기고, 여기에는 미래와 과거의 개관이 포함되고, 그 결과 숙려(熟慮)와, 배려(配慮)와, 현재와 관계없는 미리 고려된 행위를 하는 능력이 포함되며, 끝으로 자기의 의지 결정 자체의 완전히 명백한 의식도 포함되어 있다.

그러나 단순한 직관적인 인식에도 이미 환각과 착각의 가능성이 나오고, 이것으로써 인식이 없는 의지 활동에 이제까지 있었던 것과 같은 확실성은 없어진다. 따라서 본능과 공작충동은 인식이 없는 의지의 발현으로, 인식으로 인도된 의지의 발현 한가운데서 의지를 돕지 않으면 안 되었다. 그리하여 이성이 등장한 이상은 이미 말한 것과 같은 의지 발현의 확실성과 정확성(이것은 다른 극極인 무기적 자연에서는 엄격한 합법칙성으로 나타난다) 등은 거의 없어져 버리게 된다.

즉 본능은 완전히 물러나고, 이제는 모든 것에 대치될 숙려가 (제1권에서 상세히 설명한 것처럼) 동요와 불확실이 생기는 근본이 된다. 오류의 가능성이 생기고, 이것 때문에 행위에 의한 의지의 적절한 객관화를 방해하는 경우가 자주 일어난다. 의지는 물론이 거니와 이미 성격에 있어서 일정 불변한 방향을 가지고, 이에 따라 의지의 작용 그 자체가 틀림없이 동기에 응하여 생기지만, 그래도 오류가 의지의 작용이 발현하는 것을 잘못되게 하는 경우가 있기 때문이다. 결국 그 경우는 착각의 동기가 현실의 동기와 마찬가지로 나타나고, 현실의 동기를 정지시키고 만다.23)

가령 미신 때문에 있지도 않은 동기를 있는 것처럼 생각하는 경우가 그런 것이다. 인간은 이 같은 망상에 의한 동기에 자극을 받으면, 보통 현존의 사정 아래서 의지가 자기를 발현하는 방식과는 정반대 방식으로 행동한다. 아가멤논(Agamemnon)24)이 자기 딸을 죽인 것도 이 때문이고, 수전노가 언젠가는 돈을 백 배로 돌려받으리라는 확신에 찬 이기심에서 기꺼이 돈을 내놓는 것도 이 때문이다.

이처럼 인식 일반은 단순히 직관적이든 이성적이든, 원래는 의지 그 자체에서 나오고, 단순한 메카네로서, 즉 개체와 종을 유지하기 위한 수단으로서, 신체의 각 기관과 마찬가지로 의지의 객관화의 높은 단계가 가진 본질에 소속된다. 따라서 인식은 원래 의지에 도움이 되기 위한, 의지의 목적을 실현하기 위한 것이라는

---

23) 그러므로 스콜라 철학자들은 참으로 적절하게 다음과 같이 말했다. '궁극적 원인은 자기의 현재에 따라서 움직이는 것이 아니고, 인식의 존재에 따라서 움직인다.(Causa finalis movet non secundum suum esse cognitum.)'(수아레스,《형이상학 논구》, XXⅢ, sect. 7 et 8)

24) 미케네의 왕. 트로이 전쟁 때 그리스군의 총수가 되어 10년 만에 트로이 성을 함락시켰다. 아내의 질투로 목욕하는 사이에 죽임을 당했다. 트로이에 출정 중 사냥의 여신 아르테미스의 노여움을 사서, 자신의 딸 이피게니아를 희생물로 바쳤다. 이 내용은 아이스킬로스가 그리스 비극 〈오레스테이아〉로 만들었다.

사명이 있으며, 실제로 그대로 거의 곳곳에서, 모든 동물과 거의 모든 인간에게 완전히 의지의 도움이 되고 있다.

그러나 제3권에서 고찰할 생각이지만 개개의 인간은 인식이 이 같은 의지에의 예속에서 탈피하여, 그 속박을 물리치고 의욕의 어떠한 목적에도 구애되지 않고 세계를 그대로 비치는 거울로서, 순수하게 독립 자존할 수도 있으며, 예술은 이 같은 거울에서 생긴다. 끝으로 제4권에서 고찰할 것은, 이 같은 종류의 인식이 거꾸로 의지에 작용을 가하면 의지의 자기 포기가 이루어지는 경우가 있다는 것이다. 이것이 곧 체념이고, 모든 미덕과 성덕(聖德)의 궁극 목표이며, 그 내적 본질이며, 또 세계로부터의 해탈이다.

제28장 —

우리는 의지가 객관화되어 나타나는 현상이 매우 다양하고 차이가 많은 것을 고찰해 왔다. 더욱이 그들 현상 상호 간의 무한한, 화해 없는 투쟁도 보아왔다. 그런데도 우리가 이제까지 한 설명 전체로 보면 의지 자체는 물자체로서 결코 이 같은 다원성과 전변(轉變)의 지배 아래 있는 것은 아니다. (플라톤의) 이념의 차이성, 즉 객관화의 여러 단계, 각각의 이념이 표현되는 많은 개체, 물질을 획득하려는 형식 상호의 투쟁, 이 모든 것은 의지 그 자체에는 관계없고 의지의 객관화 방식에 불과하다. 이 객관화라는 것을 매개로 의지에 대한 하나의 간접적인 관계가 있을 뿐이며, 관계가 있음으로써 표상에 대하여 의지의 본질을 표현하는 데 이것들이 필요하다는 것이다.

환등기가 비춰 주는 그림은 여러 가지로 많지만 모든 그림이 나타나는 것은 오직 하나의 불꽃 때문이다. 이와 병행하여 세계에 충만하고, 이어서 사건으로 나타나는 가지각색의 모든 현상에서 나타나는 것은 단 하나의 의지다. 만물은 이 의지가 가시적(可視的)이 되고, 객관적이 되며, 이 같은 전변(轉變)의 한가운데에서도 의지는 여전히 흔들리지 않는다. 의지만이 물자체다. 객관은 현상이며, 칸트의 말을 빌리면 현상체(Phänomen)이다. ― (플라톤의) 이념으로서의 인간은 의지는 가장 분명하게, 또 완전히 객관화된 것이지만, 그러나 인간의 이념만으로는 의지의 본질은 표현되지 않았다.

인간의 이념이 이렇듯 하나의 뜻을 가지고 나타나기 위해서는 그것만으로서, 다른 것으로부터 분리해 표현되어서는 안 된다. 그 이하의 모든 형태의 동물과 식물계를 거쳐서 무기물에 이르는 단계적인 순서를 수반하지 않으면 안 된다. 이 같은 모든 단계를 거쳐서 비로소 상호 보완하여 의지의 완전한 객관화가 되는 것이다.

나무에서 피는 꽃이 잎과 가지와 줄기와 뿌리를 전제로 하듯이, 인간의 이념도 이들 하위의 여러 단계를 전제로 하고 있다. 이것들은 모두 인간을 정점으로 하여 피라미드를 이루고 있다. 또 비유하는 것이 재미있다면 다음과 같이 말할 수 있다. 그와 같은 현상들이 필연적으로 인간의 현상을 수반하지 않으면 안 되는 것은, 마치 그림자가 생기지 않을 정도로 어둡기까지는, 점점 그림자를 섞은 빛을 경유하지 않으면 안 되는 것과 같다고. 혹은 또 이 같은 것을 인간의 잔향(殘響)이라 부르고, 다음과 같이 말할 수 있다.

동물과 식물은 인간보다 음정이 5도나 3도 낮고, 무기계는 그한 단계 낮다고. 우리는 제3권에서 음악이 가진 깊은 뜻을 규명하려고 생각하고 있다. 이 비유의 참된 진실성이 밝혀지는 것은 그때 가서 비로소 이루어질 것이다. 즉 경쾌한 고음에 의하여 연관을 유지하면서 진행하는 선율은 어떤 의미에서는 반성으로 연관을 보유하는 인간의 생활과 노력을 나타내는 것으로 볼 수 있다. 이에 반하여 음악의 완전성에 빼놓을 수 없는 화음을 낮게 하므로, 연관 없는 보조 음성과 장중한 저음은, 다른 나머지 동물계나 인식을 가지지 않은 자연을 나타내는 것임을 알게 될 것이다. 그러나 이에 관해서는 제3권의 적당한 부분에서 말하겠다. 그렇게 되면 이제 여기에서 느끼는 것과 같은 기이한 인상은 받지 않을 것이다.

그런데 의지가 적절한 객관성을 얻기 위해서는 어떻게든 의지가 단계를 이루고 나타나지 않으면 안 되는데, 이 같은 내적 필연성도 또 이 단계적 현상 자체의 전체에 있어서 어떤 외적 필연성에 의하여 나타나는 것을 알 수 있다. 이 외적 필연성이란 인간이 자기를 유지하기 위해서는 여러 가지 동물이 필요하고, 이들 동물은 단계적으로 하위 동물을, 다시 식물까지도 필요하고, 식물은 토지가 필요하며, 물과 화학적 요소와 그들의 화합물이 필요하고, 행성과 태양, 태양을 중심으로 하는 회전과 순환과, 황도(黃道)의 경사 등이 필요하다는 것 등이다. 이것은 결국 의지 이외에 아무 것도 없으며, 더욱이 의지는 굶주린 의지이므로, 의지가 자기 자신을 먹어치우지 않으면 안 된다는 것에 기인한다. 추구, 불안, 고뇌는 여기에서 유래한다.

현상은 무한히 다양하지만, 물자체의 의지는 하나다. 이것이 인식되어서 비로소 자연의 모든 산물 사이에 존재하는 어김없는 불가사의한 유사성과, 동시에 주어지지 않았다 하더라도 결국 동일한 종류의 변종이라고 생각되는 것 같은 종족의 유사성이 정말로 이해된다. 마찬가지로 앞에서 말한 화음이라든지, 세계의 모든 부분의 본질적인 연관이라든지, 방금 말한 그들 각 부분의 단계에 관한 필연성이라든지 하는 것을 분명하게 깊이 인식하면 우리는 모든 유기적인 자연의 산물이 가진 부정할 수 없는 '합목적성'의 내적 본질과 의의를 참으로 충분히 이해할 수 있게 된다. 이 합목적성은 유기적인 자연의 산물을 고찰하고 평가하는 데 있어 선천적이라 할 수 있을 정도로 전제되고 있다.

이 합목적성에는 두 가지가 있는데, 그중 하나가 내적 합목적성이다. 즉 하나하나의 유기체의 각 부분이 어떤 질서에 바탕을 둔 일치를 보여주고 있고, 그로 말미암아 여기서부터 그 유기체와 그 종족의 유지가 결과로써 나타나며, 그 질서의 목적으로 나타나는 것과 같은 합목적성이 되는 셈이다.

그런데 다른 하나의 합목적성은 외적 합목적성이다. 즉 무기적 자연의 유기적 자연 일반에 대한 관계며, 유기적 자연의 개개의 부분 상호의 관계이기도 하고, 이것에 의하여 유기적 자연 전체의 유지 내지는 동물의 개개의 종족 유지가 가능하게 된다. 이같은 합목적성은 이 목적에 대한 수단으로 우리의 평가 대상이 된다.

내적 합목적성은 다음과 같이 하여 우리의 고찰 연관 안에 나타나게 된다. 이미 말한 것처럼, 만일 자연에서의 각종 형태의 차이성과 개체의 모든 다원성이 의지에 속하지 않고 의지의 객관성과 그 형식에 속하는 것에 불과하다면, 그 결과로써 필연적으로 의지의 객관화 정도, 즉 (플라톤의) 이념은 매우 다양하다 하더라도, 의지 자체는 불가분의 것이고, 어떠한 현상 속에도 퍼져 있다.

쉽게 이해하기 위하여 우리는 이 여러 가지 이념을 개별적인, 그 자체로는 단순한 의지 행위며, 거기에 의지의 본질이 많든 적든 간에 표현된다고 간주할 수가 있다. 그런데 여러 개체는 또다시 시간과 공간과 다원성에서의 이념, 즉 이 같은 행위의 현상이다. ― 이런 행위(또는 이념)는 객관성의 가장 낮은 단계에 있어서 현상이 되어도 단일성을 유지하지만, 의지는 높은 여러 단계에서 나타나기 위해서는 시간 속에 나타나는 실로 많은 상태와 전개가 필요하다. 이 모든 것을 총괄해 처음으로 의지의 본질은 완전히 표현되기에 이른다. 그리하여 무언가 어떤 일반적인 자연력으로 구현되는 이념은 언제나 단순한 표현밖에 갖지 않는다.

물론 이 단순한 표현은 외적인 사정에 따라서 여러 가지로 나타난다. 그렇지 않으면 이념의 동일성도 전혀 확인되지 않아야 하는데도, 실재는 단순히 외적 사정에서 생기는 차이의 구별로 동일성이 확인된다. 마찬가지로 결정에는 결정 작용이라는 단 하나의 생명 표출밖에 없고, 이 생명 표출이 나중에는 그 순간의 생명의 시체인 굳어진 모습으로 충분히 남김없이 표현된다.

그런데 식물은 이 식물이라는 현상이 되어 나타나는 이념은, 한 번에 단순한 표출에 의하여 표현되는 것이 아니고, 식물의 여러 기관이 시간 속에 있어서 계속 발달함으로써 표현되는 것이다. 동물도 이와 마찬가지로 자주, 매우 다른 형태가 연속해 생기는 것(변태變態)에 의하여, 그 유기조직을 발달시킨다. 그러나 그 형태 자체는 그것뿐만이 아니고 그 단계에서의 의지의 객관성은 나타내고는 있지만, 동물의 이념을 완전히 표현하기에는 불충분하다. 오히려 동물의 이념은 동물의 행동으로 보충받고서 비로소 완전한 것이 된다. 즉 동물의 행동에는, 그 동물의 종 전체를 통하여 동일한 경험적 성격이 표출되어 있고, 이 성격이야말로 이념의 완전한 구현이며, 구현함에 있어 이념은 일정한 유기체를 근본 제약으로 전제하는 것이다.

그런데 인간에 이르면 각 개인의 경험적 성격이 이미 독특한 것이 된다.(이뿐만 아니라 제4권에서 설명할 생각이지만, 종의 성격을 완전히 없애게 되는 셈이 된다. 이것은 결국 의욕 전체를 스스로 없애는 것이다) 시간 속에서 필연적으로 전개됨에 따라서, 또 이것이 제약된 개개의 행동으로 나뉘어 나타남으로써 인식되는 것은, 현상이라는 시간적 형식만 추상하면 칸트가 말하는 예지적 성격이 된다.

그러나 칸트는 이 두 가지 성격을 구별하여 자연과 필연과의 관계, 즉 본래적으로 말하면 물자체로서의 의지와 시간에서의 현상 관계를 설명하고, 이로써 불후의 그의 공적을 과시하기에 이르렀다.25) 따라서 예지적 성격과 이념은 일치한다. 혹은 좀 더 본래적으로 말하면 이념에 나타나는 근원적인 의지 행위와 일치한다.

따라서 그 범위 안에서는 단순히 모든 인간의 경험적 성격뿐만 아니라, 모든 동물의 종과 식물의 종의 경험적 성격도, 무기적 자연의 모든 근원적인 경험적 성격까지도, 예지적 성격의, 즉 시간을 초월한 불가분의 의지 행위의 현상이라 간주해야 할 것이다.

이어서 나는 여기서 식물이 모두 진실로 소박하게 그 전 성격을 그대로의 모습으로써 표출하고, 적나라하게 나타내며, 그 존재와 의욕의 전부를 명백하게 보여주고, 그로 인하여 식물의 외관

---

25) 《순수이성비판》의 〈세계에서 일어난 일을 그 원인으로부터 이끌어 내는 총체성에 관한 우주론적 이념의 해결〉(제5판 560~586페이지, 제1판 532페이지 이하). 《실천이성비판》(제4판 169~179페이지, 로젠크란츠판 224페이지 이하). 나의 〈근거의 원리에 관한 논문〉 제43장 참조.

이 매우 흥미로워진다는 것을 주의해 둘 필요가 있다. 동물의 이념이 인식되기 위해서는 이미 그 행위 동작을 관찰하지 않으면 안 되고, 또 인간은 이성이 있으므로 이성을 심할 정도로 속여서 나타낼 수 있고, 그런 이유에서 탐구되고 시도되지 않으면 안 된다.

식물이 동물보다 소박한 정도로, 동물은 인간보다 소박하다. 동물은 살려는 의지가 인간보다 적나라하게 나타난다. 인간은 이 의지가 상당히 많은 인식으로 덮여 있고, 또한 거짓으로 나타나는 능력에 의하여 숨겨져 있으므로, 그 참된 본질은 대부분 우연히, 그리고 여기저기에서만 나타난다. 이 의지는 식물에서는 완전히 적나라하게, 그리고 그와 동시에 훨씬 미약한 정도지만 목적도 목표도 없는, 생존만 하려는 단순한 맹목적인 충동으로 나타난다.

식물은 한번만 보아도 참으로 순진하게, 그 모든 본질을 나타낸다. 이 순진성으로 식물은 어느 동물에서나 가장 은밀한 곳에 있는 생식기를 꼭대기에 치켜들고, 누구나 다 보게 하며, 조금도 거리낌이 없다. 식물의 이 같은 순진성은 식물에만 인식이 없다는 것에 바탕을 두고 있다. 즉 잘못은 의욕에 있는 것이 아니고, 인식을 수반한 의욕에 있다.

그런데 어느 식물이라도 그 난 곳과, 난 곳의 기후와, 난 곳의 토지의 성질을 나타낸다. 그러므로 숙련이 제대로 안 된 사람이라도, 어느 외국산의 식물이 난 곳을 열대지방인지, 온대지방인지, 또는 물속인지, 늪인지, 산인지, 들인지를 쉽게 알 수 있다. 그리고 식물은 각기 그 종족의 특수한 의지를 표명하고, 어떠한 다른 말로도 표현되지 않는 그 무엇을 표현한다.

그러나 이제부터는 지금까지 말한 것을 유기체의 목적론적 고찰에 응용해, 유기체가 내적인 합목적성이 있다는 것을 관찰하기로 한다. 무기적 자연에서는, 곳곳에서 유일한 의지 행위라고 여겨야 할 이념이 유일한, 항상 동일하게 나타난다. 그러므로 무기적 자연에서는 경험적 성격의 단일성을 나누어 가지고 이것과 합치한다. 따라서 여기에서는 내적 합목적성은 표시되지 않는 것이다. 이에 반하여 유기체는 모두 이어서 행해지는 발전을 통하여 그 이념을 나타내고, 또한 그 발전의 계속은 부분 상호 간의 다양성으로 제약되며, 따라서 유기체의 경험적 성격을 표출한 총계는 모든 것을 총괄하고 난 뒤에 비로소 예지적 성격의 표현이 된다.

그렇다면 이처럼 각 부분이 병렬해도, 발전이 계속해 이루어져도 현상하는 이념, 즉 표출되는 의지 행위의 단일성은 없어지는 것이 아니고, 이 단일성은 이제 인과성 법칙에 따라서, 그들 부분과 발전 상호의 필연적인 관계와 연쇄에서 나타난다. 마치 하나의 행위에서 나타나는 것과 마찬가지로 이념 전체에서 나타나는 것은 유일하고도 직접적인, 바로 그 이유로 자기 자신과 완전히 합치하는 의지다.

의지의 현상은 비록 여러 가지 부분과 상태로 나누어져 있어도, 그것들이 모름지기 합치한다는 점에서 또다시 그와 같은 단일성을 보여줄 것이 틀림없다. 이것은 각 부분 상호의 필연적인 관계와 의존성에 의하지만, 이것에 의하여 현상에서도 이념의 단일성이 재현된다. 여기서 우리는 그 같은 유기체의 여러 가지 부분과 기능을 교대로 수단과 목적으로 보고, 유기체 자체를 그들 기능과 부분 모든 것의 궁극 목적이라 인정한다.

그러므로 한편에서는, 그 자체로서는 단일 이념이 나뉘어져 유기체의 많은 부분과 상태로 되는 것도, 다른 한편에서는 그 단일성이 유기체의 여러 부분과 여러 기능의 필연적인 연결로써, 즉 그들이 서로 원인과 결과가 되어 결국 수단도 되고 목적도 됨으로써, 재현되는 것도, 나타나는 의지 자체, 즉 물자체에 고유한 본질적인 사항이 아니고, 공간, 시간, 인과성에 나타나는 의지의 현상(근거의 원리의 단순한 여러 형태, 즉 현상의 형식)에 고유한 본질적인 것에 불과하다.

이러한 이념의 단일성의 분열과 재현도 표상으로서의 세계에 속하고, 의지로서의 세계에 속하는 일은 못 된다. 그것들은 의지가 그 객관성의 이 단계에 있어서 객관, 즉 표상이 되는 방식의 하나다. 칸트의 가르침에 의하면 유기체의 합목적성도, 무기물의 합목적성도 우선 우리의 오성에 의하여 자연 속에 받아들여진 것이다. 양자 모두 현상에 속해야 하며, 물자체에 속해서는 안 된다는 것이 된다. 앞에서 말한 것과 같은 다분히 어려운 문제의 논구의 뜻을 깊이 살펴보면 칸트의 이 말을 속속들이 이해할 수 있을 것이다.

우리는 앞에서 무기적 자연의 합법성이 추호의 차이도 없이 언제나 같다는 것에 놀라움을 표명했다. 이 놀라움은 본질적으로는 유기적 자연의 합목적성에 대한 놀라움과 같다. 두 가지 경우 모두가 현상에 대한 다원성과 차이성이라는 형식을 취한 이념이 원래 단일적이라는 것을 알기 때문이다.[26]

이상 말한 구분으로 제2종의 합목적성, 즉 외적 목적성에 관해서 말하면, 이것은 유기체의 내적 경제성에 나타나는 것이 아니고, 유기체가 외부로부터, 즉 무기적 자연에서 받든지 다른 유기체로부터 받든지 하는 지지와 원조 속에 나타나며, 이 합목적성은 일반적으로는 조금도 다름없이 지금 말한 논구로도 설명될 수 있게 된다.

즉 전 세계는 그가 가진 모든 현상과 더불어 유일 불가분한

---

26) 《자연에서의 의지에 관하여》의 〈비교해부학〉 마지막 장 참조.

의지의 객관성이기 때문이며, 또 그 이념 자체는 다른 여러 이념에 대해서는 화음이 개개의 음성에 대하는 것과 같은 관계에 있지만, 그 이념 자체, 앞에서 말한 의지의 단일성은 의지의 모든 현상 상호의 합치에도 나타나기 때문이다. 그러나 만일 우리가 이 같은 외적인 합목적성의 현상과 자연의 여러 가지 부분 상호의 합치 현상을 좀 더 상세히 연구하면, 이 견해를 지금보다 훨씬 명백하게 밝힐 수가 있다. 또 동시에 소급해 이전 연구까지도 밝힐 수가 있을 것이다. 그런데 거기에 도달하기까지는 다음과 같은 유사한 고찰을 하는 것도 참으로 좋을 것이다.

각 개인의 성격은, 그것이 인류라는 종의 성격으로서가 아니라 개인적인 것으로 파악되는 한에서는 의지가 객관화되어 나타나는 독특한 행위에 적응한 일종의 특별한 이념으로 간주할 수 있다. 그렇다면 의지의 이러한 행위 자체는 그 개인의 예지적 성격이며, 그 나타남이 경험적 성격이라 할 수 있을 것이다. 예지적 성격은 근거가 없는 의지며, 즉 물자체로서 근거의 원리(현상의 형식)에 지배되지 않는 의지지만, 경험적 성격은 철저히 이 예지적 성격에 규정되어 있다.

경험적 성격은 인간의 생활 과정에서 예지적 성격을 묘사해 내지 않으면 안 되고, 분명 예지적 성격의 본질이 요구하는 것 이외의 것은 할 수 없다. 그러나 이 규정은 이처럼 하여 나타나는 인간의 생활 과정의 본질적인 점에만 미치는 것이고, 비본질인 점에는 미치지 않는다. 이 비본질적인 부분에는 경험적 성격이 나타나는 데 대한 자료가 되는 사건과 행동의 상세한 규정이 속한다. 이러한 사건과 행동은 여러 가지 내적인 사정에 규정되고, 이것이 동기가 되어 성격은 그 본성에 따라 이 동기에 반응한다.

그리고 외적 사정은 매우 다양하므로 경험적 성격의 현상의 외적 형성, 즉 생활 과정의 일정한 사실적 내지는 역사적 형성은, 그 영향의 정도에 따라 다르다. 이 현상의 본질, 즉 그 내용은 동일 불변하지만, 사실적 내지는 역사적 형성은 실로 각양각색일 수가 있다. 가령 호두(胡桃)를 거느냐, 왕관을 거느냐 하는 것은 비본질적인 일이다. 그러나 도박의 승부를 가리는 데 있어 사람을 속이느냐, 정직하게 하느냐는 본질적이다. 후자는 예지적 성격에 의하여 규정되고, 전자는 경험적 성격에 의하여 규정된다. 하나의 주제가 많은 변주곡(變奏曲)으로 나타나듯이, 하나의 성격은 실로 여러 가지의 생활 과정으로 나타난다.

그러나 외적 영향은 실로 가지각색이지만, 비록 그것이 어떠한 결과가 되더라도, 생활 과정에 표현되는 경험적 성격은 그 객관화를 사실적인 여러 사정의 현존하는 재료에 부합하므로 예지적 성격을 정밀하게 객관화하지 않으면 안 된다. 생활 과정은 본래 성격에 의하여 규정되어 있다. 의지가 그 객관화의 근원적인 행위에 있어서 의지 자신의 객관화되는 여러 가지 이념, 즉 여러 가지 형태를 하는 여러 종류의 자연물을 규정하고, 의지는 그 객관화를 이 같은 형태로 분류한다. 이 같은 형태는 필연적으로 현상 안에서의 상호 관계를 가져오지 않을 수 없다는 것을 생각하면, 우리는 이미 말한 생활 과정에 미치는 외적인 사정의 영향과 유사한 것을 상정하지 않으면 안 된다. 우리는 유일한 의지의 그러한 모든 현상과 현상 사이에는 서로 적합과 순응이 행해진다는 것을 상정하지 않으면 안 된다.

그런데 곧 밝혀지겠지만, 이념은 시간 밖에 있으므로, 이 경우 모든 시간 규정은 제외되어야 마땅하다. 따라서 어떠한 현상도 그것이 놓인 환경에 적합하지 않으면 안 된다. 환경은 또 환경으로서 현상에게, 그것이 비록 시간적으로 훨씬 늦게 나타난 것이라도 적합하지 않으면 안 된다. 그리하여 우리는 곳곳에서 이 자연의 합의(consensus naturae)를 본다.

그러므로 어떠한 식물도 각기의 토지와 기후에 적합하고, 어떠한 동물도 각기의 생활 요소와 각기의 먹이가 될 노획물에게 적합하며, 그리하여 또한 자연적인 박해자에 대해 어느 정도 보호도 되고 있다. 눈은 빛과 빛의 굴절에 적응하고, 폐와 피는 공기에 적응하고, 부레는 물에 적응하고, 물개의 눈은 그 매질(媒質)의 변화에 적응하고, 낙타의 위(胃)에 물을 담은 세포는 아프리카 사막의 가뭄에 적응하고, 앵무조개의 돛은 작은 배를 움직이게 하는 바람에 적응한다. 이같이 하여 외적 합목적성은 매우 특수한 놀라울 만한 점에까지 영향을 준다.27)

그런데 그 외적 합목적성은 이념의 현상에 불과하고, 이념 자체에는 관계할 수 없으므로, 이 경우 시간 관계는 모두 도외시하고 생각해야 마땅하다. 따라서 앞에서 말한 설명법은 반대로 소급해 사용할 수도 있다. 어떠한 종도 눈앞의 사정에 순응할 뿐만 아니라 시간적으로 선행하는 이들 사정 자체도, 장차 언젠가 나타나리라는 것을 고려하고 있음을 생각해야 할 것이다. 전 세계에 객관화하여 나타나는 것은 하나의 같은 의지이기 때문이다.

또한 의지는 시간을 모른다고 하는 것은 근거의 원리의 형태인 시간은 의지에 속하는 것이 아니고, 또 의지의 근원적인 객관성이라고 할 수 있는 이념에도 속하는 것이 아니다. 다만 이념이 무상한 개체에 의하여 인식되는 방식, 즉 이념의 현상에 속하는 것에 불과하기 때문이다. 그러므로 현재 우리가 의지가 객관화하여 여러 가지 이념으로 나누어져서 나타나는 방식을 고찰함에 있어

---

27) 《자연에서의 의지에 관하여》〈비교해부학〉장 참조.

시간의 순서란 아무 의의가 없다.

그리고 이념의 현상이 현상으로 지배를 받는 인과성 법칙에 따라 시간적으로 앞서 나타날 경우, 그 이념은 먼저 나타났다는 이유로 현상으로는 나중에 나타난 이념보다 우위를 차지할 수는 없고, 오히려 나중에 나타난 현상 쪽이 의지의 가장 완전한 객관화며, 나중의 현상이 앞의 현상에 적합하지 않으면 안 되는 것처럼 앞의 현상도 이 나중의 현상에 적합하지 않으면 안 된다.

그리하여 행성의 운행, 황도(黃道)의 기울기, 지구의 회전, 육지와 바다의 배분, 대기, 빛, 열, 모든 유사한 여러 현상, 이것들은 자연에서 화음의 기초 저음에 해당하는 것이다. 예감으로 장차 나타날 생물의 종족에 순응하며, 이로써 그 지지자가 되고 유지자가 되려고 한 것이다. 마찬가지로 토양은 식물의 양분에 순응하고, 식물은 동물의 양분에 순응하며, 동물은 다른 동물의 양분에 순응하고, 또 이들은 반대로 앞의 것의 양분으로 이용된다. 자연의 모든 부분은 서로 영합한다. 그것들의 모든 부분에 나타나는 것은 다만 하나의 의지기 때문이다.

그러나 시간의 순서는 의지의 근원적인, 그리고 유일한 '적절한 객관성', 즉 이념과는 전혀 관계가 없다. 현재는 종족은 자기를 유지할 뿐이고 새로 발생할 필요는 없지만, 그래도 가끔 그와 같은 미래에까지 미치는, 본래 시간의 순서를 도외시하고 말할 수 있는 자연의 앞선 배려가 보인다. 즉 지금 존재하는 것과 장차 나타날 것에 대한 순응이다.

그리하여 새는 아직 보지 못한 새끼를 위하여 둥지를 짓고, 비버는 목적도 알지 못한 채 굴을 파고, 개미와 산쥐와 꿀벌은 그들이 모르는 겨울을 위하여 식량을 저장하고, 거미나 애명주잠자리는 마치 깊이 생각하고 간계를 꾸며서 한 것처럼, 그들이 모르는 미래에 걸려들 노획물의 함정을 만들며, 모든 곤충은 장차 생길 유충이 먹이를 쉽게 얻을 수 있는 장소를 골라서 알을 낳는다.

자웅이주(雌雄異株)의 나사말 암꽃이 꽃이 만발할 시기가 되면, 이제까지 물 밑바닥에 붙이고 있던 나선형 줄기가 펴져 수면에 떠오른다. 때를 같이하여 물 밑바닥의 짧은 줄기에서 자라던 수꽃은 이 줄기에서 분리된다. 그리고 죽음을 무릅쓰고 수면에 떠 올라 여기저기 떠다니면서 암컷을 찾는다. 그리하여 수정이 끝나면 암꽃은 그 나선형 줄기가 쪼그라들어 물 밑으로 가라앉아 그곳에서 열매를 맺는다.

나는 여기서 한 번 더 하늘가재 유충의 수컷에 관해 언급하지 않을 수 없다. 이 유충은 변태를 위해 나무에 구멍을 뚫고 들어가는데, 그 구멍은 장차 생길 뿔을 넣기 위하여, 암컷 유충이 만드는 구멍의 두 배 넓이가 된다. 그러므로 일반적으로 동물의 본능은 자연의 다른 모든 목적론에 대한 최상의 해설이 된다. 본능은 목적 개념에 따른 행위와 마찬가지로 하나의 행위며, 완전히 목적 개념이 없다.

자연의 모든 형성은 목적 개념에 따른 형성과 마찬가지로 하나의 형성이기는 하지만 완전히 목적 개념이 없기 때문이다. 자연의 외적 목적론에도 내적 목적론에도, 수단과 목적으로서 생각하지 않으면 안 될 것은 어떤 경우에도 자기 자신과 어디까지나 일치하는 하나의 의지가 가진 단일성이라는 현상이, 우리의 인식 방식에 대하여 공간과 시간으로 분리되어 나타나는 것에 불과하기 때문이다.

그런데 이 단일성에서 생기는 여러 현상 상호의 적합과 순응이 이루어져도, 그것으로써 앞에서 말한 것과 같은 자연 전반에 존재하는 투쟁에서 나타나는 내부항쟁이 없어지는 일은 없고, 이 내부항쟁은 의지의 본질을 이룬다. 앞에서 든 조화는 그것이 세계와 세계의 존재물의 존립을 가능하게 하는 범위 안에서만 행해진다. 그러므로 이 조화가 없다면, 세계와 그 존재물은 아득한 옛날에 멸망하고 없어졌을 것이다.

그러므로 조화는 종과 일반적인 생활 조건의 존립에 영향을 미칠 뿐이고, 여러 개체의 존립에는 영향을 미치지 않는다. 따라서 앞에서 말한 것 같은 조화와 적응이 있으므로 유기물에서의 종과 무기물에서의 일반적 자연력은 병렬해 존재하며, 서로 지지하는 경우도 있다. 하지만, 앞에서 말한 것과 같은 모든 이념을 통하여 객관화되는 의지의 내부항쟁은 저 종에 속하는 여러 개체의 끊임없는 섬멸전과, 저 여러 가지 자연력의 현상 상호의 계속된 투쟁에 나타나 있다.

이것은 앞에서 상세히 말한 대로다. 이 투쟁의 싸움터가 되고 대상이 되는 것이 물질이며, 종과 자연력은 서로 적으로부터 이 물질을 빼앗으려 하고, 공간과 시간도 그러하다. 제1권에서 설명한 것처럼 원래 인과성 형식에 의해 이 시간과 공간이 서로 합일한 것이 물질이다.

제29장 —

나는 여기서 내 서술의 제2부를 끝맺으려는데, 다음과 같은 기대를 걸고 있다. 도대체 내 사상은 지금까지 존재하지 않았고,

소크라테스

따라서 이 사상을 처음으로 생각해 낸 나 자신의 개성의 흔적을 전혀 남기지 않을 수는 없지만, 이 사상을 최초로 전달함에 있어 가능한 한, 다음 사항에 관한 명백한 확실성을 전달할 수 있었다고 믿는다. 즉 우리가 생활하고 존재하고 있는 이 세계는 그 모든 본질상 철저히 의지임과 동시에 철저히 표상이다.

이 표상은 이미 이러한 것으로써, 하나의 형식, 즉 주관과 객관을 전제하고 있고, 따라서 상대적이다. 여기서 만일 이 형식과 여기에 종속하는 모든 형식, 즉 근거의 원리가 표현하는 형식을 제외하고 난 뒤에 무엇이 남는지를 문제 삼으면, 이것은 표상과는 전혀 다른 것이고 의지 이외의 것이 될 수 없으며, 따라서 이것이야말로 본래의 물자체다.

누구나 자기 자신이 이 의지임을 알고, 세계의 내적 본질이 이 의지에 있다는 것도 안다. 그와 동시에 누구나 자기 자신이 인식하는 주관이라는 것도 알고 있으며, 전 세계가 이 주관의 표상이며, 세계는 그러한 범위 안에서, 그 필연적인 담당자인 주관의 의식에 관해서만이 현실적으로 존재한다.

따라서 누구나 이 두 가지 점에서 전 세계 자체, 즉 소우주이며, 세계의 양면을 완전히 자기 자신 속에서 발견한다. 그리고 그가 이같이 하여 자기 자신의 본질로서 인식한 내용은 또 전 세계의, 즉 대우주의 본질까지도 포함하고 있다. 따라서 전 세계도 또한 그 자신과 마찬가지로 철저히 의지임과 동시에 철저히 표상이며, 이 이외에 남는 것은 아무것도 없다. 이렇게 보면 여기서 우리는, 대우주를 고찰한 탈레스의 철학과 소우주를 고찰한 소크라테스의 철학이 합치하고, 양자의 철학적 대상은 같다는 것을 알 수 있다.

그러나 제1권과 제2권에서 전달된 모든 인식은 다음에 또 계속될 제3권과 제4권에 의하여 한층 더 완전하게 될 것이고, 그리하여 또한 더욱 확실하게 될 것이다. 제3권과 제4권에서는 우리가 이제까지 고찰한 것 중에서 어떤 것은 분명하게, 어떤 것은 막연하게 제출된 것 같은 문제에 대하여 충분한 해답을 줄 수 있을 것으로 생각한다.

그런데 여기서 한 가지 다음과 같은 문제는 특히 규명하고 싶다. 즉 이 문제는 본래 내가 이제까지 설명해 온 뜻이 충분히 이해되지 못한 범위 안에서 제출할 수 있고, 따라서 그 범위에서 이제까지의 설명의 해설에 도움이 될 수 있기 때문이다. 그것은 다음과 같은 물음이다. 어떠한 의지도 어떤 무언가에 대한 의지고 의지 작용의 객관, 목표를 보유하고 있다.

우리에 대한 세계의 본질 자체로써 표시되는 그 의지는 결국 무엇이며, 또 무엇을 뜻하는가? 이 물음은 실로 다른 많은 물음과 마찬가지로 물자체와 현상의 혼돈에 바탕을 두고 있다. 근거의 원리는 현상에 대해서만이 효력을 가지며, 물자체에는 효력이 없으며, 동기부여의 원칙도 이 근거의 원리가 형태를 지니고 나타난 것이다.

어떤 경우에도 근거가 예거될 수 있는 것은 여러 가지 현상 자체, 즉 개개의 사물에 관한 것뿐이고, 의지 자신에 관해서도, 또 의지가 적절하게 객관화되는 이념에 관해서도 결코 근거는 보기를 들 수 없다. 따라서 개개의 어떠한 운동에 관해서도, 또 일반적으로 자연에서의 변화에 관해서도 원인을 탐구할 수는 있다. 그 원인은 이들의 운동과 변화를 필연적으로 일으킨 상태다. 그러나 이들 운동과 변화와, 이것과 흡사한 많은 현상에 나타난 자연력 자체에 관해서는 결코 원인은 구해지지 않는다.

그러므로 중력이라든가 전기라든가 하는 것의 원인을 묻는 것은 사려의 부족에서 나온 정말 무지한 일이다. 만일 중력과 전기가 근원적인 본래의 자연력이 아니고, 이미 알고 있는 일반적인 자연력의 현상 방식에 불과하다는 것이 밝혀졌다면, 비로소 이 자연력이 여기서 중력과 전기 현상을 낳게 한 원인을 물을 수가 있을 것이다. 이 모든 것에 관해서는 앞에서 상세히 논술했다.

그런데 이와 마찬가지로 인식하는 개인(그 자신은 물자체로서의 의지의 현상에 불과하지만)의 하나하나의 의지 행위는 모두 필연적으로 하나의 동기가 있는 것으로서, 이 동기가 없으면 도저히 그 의지 행위도 나오지 않는다. 그러나 물질적 원인은 이것저것의 자연력의 표출이 이때, 이곳에서, 이 물질에 적응해 나타나지 않으면 안 된다는 규정을 포함하고 있을 뿐이다. 마찬가지로 동기는 인식하는 자의 의지 행위를 이때, 이곳에서, 이들의 사정 아래, 하나의 개별적인 것으로 규정할 뿐, 절대로 그것을 인식하는 자가 의지로써 의지한다는 것을 규정하는 것이 아니다.

이것은 인식하는 자의 예지적 성격의 표출이고, 이 성격은 의지 자체, 즉 물자체로는 근거가 없으며, 근거의 원리 영역 밖에 존재한다. 그러므로 누구라도 항상 자기 행동을 인도하는 목적과 동기가 있으며, 언제나 자기의 하나하나의 행위에 대하여 해명할 수가 있다.

그러나 만일 그에게 무엇 때문에 의지를 작용하는가? 왜 생존하려고 의지하는가? 이런 질문을 한다면, 그는 대답이 궁할 것이다. 이것보다는 오히려 이런 질문이 그에게는 우습게 여겨질 것이다. 그리고 또 바로 이 점이야말로 정말 그 자신이 의지 이외의 아무것도 아니라는 의식을 나타내는 것이다. 이 의지 작용은 본래 명백한 것으로, 그 개개의 행위에 있어서만이, 그때그때 동기에 의한 세세한 규정을 필요로 한다.

실제로 어떠한 목표도 한계도 없다는 것이, 무한의 노력인 의지 자체의 본질이다. 이것은 이미 앞에서 원심력을 언급할 때 말했지만, 그것은 또 의지의 객관성의 최저 단계, 즉 중력에서의 가장 간단하고 분명하게 나타나는 것으로서, 그 궁극 목표가 분명히 불가능함에도 불구하고, 그래도 항상 중력으로서의 노력을 나타내고 있다. 만일 중력의 의지에 따라서 존재하는 모든 물질이 모여서 한덩어리가 되었다 하더라도, 그 덩어리 내부에는 여전히 중심점으로 향하려고 노력하면서 강성(剛性), 혹은 탄성으로, 불가입성과 싸울지도 모른다. 그러므로 물질의 노력은 항상 저지될 뿐, 절대로 충만하다든지 완수된다든지 하는 일은 없다.

그런데 모든 의지 현상의 모든 노력은 이것과 같다. 하나의 목표가 달성되면 그것이 또다시 새로운 진로의 기초가 되고, 이렇듯 무한히 계속된다. 식물은 씨앗으로 시작해 줄기와 잎을 거쳐 꽃과 열매가 되는데, 열매는 다시 새로운 씨앗, 즉 새로운 개체의 시초에 불과하다. 이것이 또 전과 같은 경로를 따라서 자라며, 그리하여 무한히 계속된다.

동물의 생활 과정도 마찬가지다. 생식이 동물의 생활 과정의 정점이고, 이 정점에 도달한 후에는, 그 시초의 개체의 생명은 급속하게, 또는 서서히 쇠약해진다. 그 대신 새로운 개체가 자연에 대하여 종의 유지를 보증하고, 같은 현상을 되풀이한다. 그뿐 아니라, 각 유기체의 부단한 갱신까지도 이 끊임없는 충동과 변화의 단순한 현상이라 간주해야 한다. 생리학자들은 이제 이 갱신을 운동 때 소비되는 물질의 필연적 보충이라고는 생각하지 않는다. 기계의 가능한 소모는 결코 영양의 부단한 주입에 대하여 같은 양이라고 할 수 없기 때문이다. 즉 영원한 생성, 무한한 유동은 의지의 본질이 구현된다는 사실에 속한다.

마지막에 이 같은 것은 인간의 여러 가지 노력과 소원에도 나타나며, 이 같은 소원과 노력이 이루어지는 것이 의지 작용의 궁극 목표처럼 생각한다. 하지만, 그것들이 달성되자마자 이제는 궁극 목표와는 전혀 별개의 것이 되고, 결국 잊혀지고, 내버려지고, 마침내는 공공연한 것은 아닐지라도, 소멸되고 미망으로써 제거되기에 이른다.

또 무언가의 소원과 노력의 여지가 남아 있을 때가 행복하다. 그렇게 되면 소원으로부터 충족으로, 다시 이 충족에서 새로운 소원으로 끊임없이 옮겨가는 여지가 유지되고, 정체에 빠지지 않게 된다. 이 경우 소원에서 충족으로, 충족에서 새로운 소원으로 옮겨감이 빠른 것을 행복이라 하고, 늦은 것을 고뇌라 하고, 정체는 생명을 응고시키는 무서운 권태로, 일정한 대상이 없는 김빠진 동경으로, 숨 막힐 정도의 우울로 나타난다.

이러한 모든 것으로 보아 의지는 인식의 빛으로 조명되는 경우는 항상 내가 지금 여기서 무엇을 의지하고 있는지를 아는데, 의지의 본질이 무엇인지를 전혀 알 수 없다. 즉 개개의 행위는 각기 목적이 있는데, 의지의 작용 전체에는 목적이 없다. 그것은 마치 개개의 자연현상이 이곳에서, 이 시기에 나타나는 데 관한 어떠한 충족 원인에 의하여 규정되지만, 이 현상에 나타나는 힘 일반에 원인이 있지 않은 것과 같다. 이 같은 개개의 현상은 물자체, 즉 근거 없는 의지의 현상 단계이기 때문이다.

그러나 전체로서의 의지의 유일한 자기 인식은 전체로서의 표상이고, 직관적 세계 전체다. 이 직관적 세계 전체는 의지의 객관성, 의지의 나타남, 의지의 반영이다. 세계가 이 특성에서 나타나는 것이 우리가 이제부터 고찰할 대상이 될 것이다.[28]

---

28) 제2편 제28장 참조.

논문집(論文集)

관상론(觀相論) —

　　외부가 내면을 나타내고, 사람의 얼굴이 성질 전체를 묘사하여 알려준다는 것은 일반적으로 통용되는 가설이다. 이 가설의 선천성과 확실성은 좋은 일이든 나쁜 일이든 간에 어떠한 일로 특출하게 된 인물, 아니면 특이한 일을 한 사람을 눈으로 반드시 보고 싶어 하는 여러 기회에 나타나는 일반적인 욕망, 혹은 이 욕망이 이루어지지 못하면, 다만 남의 말로써 그 사람의 모습에 대하여 설명이라도 듣고 싶어 하는 욕망에 분명히 나타난다.

　　그러므로 한편에서는 이 같은 인물이 있다고 추측되는 곳에 사람들이 몰려들며, 또 한편에서는 일간 신문 ―특히 영국 신문 ―의 노력으로 해당 인물에 관한 것을 상세하고도 적절하게 보도하고 마침내는 화가와 동판사들이 더 생생하게 보여주게 된다. 더욱이 이러한 목적을 위하여 모든 사람이 귀중히 여기는 사신이 나타나서 이 수요를 완전히 충족시키기에 이른다. 같은 이유에서 일반 생활에서도 사람들은 자기가 만나는 모든 사람을 관상법으로 훑어 살피고, 그 도덕적·지력적(知力的) 성질을 남몰래 상대방의 얼굴에서 미리 읽으려고 한다.

　　그러나 몇몇 논자들이 말하듯이 정신과 육체는 전혀 별개의 것으로 몸과 마음에 대한 관계는 의복과 신체 관계와 같으므로 인간의 외모는 조금도 중요하지 않다고 말한다면, 이미 말한 것과 같은 일들이 일어날 아무 이유가 없다.

그러나 인간의 얼굴은 오히려 상형문자(象形文字)라 할 수 있고 반드시 해독되는 것, 그 알파벳은 이미 반드시 우리 가슴속에 새겨져 있다. 그뿐 아니라 인간의 얼굴은 보통 그 입보다도 많은, 더욱 재미있는 것을 말한다. 얼굴은 언제나 한 번은 입에서 나올 모든 것의 요점만 따서 적은 것으로, 그 사람의 모든 생각과 계획의 조합(組合) 문자이기 때문이다. 또 입은 단순히 어느 인간의 사상을 표현하지만, 얼굴은 자연의 한 사상을 나타낸다. 그러므로 사람은 누구나 가리지 않고 말할 필요는 없는데 누구나 가리지 않고 주의 깊게 관찰할 필요는 있다.

그런데 개체가 이미 자연의 개개의 사상으로서 관찰할 만한 가치를 가지고 있다면, 아름다움은 이 가치를 최고의 정도로 소유하고 있다. 아름다움은 자연의 보다 높고, 보다 일반적인 개념이기 때문이다. 아름다움은 종류에 관한 자연의 사상이다. 아름다움이 우리 눈을 강력하게 사로잡는 것은 이 때문이다. 아름다움은 또 자연의 근본적이고도 또한 주된 사상이다. 이에 반하여 개체는 단순히 부차적 사상이며, 따라서 거기에 따르는 하나의 귀결에 불과하다.

모든 사람은 입으로 말하지는 않지만 내심으로는 '각자는 보이는 그대로의 것이다.'라는 원칙을 갖고 있고, 이것을 출발점으로 한다. 이 원칙은 틀리지는 않다. 그러나 곤란한 것은 그 적용 방법이다. 여기에 대한 능력은 어떤 부분은 타고나는 것이고, 또 어떤 부분은 경험으로부터 얻는다. 그러나 아무도 남김없이 깨달을 수 없다. 가장 숙련된 사람일지라도 틀릴 수가 있기 때문이다.

그래도 얼굴은 사람을 속일 수는 없어서 거기에 나타나지 않는 것을 읽게 되는 잘못을 하게 되는 것은 우리의 죄다. 물론 얼굴을 읽는 것은 중요하고도 어려운 일이며, 이 기술의 원리는 결코 추상적으로 습득될 수 있는 일이 아니다. 여기에 도달하는 최초의 조건은 사람을 순객관적인 관찰로써 이해하는 것인데 이것 역시 쉬운 일이 아니다.

그 이유는 만일 혐오, 편파적 애정, 공포, 기대 등의 매우 작은 흔적이라도, 또는 지금 내가 그에게 어떤 인상을 줄까 하는 생각이 조금만 있더라도 — 간단히 말하면 어떤 주관적인 것이 조금이라도 더해진다면— 상형문자는 혼란을 가져오고 또 변형된다. — 어느 나라 말을 듣는 것은 그 나라 말의 뜻을 알아듣지 못하는 삶에 한정되듯이 — 어느 나라 말이 이해되면 뜻이 곧 기호(언어)를 의식으로부터 몰아내기 때문이다. 어느 사람의 인상을 알 수 있는 것은 다만 그 사람과 아직 친하지 않은 사람, 다시 말해서 그 사람과 자주 만난다든지, 혹은 말을 했다든지 하여 그 얼굴에 익숙한 일이 없었던 사람뿐이다. 그러므로 사람이 어느 얼굴의 순객관적인 인상, 따라서 그 얼굴을 해독하는 가능성을 가질 수 있는 것은 엄밀히 말해서 초면의 경우에 한한다.

냄새는 처음 맡을 때만 자극이 있고, 포도주 맛은 첫 잔에서 그 참맛을 알 수 있듯이, 얼굴도 또한 충분한 인상을 주는 것은 첫 번째 경우뿐이다. 그러므로 사람은 첫인상을 주의 깊게 보고서 그 인상을 기억하지 않으면 안 된다. 그뿐 아니라, 만일 우리와 개인적으로 중요한 관계를 맺고 있는 사람이면 그 인상을 기록해 두는 것이 좋다. —물론 이것은 자기의 관상력을 신뢰할 수 있다는 것을 전제로 하지만— 그 뒤의 아는 관계, 즉 교제는 이 인상을 흐리게 할 것이다. 그러나 나중의 결과는 이 인상이 틀리지 않았다는 것을 확증해 줄 것이다.

그러나 우리는 이 경우 다음과 같은 사실을 은폐하려 해서는 안 될 것이다. 첫 번째의 잠시 보는 관찰은 대개 매우 불유쾌한 것이다. 그러나 대부분의 얼굴은 얼마만큼의 소득이 있으랴! 아름답고 선량한, 총명한 얼굴을 제외하고, 즉 매우 매우 드문 얼굴을 제외하고는 어떤 새로운 얼굴도 섬세한 느낌을 가진 사람들에게 새롭고, 사람들을 놀라게 하는 조합으로서 불유쾌한 것을 제공하므로 대개는 놀라움에 가까운 느낌을 불러일으키리라고 나는 생각한다.

실제로 그들은 보통 가련한 표정들이다. 여기에다가 그 성질의 소박한 비속(卑俗)함과 저열함, 혹은 다시 오성(悟性)인 천박, 편협함이 얼굴에 여실히 나타나서 이로써 그들이 어떻게 이 같은 얼굴을 가지고 외출할 수 있는 것인지, 차라리 복면이라도 하는 것이 낫지 않을까 하고 이상하게 생각되는 무리가 세상에는 있다. 아니 한 걸음 더 나아가 한 번만 보고도 보는 사람이 오히려 좋지 않은 느낌을 주는 얼굴도 있다.

그러므로 세상에서 은퇴하여 사람들과 가까이하지 않아도 될 특수한 지위에 있는 사람들이 새로운 얼굴을 보는 고통을 완전히 회피해 은둔 생활을 한다고 하여 이것을 나쁘게 생각할 필요가 없을 것 같다. 이 사실을 형이상학적으로 설명한다면 이렇게 고찰할 수 있을 것 같다. 즉 각자의 개성은 바로 그 자신의 생존에 의하여 개선되고 수정될 자체에 불과한 것이라고.

그러나 심리적 설명으로서 만족하고자 한다면 다음의 것을 스스로 물어보는 것이 좋다. 한평생에서 마음에 조금은 있는 낮고, 가련한 사상과 천하고 이기적인, 질투 많은, 혹은 심술궂은 소망 이외에는 거의 아무것도 가지지 않은 인간의 얼굴은 어떠한 인상이 기대될 것인가 하고.

이러한 사상과 소망의 하나하나는 그것이 존재하는 동안은 얼굴에 그것을 표현한 것으로서 이러한 흔적을 자주 반복함으로써, 시간의 흐름에 따라 얼굴에는 깊은 주름을 짓게 하고 완전히 울퉁불퉁하게 만들고 만다. 그러므로 대개의 사람은 처음에 그 사람의 얼굴을 볼 때는 무섭게 생각한다. 그러나 이 얼굴에도 익숙해지고 분명히 말해서 우리가 그 인상에 대하여 둔감해지고 이제는 그것이 어떤 작용도 미치지 않게 한다.

총명하고 지혜로운 사람의 얼굴은 해와 달이 거듭됨에 따라 서서히 형성되며, 마침내 노년에 이르러 비로소 그 고상한 표정에 이르는 수도 있다. 그러므로 젊은 시절의 초상화에 이 같은 표정이 아스라할 정도로밖에 보이지 않는 까닭은, 사람의 얼굴이 올바르고 충분한 인상을 주는 것은 최초의 시기뿐이라는 앞에서 말한 의견과 서로 대응한다.

그러므로 다른 사람의 얼굴 인상을 순수히 객관적으로, 또 어떤 가감 없이 받아들이기 위해서는 그 사람과 어떠한 관계도 없어야 한다. 그리고 되도록 그 사람과 한 번도 말해 본 일이 없는 것이 좋다. 말 자체는 이미 (말하는 쌍방을) 어느 정도 친하게 하므로 어느 정도의 조합을 가져오게 하고, 서로 주관적 관계를 초래하므로 이해의 객관성을 해치게 한다. 그뿐 아니라 누구나 다른 사람으로부터 존경받고 우정을 나누고 싶어 하는 노력을 하므로 관찰 받는 편에서는 이미 자기가 잘 알고 있는 꾸미는 기술을 즉시 응용해 표정에 위선과 아첨의 속임수를 사용하고, 그것으로 우리를 매수하므로 잠시 보는 처음의 인상으로 우리에게 확실해진 것도 곧 희미해지고 만다.

그 결과는 (보통) '대개 사람들은 서로 잘 알게 되면 얻는 것이 많다.'라고 하지만 사실은 '대개 사람들은 서로 잘 알게 되면,

서로 속기 쉽다.'라고 하는 것이 맞을 것이다. 그러나 나중에 좋지 않은 상황이 되면 대개는 첫인상으로 내린 판단이 옳았다는 것이 인정되고, 또 자주 그 판단은 자기가 옳았다는 것을 조소하면서 주장하게 된다. 이것과는 달리 '보다 가까운 친지'가 곧 절대적인 지인 관계로 바뀔 때도 있는데, 이때는 이 같은 친지 관계로 얻는 것이란 하나도 없다는 것을 곧 알게 될 것이다.

더욱 잘 아는 사이가 됨으로써 소득이 되는 한 가지는 처음 만났을 때는 경계를 불러일으키던 사람도, 서로 말을 주고받음으로써 그 자신의 모든 성격이 나타날 뿐만 아니라, 그 사람이 가진 수양 정도도 나타나므로, 달리 말하면 그 사람이 실제로 또 자연적으로도 그것뿐만이 아니라, 모든 인류의 공동 재산에서 얻은 것까지도 나타날 수 있기 때문이다. 이 경우, 말하는 4분의 3은 자신의 것이 아니고 외부로부터 들은 것이고, 이때 실제로 우리는 이 같은 미노타우로스(Minotauros)[1]가 의외로 인간처럼 말하는 것을 듣고서 놀라는 일이 한두 번이 아니다.

그러나 여기서 그치지 말고 더 한 걸음 나아가 보라. 즉 '보다 가까운 친지'를 이제 한층 더 가까이 해보라. 그러면 첫인상을 받을 때, 그 사람의 얼굴이 기대하게 한 '짐승 같은 성질'이 충분히 명확하게 나타날 것이다. 그러므로 관상학적 통찰력이 있는 사람은 눈이 내리는 판단, 즉 모든 보다 가까운 지인 관계보다 선행해 순진무구한 이 판단을 충분히 주의하지 않으면 안 된다.

대개 사람의 얼굴은 그 삶이 어떠한 것인가를 단적으로 보여주며, 만일 그것이 우리를 속이는 것이라면 얼굴 자체의 죄가 아니라 속은 우리에게 잘못이 있다. 또 한편으로는 사람의 말은 단순

---

1) 그리스 신화에 나오는 머리는 황소, 몸은 사람 모양을 한 괴물. 크레타의 왕 미노스의 아들. '미노스의 소'라는 뜻.

히 우리 생각을 말하는 것, 혹은 더욱 자주 다만 우리가 배운 것을 말하는 것이고, 더 나아가 생각하지도 않은 것을 생각하는 것처럼 말하는 것이다. 그뿐 아니라 우리가 누구하고 말할 때는 아니, 다만 누군가가 다른 사람과 말하는 것을 들을 때도 그 사람의 참된 인상을 주의하지 않는다. 이것은 우리가 본질로서의, 단지 주어진 것으로서의 생김새를 포기하고 오로지 인상의 감정적 방면, 즉 말할 경우 얼굴에 나타나는 표정에만 주목하기 때문이다. 그러나 말하는 쪽에서는 이 경우 좋은 면이 나타나도록 의식하면서 말한다.

소크라테스가 자신의 능력을 검사할 것을 소개받은 청년에게 '자네는 내게 자네를 볼 수 있도록 말해 주게.'라고 한 것은 (이 경우 소크라테스는 '본다'라는 말을 다만 '듣는다'라는 뜻으로만 사용하지 않았다는 것으로 가정하고) 정곡을 짚은 말이다. 그것은 말할 때만이, 사람의 얼굴 여러 기관, 눈이 특히 활기를 띠고 그 사람의 정신적 축적과 능력이 표정에 스스로 도장을 찍는 것과 같아, 우리는 그 사람의 예지의 정도와 그 능력을, 우선 평가할 수 있다는 점에서 옳다. 소크라테스가 이 경우 목적한 바가 바로 이것이었다. 그러나 다른 점에서 보면 반대로 이러한 논의가 제기된다.

첫째로 이 규칙은 인심의 가장 깊은 곳에 존재하는 도덕적 성질에는 적용될 수 없다. 둘째로 사람과 말할 때 표정에 의하여 그 얼굴 모양을 분명하게 전개해 가지만, 이 전개로 객관적으로 알 수 있는 것을 우리는 얼마 안 가서 그 사람과 우리 사이에 일어나는 개인적 관계에 의하여 주관적으로 된다는 것이다. 이 개인적 관계에 의해 주관적으로 객관적인 면이 상실하게 된다는 것이다. 이 개인적 관계가 불러일으키는 매력은 매우 경이한 것으로, 그래도 이미 말한 것처럼 우리는 공평무사하게 내버려 두지 않는다. 이 마지막 부분의 견해에서 말하면 '자네는 내가 자네를 볼 수 있도록 말하지 말게.'라고 하는 것이 더 적당할 것이다.

그 이유는 어느 인물의 참된 인상을, 순수히 또 심각하게 이해하기 위해서는 그 사람이 홀로 거주해 자신을 자기 자신에게 내맡기고 있을 때 관찰하지 않으면 안 된다는 것이다. 모든 회합과 다른 사람과의 대화는 이미 다른 사람의 반영을 그 사람에게 투영하는 것이고, 또 대개는 이것이 그 사람에게는 유리하게 된다. 그는 기둥과 반동에 의하여 움직여지고, 또 그로 인하게 높게 되기 때문이다. 그런데 홀로 있을 때는 자신을 자신에게 내맡기고 자기의 사상과 감정의 흐름 속에서 헤엄치고 있는 상태에 있을 때는, 다만 그때만이 그는 완전히 그 자신인 것이다.

이때는 깊이 통찰하는 관상은 그 사람의 성질 전체를 일반에 걸쳐서 직접 포착할 수 있다. 그 자신의 얼굴에는 그 사람의 모든 사상과 노력의 기조와, 그 사람이 장차 그렇게 될 수 있는 것, 그리고 그 사람이 홀로 있을 때만이 그것으로써 스스로 느끼는 것 등에 관한 취소할 수 없는 판정이 새겨져 있기 때문이다.

여기서 좁은 뜻에서의 인상은 인간의 위장적인 기술이 거기까지 도달할 수 없는 유일한 것이므로, 그 이유만으로도 관상학은 확실히 인간을 알기 위한 주요 수단이다. 무릇 위장적인 기술이 작용할 수 있는 범위 안에는 단순히 감정적인 방면, 즉 의태적(擬態的)인 작용만이 존재하기 때문이다. 이처럼 인상은 위장적인 기술이 미치지 못하는 곳에 있으므로, 그래서 나는 사람을 봄에 있어서 그 사람이 홀로 있고 자기 속에 가라앉아 있을 때를 골라 말하기 전에 해석할 것을 권하는 바다.

그 하나의 이유는 앞에서 말한 경우에 한해서만이 인간은 순수하고 거짓 없는 인상을 나타내는 법이고 말이 오고 가면, 감정적 방면의 요소가 즉시 흘러들어오고, 이미 익힌 위장적 기술이 발휘되기 때문이다. 또 하나의 이유는 일체의 개인적 관계는 그것이 아무리 경미한 것일지라도 사람을 구속하며, 그로 인하여 우리의 판단이 주관적으로 순화되지 않기 때문이다.

또 말하지 않으면 안 될 것이 있다. 일반적으로 관상에 있어서 인간의 지적 능력은 도덕적 능력보다도 훨씬 잘 알 수 있다. 생각건대 전자가 보다 많이 외부에 스며 나오기 때문이리라. 즉 그것은 얼굴과 표정에도 나타날 뿐만 아니라 걷는 모습에도 나타나며, 또 어떠한 사소한 운동에도 드러나는 것이어서 아마도 사람은 어떤 사람이 바보인지 얼간이인지 천재인지를 배후에서 보아 판별할 수 있으리라.

모든 운동의 납과 같은 둔중함은 우매함을 나타낼 것이요, 어리석음은 그 도장을 일체의 태도에 찍을 것이고, 재기와 사고는 더불어 외부에 나타난다. 라 브루엘이 한 말이 바로 이것이다. 그는 말하기를 "아무리 세세하고, 아무리 간단하며, 아무리 은밀한 것이라도, 우리의 본성을 나타내는 어느 행동이 표시되지 않는 것이 없다. 바보는 들어올 때나 나갈 때나, 앉아 있을 때나 서 있을 때나, 말하지 않고 있을 때나 그냥 있을 때나, 천재성이 있는 사람과는 완전히 다르다."라고 했다.

덧붙여 말하면 헤르베르스에 의하면 보통 사람은 천재를 발견하고 이를 회피하는 확실하고도 빠른 본능을 가지고 있다고 했는데, 이것은 이미 들은 견해에서 설명된다. 그러나 천재와 바보의 차이가 이렇듯 일거수일투족의 사이에 나타나는 까닭은 먼저 첫째로 다음과 같은 사실에 원인이 있다.

대체로 두뇌가 크고 발달하면 할수록, 또 두뇌와 비례해 척수와 신경이 가늘면 가늘수록 지능뿐만 아니라, 동시에 사지의 기능성과 유순함도 또한 증대한다. 이 경우 사지는 두뇌로부터 더 직접적으로, 또 더 확연히 지배되고, 따라서 모든 것이 더 많이 한 가닥의 실에 의하여 조종됨으로써 모든 운동 안에는 그 목적이 정밀하게 나타나기 때문이다. 이것은 동물이 생물의 단계로 보아, 고등동물일수록 더욱 쉽게 단 한 군데를 찌름으로써 죽일 수 있다는 사실과 유사하다. 아니 이것과 관련이 있다.

가령 하마류(蝦蟆類)를 보자. 그들의 운동이 느리고 게으르고 완만한 것처럼, 그들 또한 우둔하다. 동시에 비상한 집착력을 가진 생명을 가지고 있다. 이 모든 것은 그들이 매우 빈약한 두뇌와 매우 굵은 척수와 신경을 가진 것으로부터 설명할 수 있다. 그러나 일반적으로는 보행과 팔 운동은 주로 뇌 작용에 의한 것이다. 외부에 있는 팔다리는 척수 신경을 매개로 척수로부터 운동과 그 운동의 수정(아무리 적은 수정일지라도) 등을 받기 때문이며, 이것이 수의적인 운동으로 우리를 피곤하게 만든다. 그리고 피로는 고통과 마찬가지로 뇌수에 자리 잡고 있으므로 우리가 생각하듯 손과 다리에 있는 것은 아니다. 그러므로 피로는 수면을 촉진한다.

그런데 유기 생활의 운동과 뇌수에서 환기되지 않는 것, 즉 불수의적인 운동은 피로하지 않고 계속한다. 심장, 폐의 운동이 그것이다. 사고와 팔다리의 운동은 모두 두뇌 운동이므로 개인의 성질 여하에 따라서 두뇌 작용의 특질은 이 양자에서 비슷하게 나타난다. 우매한 사람들은 나무 인형처럼 운동하고, 수재들의 모든 관절은 효과를 충분히 발휘한다. ─지력적(知力的) 성질은 그 태도와 운동보다도 훨씬 잘 얼굴에 의하여 알 수 있다. ─ 눈에도 많은 단계가 있어 그것은 아래로는 돼지 같은 작은 흐린 피로한 눈으로부터 시작하여 많은 중간 단계를 거쳐서 천재의 빛나는 눈에까지 이른다.

영리한 눈빛은 아무리 뛰어난 지혜의 것이라도 천재의 그것과 다른 까닭은, 전자가 의지에 매여 있다는 역력한 증거를 나타내는 데 대하여, 후자는 이것으로부터 완전히 벗어나 있다는 것에 있다.[2] 그러므로 스쿠알스피기가 그의 저서 《페트라르카전》에서 페트라르카와 동시대인인 요셉 프리예스에서 전문한 것으로써 기재하고 있는 일화는 완전히 믿어도 좋은 것이다.

그것에 의하면 어느 때 페트라르카가 많은 신사 귀빈 속에서 비스콘티의 궁전에 나와 있을 때 일이다. 갈레아조 비스콘티는 당시 아직 소년이었지만 후에 밀라노 제일의 공작이 된 자식을 뒤돌아보면서 자리에 있는 사람 중에서 가장 현명한 사람을 고르도록 명했다. 소년은 모든 사람을 한참 바라보다가 마침내 페트라르카의 손목을 잡고 아버지 곁으로 데리고 갔으므로 자리에 있던 일동은 크게 경탄했다고 한다.

생각건대 자연은 인류에서 걸출한 자에게는 그 품위의 도장을 명백하게 찍으므로 어린아이에게까지 인정되는 것이리라. 그러므로 나는 내 영민한 동포 제군들에게 충고하고 싶다. 즉 제군들에게 기회가 있어 다시 어느 평범한 인간을 30년간 위대한 사상가로서 선전하고 싶다면, 그때는 부디 헤겔과 같은 맥줏집 주인 비슷한 인상의 소유자를 이 대상으로 선택하지 말도록 부탁한다. 자연은 이 남자의 얼굴 위에 읽기 쉬운 붓글씨로 자신의 자랑스런 '평범'한 사람이라는 문자를 분명히 적어두지 않았던가.

그런데 인간의 지력적 방면에 관한 것은 도덕적 방면에 관한 것, 즉 인간의 품성에는 해당하지 않는다. 후자를 관상학적 방법에서 인정하는 것은 훨씬 곤란한 일이다. 그것은 형이상학적인 것

---

2) 보통 사람의 지력은 의지에 속하지만, 천재의 지력은 의지의 지배에서 벗어난다는 것이 쇼펜하우어의 근본 견해다. 그의 〈천재론〉 참조.

으로서 비교가 되지 않을 만큼 보다 깊은 곳에 존재하고 체질과 유기체제와 관계있는데, 지력과 같이 이와 직접으로는 결부하지 않고, 또 그 어느 일정한 부분과 관련하지는 않는다.

또 각자는 자기의 오성을 ― 일반적으로 인간은 자신의 오성에 매우 만족하고 있기는 한데― 공공연히 표시하고, 또 모든 기회에 이것을 표시하려고 노력은 하지만 도덕적 방면을 완전히 자유롭게 드러내는 것은 매우 드물고, 대개는 고의로 숨기기 때문이다. 그리고 장기간의 연습은 이 은닉을 매우 훌륭하게 한다.

또 한편으로 이미 말한 것처럼 저열한 사상과 가치 없는 노력 등은 점차 얼굴에 그 흔적을 남긴다. 특히 그것은 눈에 남게 된다. 그러므로 관상학적으로 비판해 우리는 어떤 사람이 결코 완전한 작품을 만들지 못한다는 것을 쉽게 보증할 수는 있는데, 그 사람이 절대로 큰 죄를 짓지 않으리라는 보증을 할 수는 없다.

성애(性愛)의 형이상학론 ―

우리는 시인들이 주로 성애의 묘사에 종사하는 것을 보는 데 익숙해 있다. 그것은 보통 모든 희곡(戱曲)의 ― 비극에서나 희극에서나, 낭만적인 것이나 고전적인 것이나, 인도극에서나 유럽극에서나 일체의 희곡 ― 주된 테마인데, 마찬가지로 그것은 또 서정시와 서사시의 특히 많은 부분의 자료가 되고 있다. 특히 유럽의 모든 문명국에서 몇 세기인가 이전부터 매년 수확되는 과일처럼 규칙적으로 만들어진 수백 수천의 소설을 후자에 가산한다면 더욱 많다. 이들 작품은 모두 그 내용의 골자를 보면 이러한 결정의 다방면에 걸친 짧고도 상세한 기록에 불과하다.

이러한 격정의 가장 성공한 묘사, 이를테면 《로미오와 줄리엣》, 《신 엘로이즈》3), 그리고 《젊은 베르테르의 슬픔》4)과 같은 것은 불굴의 명성을 얻었다. 그러나 라 로슈푸코가 격정적인 사랑과 유령을 비교하면서, 모든 사람이 그 말은 하면서도 보았다고 하는 사람은 한 사람도 없다고 했고, 마찬가지로 리히텐베르히가 그의 논문 〈사랑의 힘에 관하여〉에 대해서 이 격정의 현실성과 자연성

---

3) 프랑스 철학자 장 자크 루소(Jean Jacques Rousseau)의 소설. 내용은 신분의 차이로 인해 결혼할 수 없는 두 남녀의 사랑이다.

4) 독일의 문호 괴테의 서간체 형식의 소설. 내용은 남자 주인공 베르테르가 사랑으로 번뇌하다 자살로 생을 마친다.

을 공박하고 부정한 것은 모두 크나큰 오류다.

인성의 자연과 동떨어진, 그리고 모순되는 것이, 즉 아무 근거 없이 쓰여진 희화와 같은 것이 모든 시대에 시적 천재의 손으로 끊임없이 묘사되고, 인류로부터 변치 않는 흥미로 받아들여진다는 것은 있을 수 없는 일이므로. 그리고 진리가 없다면 어떠한 예술적인 아름다움도 존재하지 않기 때문이다. '어떠한 것도 진리보다 아름다운 것이 없고, 진리만이 사랑스럽다.'(보알로)

그러나 일상적인 경험은 아니지만 경험으로 얻은 확증된 사실로 미루어 보통의 경우는 열렬할 뿐이지 그래도 제어할 수 있는 평범한 사랑으로 나타나는 것도, 어떤 사정 아래서는 그 열렬함에 있어서 다른 일체의 격정을 능가하는 것이 되고, 일체의 고려를 배척하고 믿어지지 않을 정도의 힘과 인내로 갖가지 장애를 물리치며, 마침내는 자기의 만족을 위하여 생명까지도 아무 주저 없이 걸고, 만일 이 만족이 거부당하는 경우는 생명까지도 내던지는 경우가 있게 된다. 베르테르와 야코포 오르티스(Jacope Ortis)[5] 같은 사람들은 단순히 소설에서만 존재할 뿐만 아니라, 유럽에서는 이 같은 사람이 한 해에 적어도 여섯 사람은 나타난다.

그러나 이 같은 사람들은 다른 사람이 알지 못하는 죽음에 의하여 잊혀진다. 그들의 고민을 기록하는 사람들은, 관청의 기록계 서기 아니면 신문의 탐방기자 이외에는 없기 때문이다. 그래도 영국이나 프랑스의 신문에서 경찰 재판과 같은 기사를 읽는 사람들은 내가 말하는 것이 틀린 말이 아니라는 것을 증명해 줄 것이다. 그리고 이 격정으로 말미암아 정신병원에 들어가는 사람 수는

---

5) 18세기에서 19세기 초의 이탈리아 시인 우고 포스콜로(Ugo Foscolo)의 서간체 소설 《야코포 오르티스의 마지막 편지》의 주인공으로 사랑 때문에 죽는다. 《젊은 베르테르의 슬픔》 계통에 속하는 소설이다.

더욱 많다. 끝으로 또 외부 세계의 사정으로 방해받은 애인들끼리의 정사(情死)에 관해서도 해마다 몇 건은 나타난다.

그러나 서로 사랑하는 것이 확실하고 이 사랑을 즐김에 있어서 더할 수 없는 행복을 얻으려고 기대한 애인들이 무엇 때문에 극단적인 수단에 호소해, 모든 귀찮은 관계를 배제하고 어떠한 곤란을 이기고 생존을 계속하려 하지 않고, 그들에게 있어서 최고의 행복을 그들의 생명과 더불어 포기하는지 나는 아무래도 설명할 수 없다. 그러나 이 격정의 정도가 낮은 것과 단순한 싹 정도는 누구나 매일 목격하며, 노인이 아닌 이상, 대부분의 사람 가슴속에는 이러한 정도는 있을 것이다.

여기서 떠오르는 것만 생각해도 누구나 성애라는 사건의 실재성과 중대성을 의심할 수 없을 것이다. 그러므로 모든 시인이 언제나 사용하는 이 주제를, 철학자가 한 번 취급해 주제로 한다는 것을 이상하게 여기는 데 앞서 이렇듯 인생에 있어서 중요한 역할을 하는 사건이 이제까지 철학자들로부터 전혀 관찰되지 않고, 또 가공을 거치지 않은 소재로써 현존하는 사실에 대하여, 놀라움을 가지는 것이 오히려 맞을 것이다.

예로부터 이 문제에 가장 많이 관여한 철학자는 플라톤으로, 《향연》과 《파이드로스》는 이 문제를 취급한 작품이다. 그러나 그가 여기에 관하여 말하고 있는 것은 신화, 우화, 그리고 농담의 범위에 머물고 있고, 대부분은 또 그리스의 남색(男色)에만 관계하고 있을 뿐이다. 루소는 그의 저서 《인간 불평등 기원론》에서 이 제목에 관해서 조금 언급하고 있는데, 그것은 잘못된 동시에 불충분하다. 성애에 관한 칸트의 해설은 그의 논문 〈미와 숭고의 느낌에 관하여〉 제3절에 있는데, 이것은 매우 피상적인 관찰이고, 또 전문적인 지식이 부족하다. 따라서 어느 절차까지는 부적당함을 면치 못하고 있다.

끝으로 프라트네르6)는 그의 저서 《인류학》 1347페이지에서 이 문제를 논하고 있는데, 이것은 누가 보더라도 피상적이고 천박하다고 할 것이다. 이에 반하여 스피노자의 정의는 그 풍성한 소박미로 인하여 기분전환으로 여기에 인용할 만한 가치가 있을 것 같다. 그는 "연애란 어떤 외부적 원인의 관념에 수반된 일종의 육정이다."라고 말했다.

사정이 이러하므로 내가 그것을 이용해도 반박할 만한 선배가 없다. 이 문제는 객관적으로 내 곁에 와서 스스로 나의 세계 고찰의 연쇄 속에 들어온 것이다. 여기에다가 바로 현재 이러한 격정에 지배되고 있고, 따라서 자기의 열렬한 감정을 가장 숭고하고도 오묘한 형상으로 표현하려고 노력하는 사람들 눈에는 환영을 가장 적게 받으리라는 것을 나는 나대로 기대하고 있다.

그러한 사람들에게는 내 의견은 너무나 물질적이고 또 형이하학적으로 보일 것이다. 그러나 사실은 형이상학적이고 또 초월적이기도 한 것이다. 다만 나는 다음 것만은 조금 생각해 주기를 바란다. 그것은 지금 그들을 감격하게 하고, 마드리갈(일종의 연가)이나 소네트(짧은 시의 한 형식)를 만들게 하는 대상이 이미 18년에 이 세상에 태어났다면 그들로부터는 거의 순간적인 관심도 받지 못했으리라.

모든 연애는 아무리 그것이 신묘한 모습을 가장하고 있다 하더라도, 그 근본은 성적 본능에 잠재하고 있는 것이며, 더욱이 그것은 한층 더 확정되고 특수화된 가장 엄밀한 의미에서는 개체화된 성적 본능에 불과한 것이다.

---

6) 독일의 의학자·인류학자. 1774~1818년.

이 사실을 어김없이 기억하면서 성애가 이 모든 계층과 색깔에 있어서 단순히 연극이나 소설에 있어서 뿐만 아니라, 실제 세계에서는 생명의 사랑 다음으로 모든 충동 중에서 가장 강하고 가장 활동적인 것으로 보고, 또 그것이 인류의 젊은 측의 힘과 사상의 반쪽을 언제나 점령하고, 거의 모든 인간의 노력의 최종 목표가 되며, 가장 중대한 사건에 해로운 영향을 주고, 가장 진지한 일을 어느 때라도 단절시키며, 때로는 가장 위대한 두뇌까지도 잠시 혼란하게 만들고, 정치가의 협상 사이에도, 학자의 연구 사이에도 하찮은 사건으로 방해하면서 태연히 침입해, 연애편지와 모발을 관청의 종이꽂이와 철학상의 원고 속에 끼워 넣는 기술도 알고 있고, 마찬가지로 교묘하게 날마다 시끄러운 가장 나쁜 사건을 꾸미며, 가장 귀중한 관계를 끊어지게 하고, 가장 굳은 맺음까지도 단절시키며, 한때는 생명 혹은 건강을, 한때는 또 부와 지위와 행복을 희생으로 바치고, 또 보통 때는 정직한 사람도 정직하지 않게 만들며, 이제까지 신실한 사람까지도 배반자가 되게 하고, 따라서 전체로 보아 일체를 전도하고 혼란하게 하며 전복되도록 노력하는 악의에 찬 데몬(귀신)으로 나타나는 현상을 본다면 우리는 다음과 같이 부르짖지 않을 수 없을 것이다.

'이 소란의 이유는 무엇인가?' '이 군중과 소란과 근심과 궁핍은 도대체 어디서 오는 것일까?'

실제로 문제의 진상은 다만 어떠한 한스(남자 이름, 여기서는 일반적으로 남자를 가리킴 - 역자)도 자기의 그레테(여자 이름, 여기서는 일반적으로 여자를 대표하고 있음 - 역자)를 발견해 낸다는 것이다. (나는 여기서 자기가 생각하고 있는 것을 정말로 표현하는 것을 감히 하지 않았다. 그러므로 호의 있는 독자는 이 문구를 아리스토파네스(Aristophanes)[7] 식의 말로 번역하지 않으면 안 된다. - 저자)

그러나 이 같은 작은 일이 왜 이렇듯 중요한 역할을 하게 되고, 잘 통제된 인생에 끊임없는 교란과 분규를 초래하는 것일까?

그러나 진리의 정신은 점차 진지한 연구자에게 답을 제시해 준다. 문제가 되는 이 사건은 실은 앞에서 생각한 것과 같은 사소한 일은 아니다. 오히려 사건의 중요성을 하는 일의 중요성과 열심에 완전히 일치하고 있는 것으로서, 모든 연애 사건의 궁극의 목적은, 그 사건이 소크스8)로 연출되든 코드룬9)으로 당하든 인생에서의 다른 일체의 목적보다도 실제로 한층 더 중요하며, 따라서 사람들이 이 목적을 추구하려 할 때 가지는 심각한 진지함에 합당할 만한 충분한 가치가 있다.

그 이유는 이것에 의하여 결정되는 것은 다음 시대의 구성이라는 대사건이기 때문이다. 우리가 무대에서 새로 등장하게 될 극의 인물은 이 사소한 것으로 보이는 연애 사건에 의하여 그 존재와 성질에 관한 문제가 명확하게 결정되는 것이다. 미래의 인간의 존재가 일반적으로 우리의 성욕에 의하여 조건 지어지듯이 이들 인간의 본질도 성욕 만족의 경우에서의 개인적 선택, 즉 성애에 의하여 완전히 규정되고, 또 이것에 의하여 어떠한 점으로 보아도 최소가 되지 못하도록 확정되는 것이다.

이것이 이 문제를 해결하는 열쇠가 되는 것으로, 이 열쇠를 사용할 때는 연애의 여러 가지 정도를 ― 즉 아래로는 가벼운 좋아하는 정도에서, 위로는 가장 맹렬한 격정에 이르기까지의 각각의 단계를 ― 훑어 조사하면 이것을 한층 충분히 이해할 수 있게

---

7) 고대 그리스의 희극 작가. 기원전 445?~기원전 385?

8) 그리스 희극에서 사용되는 반화(半靴).

9) 그리스어로 코토르노스(Kothornos). 고대 그리스의 비극 배우가 몸집을 크게 보이기 위해 신는 창이 두꺼운 반장화.

될 것이다. 그리고 이때 연애의 정도 차이는 선택의 개성화의 정도의 높고 낮음에서 생긴다는 것을 알 수 있으리라.

이러한 이유로 현재 사람들의 모든 연애 사건을 함께 묶어서 이것이 모두 인류가 미래 시대를 조성하는 데 하게 될 진지한 성찰이며, 이 조성에, 그 이후의 무수한 시대의 조성이 매달려 존재하는 셈이 된다. 이 사건에서는 다른 모든 사건과 마찬가지로 개인의 행불행에 문제가 있지 않고, 장래에 인류의 생존과 거기에 따른 특수한 성질이 문제며, 따라서 개개인의 의지는 더 높은 정도로 앙양되어 종족의 의지로 나타난다. 이 중요한 사건에는 연애 사건의 감동적이고도 숭고한 점과 그 환희와 고통의 초월적인 데 기초를 갖고, 시인들은 이것을 많은 예증으로 묘사하면서 몇천 년간을 쉬지 않고 해 온 셈이다.

어떠한 주제라 할지라도 재미있다는 점에서 이것 이상 없다. 또 연애는 종족의 행불행에 관계하므로 이것과 단순히 개인의 행복에만 관계하는 다른 모든 사건과의 관계는 마치 입체와 평면 관계와 같다. 그러므로 연애 사건이 나오지 않는 희곡을 재미있게 하는 것은 매우 어려운 일이며, 다른 한편으로는 연애를 서술하는 성질에서 비록 그것이 매일 주제로 사용되었다 하더라도 결코 충분히 사용되었다고는 할 수 없는 정도일 것이다.

개인의 의식에서 일반적으로 성욕으로 나타나고, 이성의 어느 한 개인에게 향하고 있지 않은 것은 그 자신을 따라서 생각하고, 현상을 떠나서 보면 단순히 '살려고 하는 의지'에 불과하다. 그러나 어느 한 개인에게 향한 성욕으로서 의식에 나타나는 것은 그 자신 명확하게 정해진 개성으로 '살려고 하는 의지'다. 이 경우 성욕은 비록 그 자신으로 보아서는 주관적인 요구라 하겠지만, 실로 교묘하게 객관적 찬미라는 마스크를 쓰고서 이것에 의하여 의식을 속이는 술책을 알고 있는 것이다.

이것은 자연이라는 것이 자기 목적을 위하여 이러한 전술이 필요하기 때문이다. 그러나 이 찬미가 아무리 객관적인 것처럼 보이고, 또 숭고한 색채를 띠고 있는 것 같지만, 사실 모든 연모(戀慕)는 어느 일정한 성질을 가진 개체를 낳을 것을 목적으로 한다는 것은 연모의 주요한 일이 서로의 사랑이 아니고 소유, 즉 육체적인 쾌락이라는 것으로 인하여 무엇보다 먼저 증명된다. 그러프로 서로의 사랑이 확실하다 하더라도 육체적인 쾌락이 없어지면 사랑이 이 결핍을 위로할 수는 없다. 오히려 이러한 경지에서는 많은 사람이 이미 자살했다.

이에 반하여 심한 애착을 가진 사람은 만일 상대의 애정을 얻을 수 없을 때는 소유, 즉 육체적인 향락으로 만족한다. 이 같은 것은 모든 강제적 결혼이라는 것에 의하여 증명할 수 있고, 또 마찬가지로 여자가 싫어함에도 불구하고 많은 선물과 여러 다른 희생물로 팔린 여자의 정, 나아가서는 강간 같은 행위 등에 의하여 입증되기도 한다.

이에 특정한 아이가 생기는 것이 ─비록 당사자들의 의식에 떠오르지 않더라도─ 연애 사건 전체의 참된 목적이고, 이 목적에 도달하는 방법 여하는 부차적인 것에 불과하다. 이렇게 말하면 고상하고 민감한 사람들, 특히 현재 연애하고 있는 사람들은 내 견해를 조잡한 현실론이라고 부르짖을 줄 알고 있지만, 아무리 그렇게 부르짖는다 해도 (내 말은 옳고) 그들의 말은 틀린 것이다.

다음 시대의 개체를 정확하게 정한다는 것이 그들의 열광적인 감정이나 초감각적인 비누 거품 같은 생각보다도 훨씬 고상하고 훨씬 값진 목적이라 할 수 있지 않은가? 이 세계에 존재하는 여러 가지 목적이라 일컫는 것 중에서 이 목적보다 더 중요하고 더 큰 것이 있을까? 격렬한 애정이 느껴질 때의 그 깊이, 그것이 나타날 때의 진지함, 그 범위 안에서나 혹은 인연이 되기도 하는 사소한 일들에, 그들이 마음 쓰는 심각한 의미 등은 모두 목적에만 합당할 수 있는 문제다.

이 목적을 참된 목적이라고 생각하는 한 사랑의 상대를 얻기 위하여 소비하는 번잡한 과정과 끝없는 노심초사 등이 그 사건에 합당한 일이라고 생각되는 것이다. 이러한 활동과 노고에 의하여 이 세상에 태어나는 사람은 완전히 개성적인 결정을 받은 미래의 시대이기 때문이다. 아니 이 시대는 성욕의 만족을 위하여 상대를 용의주도하게, 또 확정적으로, 그리고 자신의 의견을 가지고 선택하는 행위 ―이것을 사람들은 연애라고 한다― 속에서 이미 움직이고 있다.

사랑하는 두 사람 사이에 깊어가는 애정은 반드시 두 사람이 낳을 수 있고, 또 낳으려고 원하는 새로운 개체의 '살려고 하는 의지'에 불과하다. 그뿐 아니라 이 두 사람의 연정에 가득한 눈빛이 순간적으로 부딪쳤을 때, 거기에는 이미 새로운 생명의 불길이 타오르기 시작한 것이고, 그리고 이 새로운 생명은 스스로가 조화된 또 훌륭한 조합을 이룬, 미래의 개체임을 알려주고 있다.

그들 두 사람은 실제로 서로 합동하고 융합해 단 하나의 것이 되고 이 하나의 것으로서만 오로지 생존해 가려는 열망을 느낀다. 이 열망은 그들이 생산한 것(아이)에서 만족을 얻는다. 즉 이 것(아이) 속에서 두 사람의 유전적 성질이 하나의 것으로 융합 귀일하여 생존을 계속하는 것이다. 반대로 남녀 사이의 움직일 수 없는 집요한 상호적 혐오는 만일 그들이 아이를 낳는다면 그것은 구조가 좋지 못한 그 자신에 있어서 조화가 없는 불행한 것이라는 징조가 된다. 그러므로 칼데론(Calderon)[10]은 무서운 세미라미스를 대기의 딸이라 불렀는데, 이것을 강간(여기에는 남편을 살해하는 행위가 따른다)의 딸로 소개한 데는 깊은 의미가 있다.

마지막으로 성을 달리하는 두 개의 개체가 다른 것을 배격하고 서로 강하게 끌어당기게 하는 것은, 모든 종족에 나타나는 '살려고 하는 의지'에 불과하다. 이 의지는 이제 두 사람 사이에 탄생할 개체 안에 의지 자체의 목적에 적합한 자기 본질의 객관화를 이미 예견하고 있다. 이 새로운 개체는 아버지로부터는 의지, 즉 성격을, 어머니로부터는 지력을 얻고, 체질은 양자로부터 받을 것이다. 그러나 대개는 겉모습은 어머니보다는 아버지에게서 더 많이 얻고, 크기에서는 아버지보다는 어머니를 닮는다. 이것은 동물의 잡종을 만들 때 나타나는 법칙에 따라서 말한 것으로, 이 법칙은 주로 태아의 크기와 자궁의 크기에 따르지 않으면 안 된다는 것에 원인이 있다.

개개인의 전혀 특별한, 그리고 개인에게만 전적으로 특유한 '개성'이라는 것을 설명할 수 없듯이, 사랑하는 두 사람의 전혀 특별한 개성적인 격정도 또 설명할 수 없다. 실제로 이 양자는 깊은 근본에서는 같으며, 전자는 후자에 포함된 것의 표현이다. 새로운 개체의 성립 단서, 그 생명의 참된 발생으로 여겨야 할 것은 실제로 부모가 서로 사랑하는 첫 순간이다. 영어의 적절할 표현을 빌리면 '서로 좋아하는(fancy each other)' 순간이 그것이다.

이미 말한 것처럼 두 사람의 동경하는 눈빛이 서로 부딪쳤을 때 새로운 개체의 최초의 싹이 트는 것이고, 이 싹도 물론 다른 모든 싹처럼 대개는 밟히고 (생성되기 전에) 만다. 이 새로운 개체는 말하자면 하나의 새로운 (플라톤적인) 이념이며, 모든 이념은

10) 스페인의 극작가. 1600~1681년. 대표작으로 〈살라메아 촌장〉, 〈인생은 꿈〉 등이 있다.

인과 법칙이 그들 사이에 부여하는 물질을 움직이고, 비상한 초조감으로 현상으로 나타나려고 노력하는 것이다. 앞에서 말한 인간적 개체의 특수한 이념도 마찬가지로 또 최대의 탐욕과 초조로서 현상계에서 스스로 실현하려고 노력한다.

이 탐욕, 이 초조야말로 미래에 부모가 될 연인 동지간의 격정이다. 이 격정에는 많은 정도가 있는데, 이 양극단은 이것을 '지상의 사랑'과 '천상의 사랑'이라 불러도 무방할 것 같다. ―단 이것은 그 본질상으로 보아 어떠한 단계, 어떠한 정도에서도 완전히 동일한 것이다. 그러나 단순히 정도상으로 보면 이 격정이 개성화되면 될수록 ― 다시 말해서 사랑받는 쪽의 개체가 그 일체의 부분과 성질에 따라서 사랑하는 쪽의 개체의 소망이나 그 개성에 의하여 확립된 요구 등을 충족하는 데 가장 적합하면 할수록 격정은 더욱더 그 힘이 증가하고 강해진다.

그런데 이 경우 무엇이 중요한 문제인가 하는 것은 연구를 계속해 가는 사이에 우리에게 분명해질 것이다. 애타게 밀착되는 사랑이 첫째로 향하는 근본적인 방향은 건강과 힘과 아름다움, 따라서 청춘이기는 하지만, 이것은 의지가 모든 개성의 기저로써 인류의 종족적인 특질을 나타내려고 노력하기 때문이다. 일상적인 연애 과정은 이 이상으로는 나아가지 않는다. 그다음에는 특수한 요구가 이에 결부된다. 이 요구가 무엇인가 하는 것은 우리는 한 걸음 더 나아가 개별적으로 검토해 보려고 하는데, 여하간 이들 요구와 더불어 ―이들이 만족할 만한 희망이 있을 경우는― 격정은 더욱더 그 정도가 높아진다.

그러나 이 격정이 최고까지 올라가는 것은 두 개의 개체가 서로 잘 맞는 때다. 이 적합으로 아버지의 의지, 즉 성격과 어머니의 지력은 서로 결합해 여기에 개체를 완성하기에 이른다. 이 개체야말로 모든 종족에 나타나는 일반적인 '살려고 하는 의지'가 동경하는 것이며, 이 동경은 의지 자체의 광대함과 균형을 이루고 있으므로, 인간이 가진 마음의 척도를 뛰어넘는 것이며, 그 동기도 또한 개인의 지력 범위를 넘어선다. 이것이야말로 이것이 참되고 위대한 격정의 혼이다.

그런데 다음에 고찰해야 할 여러 가지 조건의 하나하나에서 두 개의 개체가 서로 적합한 것이 완전하면 할수록 그 애착은 그만큼 강렬하게 될 것이다. 원래 세상에는 완전히 동일한 개성이란 두 개가 존재하지 않으므로 어떤 한 남자에게는 어떤 한 여자가 ─낳을 것(아이)에 언제나 관련해─ 가장 완전히 적합할 것이 틀림없다. 이런 두 개의 개성이 서로 만난다는 것은 매우 드문 일인데, 이와 마찬가지로 참으로 격렬한 연애라는 것도 세상에는 드물다.

그러나 이 같은 사랑의 가능성은 누구나 마음에 있으므로 시적 작품에 있어서 이 같은 고도의 사랑이 묘사되더라도 우리는 기꺼이 이해하는 것이다. 사랑의 격정은 본래 장차 낳을 것과 그것의 성질을 중심으로 하여 그 둘레에서 회전하는 것으로서 그 핵심도 여기에 있으므로 성을 달리하는 두 사람의 젊고 훌륭한 교양 있는 사람들 사이에는 그 마음가짐과, 성격과, 정신의 방향이 일치하는 것을 기초로 하는 우정이 ─성애가 전혀 섞이지 않은 우정이─ 존립할 수 있는 셈이다. 단순히 성애가 전혀 섞이지 않은 것뿐만이 아니다. 이 점에 있어서 서로가 혐오하는 경우도 있다.

이러한 현상의 원인을 살펴보면 만일 그들이 결합해 아이를 낳게 되면, 그 아이는 육체적 또는 정신적으로 조화되지 않은 성질을 가질 것이라는 것이다. 간단히 말하면 그것은 그 아이의 생존과 자질이 종족에 나타나는 '살려고 하는 의지'에 적합하지 않은 것이 된다. 이와 반대로 마음가짐, 성격, 정신의 방향 등이 질을 달리해 여기에서 일어나는 혐오도 있고, 나아가서는 적의까지도 품게 되는데도 불구하고 성애가 생기고, 또 존립하는 일도 있을 수 있다. 이 경우 성애 그 자체가 이미 말한 모든 차이를 알지 못하게 하는 작용을 하게 된다. 이때 성애가 결혼으로 이끌어 나가는 원동력이 되면 그 결혼은 매우 불행한 결혼이 되고 말 것이리라.

이제 여기서 좀 더 근본적인 논구에 들어가 보기로 하자. 이기적 관념은 일체의 개성에 걸쳐서 일반적으로 존재하는 뿌리 깊은 성질이므로 어느 한 개인의 활동을 환기하기 위해서는 이기적인 목적을 보이는 것이 제일 좋고, 이렇게 하면 가장 확실한 효과가 나타난다는 것을 기대해도 괜찮을 것이다. 확실히 종족은 사멸의 운명을 가지는 개성 자체보다도 개체에 대하여 더욱 빨리, 더욱 가깝게, 또 더욱 큰 권리를 가지고는 있지만 개체가 종족의 지속과 성질 때문에 활동하지 않으면 안 될 경우라든지, 혹은 이것 때문에 희생하지 않으면 안 될 때 해당 사건의 중요한 이유를 지력으로 충분히 이해하게 하고, (지력은 개체적 목적만을 생각하게 되어있다) 이로 인하여 단체가 사건의 중요성에 적응해 활동하도록 방향을 제시하는 것은 절대로 있을 수 없다.

그러므로 이 경우에는 자연히 다음과 같은 수단을 강구해 자기 목적을 달성할 수 있을 뿐이다. 즉 자연은 개체에게 일종의 망상을 불어넣고, 그 힘에 의하여 실제는 종족을 위하여 하는 일도 개체 자신의 덕이 되는 것처럼 생각하게끔 만드는 것이다. 그러므로 개체 자체는 자기를 위하여 애쓰고 있는 것처럼 생각하겠지만 실은 종족을 위하여 힘을 다하고 있다.

그리고 이 경우 나중에 곧 소실하는 단순한 환상이 그의 눈앞에 요동하고, 동기로써 현실의 사물의 대리를 담당한다. 이 망상이야말로 본능 이외의 아무것도 아니다. 본능은 대개의 경우 종족의 감각이라고도 볼 수 있는 것으로, 종족의 이익이 되는 것을 의지 앞에 내밀어 본다. 이 경우 의지가 개체적인 것이 되어있으므로 그것에 속아서 종족의 감각이 돌출되어있는 것을 개체의 감각으로 지각하고, 실제는 단순히 일반적인 (이 경우 '일반적'이라는 말은 가장 본래적인 뜻으로 해석하지 않으면 안 된다) 목적을 추구하는데, 개체적인 목적을 추구하고 있는 것처럼 생각하지 않을 수 없게 된다.

우리는 동물에서 본능의 외면적인 현상을 가장 잘 관찰할 수 있다. 이 동물에 있어서 본능의 역할이 가장 중요하기 때문이다. 그러나 본능의 내적인 과정은 모든 내면적인 일과 마찬가지로 다만 우리 자신에 관한 경험을 통하여 알 수 있을 뿐이다. 흔히 세상에는 인류에게는 거의 본능이라는 것은 없고, 지금 가지고 있는 본능은 아마 신생아가 어머니의 유방을 찾아서 잡는 정도의 것이라고 하는데, 사실에 있어서 우리는 매우 확정된 명백한, 그리고 복잡한 하나의 본능을 가지고 있다. 즉 그것은 성의 만족을 위하여 다른 개체를 미묘한 방법으로 진지하고 자신의 의지로써 선택하는 본능이다.

이 성의 만족이란 자체와 ― 자세히 말해서 이 만족이 개체의 절실한 요구에 바탕을 두는 육체적 향락인 한에서는 ― 상대가 되는 개체의 아름다움과 추함은 아무 관계도 없다. 그러므로 아름다움과 추함에 관해서 열심히 행해지는 고려와 이 고려에서 생기는 주도한 선택은 함께 선택자가 관여해 아는 바가 아님은 명백하며 (선택자 자체는 그러나 자기가 관여하는 것이라고 생각하고 있다), 참된 목적인 이제 탄생될 것(아이)이 관여하는 것이 될 것이다.

이제 탄생할 것 중에는 종족의 전형이 되도록 순수하게 또 정확하게 보존되어 있지 않으면 안 된다. 많은 육체적인 사건과 도덕적인 불쾌한 사건에 의하여 인간의 형태는 매우 많은 잡다한 변종이 생기지만, 그러나 진정한 전형은 그 모든 부분에 있어 되풀이하면서 만들어지는 것이다. 이것은 미의식의 지도 아래서 행해지는 것으로, 미의식은 일반적으로 성욕에 앞서는 것으로, 이것 없이는 성욕은 구토를 일으키는 더러운 요구로 격하된다. 그러므로 각 개인은 무엇보다 먼저 가장 아름다운 개체를 ― 다른 말로 하면 종족의 특질이 가장 명석하게 나타나는 개체를 ― 결정적으로 선택하고, 또 격렬하게 이것을 요구한다.

둘째로 각자는(자기 이외의) 다른 개체에 있어서 자기 자신에게 없는 완전성을 특히 요구하게 된다. 여기에다가 자기 자신의 결점과 반대되는 결점을 아름다움이라고까지 생각하기에 이른다. 가령 키가 작은 남자는 키 큰 여자를, 금발인 사람은 흑발의 사람을 구한다. 남자가 자기 마음에 드는 아름다운 여자를 보았을 때, 현혹할 만큼의 기쁨이 그를 사로잡게 되고, 그 여자와 합치하는 것이 지상의 행복처럼 그는 생각하게 된다. 이 미칠듯한 기쁨이야말로 바르게 말해서 종족의 감각이며, 명백하게 나타난 종족적 특징을 인식하고 이것을 종족의 영원한 것으로 만들려고 바라는 것이다.

종족의 전형을 유지하려는 것은 아름다움에 대한 이 움직일 수 없는 애착이고, 여기서 이 애착은 매우 큰 힘으로 움직인다. 우리는 이 애착이 보이는 여러 가지 고려를 다음에서 특별히 관찰하려고 한다. 그런데 이 경우 인간을 인도하는 것은 실은 종족의 최선을 목적으로 하는 본능으로, 인간 자신은 단순히 자기 자신의 더 큰 향락을 구하고 있다고 사유한다. 실제로 여기에서 우리는 모든 본능에 관한 교훈에 넘치는 설명을 얻은 셈이다. 즉 본능은 이 경우와 같이 거의 대개 개체를 종족의 행복을 위하여 움직이게 한다.

한 마리의 곤충이 다만 그곳에서만 자기 알을 낳기 위하여 어느 일정한 꽃과 과일과 오물과 ― 혹은 맵시벌처럼 ― 다른 곤충의 유충을 찾아다니고, 또 이 목적을 이루기까지는 어떠한 고생과 위험도 두려워하지 않는 고심에 찬 실행은 인간이 성적 만족을 위하여, 어느 고정된 개체적으로 적합한 자질의 여자를 신중히 선택하고, 이를 획득하려고 열심히 노력하고, 이 목적에 도달하기 위해서는 종종 일체의 이성에 역행해 가면서, 어떤 때는 어리석은 결혼으로 인하여, 또는 재산과 명예와 생명에 관여하는 연애 사건으로 인하여, 어떤 때는 간통 혹은 강간 등의 범죄로 인하여, 자기 자신의 행복을 희생하는 사건들과 비슷하다.

모든 것은 다만 곳곳에 주권을 휘두르는 자연의 의지에 따라서 비록 개체를 희생하더라도 종족을 위하는 것에 힘을 기울이려고 한다. 어떠한 경우도 본능은 어떤 목적 관념에 따라서 존재하는 것처럼 작용하지만, 그러나 이 관념은 전혀 없다. 자연이 본능을 심어 주는 장소는 행위하는 개인 자체가 그 목적을 이해하지 못했든지, 목적을 추구하는 것이 싫어졌든지 했을 경우다. 그러므로 보통 본능은 동물에게만 주어져 있고, 주로 이해력이 가장 적은 가장 낮은 동물에게 부여되어 있다.

그러나 이 논문에서 관찰되는 경우에 한하여, 또 인간에게도 주어져 있다. 인간은 물론 목적을 이해할 수는 있어도 만일 본능이 없으면 필요한 열정을 가지고, 자기 자신의 개체적 행복을 희생하면서까지 이 목적을 추구하는 일은 없을 것이다. 그러므로 모든 본능처럼 진리는 의지에 작용하기 위해서 망상의 형식을 취한다. 남자를 속이는 것은 음탕한 망상이고, 이로 인하여 그는 자기 마음에 드는 아름다운 어느 여자의 품에 안기면 모든 다른 팔에 안긴 것보다 더 큰 쾌락을 느끼는 것처럼 생각하기 쉽다.

또는 더 나아가 그것이 오로지 어느 단 하나의 개체로 향하게 되면 이 개체를 소유하는 것이 어느 끝없는 행복을 주리라는 확신을 주게 한다. 그러므로 그 자신은 자기의 쾌락 때문에 고생과 희생을 지불하고 있다고 생각하겠지만, 사실은 정해진 규칙의 전형을 유지하는 데만 이러한 고생을 하는 것이다. 혹은 또 이 부모에게서만 태어나는 완전히 특정한 개체에 생명을 주기 위하여 이렇듯 노력하고 있다.

여기에는 저 본능의 특성, 즉 전혀 목적 관념이 없고, 또 이에 따라 행동하는 것처럼 보이는 특성이 충분히 존재하므로 이 망상에 사로잡힌 당사자는 자기를 유도하는 유일한 목적인 '생식'이라는 것을 흔히 혐오하고, 또 저지하고 싶어한다. 이것은 거의 모든 부정적인 연애에서 볼 수 있다. 본능의 특징은 앞에서 말한 것과 같으므로 이 특성으로 보아, 향락이 있은 후의 모든 연인은 이상할 정도의 실망을 경험하고 이렇듯 열중해 추구하는 것도 각자 다른 성적 만족을 주는 것보다 더 많은 것을 주지 않는 데 놀랄 것이다. 이 소망과 인간이 가진 다른 일체의 소망 관계는 종족이 가진 개체에 대한 것과 같고, 그러므로 또 무한한 것이 유한한 것에 대한 것과 같다.

이에 반하여 만족은 본래 다만 종족을 위하여 소용되는 것뿐이므로 개체의 의식에는 들어오지 않는다. 개체는 이때 종족의 의지에 의하여 격려되고 모든 희생을 바치고, 전혀 자기 것이 아닌 어느 목적에 봉사한 것이다. 그러므로 사랑하는 사람은 이 위대한 사업을 기어이 완성한 후에 자기가 농락되었음을 느끼게 된다. 이것은 앞에 있었던 망상이 이때 완전히 상실했기 때문으로, 이 망상으로 개체는 이 경우 종족으로부터 속은 셈이 된다. 그러므로 플라톤은 참으로 적절하게 말하고 있다. "육욕은 가장 많이 사람을 속인다."

　모든 이러한 것은 그러한 방면에서 설명의 빛을 동물의 본능과 그 공작본능 위에 반사한다. 틀림없이 동물도 또 그들을 기만하는 망상의 포로가 되어 자기 자신의 쾌락을 위한 것처럼 생각하는데, 사실은 매우 열심히, 또 극기해 가면서 종족을 위하여 움직이고 있다. 새는 집을 짓고, 곤충은 알을 위하여 유일한 적합한 장소를 찾으며, 또는 자기는 먹지 못하지만 장차 나올 유충의 먹이로서 알 곁에 놓지 않으면 안 될 노획물을 찾으러 나가기까지 한다.

　꿀벌, 어리노랑배잎벌, 개미 등은 교묘한 보금자리를 만들어 참으로 복잡한 경계에 몰두한다. 그들은 모두 의심할 여지 없이 망상에 의하여 ─ 종족을 위하여 하는 모든 힘에 이기적 목적의 마스크를 쓰는 망상에 의하여 ─ 인도되는 것이다. 이것은 본능의 발현의 근본에 있는 내적, 즉 주관적 경과를 우리에게 이해시키기 위해서는 아마도 유일한 방법일 것이다.

　그러나 외적, 즉 객관적으로는 우리는 본능에 의하여 강하게 지배되는 동물, 특히 곤충에 있어서 신경절 계통, 즉 주관적인 신경 계통이 객관적인 계통, 즉 뇌수 계통보다 우위에 있다는 것을 발견한다. 이 사실로 미루어 그들은 객관적이고 틀림없는 이해로 인도되지 않고 신경절 계통의 두뇌에 미치는 작용에서 생기는 주관적이면서도 소원을 자극하는 표상으로 움직여지고, 따라서 어느 망상에 쫓김을 받고 있음을 알 수 있다. 모든 본능에서의 생리적 과정은 이 같은 것이리라.

설명하기 위하여 나는 여기서 인간의 본능에 관하여 좀 약하지만, 그러나 별개의 한 예로 임산부의 변덕스러운 탐욕을 말하려 한다. 이것은 태아의 영양이 흘러들어오는 혈액의 어느 특별한, 혹은 어느 일정한 변화를 가끔 요구하는 데서 생기는 것처럼 보인다. 여기서 이 같은 변화를 일으키게 하는 식물은 임산부에게는 곧 열망의 대상이 되어 나타나고, 그리하여 여기에서도 또 망상이 생긴다. 그러므로 여자는 남자보다 본능을 하나 더 많이 갖게 된다. 또 신경절 계통은 여자 쪽이 더 잘 발달되어 있다.

인간이 동물보다 적게 본능을 가지고 있고, 또 이 얼마 되지 않는 본능까지도 자칫하면 잘못되기 쉽다는 것은 인간은 두뇌가 훨씬 우수하다는 사실로 설명된다. 성적 만족을 위한 선택을 본능적으로 지도하는 미의식은 이것이 남색(男色)에 기울어지는 방향으로 타락하게 되면 그것은 잘못된 것이다. 똥파리가 그 본능으로 알을 부패한 고기 위에 낳는 대신에, 천남성속(天南星屬)의 어떤 썩은 고기 냄새에 유혹되어 이 위에 알을 낳는 것도 같은 범주에 속하는 일이다.

모든 성애의 밑바닥에는 '태어날 것(아이)'에 전적으로 향해진 본능이 있다는 확증은 본능을 보다 상세하게 해부하면 알 수 있을 것이므로 우리는 이 해부를 회피할 수는 없다. 먼저 첫째로 들 수 있는 것은 남성은 천성적으로 연애에 있어서 변하기 쉬운 편이고, 여성은 변하지 않는 편으로 기운다는 사실이다. 남자의 사랑은 그것이 만족을 얻은 순간부터 현저하게 감소한다. 또 자기가 이미 소유한 여자보다도 다른 대부분 여자가 더 강력한 힘으로 남자를 유혹한다. 남자는 변화를 갈망한다.

이에 반하여 여자의 사랑은 만족을 얻은 순간부터 증가된다. 이것은 자연의 목적으로부터 생기는 필연적인 결과다. 자연은 종족의 유지를, 때문에 또 종족의 되도록 큰 증식을 노린다. 남자는 꼭 그만큼의 수의 여자를 자유롭게 할 수만 있다면 1년에 백 명 이상의 아이를 능히 만들 수 있을 것이다. 그러나 여자는 아무리 많은 남자와 교제하더라도 1년에 (쌍둥이는 별개로 하고) 아이를 1 명밖에 낳을 수가 없다. 그러므로 남자는 언제나 다른 여자를 구하는데, 여자는 한 남자를 꼭 붙들고 있다.

참으로 자연은 여성에게 본능적으로, 그리고 생각하지 않고서도 장차 나올 아이를 위하여 부양자이고 보호자인 한 사람을 보유하지 않으면 안 된다. 그러므로 정조의 정당성은 남자는 인공적이며, 여자는 자연스러운 것이다. 그러므로 여자의 간통은 객관적으로는 그 결과로 보아, 주관적으로는 그 반자연적인 것으로 보아서 남자의 간통보다도 훨씬 용서할 수 없는 일이다.

이성에 대한 기쁨은 비록 우리 눈에 그것이 객관적으로 보이더라도 실은 단순히 복면을 한 본능이며, 다른 말로 하면 자기 스타일을 유지하려고 노력하는 종족의 감각에 불과한 것이다. 우리는 이 사실을 근본적으로 알고, 또 충분한 확신을 얻기 위하여 이 기쁨에 있어서 우리를 지도하는 여러 가지 고려해야 할 조건을 더욱 상세히 탐구하고, 또 그 세부에 들어서서 논하려고 한다. 비록 예거하는 세부사항이 철학적인 저서에 있어서 기이한 느낌을 준다 해도 이 고려해야 할 조건은 다음 세 가지로 크게 구분된다.

그 하나는 직접으로 종족의 형, 즉 아름다움에 관한 조건이고, 또 하나는 신체적 성질에 관한 것이고, 마지막 하나는 상대적인 것에 불과하다. 두 개체가 가지는 편파와 이상에 대하여 상호 필요한 수정을 하게 하고, 서로 중화하는 일에서 생긴다. 지금 우리는 이것을 하나하나 조사해 보려 한다.

가장 높은, 그리고 우리의 선택과 애호를 지도하는 고려할 조건은 나이다. 전체적으로 말해서, 우리는 월경을 시작할 때부터 그것이 끝날 때까지 사이를 성애의 적령으로 인정하는데, 그중에서도 열여덟에서 스물여덟까지의 나이가 특히 애호를 받게 된다. 지금 말한 나이 이외에는 어떠한 여자도 우리에게 호감을 주지 않는다. 나이가 많은, 다시 말해서 더 이상 월경을 하지 않는 여자는 우리에게 혐오를 느끼게 한다. 젊은 여자는 미인이 아닐지라도 언제나 사람을 끄는 점이 있는데, 젊지 않은 미인은 사람을 끄는 힘이 전혀 없다. 이 경우, 무의식적으로 우리를 인도하는 목적은 분명히 생식 능력 일반이다. 그러므로 일체의 개체는 그것이 생식 또는 수태에 가장 적합한 시기에서 멀어지면 멀어질수록 더욱더 이성에 대한 끄는 힘을 상실하는 것이다.

제2의 고려 조건은 건강이다. 급성 질병은 일시적인 방해는 되지만 만성병과 악액질(惡液質)과 같은 것은 우리에게 혐오를 일으키고 멀리하게 만든다. 이것은 질병이 아이들에게 유전되기 때문이다.

제3의 고려 조건은 골격으로, 이것은 종족의 형의 기초를 이루기 때문이다. 노년과 질병에 이어서 모양 나쁜 자태만큼 사람의 혐오를 일으키게 하는 것은 없다. 아무리 얼굴이 아름다워도 이 결점을 보상할 수는 없다. 오히려 아무리 추한 얼굴이어도 날씬한 몸매라면 그 편이 틀림없이 매력을 줄 것이다. 또 우리는 골격의 모든 불균형을 매우 예민하게 느낀다. 가령 작은 키에 몸집이 비대하고, 키도 작고 다리도 짧은 모습이나, 외적인 사건이 아닌 일로 절름발이가 된 그러한 형태다.

이에 반하여 매우 아름다운 몸매는 모든 결점을 보상할 수 있고, 우리를 끄는 힘이 있다. 이에 관련한 것으로는 우리가 작은 발을 좋아하고 여기에 높은 가치를 둔다는 것이다. 이것은 어떠한 동물이라도 그 발목뼈와 척골(蹠骨)을 보태면 인간의 그것보다 작은 것이 없고, 이 사실은 또 인간이 직립해 보행할 수 있는 것과 관계가 있으므로 발이 작은 것은 인간이라는 종족의 주요한 특징이 된다.

인간은 척행(蹠行, 발바닥 보행)동물이다. 예수스 지라하[11]가 이렇게 말하고 있는 것도 이 때문이다. "신장이 곧고 날씬하고 아름다운 다리를 가진 여자는 은제 기둥뿌리 위에 선 황금 기둥과 같다." 이것도 우리에게는 중요하다. 그것은 영양에 대하여 근본적으로 필요하며 또 완전히 유전적이기 때문이다.

제4의 고려 조건은 어느 정도는 살집이 풍성할 것, 달리 말하면 식물성 작용이 ― 기형성(奇形性)의 ― 주가 된다는 것이다. 이것은 이러한 상태가 태아에 대하여 풍부한 영양을 예약하기 때문이다. 그러므로 너무 마른 여자는 많은 혐오의 정을 일으킨다. 그리고 살찐 여자의 가슴은 남성에게 비상한 매력을 느끼게 한다. 그 이유는 이것이 여자의 증식 작용과 직접으로 관련하며, 신생아에게 풍부한 영양을 줄 수 있다는 것을 예견하기 때문이다.

이에 반하여 과도하게 비만한 여자는 우리에게 혐오를 느끼게 한다. 그 이유는 이러한 체질이 자궁의 위축을, 따라서 불임을 나타내기 때문이다. 이것은 두뇌와 관계없으며 본능이 관련한다.

마지막 고려 조건으로 얼굴의 아름다움이 비로소 등장한다. 이 경우 제일 먼저 관찰되는 것이 뼈와 관계있는 부분이다. 그러므로 아름다운 코가 주로 염두에 있게 된다. 짧은 하늘코는 모든 것을 망친다. 위쪽 혹은 아래쪽으로 조금 굽어진 코는 이제까지 많은 소녀의 운명을 결정했다. 이것은 종족의 타입과 관계하므로

---

11) 유대인으로 기원전 200년경에 예루살렘에서 히브리어로 도덕훈집록을 편찬했다. 나중에 그의 손자가 이것을 그리스어로 번역했다.

그렇게 되는 것은 당연한 일이다. 작은 턱의 뼈에 의하여 생긴 작은 입은 동물의 입에 대하여 인간의 얼굴의 고유한 특질로 가장 중요한 것이다. 뒤로 당겨진 턱, 말하자면 깎아지른 듯한 턱은 특히 보기 흉하다. 앞으로 튀어나온 턱은 우리 종족의 유전적인 특징이다.

마지막 고려 조건은 아름다운 눈과 이마다. 이것은 심적 성질, 특히 어머니로부터 유전된 지력적 성질에 관련한다.

한편, 여성 편에서 본 남자에 대한 마음 평가는 그것이 준수해야 할 무의식적인 고려 조건을 똑같이 상세히 열거한다는 것은 우리는 할 수 없다. 그러나 대체로 다음과 같은 사항을 주장할 수 있다. 먼저 여자는 남자 나이 30세에서 35세 사이를 좋아한다는 사실이다. 원래 인간이 최고의 미를 나타내는 시기는 청년기임에도 불구하고 여자들은 방금 말한 나이대를 좋아한다는 것이다.

그 이유는 여자들을 인도하는 것은 취미가 아니고 본능이며, 본능은 이 나이에 생식 능력이 그 정점에 도달한다는 것을 알고 있기 때문이다. 일반적으로 여자는 남성의 미, 특히 남자의 얼굴의 미에 관해서는 전혀 주목하지 않는다. 아름다움을 아이에게 전달한다는 것은 여자 편에서 일반적으로 받아들이는 것처럼 보인다. 주로 여자의 마음을 사로잡는 것은 남자의 힘과 이에 관련한 용기다. 이 두 가지는 실한 아이를 생산하는 일과 동시에 이 아이의 용감한 보호자일 것을 확증하기 때문이다.

남자가 가진 육체적 결점이라든가 불균형 같은 것은 여자 자신이 이 부분에 있어서 결점이 없는가, 혹은 또 이와 반대되는 점에 있어서 탁월한 점이 있으므로 여자가 아이를 만들 때 이러한 점을 배제할 수 있으므로 남자가 가진 결함이 아이에게 전해지지 않는 법이다.

그러나 남자에게만 있고 여자로서 아이에게 줄 수 없는 것은 이 예에서 제외했다. 즉 그것은 뼈의 남자다운 구조, 넓은 어깨, 좁은 엉덩이, 곧은 다리, 근육의 힘, 용기, 혹은 수염 같은 것이다. 그러므로 여자가 종종 추하게 생긴 남자를 사랑하는 일은 있을 수 있어도 남자답지 않은 남자를 사랑하는 일이란 결코 없다는 사실이 생긴다. 이것은 나중에 예거할 결점을 중화하는 일을 여자가 하지 못하는 까닭이 된다.

성애의 근본에 가로놓인 고려 조건의 다음은 심적 성질에 관한 것이다. 이 점에서 우리는 여자가 일반적으로 남자의 마음, 즉 성격의 특질에 의하여 끌리는 것을 발견한다. 성격은 아버지로부터 이어받는다. 여자의 마음을 사로잡는 것은 주로 의지의 굳건함, 결단성, 용기, 그리고 아마 또 정직이라든지 친절이라든지 하는 여러 성질일 것이다. 이에 반하여 지능의 우수성은 여자에 대하여 어떠한 직접적인, 또는 본능적인 힘도 미치지 못한다. 이러한 것은 아버지로부터 이어받는 것이 아니기 때문이다.

남자가 이해력이 부족하다고 하여 여자가 그것을 문제 삼는 일은 드물다. 오히려 탁월한 정신력, 혹은 또 천재와 같은 것은 일종의 변태로서 불리한 결과를 가져온다. 그러므로 보기 흉하고 어리석고 거친 인간이 높은 수양을 갖추고 총명하고 잘생긴 남자를 물리치고 여자의 애정을 받는 일이 종종 있다. 또 애정을 갖고 이루어진 결혼이 정신적으로 전혀 다른 사람들 사이에서 이루어지는 일이 가끔 있다. 가령 남자 쪽은 촌스럽고 천하며 식견도 좁고 힘을 세고 한데, 여자는 느낌이 부드럽고 생각이 섬세하고 교양도 있고 심미적인 경우라든가, 남자는 학자며 천재인데, 여자는 둔한 경우 등이 그것이다.

"형태와 마음이 조금도 닮지 않은 사람들을 잔인하게 희롱하면서, 단단한 멍에로 묶는 사랑의 여신이 그것을 원한 것이다."

그 이유는 이 경우 지능적 방면이 아니고 이와 전혀 다른 고려 조건이 지배하기 때문이다. 즉 본능이 고려하는 여러 조건이 세력이 컸기 때문이다. 결혼의 목적은 부부가 서로 슬기로운 담화를 나누기 위한 것이 아니고, 아이를 만들기 위한 것이다. 결혼은 마음과 마음의 결합이 아니라 육체와 육체의 결합이다. 그러므로 만일 여자가 어느 남자의 정신에 매혹되었다고 주장한다면 그것은 허망한 가로소운 변명이거나 종류가 바뀐 마음의 과도한 긴장에 불과하다.

남자는 이와 반대로 본능적인 사랑에 있어서 여성의 성격적 성질에 의하여 결정되는 것이 아니다. 많은 소크라테스가 각자 이러한 크산티페[12]를 발견한 것도 이 때문이며, 셰익스피어, 알프레드 뒤러, 바이런은 모두 이 같은 무리다. 그러나 지능적 성질은 어머니로부터 이어받으므로 이 경우에 작용은 한다. 그래도 이것의 영향은 자칫하면 육체적인 아름다움을 뛰어넘을 수가 쉽다. 육체의 아름다움은 가장 중요한 여러 점에 저촉함으로써 가장 직접으로 작용한다.

여기서 한편에서는 세상의 어머니들은 이러한 요소의 작용을 경험해 본 적도 있고 혹은 느끼기도 하여, 자기 딸이 남자의 마음에 들도록 미술과 기타 여러 가지 어학을 익히게 한다. 이 경우 그들은 인공적인 수단에 의하여 지력을 보충하려는 것으로서, 그것은 마치 필요한 경우에는 엉덩이와 가슴에 무엇을 채워서 딸의

---

12) 소크라테스의 아내 크산티페는 정신적인 어떤 점에서 소크라테스의 배우자답지 않은 몰이해하고 사나운 부인이었다.

아름다움을 더하게 하려는 것과 같다.

　단 여기서 논하는 것은 모두 참된 애착이 거기에서만 나오게 되는 직접적이고 본능적인 견인력에 관한 것이라는 것을 독자들은 기억하기 바란다. 영리한 교양 있는 여자가 남자의 이해와 재능을 존중하고, 또는 남자가 이성적인 고려에 의하여 약혼자의 성격을 시험하고, 또 고찰하는 것 같은 일은 여기서 논하는 문제와는 관계가 없다. 이러한 사항은 결혼에서의 이성적 선택의 기초는 되지만, 우리가 문제로 삼고 있는 격정적인 연애와는 관계가 없다.

　여기까지 나는 단순히 절대적인 고려 조건, 즉 누구에게나 해당하는 고려 조건을 관찰해 왔다. 이제 나는 개인적인 상대적인 조건으로 옮겨가야겠다. 이러한 종류의 고려 조건에서는 이미 불완전하게 나타나는 종족의 형을 개량하고 선택자 자신이 이미 가지고 있는 불균형한 형을 수정하고, 그리하여 형의 진정한 형상으로 환원하는 것이 목적이다. 그러므로 이 경우 각자는 자기에게 부족한 것을 좋아한다.

　이 같은 상대적인 조건에 바탕을 두는 선택은 개인의 자질에서 출발하고, 그리고 개인적 자질을 목표로 하고 이것을 저 단순히 절대적인 조건에서 출발한 여러 조건에 비하면 더 확정적이고, 더 명백하고, 또 더 배타적이다. 그러므로 참된 격정적인 연애의 근원은 이 상대적인 고려 조건에 존재하는 것이 보통이며, 다만 통례적인 보다 가벼운 애호의 정의 원천만이 절대적인 고려 조건에 있을 것이다. 그러므로 큰 격정에 점화하게 하는 것이 특별히 갖추어진, 완전한 아름다움을 가진 여자를 필요로 하지 않는 것이 보통이다.

　정말 격정적인 사랑이 성립하기 위해서는 어느 한 가지 일이 필요한데, 이 한 가지 일은 화학적인 비유에 의해서만 표현될 수가 있다. 즉 양쪽의 인간이 산과 알칼리가 중성염이 되도록 서로 중화되어야 한다. 여기에 필요한 조건은 주로 다음과 같다. 먼저 첫째로 성은 어느 것이나 기울어진 것이고, 이 기울어짐은 어느 개인이나 다른 개인보다 확실히 더 높은 정도로 존재하므로, 어떠한 개체에서도 이 기울어짐은 어느 이성에 의한 것보다 다른 이성에 의하여 더욱 훌륭하게 보충되고 중화되는 경우가 있다.

이것이 새로 탄생한 개체가 가진 인류의 형을 바로잡고 보충하기 위하여 ― 새로운 개체의 구성이 어떨 때 만사의 목표가 된다 ― 자기의 변칙과는 반대되는 변칙이 필요하기 때문이다. 생리학자들이 알고 있는 사실에 의하면 남자나 여자나, 그 각각에 많은 정도, 단계가 허용되고 이들 단계를 거쳐서 남자는 혐오할 가난뎀13)이나 하이포스파디아14)까지 내려가고, 여자는 활발한 안드로겐15)까지 상승한다. 그리고 이 양측에서 완전한 헤르마프로디토스16)에 도달할 수 있고 그 양성의 참된 중간을 유지하면서 그 어느 것에도 참가하지 않고, 따라서 번식에 필요하지 않은 개체는 이 헤르마프로디토스라는 상태에 있는 것이다.

따라서 두 개의 개체가 상호 중화하기에 필요한 것은 남자쪽의 남성적 성질의 어느 정도가 여자 쪽의 여성적 성질의 어느정도에 적합해, 그리하여 쌍방의 변칙이 서로 상쇄하는 것이다. 그

---

13) 남녀 양성을 가진 사람. 즉 양성 변체의 일종을 가진 사람.

14) 요도하열증을 가진 사람. 요도하열은 양성 변체자에게 반드시 있다.

15) 남성 생식계의 성장과 발달에 영향을 미치는 호르몬의 총칭으로 남성 호르몬이라고도 한다.

16) 헤르메스와 아프로디테의 아들. 연못에서 헤엄치고 있을 때 그를 연모하는 요정 살마키스에게 홀려, 그녀와 동체(同體)가 되어 남녀 양성을 갖게 되었다.

러므로 가장 남자다운 남자는 가장 여자다운 여자를 구하고, 그 반대로 남자답지 않은 남자는 여자답지 않은 여자를 구한다.

그리하여 모든 개체는 성을 나타내는 정도로 보아 자기에게 적합한 정도의 것을 구한다. 이 경우 두 사람 사이에서 필요한 비례가 어느 정도의 것인가 하는 것은 그들에 의하여 본능적으로 감지된다. 그리고 이것은 다른 상대적인 조건과 더불어 보다 높은 정도의 애착의 근저를 이룬다. 그러므로 서로 사랑하는 사람들은 자기의 마음이 서로 조화하고 있다는 것에 대하여 감상적으로 말하는데, 대개 낳게 될 아이와 그 완전한 일과 관련된 방면에서의 이미 말한 조화가 사건의 핵심이 되고, 또 이 조화가 그들의 마음의 조화보다도 확실히 중요한 것이다.

마음의 조화는 결혼 후 얼마 되지 않아서 심한 부조화로 변하는 일이 흔히 있다. 이것에는 또 별개의 상대적인 고찰 조건이 달라붙게 된다. 이 조건은 각 개체가 그 약점, 결함, 그리고 변질을 그들이 낳게 될 아이에게 깃들게 하여 영구화되고, 혹은 전적으로 변태적인 것으로 생장하는 일이 없도록 다른 개성의 힘을 빌려서 배제하려고 노력한다는 사실에 기초를 두고 있다. 가령 남자가 근육의 힘에 있어서 약하면 약할수록 더욱더 힘센 여자를 구하려 할 것이고, 여자 쪽에서도 같은 요구를 하게 될 것이다. 그러나 여자는 힘이 약한 것이 자연적이며, 또 통례이므로 여자가 힘이 강한 남자를 좋아하는 것은 보통이다.

다음에 중요한 고려 조건은 신체의 크고 작음이다. 키 작은 남자는 결정적으로 키 큰 여자를 좋아하고, 키 작은 여자는 키 큰 남자를 좋아한다. 만일 키 작은 남자 자신이 아버지가 키가 큼에도 불구하고 키 작은 어머니의 영향을 받아 작다면, 키 큰 여자에 대한 편애는 더욱 심할 것이다. 이 남자는 아버지로부터 맥관(脈

管) 계통과 그 에너지를 이어받고 있어서 이 에너지는 큰 체구에 혈액을 공급할 수 있기 때문이다.

이에 반해서 아버지와 할머니가 이미 키 작은 사람이었다면 그 편애를 느끼는 일은 보다 적을 것이다. 키 큰 남자를 키 큰 여자가 싫어하는 이유는 너무 큰 인종이 생길 것을 피하려는 자연의 의도에 기인하며, 그것은 이 여자가 부여하는 힘으로는 그러한 인종이 장수하기에는 너무나 힘이 약하기 때문이다. 그러나 그렇다고 해도 이런 여자가 사교장에서 좀 더 화려하게 보이기 위해서도 키 큰 남편감을 고른다면 그 자손이 이러한 어리석은 일의 보상을 해야 할 것이다.

다음에 또 피부색에 대한 고려는 매우 결정적이다. 흰 피부의 사람은 검은, 또는 갈색 피부를 바라는데, 후자가 전자를 요구하는 일은 드물다. 그 이유는 금발과 푸른 눈(과 흰 얼굴)은 확실히 아종(亞種) ─아니 거의 변태─ 을 이루는 것으로, 흰 쥐 또는 흰 말과 비슷하다. 백색인은 유럽 이외의 어느 곳에서도 태생적이 아니고 극지 근방에도 있지 않다. 다만 유럽만이 태생적이고, 이것은 분명히 스칸디나비아에서 발생한 것이다.

참고로 여기서 내 의견을 말하는데 흰 피부는 자연적인 것이 아니고, 인간은 본래 우리 선조인 인도인처럼 피부가 검은색이든지 또는 갈색이고, 따라서 백색 피부의 인간은 원시적으로 자연에서 나온 일은 없다. 백인종이라는 말을 많이 사용하는데, 실은 백인종이라는 인종은 없으며, 모든 백색인은 퇴색한 것이다.

자기들이 익숙하지 않은 북지로 쫓겨나 그곳에서 외래 식물처럼 생존하게 되었고, 그러한 식물들처럼 겨울에는 온실이 필요하게 되었고, 몇천 년이 지나는 동안 인간들은 마침내 백색이 되고 만 것이다. 약 4백 년 전에 유럽에서 이주해 온 집시는 인도

인종의 하나였는데, 그것이 지금은 인도인의 피부에서 유럽의 피부로 옮겨 가는 과도 상태를 보여주고 있다. 그러므로 자연은 성애라는 것으로, 원형인 흑발과 갈색 눈으로 돌아가려고 노력하는데, 백색 피부는 이제 제2의 자연이 되었다. 물론 그것은 인도인의 갈색화된 피부를 우리가 싫어할 정도는 아니지만.

끝으로 말하는데, 육체의 모든 부분에 있어 각 개체는 그 결점과 변질을 교정하려고 노력한다. 해당하는 부분이 중요하면 할수록 그 노력은 강하다. 그러므로 사자코를 가진 사람은 매와 같은 코와 앵무새 같은 얼굴을 보면 말할 수 없는 만족을 느낀다. 다른 부분에 관해서도 마찬가지다. 과도하게 가냘픈 긴 구조의 몸이나 팔다리를 가진 사람은 불균형하게 오므라든 짧은 구조의 몸을 가진 사람을 아름답게까지도 본다. 기질에 관한 고찰 조건도 똑같은 방식으로 행해진다. 각자는 자기와 반대되는 기질을 좋아한다. 단 그것은 다만 그 사람의 기질이 판연하게 된 비례에 따른다.

어느 점에서는 거의 완전한 사람은 이 같은 점에 있어서 불완전한 사람을 찾아 이를 사랑하는 경우란 물론 없지만, 다른 사람들보다 쉽게 이것을 마음에 걸고 잊지 않고 있을 수는 있다. 그 자신은 이 부분에 있어서 많은 불완전한 점이 아이에게 전파될 걱정이 없기 때문이다. 가령 자신의 피부가 매우 흰 사람은 노란빛 얼굴을 보아도 그다지 불쾌감을 느끼지 않을 것이다. 그러나 노란빛 얼굴을 가진 사람이 눈부시게 흰 얼굴의 사람을 보면 거룩할 정도로 아름답게 생각할 것이다.

매우 못생긴 여자를 남자가 연모하게 되는 매우 드문 경우는 앞에서 말한 양성 적합의 정도가 분명히 조화하게끔 되어있어서 여자의 변태적 사항 전체가 자기 것과 확실히 반대 위치에 있고,

서로 중화할 수 있을 때 일이다. 이 경우 애착은 더욱 심해지는 법이다.

　남자가 여자의 신체 각 부분을 자세히 살펴보는 경우와, 여자가 또 남자에 대하여 같은 일을 하는 경우에 가지는 진지함, 우리의 마음에 들기 시작한 여자를 우리가 탐구하는 경우에 가지는 신중함, 우리의 선택의 횡포, 약혼한 남자가 약혼한 여자를 관찰하는 예민한 주의, 어떻게든 속지 않으려는 용의주도함, 중요한 각 부분에 있어서 가지는 과잉 혹은 부족에 대한 높은 가치 치중, 이 모든 것은 목적의 중대성에 완전히 비례한다. 새로 탄생한다는 것은 한평생에서 똑같은 부분을 갖지 않으면 안 되기 때문이다. 가령 여자가 매우 약간의 정도로 허리가 굽어 있어도 자칫하면 그의 자식은 꼽추가 된다. 모든 다른 경우도 이러한 일은 있다.

　이 같은 것들에 관한 의식은 물론 존재하지 않는다. 오히려 누구나 이 어려운 선택은 자신의 욕구를 채우기 위하여 하는 것이라고 생각하는 사람이다.(욕구를 채우는 것은 이 경우 사실은 참가해야 할 성질의 것이 아니다) 그러나 그는 자기 자신의 체질을 전제로 그것이 종족의 이익에 꼭 맞게 적응할 수 있도록 선택하고 있다. 종족의 전형을 되도록 순수하게 유지하는 것이 각자가 가지는 비밀의 의무다. 개체는 이 경우 스스로 모르고서 보다 높은 것 ─즉 종족의─ 의 명령을 받고 움직인다. 그러므로 사물 자체로는 개체는 어떻게 되든 관계없는 것일 수도 있고, 또 아무 관계없는 것이어야 하는 것을 개체가 중요시하는 것 같은 현상이 생긴다.

　처음으로 만나게 되는 이성의 젊은 두 사람은 서로 관찰하면서 가지는 무의식적인 깊은 진지함과, 그들이 서로에게 던지는 탐구적이고 꿰뚫는 듯한 눈빛과, 당사자들의 모든 부분과 용모가 받지 않으면 안 될 세심한 검열 등, 모든 이 같은 것들 속에는 완전히 특별한 그 무엇이 존재한다. 즉 이 탐구와 검열은 그들 두 사람에 의하여 낳게 될 개체와, 그 성질의 조합에 관한 종족의 수호신이 가지는 명상이다. 이 명상의 결과로 서로 마음에 드는 정도, 그리고 서로 바라는 강도 등이 결정된다. 이 서로 바라는 마음이 또한 정도가 매우 높게 된 후, 그 이전에는 몰랐던 어떠한 일이 발견되므로 갑자기 없어지는 일도 있다.

이렇게 종족의 수호신은 생식 능력을 가진 모든 것에 관하여, 장차 나올 종족에 관하여 명상하고 있다. 큐피드(사랑의 신)가 끊임없이 움직이면서, 생각하고 고찰하면서 종사하는 대사업은 장차 생길 종족의 구성 이외에 아무것도 아니다. 종족 자체와 장차 생길 것에 관한 큐피드의 대사업의 중요함에 비하면 그 전체가 일시적인 성질밖에 없는 개체에 관한 사항의 중요성 같은 것은 실로 낮고 가냘픈 것이다.

그러므로 큐피드는 후자를 사정없이 희생하려고 언제나 마음먹고 있다. 큐피드의 개체에 대한 관계는 불사(不死)가 죽음에 대한 것과 같은 관계며, 큐피드의 이해와 개체의 이해에 대한 비례는 무한과 유한에 대한 것과 같다. 그러므로 큐피드는 자기가 개체의 행불행에 관한 사건보다도 더 고상한 종류의 사항을 관장한다는 것을 자각하고 전쟁의 소란 속에도, 실무의 혼잡 속에도, 혹은 질병을 앓고 있는 사이에도 숭고한 무관심을 가지고 자기 일을 완수해 나간다. 그리고 자신의 일을 추구하는 데는 승방(僧房)의 은둔적 생활까지도 하게 된다.

종족의 전형을 되도록 완전히 재현하기 위한다는 점으로 보아 두 개의 개체의 육체적 구성의 한쪽이 다른 한쪽의 특수하고도 완전한 보충물이며, 따라서 후자가 전자를 배타적으로 요구할 수 있다는 이유는 이미 앞에서 증명한 바다. 이것에 의하여 우리는 또 양성의 애착의 정도는 애착 그 자체가 개체화함에 따라서 더욱 더 증진된다는 것을 안 셈이다. 이미 이 경우에도 현저한 격정이 일어나지만, 이 격정이 단 하나의 상대를 향하고, 단 하나의 것으로 향하는 것에 의하여 — 이른바 종족의 특별한 명령으로 나타나는 것에 의하여 — 즉시 더 고상한, 더 숭고한 색채를 띠게 된다.

이와 반대되는 이유로 단순한 성욕은 야비한 것이라 단언해도 좋다. 그것에는 어떤 개체화도 없고 막연히 모든 사람을 향하여 거의 질이라는 것을 고려하지 않고 다만 양만으로 종족을 유지해 가려고 노력하기 때문이다. 그러나 성애의 개체화는 — 따라서 동시에 애착의 강도는— 높은 정도로 상승해 이 연정을 만족하는 것이 아니면, 일체 세계의 보화도, 아니 생명 자체도 그 가치를 상실하기에 이른다.

이때의 이 격정은 다른 소망이 도저히 올라가지 못할 정도의 강렬함에 이르는 소망이 되고, 따라서 어떠한 희생도 이를 두려워하지 않고, 만일 이 희망이 아무리 해도 수행되지 않으면 사람을 광기를 띠게 하고 자살하도록 만든다. 이러한 열렬한 격정의 근저를 이루는 무의식적인 고려 조항 안에는 이미 말한 여러 고찰 조항 이외에 또 다른 것이 있음이 틀림없다.

이러한 것은 앞의 여러 조항처럼 우리 눈앞에 직접 가로놓여 있는 것은 아니다. 그러므로 우리는 다음과 같은 가정을 세우지 않으면 안 된다. 즉 이 경우 체질뿐만 아니라 남자의 의지와 여자의 지력이 상호 잘 적합해 그 결과 종족의 수호신이 탄생시키려고 목적하는 어느 일정한 개체가 이 두 사람 사이에서 나올 수 있기 때문이라는 가정이다. 그러나 이 이유는 사물 자체의 본질에 있고, 우리 생각이 미치지 못하는 것이다.

여기서 좀 더 엄정하게 말한다면 '살려고 하는 의지'는 이 경우, 이 아버지와 이 어머니 사이에서 낳을 수 있는 정리된 일정한 개체에 있어서 자기를 객관화하려고 요구하는 것이다. 의지 자체가 가지는 이 형이상학적 욕구는 처음에는 만유 속에 있어서 미래의 부모인 사람들의 마음속 이외에는 어떠한 다른 활동 범위도 갖고 있지 않다. 여기서 미래의 부모의 마음은 이 충동에 사로잡히든지, 이때도 아주 단순히 순전한 형이상학적인 ― 다른 말로 실제로 존재하는 사물 이외에 존재하는― 목적을 가지는 것을 추구하면서 자기 자신이 원하는 것을 추구하는 것이라고 망상하는 것이다.

그러므로 여기서 비로소 탄생의 가능성을 갖게 된 미래의 개체가 생존권 안에 진입하려는 열망은 만유의 근본에서부터 솟으며, 이 열망이야말로 현상으로는 미래의 부모 상호간의 높은, 그리고 자기 이외의 일체의 것을 경시하는 결정이 되어 나타난다. 이것은 실제로는 비할 수 없는 미망이고, 사모하는 남자는 이 힘으로 그 여자와 동침하기 위해서는 세계의 모든 보화를 포기해도 좋다고 생각하기에 이른다.

그러나 이렇듯 열망한 동침도 모든 다른 동침과 별다를 것이 없고, 절대로 더욱 많은 것을 얻는 것도 아니다. 이러한 높은 격정도 그 목적이 이미 말한 것 중에 있다는 것은 이 격정이 다른 격정과 마찬가지로 ― 관여자 자신도 놀라지만― 이것을 향락하는 것과 함께 이미 상실하고 있다는 사실에 의해서 볼 수 있는 일이다. 이 격정은 또 여자의 불임에 관한 푸페란트의 설에 의하면 불임은 열아홉까지의 우연한 체질적 결함에서 생기는 것으로서, 본래의 형이상학적 목적이 달성되지 않는 경우도 소실하는 것이다.

여기에서는 이미 말한 목적이 나날이 수백만 이상으로 짓밟혀 죽어가는 싹눈의 경우와 마찬가지 운명에 빠지는 것이며, 이들 싹눈 중에는 실로 동일한 형이상학적 생명 원칙이 생존으로 나타나려고 노력하고 있다. 그러나 이러한 경우에 도무지 목적을 달성할 수 없으므로 '살려고 하는 의지' 자체는 자기 눈앞에 공간과 시간과 물질의 무한한 범위가 열려 있고, 따라서 생으로 회귀하는 무한한 기회가 있다는 것 이외에는 위로가 될 사항은 하나도 없다.

데오프라스투스 파라켈수스[17]는 이 문제를 논하고 있지 않았고, 또 사상의 방향 전체는 이 사람과 전혀 다른데, 그러나 여기서 진술한 의견이 한 번은 조금이라도 그의 마음에 떠올랐음에 틀림없는 것같이 생각된다. 그는 전혀 다른 관계의 장소에서 예의 산만한 표현으로 다음과 같은 주목할 만한 말을 기록하고 있기 때문이다.

'이들은 신에 의하여 결합한 사람들이다. 가령 다윗과 우리아의 아내[18]와 같은 것이다. 이것은 올바른 합법적인 결혼에 직접으로 저촉은 한다.(적어도 인간의 정신은 그렇게 스스로 확신하고 있다고 생각했다)'

그러나 솔로몬은 그렇게 하지 않았으면 밧세바와 다윗 사이에서 태어날 수가 없었으리라. 여기서 밧세바는 간통한 여자가 되었는데, 신은 솔로몬을 위하여 이 두 사람의 관계를 맺게 했다.

사랑의 동경은 이것을 수많은 변화의 형태에서 표현하려고 모든 시대의 시인이 노력했다. 더욱이 이 대상을 충분히 묘사해 낼 수 없어서, 아니 오히려 이 대상에 만족할 만한 취급을 하는

---

17) 독일의 화학자. 1493~1541년. 의학과 신학을 연구했다.

18) 밧세바를 가리킨다. 다윗 왕은 자신의 장군인 우리아의 아내 밧세바를 빼앗았다.

일조차 할 수 없는데, 이 동경은 어느 한 여자를 소유하는 것과 끝없는 행복의 관념을 결부하며, 반대로 또 이 여자를 얻을 수 없다는 생각과, 그리고 말할 수 없는 비통한 정을 연결하게 된다는 것은 모든 사람이 다 알고 있는 일이다.

여기서 이 사랑의 동경과 비통은 일시적으로만 존재하는 개체의 욕망에서 발생할 수는 없다. 이것은 이미 말한 사건에 의하여 자기 목적을 위하여 불가결한 수단을 얻거나 잃거나 하는 상태를 보고서 깊이 이것을 개탄하는 종족의 영혼의 장탄식이다. 끝없는 생명을 가진 사람은 종족 자체뿐이며, 그러므로 이것이 끝없는 소망과 무한한 만족과, 그리고 무궁한 비통을 가질 수 있는 것이다.

그러나 이들은 이 경우 반드시 멸망하는 자, 즉 인간의 좁은 가슴속에 감금되어 있다. 그러므로 이 작은 가슴이 파열하는 듯 보이기도 하고, 혹은 또 무한한 기쁨, 무한한 슬픔이 가슴 벅차게 찾아오는 듯한 데 대하여 이것을 표현할 어떠한 말도 발견하지 못한다는 것은 아무 이상할 것이 없다. 그러므로 이것은 숭고한 성격을 띤 모든 사랑의 시에 재료를 제공한다. 따라서 이러한 시는 일체의 지상을 초월한 경지의 비유에까지 이른다. 이것이 바로 페트라르카의 주된 테마고, 산 프레우와 베르테르와 야코프 올티스의 재료이다. 이들은 이상과 같은 관찰 방법 이외에 이해가 될 방도가 없으며, 또 설명되지도 않는다.

사랑의 상대가 가지는 어떠한 정신적 우수성이 일반적으로 말하여 객관적·실재적 우수성이, 상대를 그처럼 끝없는 존경의 대상으로 하는 기초로 만들 수 없는 것이다. 확실히 이것은 페트라르카의 경우처럼 흔히 여자가 남자에게 충분히 정확하게 알려지지 않기 때문이다. 다만 종족의 영혼만이 언뜻 보아 어떠한 가치를,

어느 한 여자가 어느 남자에 대하여, 혹은 그 남자의 목적에 대하여 가지는가를 간과할 수 있을 뿐이다. 또 가장 큰 격정은 보통 처음 만났을 때 일어나는 법이다.

'사랑을 경험한 사람치고 첫눈에 사랑하지 않았던 경우가 있을까?' 이 같은 것을 셰익스피어의《뜻대로 하세요》3의 2 마테오 알레만의 저서로, 250년 이후 줄곧 유명한 소설《구스만 데 알파라체》에 있는 다음의 한 구절은 이 점에 있어서 주목할 만하다. '사랑하기 위해서 시간을 많이 소비하고 깊이 생각하고 선택하는 것과 같은 번거로움은 소용이 없다. 다만 최초의 유일한 순간에 있어서, 어느 적응과 일치가 서로 영합하는 것만이 — 보통 '피의 동감'이라 부르는데 — 필요하다.'

이러한 점에는 성신(星辰)의 특별한 영향이 사람을 재촉하는 버릇이 있다. 그러므로 자기의 연인을 경쟁자에게 빼앗기든지 죽음이 앗아가는 경우, 격렬한 사랑의 소유자는 그 이상의 슬픔은 있을 수 없는 것이다. 이 손실은 초월적인 종류의 것이기 때문이며, 그것은 단순히 개체로서의 그(사랑하는 사람)에 관한 것뿐만 아니고, 그의 영원한 본성에 있어서, 즉 종족의 생명에 있어서 그를 침범했기 때문이며, 그 자신은 또 종족의 특수한 의지와 위탁을 받고서 이 세상에 태어났기 때문이다.

질투는 가책적인 무서운 것이라는 것과, 애인을 다른 사람에게 빼앗긴다는 것이 모든 희생 중에서 가장 큰 것이라는 것은 이 이유 때문이다. 영웅은 일체의 비탄을 부끄럽게 생각하는데, 다만 사랑의 슬픔만은 부끄럽게 생각하지 않는다. 이 경우 애타게 슬퍼하는 것은 영웅 그 사람이 아니고 종족 자체기 때문이다. 칼데론은〈위대한 제노비아(Zenobia)[19]〉제2막에서 제노비아와 데시우스 사이의 어느 장면에서 데시우스로 하여금 이렇게 말하게 한다.

"황공하여라! 그러면 그대는 나를 사랑한다는 건가? 그 대가로 나는 수백 수천의 승리도 포기할 것이다. 나는 돌아가리로다."

여기에 든 사례는 성애, 즉 종족의 이해에 관한 사항이 나오고, 이제 단호한 이익이 눈앞에 나타나자마자 이제까지 모든 이해에 이겨 온 '명예'의 관념도 순식간에 이것으로 말미암아 격퇴되어 버린다는 것이다. 이 현상의 바탕이 되는 것은 종족의 이익을 단순히 개체에만 관계하는 이익과 비교하면 후자가 아무리 중요한 것일지라도 그 무게에서는 훨씬 이를 능가한다는 것에 있다. 그러므로 명예, 의무, 성실 등의 정신이 모든 유혹과 죽음의 공포까지도 견딘 후에도 종족의 이익 앞에는 투구를 던지고 항복한다.

마찬가지로 사적 생활의 방면에서도, 사람이 양심의 명령에 따르는 일이 드문 것은 이 경우처럼 심한 일이 없고, 다른 경우에는 정직하고 올바른 사람일지라도 양심에 따르지 않는 일이 때때로 있으며, 또 격렬한 사랑이, 즉 종족의 이익이 그들을 사로잡았을 경우 간통까지도 거리낌 없이 행한다는 사실을 발견할 수 있다.

그뿐 아니라 이 경우 그들은 자기들이 하는 행동이 종족의 이익에 있으므로 개체의 이익을 위한 행동에서 주어지는 권리보다 높은 권리를 가진 것이라고 자각해, 터무니없는 일, 해서는 안 될 일도 예사로 하는 경향이 있다. 이런 점에서 샹포르의 말은 주목할 만하다.

"한 남자와 여자가 서로 격렬하게 사랑할 때는 그들을 떼어놓기 위한 방해물이 어떠한 것이든, 가령 부모나 남편이라 할지

---

19) 팔미라 제국의 여왕. 240?~274? 이집트를 점령했고 소아시아 일대까지 그 세력을 떨쳤다.

라도 두 사람은 그러한 것에는 상대하지 않는 태도로 자연에 의하여 서로 사랑하고, 인간의 법률과 습관의 성질에도 불구하고 신권에 의하여 서로 소유하고 있는 것같이 나는 언제나 생각한다."

이 점에 있어서 분개하는 마음을 갖는 사람은 먼저 《성서》에 관하여 그리스도가 간통한 여자에 대하여 매우 너그러운 태도를 취했다는 것, 그리고 그가 이와 똑같은 죄를 그곳에 있던 사람에게도 예정했다는 것을 알아둘 만하다. ―《데카메론(Decameron)》[20]의 내용 대부분은 이 견지에서 보면 종족의 수호신이 자기의 다리 밑에 짓밟힌 개인의 권리에 대한 단순한 조소와 비웃음처럼 보인다 ― 계급의 구별, 혹은 이와 비슷한 모든 사정이 매우 사랑하는 사람들의 결합을 반대할 경우, 그것들은 마찬가지로 쉽게 종족의 수호신을 위하여 배제되고, 그리고 무가치한 것으로 알려진다.

무릇 종족의 수호신은 무한한 세대에 걸쳐서 존재하는 자신의 목적을 추구하면서 이러한 인간적인 계명과 성찰을 왕겨처럼 날려버리기 때문이다. 똑같이 심원한 이유에서 어떠한 위험에도 그것이 연애적 격정의 목적에 관계하는 경우는 기꺼이 받아들여지고, 기타의 경우는 겁 많은 사람들까지도 이 경우는 용감하게 되는 법이다.

또 희곡과 소설에서 우리는 연애 사건을 위하여 ― 즉 종족의 이익을 위하여 ― 싸우는 젊은 사람들이 다만 개체의 행복만을 염두에 두는 노인들을 이겨 내는 것을 유쾌한 동감으로 바라본다. 무릇 서로 사랑하는 두 사람의 노력이 이에 반대하는 어떠한 노력

20) 이탈리아의 작가 보카치오의 단편 소설집. '10일간의 이야기'라고 번역된다.

보다도 훨씬 중요하고 숭고하며, 그러므로 훨씬 정당하다는 것은 종족이 개체보다도 훨씬 중요한 것과 같다. 따라서 거의 모든 희극의 근본 주제는 거기에 묘사된 사람들의 개인적 이해에 반대되는 목적으로, 따라서 그들의 행복을 전복하려는 목적을 가진 종족의 수호신의 출현이다.

보통은 종족의 목적이 관철되는데, 이것은 소위 시적 정의에 의하여 보는 사람에게 만족을 주는 것이다. 보는 사람은 종족의 목적이 개체의 목적보다 훨씬 귀하다는 것을 느끼기 때문이다. 그러므로 희극의 종말에서 보는 사람은 승리의 영예로운 관(冠)을 장식한 연애 당사자들을 보고서 기쁜 마음으로 집으로 돌아간다. 사랑하는 당사자들이 그것으로 자기들의 행복을 이루었다고 망상하는 것과 다름없이 보는 사람들도 그렇게 생각하기 때문이다.

그러나 실제는 연인들 쪽이 조심 많은 노인의 의사에 반하여 자기의 행복을 희생하고 종족의 행복에 따른 것이다. 약간 별스러운 희극에서는 이것을 전도해 종족의 목적 쪽을 희생하고, 개인의 행복을 관철하려고 시도한다. 그러나 이 경우에 보는 사람은 종족의 수호신이 받는 것과 같은 고통을 느낀다. 그리고 이 결말에 의하여 견고하게 된 개성의 이익을 위하여 위로받는 일이란 없다.

이 같은 종류의 예로는 두세 개의, 사람들에게 잘 알려진 몇몇 작품이 내 머리에 떠오른다. 그것은 《16세의 여왕》이나 《이성의 결혼》 등이다. 연애 사건을 취급하는 비극에서는 대개는 종족의 목적이 물거품이 되므로 그 도구가 된 사랑의 당사자들도 동시에 죽는다. 이러한 것은 《로미오와 줄리엣》, 《탄크레드》, 《돈 카를로스》, 《발렌슈타인》, 《메시나의 신부》 등에서 볼 수 있다.

사람을 사랑하는 경우 흔히 우스꽝스러운, 또 때로는 비극적인 현상을 보여 줄 때가 있다. 그것은 이제 그 사람이 종족의 영혼에 의하여 점령되고 지배되어 이제는 이미 자기 자신의 것이 아니기 때문이며, 그리하여 그의 행동은 개체로서는 전혀 적당하지 않은 것이 된다. 연모가 좀 더 높은 경지에 이르면 인간의 사상은 매우 시적이고, 도 숭고한 색채를 띨 뿐만 아니라 초월적이고 또 초자연적인 방향을 갖게 되기에 이른다. 이런 방향의 부여로 사람은 그 본래적이고 또 형이하학적인 목적을 모든 시야에서 놓치게 되는 듯 생각한다.

이것은 분명 개인이 종족의 영혼에 의하여 고무되고 있기 때문이며, 종족의 사건은 단순히 개체에만 관한 사건보다도 월등하게 중대하다고 하는 것은 앞에서도 말한 적이 있는데, 이제 개체는 종족의 특별한 의탁을 받고 전혀 개성적이고, 또 완전히 일정한 구성을 가진 자손이 무한에 걸쳐서 존재하기 위한 근저를 만드는 것을 자신의 목적으로 하고 있다. 그리하여 이 개성적이고 또 일정한 구성은 그 자신이 아버지가 되고, 그의 애인이 어머니가 되어 비로소 만들어질 수 있는 전혀 특정적인 것이다.

여기에다가 이 특정적인 성질은 '살려고 하는 의지'의 객관화가 명백히 그 존재를 요구하고 있음에도 불구하고 이제까지 그러한 것으로써 실제의 생존에는 도달할 수 없었다. 이러한 초월적인 중요가치를 가진 사건에 참여해 작용한다는 느낌은 사랑에 빠진 사람에게 일체의 지상적인 사항 위에 초월하게 하고, 그들의 지극한 형이하학적인 소망에 매우 초자연적인 옷을 입히게 한다. 그러므로 연애는 가장 산문적인 인물의 생애에 있어서까지도 시적 풍미가 깃든 삽화가 된다. 단 마지막에 든 예는 연애 사건이 종종 희생적 색채를 띠는 때가 있다.

종족 속에서 객관화되는 의지의 이 같은 명령이 사랑하는 사람들의 의식에 나타날 때는 그 여자와 결합함으로써 발견될 끝없는 행복의 예상을 마스크를 쓰고 나타난다. 사랑이 최고도에 달하면 이 환상은 빛을 아울러 발하게 되고, 이 사랑이 성취되지 않으면 생명까지도 모든 매력을 상실하고, 이제 인생은 기쁨이 없어지고 무취미해지고 누릴 수 없는 듯 생각된다. 그로 인하여 인생에 대한 혐오가 죽음의 공포까지도 이겨 내게 되고, 때로는 자발적으로 이것을 단축되는 경우도 생긴다.

이러한 사람의 의지는 많은 종족이 의지하는 와중에 휩쓸려 들어가든지 아니면 종족의 의지가 개체의 의지에 크게 승리한 것이고, 그 사람은 첫째의 자격으로 활동할 수도 없고, 둘째의 자격으로는 작용하는 것도 거절하는 것이다. 이 경우 개체는 어느 일정한 대상에 집중된 종족 의지의 한없는 동경을 받아들이는 그릇으로서는 너무나 취약하다. 그러므로 자연이 인간의 생명을 구하기 위하여 이러한 절망적 상태의 의식을 덜어 버리는 데, 굳센 기상이라는 베일이 없었다면 결말은 자살이 되고, 혹은 흔히 또 애인들끼리의 정사까지도 되는 것이다. 어떠한 나이에도 모두 이런 종류의 수많은 사건에 의하여 앞에서 말한 해설이 진실임을 증명하게 된다.

그러나 실패한 사랑만이 비극적인 결말을 초래하는 것이 아니다. 성취된 사랑도 행복에 이르는 것보다 불행에 이르는 경우가 더욱 자주 있다. 이것은 격정의 요구가 종종 당사자의 개인적 행복과 크게 충돌하고 이것을 전복하기 때문이며, 이 요구가 그 사람의 다른 사정과 일치하지 않고 이들의 사정 위에 세워진 생활의 계획을 파괴하는 데 연유한다.

또 연애는 자주 외부적인 사정과 모순될 뿐만 아니라 사랑하는 사람들 자신의 개인성까지도 모순을 드러내는 법이다. 사랑의 상대방이 성적 관계를 떠나면 사랑하는 당사자를 미워하고 경멸해, 혹은 혐오를 느끼게 되는 대상이 될 수 있으므로 그러하다.

그러나 종족의 의지는 개체의 의지보다 훨씬 강하므로 사랑하는 당사자는 자기가 싫어하는 성질에 대하여 눈을 감게 되고, 모든 것을 그대로 보아넘기며 불문에 부치고 자기의 연정을 영원히 결합하게 만든다. 사랑의 망상은 이처럼 사람을 눈이 멀게 만들므로 종족의 의지가 수행되자마자, 이 망상은 곧 소멸하고, 그 사람 곁에 달갑지 않은 평생의 동반자를 남기고 사라진다.

우리는 때때로 대단히 이성적이고 우수한 남자가 사나운 여자나 간악한 여자와 함께 있는 것을 보고, 어째서 이 같은 남자가 이런 선택을 했을까 하고 이상하게 생각하고 이해할 수 없다고 여길 때가 있는데, 이것은 이상의 이유로 직접 설명할 수가 있다. 그러므로 옛사람(그리스, 로마 사람들)들은 사랑의 신 아모르를 눈이 멀었다고 표현했다. 그뿐 아니라 사랑하는 남자가 약혼자의 기질, 혹은 성격에 참지 못할 점이 있어서 이것이 장차 자기 생활을 괴롭힐 것을 분명히 알면서도, 또 이를 통감하면서도 그것이 두려워서 후퇴하지 않는 경우가 있다.

"그대의 가슴에 죄가 있고 없고 간에
나는 묻지도 마음에 새기지도 않으리라.
나는 그대가 무엇이든
다만 그대에 대한 사랑만 알 뿐이다."

정말로 그가 구하고 있는 것은 반드시 자기 일이 아니고 미래에 나올 제3자에 관한 일이다. 그러나 망상이 그를 둘러싸고 있으므로 그 자신은 자기에 관한 것을 구하고 있는 것처럼 생각하는 것이다. 이 자기와 관계없는 것을 구하는 마음은 어떤 경우에서도 위대하다는 도장이 찍히고, 격렬한 사랑의 정도 또 숭고라는 색채를 부여하며, 이것을 시의 가치 있는 재료로 삼는다.

마지막으로 말하면, 성애는 또 상대방에 대한 지극한 미움과
도 양립할 수 있다. 그러므로 플라톤은 이것을 이리와 양에 대한
사랑에 비유했다. 이 상태는 격렬하게 사랑하는 남자가 아무리 애
써도, 또 아무리 애원해도 상대방이 절대로 듣지 않을 때 일어난
다. '나는 그녀를 사랑하며 또 미워한다.'(셰익스피어《심벨린》3의
5)

사랑하는 여자에 대하여 이 경우에 생기는 증오는 때때로 남
자가 여자를 죽이고, 이어서 자신도 스스로 죽는 일까지 하게 된
다. 이런 사건의 두서너 가지 예는 매년 있는 일로, 신문에서도 볼
수 있다. 그러므로 괴테가 이렇게 말한 것은 참으로 맞는 말이라
하지 않을 수 없다.

'거절된 사랑, 지옥의 불,
이것보다 더한 것을 나는 알지 못한다.'

사랑하는 남자가 상대방의 냉혹한 태도와 그 괴로움을 자기
의 즐거움으로 여기는 여자의 허영심을 '참혹'이라고 부른다고 하
여 이것을 과장이라 할 수 없다. 그는 이제 곤충의 본능과 비슷한
충동에 지배되며, 이 충동은 이성이 말하는 이유 같은 것은 조금
도 귀 기울이지 않고 자기 목적을 절대적으로 추구하며, 모든 다
른 것을 경시하게 만들고 만다.

그는 이제 이것을 단념할 수가 없게 된다. 생각건대 사랑의
열망이 충족되지 못했으므로, 이것을 쇠사슬처럼, 또 다리에 건
쇠뭉치처럼 평생을 끌고 가지 않으면 안 되고, 쓸쓸한 숲속에서
몇 번인가 탄식한 사람은 절대로 페트라르카 한 사람뿐이 아니었
다. 그러나 운명의 사람이 얼마나 많았던가? 그러나 이 괴로움과

더불어 시에 재능이 있었던 것은 페트라르카 단 한 사람뿐이었다. 괴테의 아름다운 시구,

'사람이 그 괴로움 때문에 몸부림칠 때,
신은 나에게 괴로움을 말할 힘을 주셨다.'

라고 한 것은 페트라르카에게 잘 들어맞는 말이다. 실제로 종족의 수호신은 개인의 수호신과 곳곳에서 투쟁한다. 전자는 후자의 박해자이며, 원수고, 자기 목적을 관철하기 위하여 개인적인 행복을 가차 없이 파괴하려고 항상 준비하고 있다. 그뿐 아니라 국민 전체의 행복까지도 이 종족의 수호신의 희생이 된 일이 있다. 이 같은 사건의 하나로 셰익스피어는 그의 작품 《헨리 6세》의 제3부 제3막 제2장, 그리고 제3장에서 보여주고 있다.

이것의 바탕이 되는 이유는 우리의 본질의 근저는 '종족' 안에 있으므로 '종족'은 개체보다도 더 가깝게, 또 더 빨리 우리를 움직이는 권리를 가짐으로써 그 때문에 종족에 관한 사건이 우월한 지위에 서는 것이다. 이런 사정을 안 고대 사람들은, 종족의 수호신을 큐피드로 인격화했다. 큐피드는 그 용모의 천진함에도 불구하고 적의 있는, 잔인한, 따라서 평이 좋지 않은 신이며, 또 변하기 쉬운 전제적인 귀신으로, 그래도 신들과 인류의 주인이 되는 신이다.

'에로스여, 신들과 인간들의 폭군인 그대여!'

살인하는 화살, 눈먼 눈과 날개는 큐피드에게 있으며, 마지막의 것, 즉 날개는 사랑의 무상(無常)을 가리킨다. 그리고 이 무상은 보통 사랑이 만족한 결과인 환멸의 느낌과 함께 나타난다.

사랑의 격정은 그 기초를 어느 망상 위에 두는데, 이 망상은

종족에 대해서만 가치 있는 것을, 기체에 대하여 가치 있는 것처럼 보이므로 종족의 목적이 달성된 뒤에는 그 기만도 소실되지 않을 수 없다. 이제까지 개체를 점령하고 있던 종족의 영혼은 이제는 이것을 팽개친다. 개체는 종족의 영혼에서 버림받아 원래의 어려움과 빈약으로 되돌아가는데 과거를 회고해, 저 높고, 용맹한 끝없는 노력을 한 연후에, 그의 향락에 주어진 것이 성적 만족 이외의 아무것도 아니라는 것을 알고 깜짝 놀랄 것이다. 예상과 달리 개체 자체는 이전보다도 행복하지 않은 것이다.

그러므로 행복을 얻고, 테세우스는 아리아드네를 버리는 것이 보통일 것이다.21) 페트라르카의 격정이 만족하다고 할 것 같으면 새의 노래가 알을 깐 후에 노래를 그치듯이, 그의 노래도 그 순간부터 끝났을 것이다.

내 〈성애의 형이상학〉은 지금 현재 이런 격정에 싸여 있는 사람들에게는 사실 마음에 들지 않겠지만, 이성적 관찰이라는 것이 이 격정에 대하여 무언가 어떠한 일을 할 수 있다고 생각한다면 내가 발견한 이상의 근본 원리는 무엇보다도 먼저 이 격정을 정복해야 한다는 것이라는 것을 여기에 참고로 말해 둔다. 그러나 옛날의 희극 작가들이 한 말은 의심할 바 없이 진실한 것이다. "자체에 있어서 분별도 없고 계명도 없는 일을 분별로 통제한다는 것은 할 수 없는 일이다."

연애로 이루어진 결혼은 종족의 이익 때문에 행해진 것이고 개인을 위해서가 아니다. 물론 관여하는 두 사람은 자기의 행복을 증진하는 것이라고 생각한다. 그러나 그 참된 목적은 그들 두 사

---

21) 테세우스는 아테네의 왕자로 크레타의 왕녀 아리아드네의 도움으로 반인반수(半人半獸)의 괴물 미노타우로스를 죽이고 아리아드네와 결혼했다. 나중에 그는 그녀를 낙소스섬에 버렸다.

람에 의해서만 생길 수 있는 새로운 개체의 출산에 있으므로 그들은 알 수 없는 일이다. 그들은 이 목적에 따라서 결부되고 이후부터는 되도록 다정하게 살아가려고 노력한다.

그러나 격렬한 사랑의 본질인 본능적인 망상에 의하여 결합한 부부는 다른 점에 있어서 전혀 이질적인 것이 되는 수도 자주 있다. 이 망상은 앞에서 말한 것처럼 반드시 소멸해야 하는데, 이것이 소멸한 경우 이질적인 방면이 판연히 나타난다. 따라서 연애로 성립한 결혼은 보통 그 종말이 불행하다. 이것은 본래 결혼이라는 것이 현재 사람들을 위하여 있는 것이 아니고, 이 사람들의 희생에서 닥쳐올 시대를 위한 배려를 해야 하기 때문이다.

스페인 속담에 '연애로써 결혼하는 것은 슬픔 속에서 생활하는 것이다.'라고 했다. 편의상·형편상 이루어진 혼인 — 대개는 부모의 선택에 의하지만 — 은 이와 반대다. 이 경우 고려되는 조건은 그것이 어떠한 종류건 적어도 현실적인 색채를 띠는 것으로서, 스스로 소멸하는 것과 같은 것은 아니다. 이 고려 조건은 현재 사람들의 행복을 목표로 한 것으로서 따라서 확실히 미래의 것을 위해서는 이익이 되지 않는다. 그렇다고 이 현재의 사람들의 행복도 확실한 것이 되지 않는다.

결혼하는 데 있어서 자기의 사랑의 만족을 꾀하는 대신에 금전에 눈을 파는 것 같은 남자는 종족에 사는 것보다는 더 많이 개체에 살고, 이것은 바로 진리에 배반하는 것이므로 자연에 반대되는 일로 나타나며 경멸의 정을 일으킨다. 부모의 권고를 반대하고, 돈 많고 늙은 남자와의 결혼을 거절하고, 모든 편의상의 고려를 무시하고 다만 자기의 본능적인 기호에 따라 남편을 고르는 여자는 자기의 개체적 행복을 종족의 행복을 위하여 희생하는 행위가 된다.

사람들이 이 여자를 아낌없이 칭찬하는 것은 개체적 행복을 희생한 때문이며, 더욱 중요한 것을 선택하고 자연(오히려 종족)의 감각에서 행동했기 때문이다. 그러나 부모의 권고는 개성적 이기주의가 동기다. 이러한 일로 미루어 보아 결혼을 함에 있어 개체냐 종족이냐 하는, 양자택일로 그 어느 한 가지를 손해 보지 않으면 안 되는 듯 보인다.

사실 대부분이 그러하다. 편의와 열애가 서로 병행해 나아가는 일이란 매우 드물다. 인간의 대부분은 육체적·도덕적, 또는 지력적으로 고민해야 할 상태에 있는데, 이것은 결혼이 보통 순전히 선택과 좋아하는 감정에서 나오지 않고 모든 외적인 고려에서 생겨나고, 우연한 사정에서 결합하는 일에 어느 정도 그 원인이 있다. 그러나 편의라는 것과 더불어 좋아한다는 점도 어느 정도까지 고려하기에 이르면, 이른바 종족의 수호신과 화해한 셈이다.

행복한 결혼은 사람들이 알고 있듯이 드물다. 이것은 결혼의 주요 목적이 현재의 사람들을 행복하게 하는 데 있지 않고 장차 태어날 아이를 위한 꾸밈이라는 데 있으며, 여기에 결혼의 본질이 있기 때문이다. 그러나 다정하고 서로 사랑하는 사람들의 위로가 되는 것으로는 격렬한 성애와는 전혀 다른 근거에서 나오는 감정 ―즉 마음의 일치에서 나오는 참된 우정― 이 생기는 경우가 종종 있다는 사실을 덧붙이고 싶다.

이 우정은 그러나 대개는 참된 성애가 만족하고 소실한 뒤에 처음으로 나타나는 것으로, 대체로 다음과 같은 사정에서 생긴다. 즉 그것은 서로 성애가 성립한 두 사람이 장차 태어날 아이에 관해 가지는 서로 보충하고 적응하는 육체적·도덕적·지력적 성질이 이 두 사람에 관해서도 서로 대립하는 기질적 특성과 정신적 우수성으로서, 서로 보충하는 관계에 있고, 이것에 의하여 마음의 조화를 이룬다는 사정이다. 여기에 논해진 〈성애의 형이상학〉은 내 형이상학 전반과 면밀한 관련이 있다. 그리고 후자가 전자에게 던지는 (해설의) 빛은 다음과 같이 총괄할 수 있다.

성욕의 만족을 위하여 행해지는 선택은 용의주도한 것이고, 또 많은 단계를 거쳐서 마지막에는 격렬한 연애로 상승하지만, 이 선택으로 생기는 것은 인간이 다음에 올 시대의 특수적·개성적 구성에 진지하게 참여하는 것에 있다는 사실은 앞에서의 논술에서 분명하게 되었다. 여기서 크게 주목해야 할 참여는 이미 있었던 논문에서 증명된 두 개의 진리를 확증하는 것이다. 즉 그 첫 번째 는 인간의 본성 자체는 파괴할 수 없고, 그것은 다음에 올 종족 속에서 영원히 존재해 나간다는 것이다.

그처럼 활발하고 또 정성을 다한 참여는, ─성찰과 기획에서 나오는 것이 아니고 우리 본성의 가장 깊은 특질과 충동에서 생기 는 이 참여는─ 만일 인간이 온전히 멸망해야 하고, 그리고 이 인간이라는 것이 정말 다른, 또 전혀 별개의 종족이 단순히 시간 적으로 그 뒤에 계속되는 것에 불과한 것이라면 이 참여가 그처럼 사멸되기 어려운 상태에서 존재하는 일도 없을 것이고, 그 같은 큰 세력을 인간 위에 미치게 하는 일도 할 수 없었을 것이다.

그 두 번째는 인간의 본성 자체는 개인보다 종족에 더욱 많 이 존재한다는 사실이다. 종족의 특수한 구성에 관한 관심은 일체 의 연애 사건의 ─즉 아래는 가장 경미한 애호라는 상태에서, 위 로는 가장 진지하고 격렬한 사랑에 이르기까지의 일체의 연애 사 건─ 근저를 이루는데, 이 관심이야말로 누구에게나 본능적으로 가장 큰 사건이고, 이 일의 이루어지고 이루어지지 않음은 가장 예리하게 각자의 감정에 저촉된다. 그러므로 이 사건은 특히 감정 의 사건이라 불린다.

이 방면에 관한 이해가 강하게 또 명확하게 나타나게 되면 단순히 자기에게만 관계하던 이해는 모두 등한시되고, 필요한 경우는 또 희생한다. 그러므로 인간은 이 일로 개체보다도 종족이 자기에게 더 중요하고, 자신은 개체보다 직접적으로 종족 가운데 살고 있다는 것을 실제로 증명하게 된다. 그렇다면 사랑하는 남자가 완전히 자기를 버리고 선택된 상대의 눈빛을 살피며, 어떠한 희생이라도 그녀를 위하여 감수하겠다고 마음먹는 것은 도대체 무엇 때문일까?

그것은 그녀가 구하는 것은 그 남자 자체의 불멸한 부분이기 때문이고, 모든 다른 것을 요구하는 것은 언제나 그의 사멸하는 부분이다. 한 여자에 대한 활발하고, 혹은 또 강렬한 요구는 따라서 우리 본성의 핵이 파괴하기 어렵다는 것과, 우리 본성이 종족 속에 영원히 있다는 것에 대한 보증이다.

그러나 이 영원히 있는 것을 아무것도 아닌 것, 만족하지 않는 것이라고 생각하는 것은 미망이다. 이 미망의 까닭은 종족의 영속이라는 것을, 우리와는 비슷하지만, 어느 점으로 보아도 우리와는 같지 않은 것이 장차의 시대에 생존하는 것이라고만 생각하지 않는 것에 있다. 이 생각은 또 단순히 외부로 향한 인식에서 출발해 우리가 즉시 파악할 수 있는 종족의 외모만 보고 그 내적 본질에는 착안하지 않기 때문에 생긴다.

그러나 이 내적 본질이야말로 바로 우리 자신의 의식의 핵심으로 그 근저를 이루고, 의식 자체보다도 더욱 직접적이며, 사물 자체로서 개체와의 원칙에서 떠나 일체의 개체 속에 ― 그것이 변하여 존재하든 영원히 존재하든 그것은 관계없이 일체의 개체에 ― 존재해, 진실로 동일한 것이다. 이것이 즉 '살려고 하는 의지'이고 따라서 생명과 영속을 절실히 요구하는 것이다. 그러기에 이것은 죽음의 운명을 면하고 있고, 죽음의 공격을 받지 않는다.

그러나 그것은 현재 상태보다도 더 나은 상태에 도달할 수는 없다. 따라서 그것에는 생명이 있는 동시에 개체의 부단한 괴로움과 노력이 있는 것도 확실하다. 이 노력과 괴로움에서 이것을 해방시키는 것은 '살려고 하는 의지'의 부정 이외에는 없다. '살려고 하는 의지'를 부정하는 것에 의하여 개체의 의지는 종족의 줄기에서 떠나고, 종족 속에서 생존하는 것을 그친다.

그렇게 되었을 때의 모습이 어떤 것인가 하는 것에 관한 개념은 우리에게 없는 것으로, 또 이 같은 개념을 구성할 만한 재료도 없다. 그것은 '살려고 하는 의지'인지, 혹은 아닌지 하는 자유를 가지는 것으로밖에 우리는 표현할 수 없다. 후자의 경우는 불교에서 '열반'이라는 말로 표현하고 있다. 여기서는 인간의 일체의 인식이 인식으로서는 영원히 도달하지 못하는 점이다.

여기서 우리가 이 최후의 관찰에서 인생의 혼잡을 바라보면 모든 사람이 인생의 곤궁과 고통으로 괴로워하고 끝없는 욕망을 채우기 위하여, 또 여러 가지 괴로움을 막기 위하여, 온갖 노력을 다하지만, 그러나 이 괴로운 개체적 존재를 잠시 유지하는 것 외에는 감히 기대하지 않는 것이 눈에 띄게 된다. 그러나 이 혼잡의 한가운데서 서로 사랑하는 두 사람의 눈빛이 그리운 듯 서로 마주치는 모습은 우리 눈에도 보이게 된다.

그러나 왜 저렇게도 남몰래 주저하면서 은밀히 눈빛을 교환하는 것일까? 그것은 이 서로 사랑하는 사람들은 일종의 반역자이기 때문이고, 그들이 그렇게 하지 않으면 얼마 안 가서 종말에 이를 전체적 곤궁과 참담을, 일부러 영원히 전달하려는 은밀히 꾸미는 반역자로서 같은 종족이 과거에도 그러했듯이, 그들도 종말이 오는 것을 불가능하게 하려고 원하기 때문이다.

생존(生存) 허무론(虛無論)

1

생존이 허무한 것은 생존의 모든 형식에 있어서 '때'와 '곳'에 얽매인 개인의 유한에 비하여 이 두 가지가 자체로서 무한하다는 것에서, 현실의 유일한 생존 법칙으로서 찰나적 현재라는 현상에서, 혹은 일체의 사물은 서로 관련하고 서로 의탁하는 것이라는 데서, 또는 세상에 한때 상주한 것, 있은 일이 없고, 모든 것은 끊임없이 유전하고 변화한다는 것에서, 혹은 또 채워지지 않는 바람의 정에서, 끝으로 인간의 노력에는 언제나 난관이 있고, 인생은 이것을 극복할 때까지 이것과 싸우고 이것을 뚫고 나아가지 않으면 안 되는 것에서 명백하다.

때와 때 안에서, 또 때에 의한 만물의 변천은 항상 형상에 불과하고, 이 형상 아래서 '살려고 하는 의지'는 ─사물 자체로서 불멸, 영원히 '살려고 하는 의지'는 자기의 노력의 허무함을 보게 된다─ 때라는 것은 그 힘으로 모든 것이 눈 깜짝할 사이에 무(無)가 된다는 것이며, 만물은 이 힘으로 일체의 참된 가치를 상실한다.

2

한때 존재한 것은 지금은 존재하지 않는다. 지금 존재하지 않는다는 점에서는 마치 한때 존재하지 않았다는 것과 같다. 그러나 현재 존재하는 모든 것은 다음 순간에는 이미 존재한 것이 된다. 그러므로 현재는 그것이 아무리 보잘것없는 것이라 할지라도, 가장 가치 있던 과거보다도 그것이 현실이라는 점에서 월등하다. 그리고 전자의 후자에 대한 관계는 '유(有, etwas)'가 '무(無, nichts)'에 대한 것과 같다.

사람은 몇천 년 동안 생존하지 않다가 돌연히 생존 속에 나타나서 자신도 놀라지만, 또 얼마 가지 않아서 생존하지 않는 경지에 들어가 몇천 년을 지나게 된다. 이러한 견해에 대하여 감정은 반항하면서 말하기를 '이렇게 생각하는 것은 절대로 옳지 않다.'라고 한다. 거친 오성도 이를 관찰하고 '때'는 그 성질에 있어서 어떤 관념적인 것이 아닌가 하고 예감한다. 생각건대 '때'의 관념성은 '곳'의 관념과 더불어 일체의 참된 형이상학의 비밀 창고를 여는 열쇠다. 이 관념이 있음으로써 사물의 질서와는 전혀 다른 질서에 대하여 장소를 얻을 수 있기 때문이다. 칸트가 위대한 까닭은 바로 여기에 있다.

우리의 생애에서 어떠한 사건에 관해서도 우리가 '있다(ist)'라고 할 수 있는 것은 다만 한순간에 불과하다. 그 뒤에는 영원히 '있었다(war)'라는 말로 이것을 표현하지 않으면 안 된다. 밤이 지날 때마다 우리의 생애는 하루만큼 짧아진다. 만일 영원히 마르지 않는 샘물이 우리의 소유가 되고, 우리는 언제나 그 가운데 생명의 시간을 새로 얻을 수 있다는 숨은 의식이 —우리 본질의 가장 깊은 근저에 가로놓인 이 의식이— 존재하지 않았다면 우리는 우리의 짧은 생명의 시간이 짧게 지나는 것을 보고 아마 미치지 않을 수 없을 것이다.

이 관찰을 토대로 다음과 같은 설을 내세울 수도 있다. 진실한 것은 현재뿐이고, 다른 일체의 것은 단순한 사상의 유희에 불과하므로 현재를 향락하고 이것을 생의 목적으로 하는 일이야말로 가장 참된 도리라는 사고방식이다. 그러나 이런 사고방식도 가장 큰 잘못임을 면치 않는다. 다음 순간에는 이미 존재하지 않는 것, 꿈처럼 없어지는 것은 결코 진지한 노력의 대상이 될 만한 가치를 가질 수 있는 것이 아니기 때문이다.

3

우리의 생존은 사라져 가는 현재 이외에 그 위에 입각할 어떠한 기초도 가지고 있지 않다. 그러므로 우리의 생존은 그 본질상 부단한 운동을 그 형태로 가지며, 우리가 항상 추구하는 안정은 어떠한 가능성도 없다. 그러므로 우리의 생존은 가령 산을 달려 내려가는 사람처럼 멈추려고 하면 넘어지는 수밖에 없어서 다만 달리는 것을 계속할 뿐이며, 그렇게 함으로써 넘어지지 않는다. 혹은 손바닥 위에 얹은 균형 잡은 막대기와 비슷하다고나 할까? 혹은 또 부단히 운행하는 유성에도 비유할 수 있다. 유성은 그 운동을 멈추자마자 태양 속으로 추락하고 만다. 그러기에 '불안'이 생존의 원형이다.

어떠한 종류의 안정도, 어떠한 지속적인 상태도 있을 수 없는 모두는 조금도 쉼 없는 운행과 변화를 계속하고, 달리고, 날고, 줄 위에서 언제나 걷고 움직이며, 자신을 지탱해 주는 것처럼 생각되는 이 세계에서 '행복'이라는 것은 상상도 할 수 없는 일이다. 플라톤의 소위 '부단한 변화만 있고 절대로 상주(常住)가 없는' 곳에서는 행복이 붙어 있지 못한다. 무엇보다 먼저 아무도 행복하지 않다.

사람은 일생을 통하여 상상적인 행복을 추구한다. 그러나 여기에 도달하는 일은 드물고 비록 도달했다 하더라도 곧 기대에 어긋나 실망을 느낀다. 그리고 보통은 마지막에는 배도 돛대도 모두 파괴되어 누구나 항구로 도망쳐 들어가지 않으면 안 된다. 변화무쌍한 현재에서 출발해 이제 그 종말에 선 생애에서 지금까지 행복했는지 불행했는지 하는 문제는 일단 마지막 항구에 들어온 이상 결국 마찬가지가 되고 만다.

동시에 인간의 세계에서도, 동물의 세계에서도, 저 위대하고 다양한 부단한 운동이, 기아와 성욕이란 두 가지 단순한 충동으로 발동되고 또 유지되어 가는 것은 — 아마도 '권태'의 느낌도 여기에 조금 가담해 움직이겠지만— 얼마나 놀라운 일인가? 그리고 이 같은 것들이, 인생이라는 변화 많은 인형극을 조작하는 매우 복잡한 기계로 향하여, 주요한 동력을 공급할 수 있다는 것 또한 놀라운 일이 아닌가?

지금 이것을 좀 더 상세히 관찰하면 먼저 우리 눈에 보이는 것은 무기물의 존재가 끊임없이 화학적인 힘에 의해 공격받고, 마침내는 소멸당하는 데 반하여, 유기물은 부단한 물질대사로 그 생존이 가능하다는 것, 그리고 이 물질대사 자체는 끊임없는 도입을 — 따라서 외부로부터 구원받는 것을 — 필요로 하는 사상(事象)이다. 그러므로 유기적 생활은 그 자신에게 이미 손바닥 위에 균형 잡은 막대기와 매우 비슷하다. 이런 위치에 있는 막대기는 언제나 흔들리지 않을 수 없다. 그러므로 유기적 생활은 끊임없는 수요며, 언제나 반복해 닥쳐오는 결핍이며, 그리고 또 끝없는 곤궁이다.

그러나 이 유기적 생활 덕택으로 처음으로 의식이 가능하게 된다. 따라서 모든 유기적 생활은 또 유한의 존재지만, 그 대우(對偶)로서 무한의 생존을 생각할 수 있다. 이것은 외계로부터의 공격에 노출되지 않고 외부로부터의 구조도 소용없으며, 그러므로 영원히 자기를 변치 않고 항구적으로 정지하며, 본래 발생한 것이 아니므로 망하는 일도 없고, 변화하는 일도 없다. 여기에는 때가 없고, 다수도 없고, 다양한 것도 없다. 이런 것에 대한 소극적인 인식이 플라톤의 철학의 근본 기조를 이루고 있다. '살려고 하는 의지'의 부정은 이 상태로 향하여 길을 개척한다.

4

우리의 생활 장면은 거친 모자이크 그림과 같다. 가까이에서 보면 아무 효과가 없다. 이를 아름답게 보기 위해서는 멀리서 보지 않으면 안 된다. 그러므로 갈망하던 그 무엇을 손에 넣는다는 것은 곧 가치 없는 것을 발견한다는 뜻이 된다. 그리고 우리는 항상 보다 좋은 것을 기대하고 생활하지만, 동시에 또 과거의 일에 대하여 후회 섞인 동경을 품는 일이 흔히 있다. 다만 그러나 현재의 사건만은 일시적인 것으로 이해하고 목적에 도달하는 과정이라고밖에 생각하지 않는다.

그러므로 대부분 사람은 마지막이 되어서야 자기가 지나온 생활을 회고해 그 일생을 통하여 일시적인 삶을 계속해 온 것을 발견하고 마음에 새기지도 않고, 깊이 생각하지도 않고 지나온 것이, 이것이 즉 그들의 생애였고, 또 그들이 그것을 기대하고 생활해 온 것은 사실은 이 생활이었다는 것을 발견할 것이다. 그러므로 인간의 생애는 희망에 의하여 어리석게 되면서 죽음의 품에 뛰어 들어가는 것이다.

개인적인 의지는 또 만족을 모른다. 이런 이유로 소원의 만족은 다시 새로운 소원을 낳게 되고, 이 요구는 영원히 충족되는 일이 없으며 무한으로 향하여 나아간다. 이것은 반드시 의지를 그 자체로서 생각하면 그것은 일체 세계의 주권자이고, 모든 것이 여기에 예속되므로 의지에 만족을 줄 수 있는 것은 '부분'이 아니라 '전체'가 아니면 안 되는데 '전체'는 무한한 것이다.

우리가 지금 이 세계의 주권자가 개개의 현상으로 나타났을 때, 매우 적은 것만 줄 수 있다는 것을 볼 때, ─대개는 개인적인 육체를 지탱할 수 있는 정도만 주어지는 것을 볼 때─ 동정의 마음을 금할 수가 없다. 인간의 헤아릴 수 없는 슬픔은 이렇게 해서 생긴다.

5

현대는 정신적으로는 무능하고 무력하며 모든 종류의 악을 숭배하는 데 있어서 매우 탁월한 시대다. 그것은 실로 저 자화자찬적이고 현학적이며 어조가 불쾌한 '금일에'라는 말과 가장 잘 맞는 것처럼 생각되는데 ─'금일'이라는 말이 나타내는 지금은 가장 탁월한 지금이고, 이 지금을 낳기 위하여 모든 다른 지금이 있었다고 호기롭게 말하는 것처럼 들린다─ 이 현대에서는 범신론자 (汎神論者)까지도 인생은 소위 '자기 목적'이라고 공언함을 서슴지 않고 있다.

그러나 만일 우리의 생존이 세계의 궁극 목적이면 그야말로 모든 시대에 걸쳐서 이 세상에 존재했던 목적 중에서 ─이 목적을 세운 것이 우리든 다른 사람들이든 관계없이─ 가장 어리석은 목적일 것이다.

인생은 먼저 하나의 과제로 나타난다. 자기의 생명을 유지하는 과제가 그것이다. 이 과제가 해결되면 얻는 것은 하나의 무거운 짐이다. 계속해서 제2의 과제가 나타난다. 그것은 호시탐탐하는 사나운 균처럼 안전한 영역에 들어간 생활을 발견하면 곧 덮쳐오는 '권태'를 방위하기 위하여 이 얻어진 것을 정당하게 처리하는 일이다. 이로써 인간의 첫째 일은 어떠한 것을 얻는 것이고, 둘째 일은 그 얻은 것을 느끼지 않도록 하는 것이다. 그렇게 하지 않으면 인생은 하나의 무거운 짐이 되기 때문이다.

인생이 미망의 일종임이 틀림없음은 인간이 욕망의 복합물이고, 그 욕망의 충족은 쉽게 얻을 수 있는 것은 아니지만, 비록 이 만족을 얻었다고 하더라도 그것은 단순히 고통 없는 상태를 부여받았을 뿐이며, 이 상태는 또 인간에게 '권태'의 느낌을 줄 뿐이라는 것을 생각한다면 충분히 알 수 있다. 이 권태감은 인생 자체의 공허감이므로 직접으로 생존 자체의 무가치를 증명하는 것이다.

만일 생이 ─ 우리의 모든 존재는 여기에 대한 요구로 이루어져 있는데 ─ 적극적이고, 그리고 진실한 가치를 그 자신 속에 가지고 있다면 세상에는 결코 권태라는 것은 없을 것이다. 오히려 단순히 생존하고 있다는 것 자체가 이미 우리에게 충족과 만족을 주는 것이 아니면 안 된다. 그런데 우리는 무언가를 얻으려고 노력하든지, 혹은 순수하게 지력적인 일에 몰두하든지 하지 않으면 생을 즐기지 못한다.

전자의 경우는 목적까지의 거리와, 그 도중에 존재하는 장애와 같은 것이 목적 자체가 우리에게 만족을 주는 것처럼 생각하도록 하게 한다. 그러나 이 환영은 목적이 도달된 뒤에는 소실하고만다. 후자의 경우는 객석에 앉아 있는 관객들처럼, 인생을 외부에서 보기 때문에 실제는 인생을 탈출하는 것이다. 감각적 향락까지도 부단한 갈망 속에 그 본질을 가지고 있으므로, 그 목적이 달성되자마자 이어서 소실된다. 양자 중 어느 한 가지에 종사하지 않고 생존 자체 위에 있게 되면 우리는 생의 무가치와 허무를 뼈저리게 느끼게 된다. 이것이 즉 '권태'다.

또 경탄할 만한 사상에 대하여 우리에게 내재한 사라지지 않는 욕구는 얼마나 우리가 사물의 진행에 권태를 느끼고, 또 자연적인 순서의 중단을 좋아하는가를 보여주는 것이다. 저 호사와 향연 속에서 생활하는 귀인들의 부귀영화도 결국은 우리의 생존의 본래의 빈약함에서 벗어나려 하는 무익한 노력에 불과하다. 냉정히 심사숙고하면, 보석, 주옥, 깃털, 혹은 많은 촛대의 불에 비친 붉은 종이, 무용가, 곡예사, 가장행렬 같은 것이 모두 무엇이란 말인가?

6

인체라는 매우 교묘히 얽힌 기관에 나타난 '살려고 하는 의지'의 가장 완전한 현상도 마침내는 먼지로 돌아가지 않을 수 없다. 그 모든 존재도 모든 노력도 마지막에는 틀림없이 멸망의 손아귀에 들어간다는 것은 의지의 모든 노력도 마침내는 허무하고 소용없는 것이라는 것을, 언제나 진실하고 정직한 자연이 소박한 방식으로 우리에게 진술하는 것에 불과하다. 만일 생이 자체에 있어서 무언가 가치 있고 절대적인 것이라면, '무(無)'를 목적으로 가질 리가 없다. 여기에 대한 느낌은 다음에 인용하는 괴테의 아름다운 시의 근저를 이루고 있다.

'옛 탑 더 높이, 용자의 거룩한 혼이 있노라.'

죽음의 필연성은 인간이 단순한 하나의 현상이고 결코 물자체가 아니며, 따라서 정말 존재하는 것이 아니라는 점에서 즉시 추출할 수 있는 명제다. 그러나 이러한 종류의 현상 속에서만이 이 현상의 근저에 존재하는 물자체가 나타날 수 있다는 것은 물자체의 성질의 결과다.

우리 생애의 처음과 끝에는 얼마나 큰 차이가 있는지 모른다. 전자는 열망의 어지러움과 환락의 기쁨이 있고, 후자는 일체의 기관의 파괴와 시체의 부패가 있다. 건강과 생의 향락이라는 두 가지 방면에 관해서는 생애의 처음과 끝 사이의 길은, 항상 내리막 언덕의 모습을 띠고 있다. 즐겁게 꿈꾸는 유년기와 유쾌한 청년기, 어려움 많은 장년기, 허약하고 불쌍한 처지를 견디는 노년기, 마지막으로 질병에 대한 책망과 임종의 고민. 이렇게 보면 생존 자체가 이미 하나의 실책이고, 그 결과는 점차 더욱 많이 나타나는 것처럼 생각되지 않는가?

인생은 환멸이라고 생각하는 것이 제일 옳을 것 같다. 만사가 그렇게 보일 수밖에 없게 되어있다.

7

인생은 현미경적 성질의 것으로, 나눌 수 없는 하나의 점이다. 우리는 이것을 '때'와 '곳'이라는 두 개의 강한 렌즈로 확대하므로 매우 크게 우리 눈에 비치는 것이다. '때'는 우리 두뇌에 있는 하나의 장치고, '지속'에 의하여 사물과 우리 자신의 전혀 허무한 존재에 실재성의 외관을 부여한다.

지난날 행복을 얻고 향락을 잡을 수 있었던 기회를 이용하지 않고 놓친 것을 지금 와서 후회하고 억울하게 생각하는 것은 어리석은 일이다. 비록 그때 그것을 이용했던들 이제 무엇이 남아 있을까? 기억이란 메마른 미라뿐이 아니겠는가? 우리에게 실제로 주어진 것은 모두 이 같은 것이다. 그러므로 '때'라는 형식은 일체의 지상적인 향락의 허무함을 우리에게 교시하는 수단이며, 또 그렇게 예정되고 있다.

우리의 존재와 모든 동물의 그것은 모두 함께 확립된, 그리고 적어도 시간적으로 정지된 것이 아니고 단순한 유전(流轉)의 존재에 불과하다. 그것은 다만 부단한 추이에 의하여 존립하고, 소용돌이치는 물에 비교할 수 있다. 물론 육체의 형태는 잠시는 거의 불변이다. 그러나 그것은 다만 물질이 부단히 대사하여 옛것은 버려지고 새것은 받아들이는 조건하에서다.

그러므로 이 받아들이는 데 적합한 물질을 끊임없이 공급하는 일이 모든 생물의 주된 일이다. 동시에 또 그들의 이 같은 생존이 앞에서 말한 것처럼 매우 짧은 동안이라는 것을 그들은 자각하고 있다. 그러므로 그들은 생존의 퇴거에 있어 그들 대신에 올 다른 생물에게 그들의 생존을 양도하려고 기도한다. 이 기도는 자의식 속에서는 성적 충동으로 나타나고 다른 물체의 의식, 즉 객관적인 관찰 방식에서는 생식기 형태로 나타난다.

이 본능은 비유하자면 진주를 꿴 실과 같은 것으로 급속히 이어서 나타나는 개체는 마치 진주가 연달아 나타나는 것과 비슷하다. 만일 우리가 상상 속에 이 계속의 속도를 빠르게 하고, 또 그 순서 전체에서도 하나하나의 진주에 있어서도, 항상 동일한 형태를 가지고, 그리고 그 재료를 끊임없이 변하게 하는 것을 상상해 볼 때는, 우리는 단순히 하나의 사이비적 생존이 있음에 불과하다는 것을 알게 될 것이다. 유일하게 존재하는 것은 이념이며, 이에 대하여 사물은 그림자 같은 성질에 불과하다고 한 플라톤의 학설의 근저에는 이런 견해가 존재한다.

우리는 물자체에 대하여 단순한 현상에 불과한 것은 영양물로서, 항상 요구되는 물질의 부단한 유출과 유입이 우리의 생존의 필수적 요건을 이룸으로써 확인되고, 예증되고, 명시된다. 우리는 연기라든가, 불꽃이라든가, 분수라든가 하는 것에 의하여 생긴 현상에 비할 만한 것으로 유입에 부족을 일으키자마자, 즉시 쇠약하고 또는 멈춘다. 또 '살려고 하는 의지'는 모두 허무로 돌아가야 할 그대로의 현상에만 나타나는 것이라고 할 수 있다. 그러나 현상 자체와 더불어 이 허무도 '살려고 하는 의지'의 내부에 머물고, 그 기초를 이 의지 위에 두고 있다. 그러나 이것은 물론 확실한 것은 아니다.

인류 전체를 한눈에 넣고 이것을 개관하려고 한다면 눈에 보이는 것은 과연 어떤 광경일까? 곳곳에서 우리가 볼 수 있는 것은 어떠한 순간에도 일어나는 위협적인 일체의 위험과 재앙에 대하여 사람들이 자기의 생명과 존재를 옹호하기 위하여 육체와 정신의 모든 힘을 다하면서 끊임없이 투쟁하고 맹렬히 역전하는 모습이다.

만일 우리가 이 모든 것에 상당하는 보수, 즉 생명과 존재 자체를 고찰해 본다면 고통을 이탈한 생존에게 약간의 틈이 있음을 볼 수 있을 것이다. 그러나 이 틈도 곧 '권태'의 공격으로, 새로운 핍박을 받게 되어 재빨리 종결을 보고 만다. 궁핍의 배후에 '권태'가 존재한다는 것은 ─이 권태는 또 영리한 동물도 공격한다─ 삶 자체가 어떤 진실의 내실도 갖지 않고 다만 필수와 허망으로 운동을 계속해 가는 것에 불과한 결과다. 이 운동이 멈추면 생존의 전적인 불모와 허무가 나타난다.

만일 사람들이 눈을 세태의 진행을 관찰하는 일에서 돌려, 특히 인간 생사의 급속한 연속과 잠깐의 가현적(假現的) 존재를 관찰하는 것으로 돌려서 이른바 희극에 나타나는 것 같은 인생의 세부를 바라본다면, 세상과 사람의 모습은 마치 저 적충류(滴蟲類)가 떼를 이루는 물방울과, 눈으로 볼 수 없는 버터웜 무리를 현미경으로 보는 모습을 방불케 할 것이다.

   이들 동물의 진지한 활동과 투쟁은 관찰자의 웃음을 자아내게 하는데, 인생도 이 같은 것이다. 이 같은 매우 좁은 장소와 마찬가지로 (인간의 생애와 같이) 짧은 시간에서의 위대하고도 진지한 활동은 우스꽝스러운 느낌을 불러일으키게 하기 때문이다.

부인론(婦人論)

1

〈부인의 품위〉라는 실러의 시는 깊은 사색에서 만들어진 작품으로, 대우(對偶)와 대조로 사람의 심금을 울리게 한다. 이보다도 더 월등하게 부인을 찬미한 것은 내 생각에 의하면 듀이가 말한 몇 마디 문구다. 그는 말하기를 "부인이 없었더라면 우리의 생활의 시초에 도움이 없고, 그 중도에 즐거움이 없으며, 그 마지막에 위로가 없을 것이다."라고 했다. 같은 말을 바이런은 그의 작품 〈사르다나팔루스〉 제1막 제2장에서 보다 감상적으로 표현하고 있다.

'인간 생명의 시초는 부인의 유방에서 분출되어 나옵니다. 당신들의 최초의 말 마디는 부인의 입술로부터 가르쳐지고, 당신들의 최초의 눈물은 부인에 의하여 닦여지고, 당신들의 마지막 한숨은 너무나 자주 부인들이 듣는 데서 몰아쉬게 됩니다. 그것은 남성들이 한때 자기들을 이끌어 주던 사람의 최후를 지켜보려는 천한 역할을 기피할 때입니다.'

이 두 사람은 모두 부인의 가치에 대해 정당한 견해를 나타내고 있다.

2

이미 부인의 모습을 보면 부인이 정신적·육체적인 큰일에 적합하지 않다는 것을 가르쳐 준다. 부인은 인생의 채무를 행위에 의해서가 아니라 고통을 참는 것에 의하여 갚는다. 분만의 고통, 아이 돌보기, 남편에 대한 복종 ― 남편에 대해서는 부인은 정말 인내심 있고 쾌활한 반려자가 되지 않으면 안 된다 ― 등에 의해서다. 가장 격렬한 비애와 환희와 힘씀은 부인에게는 맞지 않고, 그 생활은 남성의 그것보다도 본질적으로 더 행복하다든지, 더 불행하다든지 한 것 없이 더욱 조용하게, 더욱 남몰래, 그리고 더욱 평온하게 지내지 않으면 안 된다.

3

우리의 최초의 유년기의 양육자요, 교육자로서 부인이 그 역할에 가장 적합한 까닭은 부인 자신이 어린이 같고, 어리석고, 또 근시적이고, 한마디로 말하면 평생 중 참된 인간인 성인(남성)과 아이들 사이의 중간 단계에 있기 때문이다. 시험 삼아 소녀가 매일매일 아이들과 장난하고 춤추고, 노래하고 지내는 모습을 보라. 한 남자가 이 위치에 있을 경우, 비록 할 생각이 있다 하더라도 과연 무엇을 할 것인가를 상상해 보라.

4

자연이 소녀를 향해서는 희곡론의 소위 크날이펙트를 겨누고 수년 동안 ― 나머지 모든 세월을 희생하면서 ― 충분한 미와 매력과 풍만을 부여하고, 이 기간에 어느 남성의 공상을 파악하고 자기 생활을 한평생 어떤 형식으로서도 정직하게 인수하게 한다. 남성을 움직여서 여기까지 이르게 하는 것은 단순한 이성적인 고려만으로는 충분하고도 확실한 보증이 될 수 없을 것 같다.

따라서 자연은 다른 일체의 창조물에서 하듯 부인에게도 그 생존을 확실하게 하는 데 필요한 기계를 필요한 기간 제공하는데, 이 경우에도 물론 자연은 변화 없는 절약으로 처리한다. 암개미가 교미 후에 이제 더 필요 없고, 또 산란에 위험한 날개를 상실하듯, 부인도 보통 한두 번 출산한 후에는 그 아름다움을 상실한다. 이것은 아마도 같은 이유에서일 것이다.

이러한 이유에서 젊은 부인은 마음속으로는 가정적 혹은 다른 실무적인 일을 제2차적인 것으로 생각하고, 나아가서는 또 순전한 장난처럼 생각한다. 그들이 단 하나 진지하게 생각하는 것은 사랑이라든가, 남성에게 매력을 느끼게 한다든가, 그리고 이와 관련한 일, 즉 화장, 춤과 같은 일들이다.

5

무릇 사물은 그것이 고급이고 완전할수록 성숙 속도가 느리다. 남자는 28세 이전에는 그 이성과 정신 능력이 성숙할 단계에 이르지 않는데, 여자는 18세에 성숙에 이른다. 그러나 여기에 대하여 여자의 이성은 매우 너그럽지 않고 좁음을 면치 못한다. 그러므로 부인은 그 일생을 통하여 어린이며, 언제나 가장 가까운 것만 보고 현재에 집착하며, 사물의 외관을 참모습이라 생각하고, 가장 중대한 사건보다도 사소한 사항을 좋아한다.

사실 이성은 그 힘에 의하여 인간이 동물처럼 단순히 현재에만 사는 것이 아니고, 과거도 미래도 통관하고 숙련하는 까닭이고 인간의 성격, 배려, 그리고 자주 생기는 고민과 같은 것은 전부 이것에 의하여 생긴다. 부인은 그 이성이 약하므로 이상의 사항이 일으키는 이익과 불리에 관여하는 정도는 남성보다도 훨씬 적다. 오히려 부인은 정신적 근시안이다. 그 이유는 그 직접적인 이해는 가까운 곳을 예리하게 보지만, 그 좁은 시야에는 원거리의 것이 들어오지 않기 때문이다.

그러므로 시야에 있지 않은 일체의 것, 과거 또는 미래에 관한 모든 것은 여성의 마음에 호소하는 정도가 남자의 마음에 작용하는 것보다 훨씬 강하다. 남자에게도 있지만 여자에게 훨씬 자주 발견되는 ─ 흔히 광기에 가깝다 ─ 낭비벽은 실제로 이 이유에서 생기며, 그들은 마음속으로 돈을 모으는 것은 남자의 일이고, 이 것을 되도록 남편이 살아 있을 때, 혹은 적어도 남편이 죽은 후에 탕진하는 것이 자기들의 역할이라고 생각한다. 남편이 획득한 것을 가계를 위하여 그들에게 넘겨주는 것, 그 자체가 이미 그들의 이 믿음을 강하게 하는 이유가 된다.

지금까지 말한 모든 것은 물론 많은 손해를 초래하는데, 그러나 또 이로운 점도 있다. 그것은 부인이 우리보다도 더 깊게 현재에 몰두하고, 따라서 적어도 참을 수 있는 한 현재를 우리보다도 더 훌륭하게 누린다는 장점이며, 이로써 부인은 정신이 지친 남편의 휴식을 위하여 필요한 경우에는 또 이를 위로하기 위하여 독특한 쾌활함이 생긴다.

옛 게르만인의 풍습을 따라 곤란한 일이 생길 때 부인에게 상담하는 것은 결코 비난할 만한 일은 아니다. 부인의 사물을 이해하는 법은 남자의 그것과는 전혀 별개고, 특히 그들이 목적을 향한 최단 거리를 가는 것을 좋아하며, 가장 가까이 있는 사물을 주시함으로써 우리와 차이점을 나타낸다. 우리는 가장 가깝게 있는 사물을 그것이 우리 눈앞에 있는 것으로서 대개는 그냥 보고도 지나치고, 그 경우 다시 가까운, 간단한 사고방식을 얻기 위해 눈앞에 존재하는 것까지도 되돌려 보낼 필요가 있다.

더욱이 여기에는 다음의 것이 부과된다. 부인은 우리보다 반드시 좀 더 냉정하고, 따라서 사물에 관해서도 사실 존재하는 이상으로 많은 것을 보지 않는데, 남자는 그 격정의 영향을 받으면 자칫하면 존재하는 것을 확대하고, 혹은 상상적인 것을 부과하는 경향이 있는 것이 그것이다.

부인이 남자보다도 더 많은 연민을 가지고, 따라서 더 많은 인자함과 불행한 사람들에 대한 동정 등을 나타내지만, 정의, 정직, 성실 등에서는 남자보다 못하다는 것도 같은 원인에서 생각할 수 있다. 부인의 이성이 약한 결과 현재의 것, 구체적인 것, 직접으로 현실적인 것이 그 힘을 그들 위에 행사하고, 이 힘에 대해서 추상적 사상과 변하지 않는 격언과, 굳은 결심과, 일반적으로 과거·미래, 혹은 눈앞에 존재하지 않는 것, 멀리 떨어져 있는 것에 대한 고려는 전혀 하지 못하는 것이 보통이다.

그들은 덕 자체에 대한 1차적인 주요한 성질은 있지만, 이것을 전개하는 데 종종 필수적인 제2차적인 성질이 부족하다. 이런 점에서 부인은 간(肝)은 있지만, 쓸개는 없는 생물과 비교할 수 있다. ―나의 〈도덕의 기초에 관하여〉 제17장을 참조할 것― 그러므로 부인의 성격의 근본적 결함으로, '부정(不正)'이 발견된다. 이 결함은 먼저 이성과 숙려에 관한 앞에서 말한 것 같은 결핍에서 생기는데, 이 이외에도 그들이 더욱 약한 자로서 '힘'이 아니고 '교활함'을 더 무기로 삼듯이 자연이 정해 준 것에 의해서 조장된다.

그들이 본능적인 거짓으로 허위에 대한 없앨 수 없는 취미를 가지는 것은 이 때문이다. 사실 자연은 사자에게 손톱과 이를, 코끼리와 산돼지에게 엄니를, 소에게 뿔을, 오징어에게는 물을 흐리게 하는 먹물을 준 것처럼, 부인에게는 자기 방위를 위하여 '거짓을 꾸미는 힘'을 부여하여 무장시켰다. 즉 자연이 남성에게 체력과 이성으로서 준 모든 힘에 대하여 여성에게는 이러한 태어날 때부터의 형식으로 그러한 것을 준 것이다. 거짓은 부인에게는 타고난 것이며, 현명한 여자나 어리석은 여자나 구별할 것 없이 모두 골고루 가지고 있다.

부인들이 모든 기회를 이용해 이것을 행사하는 것은, 앞에 나열한 동물들이 공격받았을 때 곧 그들의 무기를 사용하는 것과 다름없으며, 매우 자연스럽다고 할 수 있다. 그리고 어느 정도까지는 자기의 권리를 행사하는 것이라고까지 느끼는 것이다. 그러므로 완전히 성실한, 거짓 없는 부인이란 아마 이 세상에는 존재하지 않을 것이다. 그들은 다른 사람의 허위를 정말 쉽게 통찰한다. 따라서 그들에게는 거짓을 하려고 시도하지 않는 것이 좋다.

이 같은 근본적 · 부수적 결함으로부터 허위, 부정(不貞), 배반, 은혜를 저버리는 일 등이 생겨난다. 법정에서 위증은 남자보다도 자주 부인들이 행하는 일이다. 부인들의 선서를 인정해야 하느냐 하지 않느냐 하는 것이 문제가 되어야 할 것이다. 아무 경제적 어려움이 없는 귀부인이 상점에서 물건을 훔치는 일은 곳곳에서 자주 일어나는 일이 아닌가.

6

젊고 건장하고 아름다운 남성은 인류의 번식을 위하여 힘을 사용하도록, 자연으로부터 부름 받은 것이고, 종의 퇴화를 방지하는 것이 그 목적이다. 이것은 자연의 움직일 수 없는 의지고, 이 의지의 표현이 부인의 격정이다. 이 법칙은 그 오래된 세월과 구속력의 줄임에 있어서 일체의 다른 법칙을 능가한다. 그러므로 자기의 권리와 이익을 이 법칙에 어긋나도록 행동하는 사람은 재앙을 받는다. 그 사람은 어떠한 말과 행위를 하더라도 첫 번의 중요한 기회에서 사정없는 파괴를 당하고 말 것이다. 부인의 은밀하고 무의식적이며, 태어날 때부터 지닌 도덕은 이렇게 말하기 때문이다.

"우리는 개체인 우리를 위하여 조금이라도 뜻한 바가 있다고 해서 종족에 대한 권리를 얻은 듯 잘못 생각하는 사람들을 속일 권리가 있다. 종족의 구성과 따라서 그 행복은 우리에게서 나오는 다음 시대에 의하여 우리 손에 있으며, 우리의 보호 아래 있다. 우리는 양심적으로 이것을 구사해야 한다."

그러나 부인은 이 최고의 원칙을 결코 추상적으로 의식하고 있는 것은 아니다. 단순히 구체적인 사실로 의식할 뿐이다. 그리고 이 원칙에 대해서는 기회가 왔을 때 행위로써 발표하는 이외에 어떠한 다른 발표 방법도 가지고 있지 않다. 그들이 이 행위를 함에 있어서 양심은 우리가 추측하는 것보다는 훨씬 많은 평정을 그들에게 준다. 이것은 사실 개체에 대한 의무를 손상함으로써 종족에 대한 의무가 ―종족의 권리는 개체의 권리보다 훨씬 크다― 더욱 잘 수행되는 것이라고 그들은 그들 마음의 어두운 한구석에서 의식하고 있기 때문일 것이다.(이것에 관해서는 〈성애의 형이상학〉을 참조하라)

그러므로 부인은 오로지 다만 종족 번식을 위해서만 생존하고, 그 타고난 직분은 이 점에 있으므로 그들은 개체를 위하는 것보다는 종족을 위하여 보다 많이 생활하고, 개체적 사건보다도 종족에 관한 사건을 보다 진지하게 생각한다. 이러한 사실은 부인의 모든 성질과 행위에 어떤 경박한 색채를 주고, 남자의 방향과는 전혀 다른 방향을 주기에 이른다. 이러한 면에서 결혼 생활에서 우리가 흔히 보는, 거의 통상적인 불협화음이 생기는 것이다.

7

남자와 남자 사이는 태어날 때부터 다만 무관심만 존재하지만, 부인들 사이에는 이미 서로에 대한 적개심이 있다. 이른바 사업상의 적에 대한 증오는 남자에게 있어서는 그때그때의 조합적 관계에만 한하는데, 부인은 이 증오가 여성 전체를 감싸고 있다. 그들은 모두 단 한 가지의 사업밖에 가지고 있지 않기 때문이다. 그들은 길거리에서 지나칠 적에도 서로 바라보는 것이 마치 겔프당(Guelfi黨, 교황당)과 기벨린당(Ghibellines黨, 황제당)과 비슷하다.

초면의 두 부인은 남자들이 이 경우에 하는 것보다는 분명히 더 많은 교태와 허식으로 서로를 대한다. 따라서 두 부인 사이에 주고받는 아첨은 남자들의 그것보다는 훨씬 우스꽝스럽다. 또 남자는 손아랫사람에게까지도 역시 약간의 인정과 염려로 말하는데, 신분 높은 부인은 신분이 낮은 (그러나 자기 하녀는 아닌) 여자와 말할 때는 대개 거만하고 멸시하는 듯한 태도를 지니는 법으로, 옆에서 보면 꼴불견일 때가 많다. 이것은 부인에게는 계급상의 모든 구별이 남자보다는 훨씬 안정적이지 않아 보다 빨리 변화하고, 또 소실하는 데서 오는 것이리라.

또 남자는 수백 가지 사항이 고려에 들어가는데, 그들에게는 단 하나 ─ 어떤 남자의 마음을 사로잡느냐 하는 것 ─ 만이 결정적인 요소이기 때문일 것이고, 또 그들의 사업의 한 면인 이유로 남자보다도 상호적으로 더 밀접하게 접근하는 것이, 계급에 의하여 분리된 상호의 구별을 뚜렷하게 하려는 동기도 있을 것이다.

8

키가 작고, 어깨가 좁고, 엉덩이가 크고, 다리가 짧은 무리(여성들)는 '아름다운 성(여성의 미칭)'이라고 부르는 것은 남자의 지혜가 성욕에 의하여 현혹되어 있기 때문이며, 여성의 아름다움 전체는 사실 이 성욕에 존재한다. 이것을 '아름다운 성'이라고 부르는 것보다는 심미적이지 않은 성이라 부르는 것이 훨씬 정당할 것이다. 음악이나 시가나, 혹은 조형 미술에 대해서도 그들은 실제 어떠한 느낌도 받아들이려는 마음도 가지고 있지 않다. 그들이 그러한 것을 가지고 있는 것처럼 하는 것도, 오직 그들이 그렇게 함으로써 남의 마음을 끌려고 하는 흉내에 불과하다. 이것은 부인들이 어떤 사물에 대한 순전한 객관적 참여를 하는 데 불가능한 위치에 있다는 것을 나타낸다.

내 생각에 의하면 그 이유는 이렇다. 남자는 어떠한 일에 있어서나 사물을 직접으로 ─ 혹은 이해로써, 혹은 정복에 의하여 ─ 지배하려고 노력한다. 그러나 부인은 어떠한 시기, 어떠한 장소에서도 단순히 간접적인 지배를 남편을 통하도록 정해져 있다. 그리고 부인은 남편만을 직접으로 지배하는 힘을 가진다.

그러므로 부인이 일체의 사물을, 다만 남편감을 얻는 데 사용하는 수단으로서만 본다는 태도는 부인이 가진 천성에 근거가 있다. 부인이 다른 어떠한 일에 관여하는 것처럼 하는 것은 사실은 겉모습뿐이며, 단순한 우회 작전에 불과하다. 결국 목적은 아양이며, 모방이다. 그러므로 루소는 이미 말하지 않았던가.

> "부인은 일반적으로 어떠한 예술에 대해서도 아무 사랑도 가지고 있지 않다. 또 이해라는 것도 가지고 있지 않다. 또 그들 가운데는 몇몇 천재도 없다."(《달랑베르에게 보내는 연극에 관한 편지》)

가령 음악회나 오페라, 연극 등에서 보이는 부인들의 주의의 방향과 방법 등을 관찰해 보라. 그리고 최대 걸작의 가장 위대한 부분에서도 말을 그치지 않는 어린아이와 같은 천진함을 보라. 만일 고대 그리스인이 부인들을 연극 구경에 참석하게 하지 않았다는 것이 사실이라면 그들은 참으로 당연한 처사를 한 것이다. 오늘날에 '부인들은 교회에서 입을 다물지어다'라고 한 구절에 '부인들은 극장에서 입을 다물지어다'라는 구절을 덧붙이든지, 혹은 후자와 전자를 바꾸어서 대문자로 첫 막에 크게 써 붙이는 것이 적당할 것이다.

가장 훌륭한 부인도 미술 방면에서 참으로 위대하고 독창적인 작품을 제작할 수 없었고, 또 일반적으로 어떤 영구적 가치가 있는 것을 만들 수 없었다는 사실을 생각해 보면 우리는 부인들로부터 앞에서 말한 것 이외에 어떠한 것도 기대할 수는 없다. 이 사실은 회화에서 특히 뚜렷하다. 회화 기법은 적어도 남성에 적합한 똑같은 정도로 여성에게도 적합하며, 따라서 부인들도 열심히 그림은 그리지만 단 한 번도 걸작을 낸 일이 없다.

이러한 사실은 곧 부인에게는 회화에 직접으로 필요로 하는 정신의 객관화가 모두 부족하다는 것에서 온다. 그들은 어떠한 경우도 주관에 빠져 있다. 보통의 부인은 회화에 대한 참된 받아들이는 능력이 전혀 없다는 것이 여기에 해당한다. '자연은 비약하지 않기' 때문이다. 바르테도 3백 년 전부터 그의 유명한 저서 《과학 학습능력의 검토》에서 일체의 고등 능력은 부인에게는 없다고 단정했다.

하나하나의 부분적인 예외가 사실 전체를 바꿀 수는 없다. 대국적으로 보면 부인은 가장 철저한, 그리고 가장 치유하기 어려운 속물이며, 또 언제라도 속물적인 경지에서 이탈할 수는 없다. 그러므로 남편의 야비한 명예심에 부단한 자극을 주게 된다. 다시 부인이 이러한 성질이 있으므로 그들이 지도력을 발휘하고 선두에 선 일은 모두 근대사회의 부패를 조성하는 원인이 되어 왔다. 부인의 사회적 위치에 관한 것으로는 나폴레옹 1세가 "부인에게는 계급이 없다."라고 한 말을 기준으로 채택해야 할 것이다. 다른 점에서는 샹포르가 다음과 같이 말했는데 이것도 정곡을 찌른 것이라 할 수 있다.

"부인은 우리 자신의 약점이라든가 우매한 점이라든가 하는 것과 거래하게끔 되어있는데, 우리의 이성과 교섭하도록은 되어있지 않다. 그들과 남자들 사이의 교감은 표피적인 것으로서 정신과 영혼과 성격과는 관계하지 않는다."

여성은 이른바 열등적이며 2차적인 성인으로, 어떤 점에서는 남성 뒤에 오는 후속적인 성이다. 그러므로 사람은 부인의 약점을 관대하게 보지 않으면 안 되는데, 이에 대하여 존경하는 것은 너무나 우스운 일이고, 그들 자신이 보는 눈에 우리의 가치를 스스로 깎이게 하는 일이다. 자연이 인류를 두 개로 구분했을 때 이것을 똑같이 나눈 것이 아니었다. 양극성(兩極性)을 가지는 모든 것에 있어서 양극과 음극의 구별은 단순히 질적만 아니라 동시에 양적이다.

그리스, 로마 사람들, 그리고 동방의 여러 민족은 바로 이러한 견해에서 부인을 본 것이고, 그리하여 그들은 부인에게 합당한 지위를 우리보다 훨씬 정당하게 인식했다. 우리는 저 기독교적인 게르만적 우매성의 최고의 정화인 고대 프랑스풍의 은근성과 어리석기 짝이 없는 여인 숭배 사상을 가지게 되었다. 그러나 이것은 다만 저 바라나시의 신성한 원숭이를 때때로 상기할 정도로, 부인들의 횡포와 무례를 조장하는 데 기여한 것뿐이다. 이들 원숭이는 자기들에 대한 살상이 금지되어 있음을 알고, 자기들이 원하는 모든 것이 허락되었다고 생각하고 있다.

서방 제국의 부인, 특히 소위 '숙녀'는 그들에게는 안 될 지위, 즉 잘못된 지위를 차지하고 있다. 옛날부터 정확하게도 열등의 섹스라 불리는 부인은 결코 우리의 존경과 숭배의 대상에 적합하지 않으며, 남성보다도 높게 머리를 치켜들고 남성과 동등한 권리를 가지는 것에 적합하지 않기 때문이다. 우리는 이 잘못된 위치에 놓인 결과를 충분히 볼 수 있다.

따라서 유럽에서도 인류의 제2호인 부인에게는 그에 합당한 지위를 정하고, 현재의 아시아 전체의 웃음거리일 뿐 아니라, 과거 그리스, 로마의 공동의 비웃음을 샀으리라 생각되는 저 '숙녀'라는 것에 종말을 찍는 일이야말로 참으로 바람직하다. 그 결과는 사회적·정치적 여러 점에서 계산할 수 없을 정도의 많은 이익이 생길 것이다.

그리고 싸라족 법전과 같은 것은 부질없는 자명한 이치로, 전혀 불필요할 것이다. 유럽의 참된 뜻으로서의 '숙녀'는 전혀 생존할 이유가 없는 생물이다. 그러나 주부, 혹은 주부가 되려는 소녀는 없어서는 안 된다. 따라서 후자는 오만불손하게 되지 않도록,

그리고 가사와 순종에 알맞도록 교육하지 않으면 안 된다. 유럽에서 소위 '숙녀'가 존재한다는 것은 여성의 대다수를 차지하는 신분 낮은 부인들을 동양보다 훨씬 불행하게 만드는 원인이 되고 있다. 바이런 경조차 말했다.

> "고대 그리스인 사이의 부인을 생각해 보면 ― 그것은 충분히 편리한 것이었다. 기사나 봉건시대의 야만적 잔재인 오늘날의 상태는 ― 인공적이고도 부자연하다. 그들은 가정에 유의하지 않으면 안 되며, 또 의식을 충분히 공급하지 않으면 안 되겠지만, ― 그러나 사회에 섞일 필요는 없다. 또 종교에서는 충분한 교육을 받지 않으면 안 되지만, ― 시도 정치론도 읽을 필요가 없다. 다만 신을 섬기는 일과 요리에 관한 책만 읽으면 된다. 음악과 그림과 춤과, 그리고 때때로 약간의 원예와 경작은 해롭지 않다. 나는 애터루스에서 부인들이 도로를 훌륭히 보수하는 것을 본 적이 있다. 이러한 일들이 마른 풀을 만들고, 소젖을 짜듯이 부인의 손으로 해서 안 될 이유라도 있는가?"

9

유럽의 결혼법은 부인을 남자와 동등한 가치가 있는 것으로 인정한다. 그러므로 이 법은 잘못된 전제에서 출발하고 있다. 일부일부제(一夫一婦制)의 유럽에서는 '결혼한다'는 것은 남자가 자기의 권리를 반감해 자기의 의무를 배가한다는 뜻이다. 솔직히 말할 것 같으면 법률이 부인에게 남자와 동등한 권리를 용인한 것과 동시에, 또 남자와 똑같은 이성도 부인에게 부여하지 않으면 안 되었다.

법률이 부인에게 승인한 권리와 존경이 자연적인 할당에서 넘어서면 넘어설수록 실제로 이 특전의 혜택을 입는 부인의 수는 적어진다. 그리고 이들 소수자에게 주어진 특권과 같은 양의 것은 다른 다수자가 자연적으로 가지는 권리로부터 박탈되는 것이다. 일부일부제와 여기에 따르는 결혼법이 사실의 진리에 반하여 부인을 남자와 똑같은 가치의 것으로 인정하고, 이것을 바탕으로 부인들에게 부여되는 자연에 반대되는 부인에게 편리한 지위는 총명하고 사려 깊은 남자에게 이루 말할 수 없는 희생을 치르게 하고, 이렇듯 평등하지 못한 계약을 맺도록 하는 데 매우 망설이게 하는 까닭이 된다.

일부다처주의의 여러 민족에서는 어느 부인이나 부양되는 실정인데, 일부일부제의 민족에서는 결혼한 부인의 수는 적고 도움을 주는 사람이 없는 부인이 많이 남게 된다. 그들은 상류사회에서는 쓸모없는 노처녀로 얻어먹으며 지내지만, 하층사회에서는 부적당한 어려운 일에 종사하든지, 아니면 매춘부가 되든지 한다. 후자는 기쁨과 명예가 없는 생활을 보내는데, 이러한 세태에서는 남성의 만족을 위한 필요 불가결한 존재가 된다.

그러므로 이미 남편이 있고, 또 남편을 가질 수 있는 행운의 부인들을 남자의 유혹에 대하여 보호하는 특수한 목적을 가지는 공인된 한 계급으로 나타난다. 런던만 해도 이런 종류의 부인이 8만 명이나 된다. 이런 사람들은 일부일부제로 말미암아 가장 무서운 불행한 부인이 된 것이다. 실제 그들이야말로 일부일부주의의 제단에 놓인 인신 공양이 아니고 무엇이랴?

여기서 말한 이렇게 나쁜 처지에 빠진 모든 부인은 허식과 거만을 떠는 유럽의 '숙녀'에 대한 불가피한 차별 계산의 결과물이다. 그러므로 여성을 전체로 생각하면 일부다처주의 쪽이 그들에게 실제로 유리하다. 다른 편에서 보더라도 자기 아내가 만성병에 걸렸다든지, 불임이라든지, 혹은 아내로서 점차 노년이 되어간다든지 할 때 다시 두 번째 아내를 맞이하지 않으면 안 된다는 것은 이성적으로 이해된다. 모르몬교가 많은 신자를 모을 수 있었던 것은 바로 이 자연에 반대되는 일부일부제 철폐에 있었던 것으로 생각된다.

또 부인에게 부자연스러운 권리를 주었다는 것은 나아가 여기에 부자연스러운 의무를 부과하기에 이르렀다. 이 의무의 배반은 부인을 불행하게 만든다. 많은 남자에게 있어서 계급이라든가 재산이라든가 하는 것에 대한 고려는 ― 결혼에 따르는 화려한 조건이 없는 한 ― 결혼을 좋은 방법이라고 생각하지 않게끔 만든다. 여기서 그는 자기의 선택에 따라서 부인과 장차 태어날 아이들의 운명을 확보하는 별도의 조건 아래서 여자를 얻으려고 희망하는 것이다.

그런데 이 조건이 아무리 정당하고 합리적이고 또 사태에 합당하다 하더라도 부인이 결혼에 의해서만 주어진 분에 넘치는 권리를 포기하고, 이 조건에 동의한다면 결혼은 시민사회의 기본을 이루므로 이 동의로 말미암아 어느 정도까지 자기 자신의 명예를 상실하고, 슬픈 생활을 보내지 않으면 안 된다.

사실 인간의 천성은 실제로 다른 사람들의 의견에 대하여 그 의견에는 전혀 합당하지 않은 무거운 가치를 주는 습성을 가지기 때문이다. 이에 반하여 부인이 동의하지 않으면 하는 수 없이 자기가 혐오하는 남자에게 시집을 가든지, 아니면 노처녀로 시들어가는 모험을 하게 된다. 이것은 적령 기간이 매우 짧기 때문이다.

유럽의 일부일부제에 관한 것으로 토마시우스의 해박한 〈축

첩론(蓄妾論)〉은 다음과 같은 사실을 가르치므로 읽어 볼 만한 충분한 가치가 있다. 이 논문에 의하면 축첩은 모든 문명 민족 사이에서, 또 루터의 종교 개혁에 이르기까지의 모든 시대에 있어서 허용된, 아니 어느 정도까지는 법률적으로도 승인된 제도며, 어떠한 불명예도 수반하지 않았지만, 이 제도가 지금 단계까지 떨어진 것은 단순히 루터의 종교 개혁으로 말미암은 것이다. 그리고 이 제도의 철폐는 종교인의 결혼을 시인하기 위한 하나의 수단으로 승인되었다. 여기서 구교 측에서도 이 점에서는 뒤떨어질 수가 없었던 것이라고.

일부다처주의의 시비에 관해 논의할 필요는 하나도 없다. 이것은 곳곳에서 존재하는 사실로 생각해야 할 성질의 것이고, 문제는 다만 어떻게 조정하느냐에 달려 있다. 과연 어디에 참된 일부일부주의자가 있는가? 우리는 적어도 잠시는 — 그러나 대개는 항상 — 일부다처의 생활을 하는 것이 아닌가? 이 같은 남자는 모두 다수의 부인을 필요로 하므로 많은 여성을 보호하는 것은 남자의 자유며, 더욱이 남자의 의무로 생각하는 것이 오히려 더 정당한 것이라 할 수 있다.

그리하여 부인은 종속물로서, 그 정당하고도 자연적인 위치로 돌아가 유럽 문명과 기독교적 게르만적 우매함이 낳은 눈꼴사납게 존경과 숭배를 요구하는 소위 '숙녀'는 세계에서 그 자태를 감추고, 다만 '부인'만이 존재하고, 오늘의 유럽에 충만한 불행한 부인은 이제 완전히 그 흔적을 없애기에 이를 것이다. 모르몬 교도가 말하는 것은 참으로 일리 있는 말이다.

10

힌두스탄에서는 독립하고 있는 부인은 하나도 없다. 《마누법전(Code of Manu)》[22] 제5장 제148절에 의하여 어떠한 부인도 아버지 혹은 남편, 형제 또는 자식의 감독 아래에 있다. 과부가 남편의 시체와 함께 불에 타 죽는 것은 물론 피해야 할 일이지만, 남편이 자식을 위하여 일한다는 것을 자신이 위로하고, 그 모든 생애에 걸쳐 끊임없는 근면으로 얻은 재산을 남편의 죽음 후, 과부가 그의 정부와 함께 탕진하는 것도 똑같이 피해야 할 일이 아니겠는가? '중간이 가장 행복하다.'

원시적인 어머니의 자애는 동물에게나 인간에게나 순전히 본능적이다. 따라서 아이들이 육체적으로 도움이 필요하지 않게 되면 이 애정은 상실한다. 이때부터는 관습과 이성에 바탕을 둔 어머니의 사랑이 원시적인 그것과 대신해 나타나지 않으면 안 된다. 그러나 이러한 사랑은 그렇게 자주 나타나는 것이 아니다. 특히 어머니는 남편을 사랑하지 않을 때 특히 그러하다. 아버지가 가진 자식에 대한 사랑은 이것과 다른 종류의 것으로 훨씬 지구적인 성질을 가진다. 이것은 아이의 내부에서 자신의 가장 깊은 자아를 재인식하기 때문이며, 그러므로 형이상학적인 기원을 가진다.

지구상의 대부분의 신구(新舊) 민족 ─ 가령 호텐토트에 이르기까지 ─ 에 있어서 재산은 남자에게만 상속되는데 유럽만이 예외였다. 그러나 귀족은 별도다. 남편이 긴 세월 동안에 걸친 근로와 온갖 어려움으로 간신히 얻은 재산이 부인의 손에 가게 되면, 그 몰상식으로 말미암아 잠시 사이에 탕진되고 또는 낭비되는 것

---

22) 기원전 200~서기 200년경에 완성된 것으로 알려진 인도 고대의 법전. 힌두인이 지켜야 할 법(法, 다르마)을 규정하고 있다.

은 참으로 눈 뜨고 못 볼 일인데 흔히 일어나는 일이다. 이러한 일은 부인의 상속권을 제한함으로써 예방하지 않으면 안 된다.

부인은 과부든 딸이든 막론하고 남자 쪽 계보가 있는 한 토지나 자본을 상속하지 않고, 한평생 저당권으로 그들에게 보증된 이자만을 상속하는 것이 가장 좋은 제도라고 나는 생각한다. 재산을 가질 수 있는 것은 남자이며, 여자는 아니다. 따라서 부인은 재산을 절대적으로 소유할 권리도 없고, 그것을 관리할 자격도 없다. 부인은 상속된 참된 재산, 즉 자본, 집, 토지 등을 자유롭게 처분해서는 안 된다. 어떠한 경우도 후견인이 필요하다.

그러므로 부인은 언제나 자기 자식의 후견 역할을 맡아서는 안 된다. 부인의 허영은 비록 남자의 허영보다 크다고는 할 수 없는 경우도 전혀 물질적인 사물, 즉 그들 자신의 아름다움과 다음에는 화려, 허식, 사치 등과 같은 방면에 열중하는 나쁜 버릇이 있고, 따라서 그들이 제일 좋아하는 것이 사교계다. 이것은 또 ― 특히 이성이 빈약한 것이 문제지만― 부인을 낭비로 이끌고 간다. 그러므로 어떤 고전적 인물은 말했다. "대체로 부인은 타고나면서부터 낭비적이다."

남자의 허영심은 이에 반하여 종종 비물질적 미질(美質), 즉 이해력, 박학, 용기와 같은 방면에 열중한다. 아리스토텔레스는 그의 《정치론》 제2권 제9장에서 스파르타 부인이 유산과 지참금을 소유하는 권리와 다른 많은 자유를 가지고 있었으므로, 그에게 허용된 범위가 너무 넓어서 이것으로써 스파르타인에게 초래된 불리가 진실로 컸다는 것, 그리고 이것이 스파르타 몰락의 촉진제가 되었다는 것에 관해서 상세히 논하고 있다.

프랑스에서 루이 13세 이래 점차로 커진 부인의 세력이 궁정과 정부의 가속적인 부패에 대하여 책임져야 할 것이 아닌가 생각한다. 이 부패로 제1혁명이 일어났고, 이 제1혁명은 또 나중의 모든 혁명의 도화선이 되었다. 여하간 유럽의 숙녀제도에서, 그 가장 뚜렷한 징조로 볼 수 있는 잘못된 부인의 위치는 사회의 근본적 결함이며, 이 결함은 그 중심으로부터 모든 분야에 해로운 영향을 파급하지 않을 수가 없는 것이다.

부인이 천성적으로 순종하게끔 되어있다는 것은 다음과 같은 사실에서도 알 수가 있다. 완전히 독립한 위치에, 즉 자연에 반대되는 위치에 놓인 모든 부인은 얼마 안 가서 자기를 지휘하고 통제하는 어느 남자와 결합하게 마련인데, 이것은 부인이 지배하는 사람을 원하기 때문이다. 이때 그 부인이 젊으면 지배하는 사람은 애인이고, 나이를 먹었으면 지배하는 사람은 참회를 듣는 승려가 되는 법이다.

사색론(思索論)

1

아무리 내용이 풍부한 도서관이라도 정돈되어 있지 않으면 내용이 매우 적은, 그러나 정돈이 잘 된 서고보다 이익을 주지 못한다. 이처럼 아무리 풍부한 지식이라도 자기 생각이 이것을 소화하지 못한 것이라면, 반복 숙려한 적은 양의 지식보다도 그 가치는 훨씬 부족하다. 인간이 자기 지식을 완전히 자기 것으로 하고, 또 이것을 충분히 구사할 수 있는 것은 자기가 아는 것을 여러 방면에서 결합하고 어떤 진리를 다른 여러 진리와 비교함으로써 처음으로 할 수 있는 것이므로, 또 우리가 심사숙고할 수 있는 것은 다만 우리가 알고 있는 사항에만 한한다. 그러므로 사람은 배우지 않으면 안 된다. 그러나 사람이 정말 알고 있는 것은 이미 자기의 숙고를 거친 것에만 한한다.

그런데 독서나 학습은 실제로 자기가 원하는 대로 여기에 종사할 수 있지만, 본래의 뜻으로서의 '사고'는 그렇게 되지 않는다. 그것은 마치 불길이 바람이 통함으로써 일어나고 유지되듯이 대상에 대한 흥미에 의하여 자극되고 또 유지되지 않으면 안 된다. 그리고 이 흥미는 순전히 객관적인 때도 있고, 또 주관적인 때도 있으리라. 후자의 경우는 우리 신변에 관한 사건에만 존재한다. 그러나 전자의 경우는 천성적으로 사색적인 사람에게만 존재하며, 이들에게 사고는 호흡과 같으며, 자연적인 것으로서 여기에 속하는 사람들은 매우 드물다. 그러므로 대부분 학자에 있어 진실로 사고하는 사람이란 매우 적은 것이다.

2

스스로 생각하는 것이 정신에 미치는 작용과, 독서가 정신에 미치는 작용은 각기 다르며, 이 양자 사이의 차이는 믿어지지 않을 정도로 크다. 본래 우리의 두뇌에는 각각 차이가 있어서 어떠한 것은 독서로 기울어지고 다른 것은 사색에 기울어지는데, 이러한 차이는 그 본래의 차이를 더욱 확대한다.

독서는 정신이 그 순간에 가지고 있던 방향과 기분과는 거리가 먼 이질적인 사상을 정신에 강요하고, 그것은 마치 자기의 형을 바치는 데 도장 찍는 것과 같다. 독서할 때 정신은 거기에 대하여 자신이 아무 충격도 흥취도 느끼지 않는 갑이라는 것, 혹은 을이라는 것을 생각하듯 외부적인 충분한 강제를 받게 된다.

그러나 스스로 사색하는 경우는 정신은 그 순간부터 외계 혹은 어떠한 기억에 의하여 상세히 규정된 자기 자신의 충동에 따르는 것이다. 우리가 직관하는 외계는 결코 독서처럼 어느 하나의 특정한 사상을 정신에 도장 찍는 일이란 없다. 단순히 당사자의 자질과 그때의 기분에 적응하는 일을 생각하게 하는 듯한 재료와 기회를 줄 뿐이다.

그러므로 독서를 많이 하면 정신의 탄력성이 없어진다는 말은, 스프링을 무거운 것으로 오랫동안 누르면 탄력을 잃게 되는 것과 같다. 자유로운 시간마다 언제나 책을 읽는 것은 자기의 사상을 가지지 않기 위한 가장 정확한 방법이다. 박식다독이 대부분 사람을 그 천성 이상으로 우둔 몽매하게 만들고, 저술을 전혀 하지 못하게 하는 이유는 바로 이 같은 방법을 실행했기 때문이다. 그들은 이미 포프가 말했듯이 "언제나 읽히기 위해서가 아니고 읽기 위하여." 존재한다.

학자란 책을 읽은 사람들이고, 사상가나 천재나 세계의 계발자나 인류의 은인은 직접 세계라는 책을 읽은 사람들이다.

3

진리와 생명을 가지는 것은 사실 자기 자신의 근본 사상뿐이다. 사람이 참되게, 그리고 완전히 이해할 수 있는 것은 자기의 근본 사상뿐이기 때문이다. 우리가 읽은 다른 사람의 사상은 다른 사람이 먹다 남긴 음식이며, 모르는 손님이 벗어 놓고 간 옷에 불과하다.

읽고 알게 된 다른 사람의 사상과 우리 마음에서 떠오른 자기 사상은, 돌에 남은 이전 세계의 식물의 인상이 봄에 꽃 피는 식물에 대하는 것과 같다.

4

독서는 단순히 자기의 사색의 대용물에 불과하다. 독서로써 사람은 자기 사상이 다른 사람에 의하여 줄로 끌려 인도됨을 허락한다. 또 많은 서적의 효능은 세상에는 얼마나 많은 나쁜 길이 있는지를 가르쳐 주고, 경솔하게 책에 유도되면, 얼마나 많이 길을 잃게 되는지를 가르치는 데서 끝난다.

그러나 그 수호신에 의하여 인도되는 것, 즉 스스로 정당하게 사고하는 사람은 바른길을 발견할 수 있는 나침반을 가지고 있다. 그러므로 사람은 자기 사상의 샘물에 정체했을 때만 독서하지 않으면 안 된다. 사상의 흐름이 정체하는 것은 실제로 가장 좋은 두뇌에서도 충분히 있을 수 있는 일이다. 이에 반하여 책을 읽기 위하여 자기 사상을 내쫓는 것은 성령(聖靈)에 대한 죄악이다. 이 경우 이런 사람은 식물 표본을 보기 위하여, 혹은 동판 조각의 아름다운 풍경을 보기 위하여 자유로운 자연에서 도피하는 무리와 같다.

때때로 사람은 자기의 사색과 사상의 연결로 많은 고생과 오랜 시간을 소비하여 생각해 낸 진리, 또는 견해가 어느 책을 열면 이미 뚜렷하게 발표된 것을 쉽게 발견할 수 있는 일이 종종 있다. 그 경우에도 해당 진리, 또는 견해는 자기의 사색으로 얻은 것이므로 그 가치는 백 배나 된다. 그렇게 하여 비로소 이러한 것들은 완성한 부분으로서, 또 피가 통하는 한 부분으로서, 우리 사상의 모든 계통으로 들어오며, 이것과 완전하고도 또 견고한 결합을 이루고, 그 논거나 결론도 명확하게 이해되고, 우리의 모든 사고 방법의 색채와 인상을 받게 된다. 그것은 그 필요가 느껴지는 순간에 나타나는 것으로, 따라서 견고한 위치에 앉게 되고, 두 번 다시 없어지지 않는다. 따라서 괴테의 시구,

'그대가 그대의 선조에게 이어받은 것을,
그대 자신의 것으로 하기 위하여 획득하라.(《파우스트》 제1부 682~683행)'

라는 말은 여기에 완전히 적용할 수 있다. 아니 오히려 여기서 완전히 설명될 수 있다. 스스로 사색하는 사람은 자기 의견에

대한 권위를 나중에 알게 되는데, 그때의 권위는 단순히 자기 의견과 그 자신을 강화하는 데 도움을 줄 뿐이다.

그러나 서적 철학자들은 자기가 읽고 모은 다른 사람의 의견을 하나로 정리해 권위를 출발한다. 이렇게 해서 만들어진 것은 별도의 재료에서 생긴 자동인형과 같고, 전자는 이에 비하면 자연이 낳은 살아 있는 인간에 비유할 수 있다. 그것은 인간과 마찬가지로 외계가 사색하는 마음속에 탯줄을 내리고 이어서 이 마음이 임신해 분만하기에 이르기 때문이다.

단순히 배워서 알게 된 진리가 우리에게 있는 모습은 의수, 의족, 의치, 납세공의 코, 혹은 기껏해야 다른 사람의 살로 된 인조 코 등이 우리에게 있는 것과 같은 정도이고, 그 이상의 것이 아니다. 그러나 자기의 사색에 의하여 얻은 진리는 자연의 팔다리, 몸과 마찬가지로 진정한 우리의 소유물이다. 사색가와 단순한 학자의 구별은 바로 여기에 있다. 그러므로 스스로 사색하는 사람의 정신적 수확물은 정확한 빛과 그림자, 정돈된 박자, 색채의 완전한 조화로서 생기발랄하게 부각된 아름다운 그림과 같다. 이에 반하여 단순한 학자의 정신적 수확은 여러 가지 꾸미는 재료로 충만하고, 계통적으로는 배열이 되어있지만 조화도, 연관도, 뜻도 없는 큰 팔레트와 비슷하다.

5

독서란 자기의 두뇌 대신에 다른 사람의 두뇌로 생각한다는 뜻이다. 스스로 사색한다는 것은 어느 연관 있는 전체가, 비록 엄밀하게 완전하지 않더라도 여하간 어떤 체계가 거기에서 전개될 것을 기도하지만, 여기에 만일 끊임없는 독서로 다른 사람의 사상이 강하게 들어오게 되면 그것보다 해로운 것은 없다. 그들의 사상은 유별난 정신에서 솟아 나와 다른 체계에 속하고, 다른 색채를 가지는 것으로, 결코 자신의 사고와 지식과 식견과 확신과 하나의 총체를 만들게끔 합류하는 일이란 없다. 오히려 두뇌에 가벼운 바빌론의 언어의 혼란을 불러일으키고, 이러한 사상을 과도하게 채운 정신으로부터 일체의 분명한 식견을 빼앗으며, 그리하여 정신의 질서를 거의 문란하게 만들기 때문이다.

이 상태를 많은 학자가 보여주고 있다. 그들이 건전한 오성과, 정당한 비판과, 실행상의 분별에서 학문이 없는 많은 사람보다 못한 까닭은 사실 여기에 있다. 이들 학문이 없는 사람들은 경험과 회화와 보잘것없는 독서로 외부에서 주어진 얼마 안 되는 지식을 자기 사상 아래 복종하게 하고 혹은 합병한다. 학술적 사색가도 실은 이들이 하는 일을 좀 더 큰 척도에서 행하는 것에 불과하다.

무릇 사색가는 해박한 지식이 필요하므로 많이 읽지 않으면 안 되는데, 그러나 그 정신은 충분히 강하므로 이들 모든 것을 극복 동화하고, 그들의 사상적 체계에 합병하고, 그리하여 이것을 그들이 점점 확대해 가는 대규모적인 식견의 유기적으로 연관되는 전체에 예속하는 것이다. 이 경우 그들 자신의 사상은 오르간에서의 주조저음(主調低音)처럼 언제나 일체를 지배하고, 결코 다른 음조에 의하여 힘으로 복종하는 일이 없다.

그러나 단순히 많이 안다고 할 수 있는 사람의 두뇌는 이른바 모든 박자의 요소가 혼란되어 기본 음조는 더이상 발견할 수 없는 상태에 이르고 있다.

6

독서로 평생을 지내고, 그 지식을 책에서 얻은 사람은 어느 나라에 관한 정확한 지식을 많은 여행기에서 얻은 사람과 비슷하다. 이런 무리는 많은 것에 관하여 교시할 수는 있어도, 그 나라의 상태에 관하여 어떤 맥락 있는 분명한 근본적 지식은 가지고 있지 않다. 이에 반하여 그 평생을 사색으로 보낸 사람은 몸소 그 나라에 있었던 사람과 다름없다. 그들만이 화제가 되는 사항의 진상을 알고 그 사물의 총체적 관계를 알며, 그리고 그곳의 사물에 정말로 정통하다.

7

보통의 서적 철학자들과 스스로 사색하는 사람들의 관계는 역사 연구자와 사실의 목격자 관계와 같으며, 후자는 언제나 사물에 관한 자기의 직접적인 이해로부터 말한다. 그러므로 스스로 사색하는 사람은 근본에 있어서 서로 일치하여, 그 차이는 단순히 입장의 차이에서 생긴다. 이 입장이 사건 자체를 변하게 하지 않으면 그들은 모두 똑같은 소리를 하게 된다. 그들은 그들이 객관적으로 파악한 것만 말하기 때문이다. 나는 나 자신, 주장이 너무 기발한 점에 마음을 써 가면서 참으로 주저하면서 대중에게 말한 논의가 나중에 옛 위인의 서적에서 발견되어 그 때문에 놀라운 기쁨을 경험한 일이 자주 있다.

서적 철학자는 이에 반하여 누가 무엇을 말했으며, 또 다른 누가 무엇을 생각했고, 그리고 또 다른 누가 무엇을 항변했는가를 말한다. 이것을 그들은 비교하고 재량하고 비평하고, 그리하여 사물의 진리에 도달하려고 한다. 이 점에 있어 그는 비평적인 역사 저술가와 비슷하다. 이런 사람은 가령 라이프니츠가 어떤 시대에 잠시 스피노자파였던가 아니었던가 하는 것을 연구할 것이다. 여기에 관한 매우 분명한 예증을 호사가들에게 제공하는 것은 헤르바르트의 《도덕과 자연법의 해부적 설명》과 《자유에 관한 서한》이다.

이 같은 사람들이 자신에게 부과하는 노고의 크고 많음에 관해서는 누구나 놀랄 것이다. 이러한 사람들이 다만 사건 자체만을 안중에 둔다면 얼마의 사색으로도 곧 목적에 도달할 것같이 보이기 때문이다. 그러나 여기에 조금 지장이 있다. 대개 앉아서 하는 독서는 언제든지 할 수 있는 일인데, 사색하는 일은 그렇지 않다. 사상은 인간과 별반 다를 바가 없고 자기가 원할 때 언제나 사람들을 불러들이려 해도 되는 것이 아니다. 그들이 오기를 기다릴 수밖에 없다.

어떤 사항에 관한 사색은 외적인 원인이 내적인 기분과 긴장과 편리하게 조화롭게 적합함으로써 자연적으로 오지 않으면 안 된다. 그러나 이것은 그 사람들에게는 절대로 오지 못하는 일이다. 이 설명은 우리가 자기의 이해득실에 관한 것을 생각하는 경우에 발견할 수 있다. 즉 이러한 개인적인 이해에 관한 건에서 어떤 결정을 해야 할 때 우리는 임의로 선택한 시간에서 이 사건을 생각하기 위해서 정좌하고, 그 이유와 원인을 숙고하지 않고 뒤로 결정을 미루는 법은 없다.

이 경우 해당 사건에 관한 우리의 고찰은 안정되어 있지 않고, 다른 사물로 옮겨 가기 때문이다. 여기에다가 이런 일에는 때때로 사건 자체에 대한 혐오도 따라서 한 원인을 이루게 된다. 이 경우 우리는 억지로 생각하려고 해서는 안 된다. 사색하려는 기분이 저절로 들기를 기다리지 않으면 안 된다. 이 기분은 때때로 당돌하게 또 되풀이해 오는 법이다. 모든 시간에서의 여러 모양의 기분은 사건에 대하여 전혀 별개의 견해 방식을 부여한다. 이런 점차적인 과정은 '결심의 성숙'이라는 말로 이해할 수 있다. 사색 과정은 나누지 않으면 안 되고, 이것으로 이전에 간과한 많은 것이 우리 눈앞에 나타나고, 또 사물이 더욱 명백하게 이해되면 대개는 훨씬 견디기 쉬운 것처럼 생각되므로 애초에 있었던 혐오감이 사라지기 때문이다.

이론적 방면의 것도 마찬가지로 역시 알맞은 시간이 당도하기를 기다리지 않으면 안 된다. 또 아무리 훌륭한 두뇌라도 언제나 어떠한 시간에도 사색에 적합하다는 법은 없다. 그러므로 사색 이외의 시간을 독서에 이용하는 것도 좋다. 독서는 이미 말한 것처럼 자기 사색의 대용물이며, 또 우리의 방법과는 다른 어떤 방법으로 하는 것인데, 남이 우리 대신 생각해 주기 때문에 정신에 재료를 공급해 주는 것이다.

독서는 성질이 이러하므로 사람들이 너무 많이 읽어서도 안 된다. 그렇지 않으면 정신은 대용물에 익숙해져 사물 자체를 잊게 되고, 이미 다져진 길만 가는 습관이 생기고, 남의 사색의 경로만 뒤따라가게 되어 자신의 사색의 길을 가는 일을 잊기에 이른다. 특히 사람은 독서 때문에 자기의 눈을 완전히 현실 세계에서 돌리는 일이 있어서는 안 된다. 사실 스스로 사색하는 원인과 기분은 책을 읽는 것보다 현실 세계를 봄으로써 비교가 되지 않을 정도의 횟수를 많이 얻게 된다. 그 원시성과 힘에서의 직관(直觀) 실재의 사물은 사고하는 정신의 자연적 대상이며, 이 정신을 가장 쉽게 움직일 수 있는 것이기 때문이다.

이렇게 관찰하면 스스로 사색한 사람과 서적 철학자는 이미 이 설명에서 쉽게 인식할 수 있다는 것은 조금도 의심할 여지가 없다. 즉 전자는 진지하고 직접적·원시적이며 모든 사상과 표출이 독자적이라는 특징을 가지며, 후자는 이에 반하여 모든 것이 남의 손에서 온 것이고, 계승된 개념이며, 긁어모은 쓰레기며, 찍혀진 도장 모습을 다시 되풀이해 찍은 것처럼 힘도 없고 둔한 것이다.

그리고 그 문체는 계승된, 아니 상투적인 어구와 당시의 유행어로 이루어져 그 모습은 마치 자기 나라에서 화폐를 만들지 않으므로 남의 나라 화폐를 통화로써 사용하는 나라와 같다.

8

단순한 경험은 독서처럼 사색의 대용이 될 수 없다. 순수한 경험과 사색의 관계는 음식과 소화, 혹은 동화 관계와 같다. 만일 전자가 자기만이 그 발견에 의해 인류의 지혜를 증진했다고 자랑한다면, 그것은 입이 신체의 유지는 자기가 한 일이라고 자랑하는 것과 같다.

9

모든 진실로 능력 있는 두뇌의 소산물은 정밀과 거기에서 생기는 명석이라는 성질에 의하여 다른 소산물과 엄밀히 구별된다. 실로 이러한 두뇌는 언제나 자기가 표현하려고 원하는 것을 정밀 명석하게 알고 있기 때문이다. ― 산문으로, 시로, 혹은 음악으로도 ― 다른 사람의 소산물은 이 정밀과 명석함이 빠져 있다. 이 점으로도 이미 작자의 두뇌의 할 수 있음과 할 수 없음을 알 수 있다.

10

뛰어난 정신의 특징은 모든 그들의 판단이 직접적이라는 것이다. 그들의 소산물은 모두 그들 자신의 사색의 결과고, 그들의 설명으로 어떠한 경우도 뛰어난 정신에서 나온 것이 인정된다. 따라서 그들은 정신적 나라의 제후처럼 여러 왕국을 거느리고, 다른 모든 사람은 배신(陪臣)의 위치에 있다. 이것은 아무 독자적인 특색을 나타내지 않는 그들의 문체에 의해서 곧 알 수 있다.

진실로 스스로 사색하는 사람은 그러므로 다음의 점에서 하나의 군주와 비슷하다. 그의 지위는 직접적이고 자기 위에 어떠한 사람도 인정하지 않는다. 그의 판단은 군주의 판단과 같고 그 자신의 완전 권력에서 생기며, 그 자신에게서 나온다. 군주가 다른 사람의 명령을 받지 않듯이 그도 또한 다른 사람의 권위를 인정하지 않고, 자기 자신이 시인한 것 이외의 어떠한 것도 승인하지 않기 때문이다. 이에 반하여 유행하는 여러 가지 의견과 권위와 편견에 사로잡힌 두뇌의 보통 사람은 법률과 명령에 순종하는 국민과 비슷하다.

11

논쟁 중의 사건을 권위 있는 말을 인용함으로써 결정하려고 열을 올리고 성급하게 구는 사람은, 모자라는 자기의 이해와 견식 대신에 남의 것을 싸움에 끌어들일 수 있으면 (마치 큰 응원이라도 얻은 듯이) 매우 좋아하는 법이다. 이런 사람은 많다. 세네카가 말했듯이, 각자는 비판하고자 하는 것보다 오히려 믿으려고 하기 때문이다. 그들이 논쟁하면서 함께 선택한 무기는 권위 있는 말이며, 그들은 이 무기를 가지고 서로 공격한다.

그러므로 논쟁이라도 하게 되면 이유를 말한다든지, 논거를 제시한다든지 해서 방어하는 것은 수고만 많을 뿐이다. 스스로 생각한다든지, 비판한다든지 하는 능력이 없어진 그들은 이러한 무기에 대하여 불사신이므로, 그들은 상대의 존경심에 호소하는 논거로 그들이 권위로 삼는 (위인들의) 말을 휘둘러서 대항하고, 그리고 승리를 외칠 것이다.

12

현실 세계에서는 그것이 아무리 아름답고 행복하며 유쾌한 상태라 하더라도, 우리는 그러나 항상 다만 중력의 영향 아래 움직일 뿐이며, 우리는 또 언제나 이것을 극복해 나가지 않으면 안 된다. 그런데 사상 세계에서는 우리는 육체 없는 정신으로서 중력의 법칙도 없고, 곤궁에 괴로워해야 할 필요도 없다. 그러므로 아름다운 풍요한 마음이 기쁜 순간에 자기 자신 속에 발견되는 정도의 행복이란 세상에 없다.

13

사상이 눈앞에 있는 것은 애인이 눈앞에 있는 것과 같다. 우리는 이 사상을 우리가 결코 잊는 일이 없을 것이고, 이 애인은 결코 우리에게 냉담하지 않으리라는 것을 알고 있다. 그러나 그것이 눈앞에서 떠나고, 마음에서 사라지면 어떨까? 가장 아름다운 사상이라도 만일 그것이 기록되지 않는다면 돌이킬 수 없을 정도로 잊혀질 위험이 있고, 애인이라 할지라도 만일 우리의 배필이 되지 않는다면 우리에게서 멀어져 갈 위험이 있다.

14

그런 방면을 생각하는 사람들에게는 약간의 가치를 가지는 사상이 세상에는 많다. 그러나 이 사상에서 반발 또는 반동에 의하여 작용하는 힘 —즉 이 사상이 기록된 후, 독자의 흥미를 얻는 힘— 을 가지는 것은 정말 얼마 되지 않는다.

15

그러나 이 경우 참된 가치를 가진 것은 사람들이 처음에는 자기를 위해서만이 생각한 사상이다. 대체로 사색가는 두 가지 종류로 구분할 수 있다. 즉 자기를 위하여 생각하는 사람과, 다른 사람을 위하여 사고하는 사람이다. 첫째 사람은 진실한 사색가로, 참된 철인이다. 그들만이 사건을 진지하게 생각하기 때문이다. 실제로 또 그들의 생존의 쾌락과 행복은 사색하는 데 있다.

이에 반하여 둘째 사람은 소피스트라고 할 수 있는데, 남에게 사색가처럼 보이기를 원하고, 행복을 자기 내부에서가 아니고 남에게서 얻으려고 하는 희망에 두고 있다. 여기에 그들의 정열이 있다. 어느 사람이 이 두 가지 중 어디에 속하는가 하는 것은 그 사람의 하는 방식 전체에서 알 수 있다. 리히텐베르히는 첫째 종류의 대표적이고, 헤르텔은 분명히 둘째 종류에 속한다.

16

　생존에 관한 문제가 — 이 애매한, 고통 많은, 잠깐의 꿈과 같은 생존 자체의 문제 — 얼마나 우리에게 중대하고 또 절실한가를 생각한다면, 사람은 이 문제에 주의를 기울이자마자 다른 모든 문제와 목적 같은 것은 이것에 의하여 은폐될 수 있을 정도로 중대하고 절실하다는 것을 생각한다면 — 그리고 매우 소수의 사람을 제외하고 모든 사람이 이 문제를 명확하게 의식하지 않고, 아니 이것을 느낀 기미조차 없이 이 문제보다도 오히려 다른 여러 사건에 집착해 다만 오늘과 그들의 장래의 근소한 가까운 부분만을 생각해 살아가며 생존의 문제는 혹은 이것을 분명히 회피하고, 혹은 여기에 관하여 즐겨 세속의 철학이 꾸민 한 체계를 따 와서 만족하고 있다는 것을 생각해 보면 — 인간은 사고하는 생물이라는 말도 매우 넓은 뜻으로 해석해야 한다는 견해를 갖게 되기 쉽다.

　그러고 나면 생각이 없다든가, 우매라든가 하는 어떠한 상태에도 특별히 놀라는 일은 생기지 않고 오히려 보통 사람의 지력적 시야는 동물의 시야보다도 — 동물은 과거와 미래를 의식하지 않고 그 모든 존재는 말하자면 다만 현재뿐이다 — 물론 넓지만 보통 사람이 생각하는 만큼 그다지 광활하지 않다는 것을 알게 될 것이다.

　회화에서도 또 대부분 사람의 생각은 마치 짚을 짧게 잘라 놓은 듯 단편적으로, 따라서 어떠한 긴 실이라 하더라도 이것으로 옷감을 짤 수 없는 것은 앞에서 말한 사실에 부응한다.

　만일 이 세계가 정말로 사색하는 사람들로만 가득하다면 모든 종류의 소음도 이처럼 무제한으로 허용될 수는 없을 것이다. 그런데 가장 놀라운 목적 없는 소음조차도 무제한으로 허용되어 있지 않은가. 또 자연이 인간을 사색하게끔 정해 놓았다면 자연은 인간에게 귀를 주지 않았을 것이다. 그렇지 않으면 적어도 우리의 귀에 박쥐처럼 공기가 통하지 않는 피부를 덮었을 것이다. (나는 실제로 이 점에 있어서 박쥐를 선망한다)

그러나 인간은 다른 동물과 마찬가지로 가련한 생물에 불과하다. 그 힘은 생존을 유지하는 데 충분한 정도만 계산되어 있다. 그러므로 인간은 항상 열려 있고, 밤이나 낮이나 또 자문받지 않아도 박해자의 접근을 보호해 주는 귀를 필요로 하는 것이다.

자살론(自殺論)

1

내가 아는 한에 있어서 (모든 종교 가운데) 그 신자가 자살을 하나의 죄악이라고 인정하는 것은 다만 일신교적 종교, 즉 유대의 여러 종교뿐이다. 그리고 이것은 구약성서에서도, 신약성서에서도 자살에 대한 어떠한 금지, 혹은 단순한 자살에 대한 단호한 부인의 말도 발견되지 않으므로 더욱 놀라지 않을 수 없다. 그러므로 종교 교사들은 자살에 대한 자기들의 금지의 기초를 그들 자신의 철학적 근거 위에 수립하지 않으면 안 된다.

그러나 그들의 철학적 근거는 많은 취약한 점이 있으므로 그들은 그 논점의 취약한 곳을, 그들의 혐오의 표현을 과대하게 함으로써, 즉 욕으로써 보충하려 한다. 따라서 우리는 자살처럼 비겁한 일은 없다든가, 그것은 마음이 정상적이 아닌 경우에만 가능하다든가, 그렇지 않으면 그와 비슷한 어리석은 언설을 듣지 않으면 안 되고, 또 나아가서는 자살은 올바르지 못한 것이라는 등 전혀 무의미한 말을 듣지 않으면 안 된다.

세상에서 사람들이 자기와 자기 생명에 대한 권리보다 더 확실한 권리를 어느 무엇에 대해서도 가지고 있지 않다는 것은 명백한 사실이 아닌가? 이미 말한 것처럼 자살은 죄악의 하나로까지 헤아려지고 있다. 이에 관련한 것으로서 ─특히 천민(天民)적인 완고한 영국에 있어서─ 자살하는 사람에게 명예롭지 않은 매장법과 유산의 몰수가 있다.

그러므로 배심관은 자살하는 사람에 대해서는 거의 언제나 미친 사람과 같은 판결을 내린다. 자살에 관하여 판결을 내리려면 사람은 먼저 자기의 도덕적 감정에 호소하는 것이 좋다. 그리고 어떤 친지가 어떤 죄악을, 즉 살인이라든지, 참혹이라든지, 사기나 절도했다는 통지가 우리에게 주는 인상과, 자살의 보도가 주는 인상을 비교해 보라.

전자는 대단한 분개와 극도의 불쾌감과 징벌, 혹은 복수에 대한 요구와 같은 느낌을 불러일으키는데, 후자는 비애와 동정을 환기하고, 또 비행에 따르는 도덕적 부정이 여기에 섞이기보다는 오히려 자주 자살하는 사람의 용기에 대한 감탄의 마음이 일어날 것이다. 스스로 세상을 작별한 친지라든가 지인, 친척 등이 있는 사람은 얼마든지 있다. 사람들은 자살하는 사람을 마치 범죄자를 생각하듯 혐오감을 가지고 생각해야 하는가?

나는 이러한 것을 전적으로 부정한다. 내 의견은 이렇다. 종교계에 있는 사람들은 어떤 성서적 근거를 보여 줄 수도 없으면서, 또 아무 명확한 철학적 논거도 없으면서 어떠한 권리로, 혹은 설교의 단상에서, 혹은 저술로써 우리가 경애하는 많은 사람이 행한 하나의 행위에 죄악의 낙인을 찍고, 또 스스로 세상을 떠난 사람들에게 정당한 예로 해야 할 장송(葬送)을 거부하는 것에 관하여 변명하도록 언젠가는 요구해야 할 것이다. 또 이 경우에 요구할 것은 공허한 말과 욕설 따위는 그 대신이 될 수 없다는 사실이 먼저 확정되지 않으면 안 된다.

형법이 자살을 금지한다고 해서 그것이 종교적으로 어떤 유력한 이유가 되는 것은 아니다. 그뿐 아니라 이 금지라는 것이 참으로 우습기 한이 없다. 죽음마저도 겁내지 않는 사람이 어떠한 징벌을 겁낸단 말인가? 자살 미수를 범한다면 그것은 자살 수행 방법의 졸렬함을 벌하는 것으로 끝나는 셈이다.

그리스, 로마 사람들도 결코 이러한 견해로 이 사건을 보지 않았다. 플리니우스(Plinius)[23]는 말했다.

"생각건대 인생은 어떠한 방법이라도 좋으니 길게 끌어야 할 정도로 사랑할 만한 것이 못된다. 그것을 원하는 당신이 누구든 당신은 다른 사람과 똑같은 방식으로 죽는다. 또 당신이 품행이 좋지 못한 죄를 짓는 생활을 했다 하더라도 역시 마찬가지다. 그러므로 자연이 인간에게 부여하는 일체의 보화 가운데 이른 시기에 죽는다는 것보다 더 좋은 일이 없다는 것을 모든 사람은 무엇보다도 먼저 자신의 영혼의 치료제로서 확보하는 것이 좋다. 그리고 이 경우 그중에서 가장 훌륭한 보화는 모든 사람이 자살할 수 있다는 사실이다."

그는 또 말했다.

"신이라고 해서 만능이라는 법이 없다. 신은 스스로 원하더라도 자살할 수가 없다. (그런데 인간은 스스로 죽을 수가 있으므로) 이것(자살)이야말로 신이 인생의 이렇듯 많은 괴로움과 더불어 가장 훌륭한 선물로 인간에게 준 것이다."

마싸리아와 게오스섬[24]에서는 자살에 대한 충분한 이유를 진

---

23) 로마의 정치가·군인·학자. 23~79년. 베수비오 화산(火山) 대폭발 때 현지에서 죽었다. 저서에 《자연사》가 있다.

24) 게오스섬에서는 노인이 자살하는 것이 풍습이었다.

술할 수 있는 사람에게는 시장으로부터 공공연히 독인삼 음료가 나누어졌다.

그리고 사실 얼마나 많은 고대의 영웅과 현자가 자살로 목숨을 끊었던가? 물론 아리스토텔레스는 자살을 자기에 대한 부정은 아니지만, 국가에 대한 부정이라고 말했는데 스토바이오스[25]는 그의 아리스토텔레스파 윤리의 해설에서 다음과 같은 문장을 인용하고 있다.

"자살은 불행의 과잉 속에 있는 착한 사람과, 행복의 과잉 속에 있는 나쁜 사람에게 있어서 하나의 의무다."

그는 같은 인용에서 또 말했다.

"그러므로 사람은 결혼하고 자식을 낳고 정치적 생활을 할 것이다. 그리고 또 각자는 능력의 개발을 하게 되고, 자기의 생명을 유지함과 동시에 필요에 따라서는 또 생명까지도 포기할 것이다."

더 나아가서 스토아학파에 이르러서는 자살을 고귀하고도 용감한 행위라고 찬미하는 것을 우리는 본다. 그것은 많은 구절, 특히 세네카의 저작에 가장 힘찬 구절에 의하여 증명될 것이다. 또 세상 사람들이 모두 알고 있듯이 인도인에게는 자살이 종종 종교적 행위로 행해진다. 특히 과부의 분신자살이라든지 약겔나우트[26]

---

25) 그리스의 저술가. 기원전 약 5백 년경 사람.

26) 인도의 비슈누의 8번째 다샤바타라신의 제8화신인 크리슈나의 우상을 말한다. 이 우상을 매년 차에 태워 다니는데, 신도가 차 바퀴에 깔려 죽으면 극락에 갈 수 있다고 믿었으므로, 차 바퀴 아래 몸을 던지는 사람이 많았다.

의 차 바퀴 아래 몸을 던지는 것, 혹은 갠지스강과 사원의 성지에 사는 악어에게 자기를 희생으로 바치는 일 등이 그것이다.

마찬가지로 인생의 거울이라 할 수 있는 연극에서도 우리는 이 같은 것을 볼 수 있다. 가령 유명한 중국 작품 〈중국의 고아〉가 그 한 예인데, 고귀한 성격을 지닌 대부분 사람이 자살하는 것을 보여준다. 이것에 의하여 그들이 죄를 짓는 것은 어떠한 방식으로도 표시되지 않고, 관중들도 또 그렇게 생각하지 않는다. 우리의 작품에서도 사정은 마찬가지다. 가령 〈마호메트〉의 팔미라, 〈마리아 슈튜얼트〉의 모티머, 셰익스피어의 작품 〈오셀로〉와 〈델스키 백작 부인〉 등이 우리의 무대에서 예증이 되는 셈이다. 햄릿의 독백은 하나의 범죄에 관한 명상일까? 아니 그는 다만 만일 인간이 죽음에 의하여 절대적으로 망한다는 것이 확실하다면 세계의 본성을 고찰한 결과로부터 생각한다면, 죽는 편이 낫다는 것을 말함에 불과하다. '그러나 이것이 마음대로 되지 않는 것이다.'

그러나 일신교, 즉 유대적 여러 종교의 승려와 여기에 영합하는 철학자들에 의하여 만들어지는 자살 반대의 논거는 실로 박약하고, 어처구니없게도 설복되고 마는 궤변에 불과하다. 이 궤변의 근본적 반박을 흄은 그의 〈자살론〉에서 전개했다. 이것은 그가 죽은 후 처음으로 나왔는데, 영국에서의 저 유명한 불명예스러운 완고와 부끄럽기 짝이 없는 교직자적 전제에 의해 즉시 억압당하고 말았다. 그러므로 매우 적은 부수가 비밀리에 비싼 가격으로 팔렸음에 불과하다. 그리고 지금 이 위인의 해당 논문, 그리고 다른 하나의 논문(〈영혼불멸론〉)이 보존되고 있는 것은 바젤의 복각 덕택이다.

그러나 냉정한 이성을 지닌 한 무리에 유포한 자살 반대론을 반박한 — 영국 제일의 사상가며 저술가 중 한 사람의 손에 이루어진— 순전한 철학상의 한 논문이 외국에서 보호될 때까지 부정한 물품처럼 고국에 들어오지 않으면 안 되었다는 것은 영국 국민으로서 큰 치욕이 아닐 수 없다. 이것은 또 동시에 교회가 이 점에 있어서 —어떠한 유형의 티끌 없는 양심을 가졌는가를 명시해 주고 있다— 자살에 반대하는 유일하고도 유력한 도덕적 논거를, 나는 내 주저 제1권 제69절에서 말한 적 있다.

그 논거는 자살이 이 비애에 찬 세계에서 진정하게 해탈하는 대신에 단순히 외관적인 해탈로써 하므로 최고의 도덕적 목적에 도달하는 대 방해가 된다는 것에 있다. 그러나 이 잘못된 생각에서 기독교 교직자들이 목적하는 죄악에 이르는 길은 아직도 요원한 것이다.

기독교는 그 가장 깊은 근저에 '수고(受苦)'를 인생의 참된 목적이라는 진리가 있다. 따라서 자살은 이 목적에 배반하는 것으로 비난받는다. 그러나 옛 그리스, 로마에서는 더욱 낮은 견지에서 자살은 시인되고 존경받았다. 자살에 반대되는 앞에서 말한 이유는 하나의 금욕적인 논거에서 나온 것으로, 유럽의 도덕적 학자가 이제까지 누려온 입장보다 높은 입장에서 주장할 수 있는 것이다.

그러나 우리가 이런 상당히 높은 입장에서 내려오면 이제는 자살을 나무랄 아무 확실한 이유도 없게 된다. 그러므로 여기에 반대하는 일신교 교직자들의 비상하게도 왕성한, 그러나 성서에 의해서도, 혹은 또 다른 유력한 논거에 의해서도 지탱되지 못할 열정은 어떤 숨은 이유에서 나오는 것이 틀림없는 듯이 보인다. 생명을 자발적으로 포기한다는 것은 생각건대 '모든 것은 참으로 아름다웠다.'라고 주장한 사람에 대해서는 그 사람이 돼먹지 못하다고 하는 것이 혹은 이 이유가 아닐까? 만일 그렇다면 그것은 또 일신교적 여러 종교의 상투적인 낙천론이 자살로부터 비난받지 않도록 선수를 써서 이쪽에서 자살을 비난하는 셈이다.

2

삶에 대한 공포가 죽음에 대한 공포를 극복하자마자 인간은 자기 생명에 종지부를 찍는 일은 대개 볼 수 있는 사실이다. 그러나 죽음에 대한 공포와 맞서 싸운다는 것은 상당히 큰일이다. 이 것은 마치 삶의 퇴로에 앞에 서는 것과 같다. 만일 인간의 최후가 순수히 소극적이며, 생존의 돌연한 종식이라면 누구라도 아마 자 살하지 않는 사람은 없을 것이다. 그러나 거기에는 적극적인 것이 있다. 즉 육체의 궤멸이 그것이다. 이것이 사람을 두렵게 만들고, 주저하게 만드는 것이다. 육체는 '살려고 하는 의지'의 표현이기 때문이다.

보통은 이 같은 앞에서의 투쟁은 원거리에서 우리가 바라보 듯이 그렇게 어려운 것이 아니다. 특히 정신의 고뇌와 육체 사이 의 충돌 결과로 그렇게 어려운 것이 아니다. 우리가 육체적으로 매우 심하게, 혹은 오랫동안 고민하고 있다면 우리는 다른 일체의 고뇌에 대하여 예사롭게 생각하게 되고, 질병의 회복만이 우리의 관심사일 것이다.

이와 마찬가지로 강한 정신적 고민은 우리를 육체적인 그것 에 대하여 무감각하게 만든다. 즉 이것을 경멸하게끔 만든다. 그 뿐 아니라 육체적인 고뇌가 우세하다 하더라도 그것은 우리에게는 편리한 주의의 전환이며, 정신적 고민의 휴게실이다. 자살에 관한 육체적 고통은 매우 큰 정신적 고뇌로 괴로워하는 사람들 눈으로 는 어떠한 무게도 잊게 하므로 자살을 쉽게 만드는 것은 바로 이 정신적 고민이다.

이것은 순수히 병적인, 매우 불유쾌한 기분에 의하여, 자살을 촉진하는 사람들에게서 매우 뚜렷하다. 이 같은 사람들은 자살을 수행하는 데 어떠한 극기도 필요하지 않다. 그들에게 딸린 감시인이 단 2분이라도 자리를 뜨면 그들은 재빨리 자기 생을 종지부 찍고 말 것이다.

3

괴롭고도 무서운 꿈에서 공포가 최고도에 이르면 바로 공포 자신이 우리를 꿈에서 깨어나게 하고, 이 깨어나는 것으로 밤의 괴물들은 자취를 감추고 만다. 인생의 꿈에도 공포의 최고도가 이 꿈에서 깨어나도록 우리를 강요할 때 똑같은 일이 일어난다.

4

자살은 또 일종의 실험이며, 인간이 자연에 향하여 이것을 부과하고 여기에 대한 답을 강요하려는 일종의 질문이다. 이 질문에 답하기를 '인간의 인식과 생존은 죽음에 의하여 어떠한 변화를 받을 것인가?'라고. 그러나 이 실험은 매우 졸렬한 것이다. 질문한 의식과 해답을 들어야 하는 의식의 동일성은 죽음에 의하여 상실되기 때문이다.

조음론(躁音論)

칸트는 활력(活力)에 관하여 한 편의 논문을 썼다. 그러나 나는 활력에 대하여 애도가를 읊고자 한다. 두드리는 소리, 치는 소리, 때리는 소리 등의 형식으로서 활력이 너무 자주 사용되므로 나는 내 평생 매일같이 고통을 받아 왔기 때문이다. 물론 세상에는 조음에 대하여 무감각하여 나의 이러한 말을 듣고 미소짓는 사람이 있을 것이다. 아니 상당히 많으리라. 그러나 이들은 또 논증, 사상, 시 또는 예술품에 대하여, 간단히 말하면, 모든 종류의 정신적 인상에 대하여 무감각한 사람들이다. 그 원인은 그들이 두뇌가 강인하고 조직이 견고한 것에 기인한다.

이에 반하여 조음이 사색하는 사람들에게 주는 고통에 대한 항의를 나는 거의 모든 위대한 저술가의 전기와 혹은 기타 그들이 발표한 보고에서 발견한다. 이를테면 칸트, 괴테, 리히텐베르히, 쟝 폴의 발표 등이 그것으로, 만일 이 방면에 언급하지 않는 사람이 있다면 그것은 다만 글의 전후 관계가 저자의 붓이 이 방향으로 인도하지 않았다는 것뿐이다.

나는 이것을 다음과 같이 해설한다. 하나의 큰 다이아몬드를 산산이 부수면 그 값은 이들 작은 파편 값의 총화 이상은 안 되고, 또 군대를 몇 개의 작은 부대로 나누면 그때는 아무 일도 하지 못하는 것과 마찬가지로 위대한 정신도 그것이 중단되고, 교란되고, 파괴되고, 전향되면, 보통의 정신보다도 더 많은 일을 할 수 있는 것은 아니다.

그 우수성은 그 정신이 일체의 자기 힘을 마치 오목거울이 모든 광선을 집중시키듯, 하나의 점, 하나의 대상에게 집중시킴으로써 생기게 하는데, 조음에 의한 중단은 이 점에서 정신의 방해가 되기 때문이다. 그러므로 훌륭한 사상가는 항상 모든 교란, 중단, 전향 등을 피하고 특히 조음에 의한 난폭한 중단을 싫어했다.

그러나 이와 같은 일이라도 보통 사람들을 특히 괴롭히지 않는 법이다. 유럽 국민 중에서 가장 영리하고 예민한 국민(영국인)은 '결코 중도에서 방해하지 말라.'라는 것을 제일로 꼽을 정도다. 조음은 우리 자신의 사상을 중단하고, 혹은 나아가 파괴까지 하므로 모든 중단 중에서 가장 후안무치한 것이다. 그러나 중단될 것이 전혀 없을 때는 조음이 특별히 느껴지지 않는 것은 물론이다. 간혹 낮은, 그러나 끊임없는 조음이 내 확실한 의식이 있기 전에 잠시 나를 괴롭히고 방해하는 때가 있다. 이 경우 나는 그것이 무엇인가를 알기까지는 마치 발끝에 돌을 얹은 듯 내 사고의 발걸음이 부단히 곤란하게 됨을 느낄 뿐이다.

그러나 이제 개론에서 각론으로 옮겨 나는 가장 먼저 용서할 수 없는, 그리고 가장 부끄러워해야 할 조음으로 도시의 좁은, 작은 소리도 잘 들리는 골목길에서 울리는 정말 신경 건드리는 채찍 소리를 듣지 않을 수 없다. 이 소리는 인생에서 모든 안정과 사려를 빼앗는다. 채찍 소리를 허용하는 것처럼 인류의 우둔과 사려 없음에 관하여 매우 분명한 개념을 나에게 주는 것은 없다.

이 돌연한 날카로운, 두뇌를 마비시키는 모든 사려를 빼앗는 사상을 죽이는 이 소리는 적어도 사상에 유사한 그 무엇을 두뇌에 지닌 사람이라면 누구나 고통스럽게 느낄 것이 틀림없다. 그러므로 이 소리는 수백의 사람을, 그 정신 활동에서 — 비록 그 활동이 아무리 저급한 종류의 것이라 하더라도 — 교란할 것이 틀림없고, 사색가의 명상 속에 침입해서는 목을 베는 칼이 머리와 등 사이를 통과하듯 여기에 고통과 파괴를 준다.

어떠한 소리라도 이 듣기 싫은 채찍 소리처럼 예리하게 두뇌를 가르는 것은 없다. 이 소리를 들으면 사람은 곧 채찍에 붙은 가죽끈의 끝을 두뇌 속에서 느낀다. 이것이 두뇌에 미치는 작용은 접촉이 미모사에 미치는 작용과 마찬가지로 그 영향은 함께 한참 뒤까지 계속된다. 실제적 이익이라는 가장 신성한 일에 대해서 나는 충분히 존경하지만, 한 차의 모래, 혹은 비료를 운반하는 남자가 시가지를 30분가량 통행하는 사이에, 서로 연결된 1만의 뇌리에 떠오르는 사상을 그 싹부터 말라 죽게 만드는 특권을 ('운반'이라는 얼마간의 실제적 이익을 위한 행위로) 얻는다는 것은 아무리 해도 믿어지지 않는다.

망치 소리, 개 짖는 소리, 아이 울음소리 등도 무섭지만, 진정한 사상의 살육자는 채찍 소리다. 사람들이 가끔 가지는 사념의 귀중한 시간을 형편없이 파괴하는 것이 이 소리의 역할이다. 차를 끄는 짐승을 몰기 위해서, 모든 소리 중에서 가장 흉측한 이 소리를 사용하는 이외에, 어떤 다른 방법이 없을 때만 하는 수 없는 일이라고 변명하리라.

그러나 사실은 전혀 반대다. 이 저주할 채찍 소리는 단순히 불필요할 뿐 아니라 또한 무익하다는 것은 원래 채찍 소리는 말에게 미치는 심적 작용에 주안을 둔 것이다. 이 작용은 이 소리를 부단히 남용하는 습관 때문에 둔해졌고 또 없어져, 말은 이제 이 소리를 듣고도 걸음을 재촉하지 않는다. 이것은 특히 승객을 찾으려고 빈 마차로 천천히 가면서도, 마부는 항상 채찍을 휘두르는 것으로 알 수 있다. 한 번 채찍을 말의 몸에 대는 것이 훨씬 큰 효과가 있는 것이다.

또 만일 이 소리로 회초리의 존재를 항상 말에게 상기시키는 것이 아무래도 필요하다면 그 목적을 위해서는 보통 내는 소리의 백분의 1의 소리로도 충분할 것이다. 실제로 동물은 사람들이 다 알고 있듯이 매우 작은, 혹은 또 거의 우리의 주의가 가지 않을 정도의 청각적 또는 시각적인 신호에까지 주의한다. 이 사실에 관해서는 이미 조련된 개나 카나리아가 놀랄 만한 적절한 예를 보여 준다.

그러므로 채찍 소리를 내는 것은 순전히 나쁜 장난이며, 혹은 팔 힘으로 일하는 사회 계급이 두뇌로 일하는 사람들에 대하여 가하는 몰염치한 조롱처럼 생각된다. 이 같은 가증한 일이 도시에서 허용된다는 것은 큰 야만이며 부정이다. 이것은 가죽띠의 말단에 마디를 만들라는 경찰의 명으로 매우 쉽게 없앨 수 있으므로 더욱 더 이 느낌을 들게 한다.

천민에게 그들 위에 있는 계급의 두뇌 작업에 대하여 주의하는 것은 전혀 나쁠 것이 없다. 그들은 일체의 두뇌 작업에 대해서는 극단적인 두려움을 가지고 있기 때문이다. 그러나 비번의 우편 말을 끌고 다니든지, 차체에서 풀린 하차 말을 타든지 하여 인구가 많은 도시의 좁은 길을 한 길이나 되는 회초리를 열심히 휘두르면서 가는 사람은 곧 말에서 끌어 내려 매로써 정직하게 다섯 번만 때리는 것이 좋을 것 같다. 비록 세계의 박애론자가 훌륭한 이유에서 체벌 전부를 폐지하려는 입법단과 더불어 화살을 나란히 하여 이 벌의 행위를 비난하더라도 나는 설복당하지 않겠다.

그러나 가장 심한 예를 자주 충분히 볼 수 있다. 그것은 말과 함께 가지 않으면서도 마부가 항상 채찍 소리를 내는 것이다. 불합리한 관대함 덕으로, 이 사람은 채찍 소리를 내는 것이 이처럼 버리지 못할 습관이 되고 만 것이다. 육체와 그의 모든 만족을 위해서는 대체로 매우 인정 많은 취급을 하고 있음에도 불구하고, 사색하는 정신 자체는 존경받기는커녕 얼마간의 고려조차도 보호도 주어지지 않는 유일한 것이라야 하겠는가?

차를 운전하는 사람, 짐을 싣는 사람, 마차꾼은 사회에서 하층이다. 그들에게 진심으로 친절하게 정의, 공정, 관대, 조심으로 대하지 않으면 안 된다. 그러나 마음대로 조음을 내고, 인류의 뛰어난 노력을 방해하는 것은 절대 허용할 수 없다. 이 채찍 소리가 이미 얼마만큼의 많은 위대하고 또 아름다운 사상을 세계로부터 추방했는가를 나는 알고 싶다.

내가 명령하는 권력을 가진다면 나는 마부들의 머리에 채찍 소리와 태형(笞刑) 사이에는 끊지 못하는 관련이 있다는 것을 알게 해주리라. 더 많은 지혜와, 더 미묘한 감각을 가진 선진 여러 나라가 이 점에서도 모범을 보이고, 여기에 본받아 독일 사람도 똑같은 식으로 해나갈 것을 나는 고대한다. 한편 토마스 후드는 독일인에 관해 이렇게 말하고 있다. "음악적인 국민으로서는 그들은 내가 이제까지 만난 사람 중에서 가장 시끄러운 국민이다."

독일인이 이러한 민족인 원인은 그들이 다른 국민보다 더 많은 소란을 좋아하기 때문이며, 소란이 귀에 익은 사람들의 우둔함에서 오는 감각 없음에 기인한다. 그들은 별로 이렇다 할 것도 생각하지 않고 다만 담배만 피우고 있으므로 — 아니 담배가 사고의 대용물이 되지만 — 사고에도 독서에도 방해될 이유가 없다. 불필요한 소리 — 한 예를 들면 문을 난폭하게, 또 야비하게 시끄럽게 닫는 것 — 에 대한 일반 사람의 관대한 태도는 이것이 곧 그들의 두뇌가 일반적으로 우둔하고 아무 생각 없는 점을 나타내는 징조다. 독일에는 누구라도 조음에는 마음 쓰지 않도록 어떤 방법이 강구되어있는 것 같다. 가령 목적 없이 북을 치는 것도 그 하나지만.

　　마지막으로 이 장에서 논해진 문제의 참고 도서에 관해서 나는 추천할 만한 단 한 권의 ─더욱이 훌륭한 단 한 권의─ 시적 작품을 가지고 있다. 그것은 즉 유명한 화가 브론치노가 삼운각법(三韻脚法)으로 만든 에피스델 〈데 로모리 아 메설 루카 마티니〉이다. 여기에는 이탈리아 어느 거리의 조음 때문에 사람들이 입은 고통이 희극적이지 않은 방법으로 상세하게, 또 매우 재미있게 묘사되어 있다.

【1788년】

2월 22일, 아르투어 쇼펜하우어는 단치히(그단스크)에서 태어났다. 아버지는 부유한 상인으로 하인리히 플로리스 쇼펜하우어고, 어머니는 요한나 쇼펜하우어다. 1785년, 부모가 결혼할 당시 아버지는 38세였고, 어머니는 19세로 나이 차이가 있었다. 쇼펜하우어 집안은 네덜란드인이었는데 쇼펜하우어의 증조부 때 단치히로 이사했다고 전한다. 아버지는 명석한 상업 재능과 고집스런 성격이었으나, 문학에 관해서 풍부한 지식이 있어 특별히 볼테르를 애독했다. 또 정치적으로는 자유 민권적 공화제도를 좋아하여 자유를 사랑했고, 독립을 존중했다. 그는 영국의 정치와 가족제도에 매우 호감이 있어서 가구류까지도 영국식의 것을 애용했다. 이것은 훗날 쇼펜하우어가 영국에 대하여 호감을 갖게 된 원인이라고 보는 사람도 있다. 어머니 역시 문학에 대해 깊은 관심과 재질이 있어, 약간의 소설과 여행기를 내고 규수(閨秀) 작가로 알려졌을 정도로 상당한 교양을 지녔었다. 쇼펜하우어는 '인간의 의지는 아버지에게서 받고, 지력(知力)은 어머니에게서 받는다.'라고 말했는데, 여기에는 그 자신이 가장 확실한 예증이 된 셈이다.

【1793년】 5세

당시 자유시였던 단치히가 프로이센에 합병되자 자유와 독립을 이상(理想)으로 여기던 쇼펜하우어의 아버지는, 가족과 함께 함부르크로 이사했다. 함부르크는 단치히와 같은 자유시였다.

【1797년】 9세

아버지는 아들의 교육문제와 자신의 직업 후계자로서 자질을 발견하려는 목적으로 쇼펜하우어를 데리고 파리로 가서, 르아브르에 사는 그레구아르라는 사람에게 쇼펜하우어를 맡겼다. 이때부터 쇼펜하우어는 3년 동안 그 집에서 교육받았는데, 성장해서도 잊을 수 없을 정도로 유쾌한 시절이었다고 한다.

【1799년】 11세

프랑스에서 함부르크로 돌아온 쇼펜하우어는 다시 3년 동안 교육을 받았다. 이 3년 동안 그의 집에는 어머니와 교류가 있던 유명한 문인들이 많이 출입했다. 쇼펜하우어는 그들의 영향으로 상업에 대해서는 혐오감을 품고 학예(學藝)에 대해 동경하기 시작했다. 그러나 아버지는 그런 아들의 성향을 마땅치 않게 여겨 두 가지 묘안을 제시했다. 즉 고등학교에 입학하든가, 부모를 따라 여행을 다녀온 뒤 상업을 배울 것인지를 선택해야 했다. 쇼펜하우어는 후자를 택하여 아버지의 묘안은 적중한 셈이 되었다.

【1803년】 15세

부모를 따라 여행길에 올랐다. 네덜란드, 영국, 이탈리아, 오스트리아, 스위스 등을 2년 동안 여행했는데, 부모는 쇼펜하우어의 교육을 한시도 잊지 않았다. 아버지는 어학 공부를, 어머니는 일기를 쓰도록 했다. 특히 영국에서는 런던 부근의 기숙학교에서 학습했는데, 이때

익힌 영어 실력은 뛰어나서 훗날 칸트의 사상을 영어로 번역하겠다는 생각이 들게 되었을 정도였다. 그러나 이때 쇼펜하우어는 영국 교직자의 이중적인 생활을 알게 되어 그 뒤에는 기회가 있을 때마다 신랄한 비평을 가했다.

【1805년】 17세

4월 어느 날, 아버지가 죽었다. 어머니는 유산을 정리해 당시 괴테, 빌란트, 쉬레겔 등 문인이 모인 바이마르로 이사했다. 쇼펜하우어는 함부르크에 남아 아버지의 유업을 계승했으나, 상업에 성공하지 못하고 바이마르로 갔다.

【1807년】 19세

7월, 고타로 가서 라틴어와 독일어를 열심히 배웠다. 12월, 시(詩)를 지어 어떤 교수를 비웃은 것이 알려져 반년 만에 바이마르로 돌아와야 했다. 그러나 사색적인 쇼펜하우어는 화려한 생활을 좋아하는 어머니와 마음이 맞지 않아 별거했다. 특히 이 무렵 어머니의 행동에 대하여 회의를 품게 되었고, 당시 어머니와의 불화 원인은 그의 〈부인론〉에 나타났다고 한다.

【1809년】 21세

성인이 되어 어머니로부터 아버지 유산의 3분의 1을 받았다. 괴팅겐 대학 의과에 입학해 자연과학·해부학·광물학·수학·역사 등을 청강했으며, 때로는 음악도 배웠다. 제3학기(1학기는 반 년)에는 칸트 학파의 학자인 슐체의 심리학과 형이상학을 청강했다. 이때 슐체는 그에게 철학을 연구하도록, 특히 플라톤과 칸트를 연구하도록 권했다. 11월에 바이마르로 갔을 때 78세의 빌란트와 만났다. 이 노시인은 어머니의 부탁을 받고 쇼펜하우어의 철학 연구를 그만두게 하려

했으나, 빌란트는 오히려 그에게 탄복해 위대한 인물이 될 것이라고 어머니에게 말했다고 한다.

【1811년】　23세
베를린대학으로 학적을 옮겼다. 볼프의 그리스 문학, 슐라이어마허의 〈그리스도교 시대의 철학사〉, 피히테의 〈지식학(知識學)〉을 청강했으나 그에게는 도움이 되지는 않았다.

【1813년】　25세
이 무렵에 그의 철학적 체계는 원숙한 바탕을 이루어 베를린대학에서 박사 학위를 받으려 했으나, 나폴레옹의 내습으로 드레스덴을 거쳐 바이마르로 돌아왔다. 그러나 어머니와 다시 충돌해 루돌슈타트로 갔다. 그곳에서 처녀 논문 〈충족이유율의 네 겹의 뿌리에 관하여〉를 써서 예나대학에 제출해 박사 학위를 받았다. 11월에 바이마르로 돌아가 이때부터 괴테와 매우 깊은 친교를 맺고, 그의 영향을 많이 받아 '믿을 수 없을 정도의 이익을 얻었다.'라고 스스로 말할 정도가 되었다. 또 이때 동양학자인 프리드리히 마이어와 교제해 인도 사상에 눈을 뜨게 되었다.

【1814년】　26세
바이마르를 떠나 드레스덴으로 갔다. 그 후 어머니와 만나지 않았다. 《시각과 색채에 관하여》를 집필하기 시작, 이듬해에 출판했다.

【1817년】　29세
베를린 시대에 이미 계획한 그 자신의 철학 체계라고 볼 수 있는 《의지와 표상으로서의 세계》(전4권)를 집필하기 시작했다. 일체의 현상은 의지의 객관화라고 보는 세계관과, 인생의 고뇌의 원인은 아무리 만족해도 만족할 줄 모르는 인간의 욕심으로 말미암아 생긴다는 것으로, 이런 욕심을 없애야 한다고 주장했다. 염세관(厭世觀)과 해탈론(解脫論)이 이 논문의 근본 사상이다. 이 논문은 1818년 3월에 완성해 12월에 간행했으나, 책 표지에는 1819년으로 인쇄되었다. 1819년 3월에 여동생에게 받은 편지에 의하면 괴테도 쇼펜하우어의 이 논문집을 받고 매우 기뻐했다고 한다.

【1819년】　31세
로마, 베니스, 플로렌스 등을 돌아보며 고대 문물의 연구와 미술품 감상에 몰두했다. 7월, 대학에 봉직하고자 마음먹고 하이델베르크에 머물며 교섭한 결과 1820년, 베를린대학에서 강의하게 되었다. 그러나 헤겔과 같은 시간에 강의하게 되어 청강생이 없었으며, 이 경험은 실패한 것으로 보인다.

【1821년】　33세
쇼펜하우어가 하숙하고 있을 때 일이다. 하숙집으로 돌아와 보니 옆방에서 여인 세 명이 잡담으로 떠들썩했다. 그는 이것을 몹시 싫어하는 성격이라 주인에게 이들을 제지해 달라고 했다. 두 여인은 물러갔지만, 마르케라는 여인만은 남아서 계속 떠들자 쇼펜하우어는 그녀를 마당으로 데리고 나갔다. 이 싸움으로 송사(訟事)가 벌어졌고, 쇼펜하우어는 그녀에게 해마다 얼마간의 돈을 주어야 했으며, 소송 비용까지 부담하게 되었다.

【1826년】　38세
5월, 다시 베를린대학에서 강의하게 되었는데, 이번에도 헤겔과 시간이 중복되어 역시 실패로 돌아갔다. 쇼펜하우어가 헤겔을 공격한 논문이 많은데, 그 직접적인 원인이 이 강의의 경쟁에서 실패한 것에 있지 않냐고 보는 사람도 있다. 이때부터 1831년까지 베를린에서 살았다.

【1833년】 45세
프랑크푸르트로 와서 정착하고, 그 후 베를린에 가지 않았다. 이곳에서 《자연에서의 의지에 관하여》 집필을 착수해 1835년에 완성해 간행되었다.

【1839년】 51세
노르웨이 왕립 학술원에 낸 논문 〈인간 의지의 자유에 관하여〉로 상을 받았으며, 학술원 회원이 되었다. 이어 덴마크 학술원에 낸 〈도덕의 기초에 관하여〉 논문은 예상을 뒤엎고 낙선했다. 낙선 이유는 이해가 부족하며 위대한 철학자(피히테와 헤겔을 두고 한 말)를 대하는 방법이 무례하다는 것이었다. 이 비판은 쇼펜하우어를 경악하게 만들어, 그는 이상의 두 논문을 모아 《윤리학의 두 가지 근본 문제》라는 제목으로 나중에 출판했는데, 여기에 '덴마크 학술원 낙선'이란 말을 첨가했다. 쇼펜하우어는 죽을 때까지 덴마크 학술원을 서운하게 생각했다.

【1847년】 59세
박사 논문 〈충족이유율의 네 겹의 뿌리에 관하여〉에 많은 손질을 해서 대 증보판으로 출판했다. 1851년에는 《소품과 부록》을 출판했다. 그러나 이 출판은 무보수를 조건으로 했으므로 쇼펜하우어는 실제로 10권의 책만 받았다. 이후 그에게는 새로운 저술이 없었다.

【1854년】 66세
《자연에서의 의지에 관하여》 2판을 냈는데 여기에는 가필한 것도 있는데, 대학교의 철학 교수들에 대한 신랄한 비판이 덧붙여졌다. 《시각과 색채에 관하여》도 이 해에 3판을 냈다.

【1859년】 71세

《의지와 표상으로서의 세계》 3판을 냈고, 1860년에는 《윤리학의 두 가지 근본 문제》 2판을 냈다. 프랑크푸르트에서 처음에는 규수 작가 요한나 쇼펜하우어의 아들로 알려졌으나, 《의지와 표상으로서의 세계》 2판이 나온 후로는 약간의 제자가 모였고, 조용한 만년을 보냈다.

【1860년】 72세

2월, 식사를 끝낸 후 산책하다 갑자기 호흡곤란 증세가 나타났다. 의사는 쇼펜하우어의 습관인 냉수욕을 금지했으나 그는 의사 말을 듣지 않고 계속했다. 9월 18일에 의사에게 이탈리아로 여행하고도 싶고, 저술에 가필해야 한다면서 지금 죽기는 싫다는 말을 남기고 헤어졌다. 3일 뒤인 21일, 쇼펜하우어는 집에서 세상을 떠났다.

쇼펜하우어
의지와 표상으로서의 세계 / 논문집

초판 인쇄 —— 2024년 6월 5일
초판 발행 —— 2024년 6월 10일

저 자 —— 아르투어 쇼펜하우어

역 자 —— 세계사상편집위원회

발행인 —— 金 東 求

발행처 —— 명 문 당(창립 1923년 10월 1일)
　　　　　서울시 종로구 윤보선길 61(안국동)
　　　　　우체국 010579—01—000682
　　　　　전 화 (02) 733—3039, 734—4798
　　　　　FAX (02) 734—9209
　　　　　Homepage www.myungmundang.net
　　　　　E—mail mmdbook1@hanmail.net
　　　　　등록 1977.11.19. 제1—148호

■

낙장 및 파본은 교환해 드립니다.
복제 불허
정가 18,000원
ISBN 979—11—987863—1—9 03160